ein Ullstein Buch

D1514309

Geliebte Eltern!

Kinderbriefe aus sechs Jahrhunderten

Herausgegeben von
Angela & Andreas Hopf

ein Ullstein Buch

ein Ullstein Buch
Nr. 22788
im Verlag Ullstein GmbH,
Frankfurt/M–Berlin

Ungekürzte Ausgabe

Umschlagentwurf:
Hansbernd Lindemann
Illustration: Art & Co.
Alle Rechte vorbehalten
Taschenbuchausgabe mit
freundlicher Genehmigung
der von dem Knesebeck & Schuler
GmbH & Co. Verlags KG, München
© 1987 by Max Hueber Sachbuch
in von dem Knesebeck & Schuler
GmbH & Co. Verlags KG, München
Printed in Germany 1992
Druck und Verarbeitung:
Clausen & Bosse, Leck
ISBN 3 548 22788 0

Juli 1992

Von denselben Herausgebern
in der Reihe
der Ullstein Bücher:

Geliebtes Kind! (22064)

Die Deutsche Bibliothek –
CIP-Einheitsaufnahme

Geliebte Eltern!: Kinderbriefe aus sechs
Jahrhunderten / hrsg. von Angela &
Andreas Hopf. - Ungekürzte Ausg. -
Frankfurt/M; Berlin: Ullstein, 1992
     (Ullstein-Buch; Nr. 22788)
     ISBN 3-548-22788-0
NE: Hopf, Angela [Hrsg.]; GT

VORWORT

»Dein warmes Herz«, schrieb der achtzehnjährige Nikolaus Lenau an seine Mutter, »ist eine Göttergabe, eine köstliche Rarität in dieser Welt von Eiszapfen, und Dein Schmerz um Deine Kinder – ein Schmerz, den Tausende nicht fühlen, welche aber auch der Lust entbehren, welche die Mutter da fühlt, wenn sie dem Sohne nach einer glücklichen Prüfung einen Teller Reisbrei aufsetzt und sieht, daß es dem Buben so schmeckt.«

In eine Welt von Eiszapfen, so scheint es, werden seit Generationen Kinder aus dem Elternhaus verabschiedet, in Internate, Ausbildungs- und Kadettenanstalten gesteckt, auf Bildungs- oder Gesundungsreisen geschickt, zu einer Lehre oder einem Studium verdonnert – kurz: ins Leben entlassen, wie man so sagt, jedenfalls aus dem wärmenden Nest geschubst, und das oft sehr früh. Da kann dann nicht der gemeinsame Teller Reisbrei aufgesetzt werden, vermag man nicht mehr sich zusammen zu freuen, noch nicht einmal richtig miteinander zu streiten.

Das ist sozusagen die Ur-Situation, in der Kinder mangels eines direkten Gesprächs den Eltern schreiben, um die Verbindung mit ihnen zu suchen beziehungsweise, auch noch im Zank, aufrechtzuerhalten, sogar dann, wenn man gar nicht schreiben mag... Bezeichnenderweise nämlich ist ein wichtiges Thema von Briefen an die Eltern – das Briefeschreiben selbst. Das klingt dann so: »Unsre kleinen Schweine, die eben zur Ader gelassen werden, schreien so entsetzlich, daß ich nicht mehr schreiben kann [...]« (Bismarck) »Ich habe Dich in Verdacht, meine Briefe nicht zu lesen; das wäre jammerschade [...] Verzeih, daß ich Dir nicht mehr schreibe. Aber ich mache diese Reise so gewissenhaft, daß ich nicht eine Minute frei habe.« (Proust) »Du meinst, ich soll einen Brief an die Tante in Augsburg schreiben, dazu habe ich aber erstens keinen Stoff u. zweitens, was Hauptursache ist, keine Lust.« (Haller von Hallerstein) »Ich habe Dir viel zu schreiben, weiß aber nicht, wo ich anfangen soll.« (Luise Boie) »Du fragtest mich allerhand in Deinem Brief, aber dies alles kann ich nicht beantworten, teils weil die Post bald fortgeht, und auch deswegen weil ich den Brief verloren habe, und ich habe auch keine Zeit mehr übrig ihn zu suchen.« (Bettina Brentano)

Und wie fordert man andererseits von den Erzeugern Briefe ein, nach denen es einen verlangt? Vielleicht mit Worten wie

diesen: »Ich habe zwar an Dich geschrieben, allein Du hast nicht
geantwortet. Ich muß also dencken, entweder Du kanst nicht
schreiben, oder Du wilst nicht schreiben [...] Beydes ist straff-
bahr.« (Lessing) »Wie geht's [...] wohl schon tot? Sonst hättest
Du Dich wohl in fünf Wochen gemoldet? Wenn es nicht der Fall
ist, so rate ich Dir, bald etwas von Dir hören zu lassen [...] Du
wirst faul geschumpfen. Unerhört!« (Daniela von Bülow)

Daß das Schreiben an die Eltern zuweilen auch als lästige
Pflicht empfunden wird, geht etwa aus einem Brief von Mutter
Richter an ihren Sohn Jean Paul hervor; darin heißt es: »Ich weiß
wiederum nicht, warum daß du mir auf meine zwey Briefe nicht
antworten thuts und sehe auch alle Bosttage auf dich selbsten
[...], es ist mir nicht Lieb daß du deine Worte nicht besser in die
Erfüllung bringts.« Eltern können nichts dafür, daß sie sich um
ihren Nachwuchs Sorgen machen.

In unserem Buch *Geliebtes Kind!* konnten wir anhand von Eltern-
briefen aus zwölf Jahrhunderten dokumentieren, wie zeitlos sich
ungeachtet allen Wandels die Motive von Elternsein darstellen.
Dort äußern sich Liebe, Sorge, Zärtlichkeit, Strenge, Ehrgeiz,
Kummer, Angst und abermals Liebe; Erziehung wird erkennbar,
noch ehe sie sich selbst als pädagogisch, als theoretisches Kon-
zept, begreift. In den Briefen von Eltern tritt uns die festgefügte
Welt der Erwachsenen entgegen; deren Erfahrungen und Wert-
vorstellungen werden an das Kind adressiert, frankiert und abgeschickt mit der Maßgabe: In aller Liebe – lies und merke!

Anders die Welt der kindlichen, jugendlichen Briefschreiber.
Sie ist noch ungestaltet. Trotz aller zur Schau getragenen Selbstsi-
cherheit überwiegen bei diesen jungen, oft ganz jungen Leuten
deutlich die zaghaften, tastenden Schritte. Kraft und Mut kommen ebenso zum Ausdruck wie seelische Nöte, Vereinsamung,
Kümmernisse, Schwierigkeiten verschiedenster Art, aber auch
Sehnsucht nach Anerkennung und Würdigung, Freude und Hei-
terkeit – und Kritik. Daneben wird aufs anschaulichste berichtet
von Alltag und Abenteuer, von kleinen Begebnissen und Wun-
derlichkeiten, werden geistiges Ringen und Zukunftsentwürfe
sichtbar. Fragen über Fragen sprudeln hervor; sie zeugen von
Unfertigem, im Wachsen Begriffenem, und das in völliger, frischer Unmittelbarkeit, jedenfalls auf den ersten Blick.

Zu diesem wichtigen Auswahlkriterium kam Zufälliges: welche

Briefe überhaupt erhalten blieben, aufbewahrt wurden und welche nicht. Unübersehbar klaffen die Lücken. Aus der Zeit vor dem 15. Jahrhundert fanden wir überhaupt keine Briefe an Eltern — kein Wunder, denn »man« konnte damals zumeist weder lesen noch schreiben. Im weiteren haben die Wirren vor und nach dem Dreißigjährigen Krieg zusätzlich viele Briefdokumente untergehen lassen. So liegt der Schwerpunkt auf dem 18. und dem 19. Jahrhundert.

Gegen die Aufnahme von Texten ganz kleiner Kinder ließe sich einwenden, sie enthielten eher ungelenkes Brabbeln, Unausgegorenes, Belanglosigkeiten. Immerhin aber nahm Matthias Claudius den Brief seines kleinen Fritz als »Muster eines kindlichen Briefstils« in sein eigenes Werk auf. Im übrigen spiegelt sich der Wandel der Epochen und damit der Sprachstile und -moden selbstverständlich auch in den Briefen wider. Die Schreibverliebtheit und die Floskelhaftigkeit des 18. Jahrhunderts lassen Formulierungen etwa des jungen Gottfried Herder aus heutiger Sicht als bildungsbeflissen, ja altklug erscheinen.

Doch das sind Vordergründigkeiten. Schaut man tiefer, so findet man durchaus *gestaltete* Erlebnisse, erste ernste Gedanken und schöne Eigenwilligkeiten von rührender Natürlichkeit wie andererseits auch erstaunlich reife, zweifelnde, aber nicht verzweifelnde Intellektualität und Gemütskraft. Da haben wir es dann gelegentlich schon mit wirklichen Meisterwerken aus Kinderhand zu tun.

Und noch ein Reiz ist manchen der kindlichen Herzensergießungen eigen. Wir meinen Briefe kleiner Kinder, die später einen großen Namen erlangt haben, frühe Zeugnisse sich entwickelnder Persönlichkeiten. Bei Mozart oder Clara Wieck war das zeitig zu ahnen, ja zu greifen. Aber bei Fichte? Daß der Sohn eines armen Bandwebers aus der Lausitz später einer der bedeutendsten abendländischen Denker werden sollte, läßt sich bei dem Zwölfjährigen schwerlich erkennen. Und bei Haeckel, Bülow, Nietzsche, Tucholsky? Für sie gilt ähnliches. Allerdings haben sie alle etwas gemeinsam: Es sind samt und sonders Ausnahmecharaktere.

Die großen Altersunterschiede und das erhebliche Bildungsgefälle von Briefschreiber zu Briefschreiber mögen die Themenpalette überaus breit erscheinen lassen. Und doch wird hinter der Vielfalt eine bestimmte Gestalt, eine »Rolle« sichtbar, die von der jeweiligen Kindheitsphase abhängt. Endet das erste, magische, das selbstverständliche Behütetsein, stellt sich dumpfes Mangelempfinden ein, das zunächst an Äußerlichkeiten festgemacht wird. Das emotionale und geistige Selbständigerwerden, dem das langsame Loslassen der Eltern entsprechen sollte, vollzieht sich im Widerspruch, oftmals im Kampf – jedenfalls längst nicht so angepaßt, wie man zuweilen annimmt. Was heißt Kindsein schließlich anderes als der Spannung zwischen Fremd- und Selbstbestimmung ausgesetzt sein! Das kann auf Leben und Tod gehen, wie man angesichts mancher Briefe meinen möchte. Zu erbitterten Fehden geraten bisweilen in der Tat die Auseinandersetzungen zwischen aufbegehrenden Jungen und befehlsgewohnten Eltern, zwischen wachsendem Selbstbewußtsein dort und noch so gut gemeinter Bevormundung hier, zwischen den Vorstellungen und Leitbildern auf dieser und auf jener Seite. Es sind Auseinandersetzungen um Lebensentwürfe, und die schließen sich nicht selten gegenseitig aus.

Ein geistiges Durchdringen ihrer Kindesrolle ist vielen erst möglich, wenn ihnen selbst die Elternrolle zuteil wird. Mancher der Briefschreiber vermag erst nach dem Tod der Eltern ein wirklich eigenständiges Leben zu führen. »Kinder sind Scharaden, die den Eltern aufgegeben werden«, sagt Friedrich Hebbel einmal. Umgekehrt gilt das wohl auch.

In den Briefen findet genügend Alltag statt, der die erwähnten Phasen anschaulich macht. So äußern sich bei kleineren Kindern Gefühle des Ausgesetztseins häufig in Klagen, denen die Bitten und Betteleien um Hilfe und Aufbesserung dann auch prompt folgen. »Meine schöne Wurst war so weich und verolmt, daß ich sie heute mit Thränen aus dem Fenster schicken mußte«, beklagt noch der siebzehnjährige Ernst Moritz Arndt seine Versorgungslage außerhalb des elterlichen Haushalts, und er fährt fort: »Wenn meine Butter alle ist, werde ich mich melden.« Und der dreizehnjährige Otto Braun läßt ahnen, welch gewichtigen Entscheidungen die kindliche Seele zuweilen ausgesetzt ist, wenn er mitteilt: »Dann habe ich ungefähr noch 4 Mark. Dafür kaufe ich mir Reclams und Leibnizkeks und Romantiker.« Reclams und Leibnizkeks – Comic-Hefte und Gummibärchen, möchte man da fast hinzufügen. Kinderalltag von heute und von ehedem unterscheiden sich da lediglich im Accessoire.

Größer geworden, können die Sprößlinge Dank und Liebe schon anders »verpacken«. »Ich fühl's immer durch den ganzen Körper«, schreibt Richard Dehmel einmal an seine Mutter, »daß die Strümpfe, die Du mir gestrickt hast, wärmer halten als andere.« Es ist naturgemäß das schon flügge Kind, das den Eltern Rat und Trost angedeihen läßt, allerdings eher vorsichtig, umschreibend, verhohlen, fragend. Auch wirkliche geistige Höhenflüge werden von den Kindern gern mit Fragezeichen versehen. »Wie kann man verzagen, wenn man sich doch mit solchen Größen [nämlich Johann Sebastian Bach] gemein setzen läßt«, schreibt die Tochter Elisabeth einmal an Karl Straube, »hast Du nicht uns und Deine Schüler, die Dir ewig danken, wenn sie ihre Instrumente klingen lassen? Sind diese Töne nicht alle Deine Töne? Verzeih [...]: Sagtest Du mir nicht einmal, ich sollte mir nachstreben, nur mir selber, in dem, was *ich* entwickeln kann?«

Da erwachsen gewordene Kinder im Idealfall von den Eltern »außer für einen Sohn auch für einen Freund angesehen« werden, wie dies Otto Nicolai in bezug auf seinen Vater sagen darf, kann man dem Alten Herrn gelegentlich in aller rüffeligen Deutlichkeit schon die Leviten lesen. Und so heißt es im selben Brief des späteren Schöpfers der unsterblichen komischen Oper *Die lustigen Weiber von Windsor:* »Kurz, wenn Du etwas von mir wünschest, so bitte ich Dich ein für allemal, mich mit dem Worte *Darlehn* und mit *unnützen Schreckbildern* [des Sterbens, des Verhungerns] zu verschonen. Eine freundliche Aufforderung wirkt ebenso stark und stärker auf mich, denn es ist die *Pflicht des Sohnes,* dem Vater beizustehn, wenn er kann, und zur Erfüllung meiner *Pflichten* brauche ich keine blutigen Sporen.« Ja, blutige Sporen werden zuweilen schon gegeben; man lese nur Hermann Hesses Briefe an die Eltern.

Eine Welt von Eiszapfen also nicht nur »draußen«, sondern auch »drinnen«, in der Kind-Eltern-Beziehung, je selbständiger der Nachwuchs geworden ist? In Einzelfällen trifft dies wohl zu, doch sind tiefgehende Differenzen, einmal thematisiert, während der lebenslangen Abnabelung von den Eltern Randerscheinungen bei ansonsten fortdauernder kindlicher Liebe.

Ob nun Nestflucht der Kinder oder ob Nestverweigerung seitens der Eltern – hart, seelisch sehr hart ist oft der Beginn. In den Briefen des zehnjährigen Leopold von Wiese und noch viel mehr in jenen des jungen August von Platen (siehe Seiten 314ff. und

136–149) werden seelische Not und Vereinsamung eines Kindes, der Jahre während Kampf um die Liebe der Mutter deutlich. Um eines abstrakten Zieles willen, der »Männlichkeit« militärischen Lebens, mit neun ins Kadettenkorps gesteckt und brutaler Zucht ausgesetzt, das überlebt der weichherzige Junge nur knapp. »Die Marmorkälte seines Wesens, die man dem Manne Platen später nachsagte«, so meint ein Biograph, »mag ihren Ursprung haben in der verlorenen, nicht gelebten Kindheit.« Die Briefe des kleinen August sind Hilfeschreie eines gequälten Kindes.

Wenn Eltern sich in ihren Briefen gelegentlich als eine Art »besseres Ich« der Kinder darstellen, so werden diese sich ihnen zwecks Rechtfertigung und zur Behebung ihrer Gewissensnot kaum anders als mit guten Vorsätzen nähern können. »Gewiß«, schreibt der spätere große Strafrechtler Feuerbach als Zwanzigjähriger seinem Vater, »ich traue es Ihrem Menschenherzen zu [...] Sie würden den *Menschen* bemitleiden, wenn Sie auch den *Sohn* nicht lieben könnten. [...] Ich studiere Jura, wie Ihnen beiliegendes Zeugniß des Prof. Hufeland beweisen wird.« Der gleichaltrige Ernst Haeckel geht die Sache mit dem besseren Ich auf indirekte, recht originelle Weise an: In einer die elterlichen Vorhaltungen vorwegnehmenden Bußpredigt an die eigene Adresse schreibt er sich zum Geburtstag einen Brief. »Du hast Deine Eltern, die Dich so herzlich und innig lieben, durch Dein zweifelvolles, schwankendes Wesen öfters betrübt als erfreut [...] Das muß alles von jetzt an durchaus anders werden [...] Laß also jenes geizige, egoistische Wesen fahren, welches Du Dir selbst als Gewissenhaftigkeit vorspiegelst«, so lauten ein paar Sätze aus der ellenlangen Selbstanklage und -aufmunterung.

Noch deutlicher zeigt sich dieses Element in Briefen einer gewissen Germaine Necker. Da liest man beispielsweise: »Dieses augenblickliche Alleinsein hat mich über meine Lage zittern lassen. Sie, liebe Mama, finden in sich Tröstungen ohne Zahl, aber ich finde in mir nur Sie.« Oder: »Warum habe ich Ihnen nicht von Siegen, die ich über mich davongetragen habe, zu erzählen? Ach! Mama, meine liebe Mama, tadeln Sie mich.« Und: »[...] alle Liebe, deren ich für andere fähig bin: ich erstatte sie Ihnen zurück wie einen Raub, den ich an Ihnen begehe, da ich nicht genügend in mir selbst finde, um Sie so zu verehren wie Papa.« Dies sind nur einige kurze Passagen aus Briefen der Jahre 1778 und 1779.

Die so perfekt sich ausdrückende junge Dame ist um die dreizehn. Das »bessere Ich«, von Haeckel fast spielerisch eingesetzt, erscheint bei ihr völlig verinnerlicht und reproduziert. Die Mutter steht als unerreichbares Ideal da; quälerisch klingen die Selbstvorwürfe. Und doch blitzt, gerade in der Klischeehaftigkeit einiger Wendungen und in der Doppeldeutigkeit um die Verehrung des Herrn Papa, die Wehrhaftigkeit der Tochter auf, die eine große Frau des Geistes werden sollte: Madame de Staël.

Auch in ihrem Fall haben wir es, wie bei Platen, mit einer kalten Mutter zu tun. Nach dem herkömmlichen Verhaltensmuster hat der Vater Autorität auszustrahlen; man naht sich ihm in Demut und Distanz, redet mit ihm aber auch kollegialer, berät mit ihm lebensgestaltende Entschlüsse, macht Erfolge und Rechtfertigungen mit ihm ab. Die Mutter dagegen verkörpert selbstvergessene Liebe und Milde; im übrigen ist sie zuständig für Socken, Wurst und stille Duldung. Einige solcher Vorurteile wird mancher Leser anhand dieser Briefauswahl revidieren.

Insgesamt formulieren die Kinder in ihren Mitteilungen die sie bewegenden Hoffnungen, Träume und Ideen ebenso wie ihre Ängste, Befürchtungen und alltäglichen Bedrohungen. Ergebnis sind höchst individuell eingefärbte, anschauliche Selbstzeugnisse, von denen viele literarischen Rang besitzen. Einen besonderen Reiz erlangen sie dann, wenn sie neue Facetten der aus gänzlich anderen Zusammenhängen Berühmten sichtbar machen. So müssen die Briefe auch auf ihren *hinter* den Zeilen liegenden Sinn gelesen werden, als Ausdruck der jeweils konkreten Beziehung zwischen Eltern und Kindern sowie jedweder erzieherischen Einwirkungen auf den Sohn, die Tochter.

Tiefe und Weite vermitteln jene Briefe, die von einem freien, auch von Rollenzwang befreiten, geistigen Austausch zeugen, von einem wirklich partnerschaftlichen Verhältnis zwischen den beiden Generationen; das gilt zum Beispiel für Paula Modersohn-Beckers ringende Briefe, die als Ganzes eine Art geistiges Logbuch darstellen und die Entwicklung einer großen Persönlichkeit belegen.

Und dann der endgültige Schritt ins eigene Leben, den der Tod der Eltern herbeiführt. Felix Mendelssohn-Bartholdy schreibt als Dreiunddreißigjähriger, nachdem die Mutter gestorben ist, an seinen Bruder Paul: »Daß wir alle hier gesund sind und traurig hinleben, wie wir können, eingedenk des Guten, was uns früher zu Theil wurde, das habe ich den Tag nach meiner Ankunft an

Euch geschrieben: es war an Fanny adressirt, aber an Euch alle geschrieben. Allein Du hattest nichts davon gehört, und auch in dieser Kleinigkeit spricht sich wieder aus, was sich tagtäglich mehr und mehr aussprechen wird, tiefer und fühlbarer: daß der Vereinigungspunkt fehlt, in welchem wir uns immer noch als Kinder fühlen durften. Waren wir es nicht mehr den Jahren nach, so durften wir es dem Gefühle nach sein. Wenn ich an die Mutter schrieb, so hatte ich damit an Euch Alle geschrieben, und Ihr wußtet es auch; aber Kinder sind wir nun nicht mehr und haben es genossen, was es heißt, das zu sein. Es ist nun vorbei. – Man hält sich in solcher Zeit an Äußerlichkeiten, wie in einer finsteren Stube, wo man den Weg sucht, – von einer Stunde zur andern.«

Haupttenor dieses Briefbandes sind und bleiben Liebe und Anhänglichkeit sowie Trennungen: Kinder suchen, aus der angestammten Geborgenheit geworfen, nun Zuflucht auf eigene Faust. Die Briefe erzählen nicht, wie andeutungsweise die Elternbriefe, die Geschichte der Erziehung, sondern vielmehr die Geschichte einer – ewig gleichen – Beziehung, eine Ursituation, etwas Urtümliches also. Die darin liegende Kraft läßt den Inhalt der Briefe so aktuell erscheinen, betrifft uns Heutige, ja macht uns vielleicht betroffen. Vor allem wenn wir die erschütternden letzten Briefe von »Kindern« lesen, die eher sterben müssen als ihre Eltern, weil sie der Hitlerbarbarei Widerstand geleistet haben, jungen Leuten, die ihr Leben in die Hand nehmen wollten, in die Hand nahmen, aber für ihre neu entworfene Welt und in derselben nicht mehr leben durften. In diesem unwandelbaren Mut zu immer neuem Entwurf, den eigentlich alle Kinder besitzen, liegt wenn nicht das Prinzip, so doch ein Faktor Hoffnung, jedenfalls ein wenig Trost in einer Welt von Eiszapfen.

Editorisches

Die Briefe sind in ihrer Reihenfolge nach den Geburtsdaten der Autoren geordnet. Nicht in jedem Fall war der Geburtsmonat zu ermitteln; so können die Altersangaben unter Umständen um einige Monate differieren. Die kurze biographische Notiz jeweils zu Beginn soll dem Leser nur als Erinnerung dienen und zugleich, wo nötig oder möglich, die Lebensumstände des Schreibers erläutern.

Auslassungen sind mit drei in eckige Klammern gesetzten Punkten gekennzeichnet; Erklärungen im Text stehen gleichfalls in eckigen Klammern. Die Schreibweisen der Brieftexte folgen den publizierten Quellen.

Wir verweisen auf unser 1986 im selben Verlag erschienenes Buch *Geliebtes Kind! Elternbriefe aus zwölf Jahrhunderten* als aufschlußreiche Ergänzungslektüre. Außerdem enthält jener Band einige Hinweise auf die Entwicklung der Briefliteratur und die durch die Jahrhunderte sich wandelnde Rolle des Kindes.

München, im November 1986   Angela & Andreas Hopf

er kleine Johannes Schneider *(geboren um 1452),* *dessen weiteres Schicksal ebenso unbekannt ist wie* *das seiner Eltern, stammte aus Haynau in Nieder-* *schlesien. Als er den Brief schrieb, besuchte er ein* *Internat in Garlitz. Er bittet seine Mutter um »leylach«, also Bettla-* *ken, und Hemden, die er schon so lange schmerzlich vermißt,* *daß er darob seiner Nachtruhe beraubt ist. Außerdem fordert er* *die Mutter auf, den Vater zu mehr Hilfe anzuhalten und zu ver-* *mahnen, womit sie sich auch gegenüber Gott verdient mache.*

Man nimmt diese kindliche kleine Alltagsäußerung nicht ohne *Rührung auf, läßt sie doch anklingen, daß Kinder, die auf Inter-* *nate oder Kadettenanstalten geschickt werden, seit mehr als fünf-* *hundert Jahren das gleiche vermissen: vordergründig die Bettla-* *ken und Hemden, eigentlich aber die elterliche Zuwendung,* *wenn es schon nicht Liebe ist. Außerdem belegen die flehentli-* *chen Worte des Knaben Johannes, daß sich im letzten halben* *Jahrtausend so viel nicht geändert hat in der Beziehung und in der* *Auseinandersetzung zwischen Kindern und Eltern.*

JOHANNES SCHNEIDER, 10,
AN DIE MUTTER

Der vorsichtigen und tugentsamen frauen B. Sneyderinne zu
Hayn, seyner libisten muter unde gebererynne [Anschrift]

[um 1462]

Kintliche undertenikeit mit warer libe steticlichen zcuvor. Allerlibi-
ste muter. Eur muterliche libe gutlichen sal vornemen, das ich
großen gebroch an lynen gewande, alz nemlich an leylach und
hemden, eyne lange zeit swerlich habe geleden und noch jemerli-
chen leide, von deswegen ich meyner nachtruge zere berobit
werde. Hirumbe euer mildekeit, die mir steticlichen gutikeit unde
mildikeit hot irzegit, ich fleißiclichen bitte und vormane, das ir mit
deßem kegenwertigen czeiger deßes briffis eyn par leylach und 3
hemde alsbalde mir weldet senden und meynen vatir zcu mehr
hulffe weldet anhalden und vormanen, das ich umbe euer muterliche libe ewiglichen begere sunderlichen kegen gote vordynen.

Jo. Sneyder von Hayn, schuler zo Garlitz

chon als Siebenjähriger mußte Joachim Nestor von Brandenburg *(1484 bis 1535), Sohn des Kurfürsten Johann von Brandenburg und später gleichfalls Kurfürst, Repräsentationspflichten übernehmen, in einem Alter mithin, in dem man heute als Abc-Schütze die Grundschule besucht. Der Kurprinz erhielt eine sorgfältige Erziehung im Übergang von der ritterlichen zur humanistischen Bildung. Der Vater legte dabei beträchtlichen Ehrgeiz an den Tag, war aber bei aller herrscherischen Distanz ein liebevoller Mann, der sein Kind förderte, um ihm den frühen Einstieg in die Pflichten eines Fürsten zu erleichtern.*

Mencken, dessen Kinderbriefsammlung der folgende Brief entnommen ist, bemerkt: »*Eine archivalische Notiz besagt, daß Joachim den Brief eigenhändig geschrieben hat. Noch sind auf dem Original die Linien deutlich erkennbar, die man ihm vorgezeichnet hatte, damit er nicht zu schief schreiben sollte. Schon mit fünfzehn Jahren kam Joachim an die Regierung. Den Beinamen Nestor verdankt er seinen Reden in elegantem Latein auf den Reichstagen und allgemein seinen für einen Fürsten ungewöhnlich gründlichen Kenntnissen in den Wissenschaften.*«

JOACHIM VON BRANDENBURG, 7,
AN DEN VATER

Dem durchleüchtigen, hochgebornen fürsten unde hern, heren Johansen, marggraven zü Brandenbürg, kürfürste [...] meinem gnedigen unde allerliebsten hern vatern [Anschrift]

[Neustadt, 5. November 1491]
Dürchleüchter, hochgeborner fürst. Mein kintliche treue unde gehorsam allezeit züvor. Gnediger, hertzallerliebster herre vater, ich bitte e. f. g. zü wissen, das ich auß geheiß meiner gnedigen alten frauen unde mütter gewest bin zu Aschenborg [Aschaffenburg] zü der hochzeit [der Tante mit einem Grafen Henneberg] und glucksellig und gesunt wider anheim komen, doselbst ich ein hefftlin [Spange] – gesteht [kostet] funffzig gulden –, das mein g. frau mütter der braut zu voreren gekoufft, mir geantwert, unde ich das der hochgebornen furstin, meiner mühmen, der braut, ge-

schenckt habe, die mich wider mit einem guten hefftlin voreret hatt. Hirumme bitte ich e. f. g. als meinen gnedigen unnd allerliebsten hern vater, e. g. wolle mir so gnedig sein unde das kleinet [Kleinod] bezalenn, das ich gegen meiner frauen mutter, die mir e. g. zu schreiben bevolen, besteen magk. Wes ich e. g., die ich mitsampt der hochgebornen furstin, meiner gnedigen und allerliebsten frauen mütter, unde geschwisternn dem almechtigen gott bevele, zu dinste, willen unde gevallen ymmer gesein mag, das thü ich allezeit in kintlicher liebe unde treu auß gantzem hertzen gehorsam unde gern. Geben zu Neustadt sonnabents nach aller gottes heyligen tag im 91ten jar.

Joachim, von gottes gnadenn
marggraff zü Brandborgk etc.

us Amorbach im Odenwald stammte die Familie des Johann Amerbach, der sich in Basel als Drucker niederließ. Drucker – das hieß ehedem mehr als nur für die technische Herstellung zuständig. Der Vater der Margarete Amerbach (1490 bis 1541) hatte in Paris studiert und stand mit dem Humanisten Johannes Reuchlin in enger Verbindung, wie er überhaupt der wichtigste Drucker der Humanisten wurde. Amerbach war ein weltoffener Mann, für seine Zeit ein echter Weltbürger; er reiste viel und pflegte einen regen Briefwechsel mit bedeutenden Zeitgenossen. Über seine Frau, Barbara Amerbach, weiß man nichts.

Die Tochter heiratete schon mit fünfzehn und gegen den erklärten Willen der Eltern einen Gewürzhändler; sie wurde zunächst enterbt, später jedoch wieder in die Erbrechte eingesetzt.

Den Brief unterschrieb sie, wie damals üblich, mit der Berufsbezeichnung des Vaters.

MARGARETE AMERBACH, 12,
AN DIE MUTTER

Der ersamen frouwen barbara amerbacherin zu basel in der kleinen stat miner hercz lieben mütterlin gehört diser brief. [Anschrift]

[8. Dezember 1502]
Inn der gnodrichen zu kunfft vmsers lieben heren jhesus christus winsch vnd beger ich minem hercz lieben vatter vnd dir vnd minem lieben brüderlin vnd uch allen vil gutter gluckhaffter seliger joren zu vor   min hercz liebe mutter wiß das ich frisch vnd gesund bin von den gnoden gottes   das vnd alles gutt wer mir alle zit ein grosse fröid von minem hercz lieben vatter von dir vnd von uch allen zehören   min hercz liebe mutter mach mir zwen winter schu vnd söcklin dorin   min hercz liebe mutter mach mir ein göler [eine Art Halstuch] dz [das] blouw göler ist gancz zerbrochen   min hercz liebe mutter schick mir ein tick tüchlin das ich mög in der kilchen sin   min hercz liebe mutter los die schwesteren wissen wie breit du den kölsch [Stoff für Bettbezüge und -vorhänge] wellest han fiertel breit oder halbtuch breit   den sy hend sin vergessen   min liebe Mutter ich bit dich bring mir das

gutt jorr [Neujahrsgeschenk] ich dar den vatter nit bitten ich
förcht   er sy zu vnmüsig   min recht hercz liebe mutter manen
min hercz lieben atti [Vater] vatter an das benedicite vnd an das
gracias ich han vnsser lieben frouwen vnd irem lieben kind zu lob
vnd er das sy geben vil gutter gluckhaffter jor in zit vnd in ewikit
dorum han ich uch ein besalter gesprochen disse guten jorr uch
von gott zu begeren hie mit befilch uch allesamen in den schinrm
[Schirm] gottes datum vff mitwuchen vorsant luzeien [vor dem
Fest der heiligen Luzia, dem 13. Dezember]

                                        margred trucker

it seinem Hauslehrer und »Hofmeister« wurde der dreizehnjährige Wolfgang Ernst zu Ysenburg und Büdingen *(1560 bis 1633) zum Studium nach Straßburg geschickt. Von hier schrieb er den Brief, der ganz dem Stil der Zeit entspricht. Von 1596 bis zum Beginn des Dreißigjährigen Krieges regierte er als Wolfgang Ernst I. die Grafschaft Büdingen. Weiteres über ihn und seine Familie ist kaum bekannt. Der Vater entsprach ganz und gar der von ihm auszufüllenden Rolle, die Mutter wehrte sich wohl gegen die Perfektion, die von Fürstenkindern schon im zarten Alter verlangt wurde.*

WOLFGANG E. ZU YSENBURG UND BÜDINGEN, 14,
AN DIE MUTTER

[27. Dezember 1574]

Kindtliche lieb vnd treu zuvor, wolgeborne freundliche hertz allerliebste fraumutter, E. L. [Euer Liebden] thue ich auf kindtlichem gehorsam zuwissen, das der wolgeborne mein lieber großher Vatter, Vetter Conradt, [... (unleserlich)] schwesterlein und auch ich noch bey guter gesundtheitt stehen, gott gebe uns ferner seine gnadt, hoffe auch es sey uns die gesundtheitt meines hertzallerliebsten herr Vatters, allerlibsten fraumutter, vnd lieben schwesterlein desgleichen geschaffen. freundtliche hertz lieb fraumutter E. L. thue ich zuschreiben, das ich von dem botten empfangen hab eine spanische kron, welche ich dem Breutgam vnserm Rentmeister schencken solt, dem ich dan also nachkommen, vnd die neue ehleut mitt solchem geschenck verehret. Darnach ist an meine hertz allerliebste fraumutter meine kindtliche bitt, E. L. wölle mihr ein kleidt Lassen machen das ich allen tag trage, dan das ich izt trage will etwas zergehen, darzu mangelt mihrs auch an letternsocken [Lederüberstrümpfe]. vnd so mihr fraumutter wölte der [... (unleserlich)] über schicken, wölt ich sie Vorlieb auf nemen, vnd sölcher mitt kindtlichem gehorsam vnd fleissigem studieren zuerstatten geflissen sein. Befele himit meinen hertz allerliebsten hern Vattern hertz allerliebste frau mutter, hertzlibsten schwesterlein dem almechtigen gott mitt wünschung eines langwierigen vnd glücklichem lebens. geben in eil den 27 tag des wintermonats Im Jar 74.

E. L. gehorsamer sohn Wolff Ernst von Ysenburg

ie war die Enkelin des »Winterkönigs« Friedrich V. von der Pfalz und der Elisabeth Stuart. Später wurde sie berühmt und populär durch ihre in großer Anzahl erhaltenen Briefe, die mit ihrer drastischen Komik, ihren geistvollen Charakterisierungen und Urteilen und in ihrer Aufrichtigkeit literarischen Rang besitzen: Elisabeth Charlotte, genannt Liselotte von der Pfalz (1652 bis 1722).

Ihr Vater, Kurfürst Karl Ludwig, herrschte in Heidelberg, einer jener vielen deutschen Residenzen, die fast allesamt auch kulturelle Zentren waren. Der derbe, sinnliche, geradlinige, mit viel Witz begabte Mann vererbte seiner Tochter ein Gutteil seiner Eigenschaften.

»Wider Willen, aus purem Gehorsam«, also aus politischen Gründen, wie sie selbst einmal schrieb, wurde Liselotte mit dem wesentlich älteren Herzog Philipp von Orleans, dem Bruder König Ludwigs XIV. von Frankreich, verheiratet. Sie war oft auf Reisen, führte ein eigenwilliges Leben und war nach Ansicht eines Zeitgenossen »eine starke Weipsperson«.

LISELOTTE VON DER PFALZ, 7,
AN DEN VATER

[Den Haag, Ende November 1659]

hertz libster papa.

ich glaube, i[hro] g[naden] werden von *matanten* [meiner Tante] schon vernommen haben, das wir gesunt sein hir vor 8 Tagen angekommen. I[hre] M[ajestät] die konigin ist mir gar gnedich, hatt mir auch schon ein huntgen geschenket; morgen werde ich einen sprachmeister bekommen, der dantzmeister ist schon 2 mall bei mir gewesen; *matante* sacht, wen imant hir ist, der woll singen kan, soll ich auch singen lernen; werde ich also gar geschickt werden undt hoffe ich, wen ich die gnade wider haben werde, papa die hende zu kussen, sollen i[hro] g[naden] finden, daß ich fleissich gelernet habe. Das schälgen vor die königin habe ich noch nicht uberliferen konnen, weillen mein zeuch noch auff dem schiff undt von unsern leutten auch noch [einige] zuruke sein; gott gebe nur, das sie nicht ersoffen sein, es were sonsten ein schlechter posse. Itzunder soll ich mitt mein tanten bei die princes von orangen gehen, mus deswegen endigen, und küsse himitt i[hro] g[naden] gehorsamlich die hende mitt demutiger bitte, mein liber papa wolle mich in seiner gnade erhaltten undt glauben, das liselotte alzeit wirtt bleiben mitt udtkommenem schuldigem *respectt*

> meines allerlibsten papas
> gantz gehorsamst untterdenichste dochter und dinerine
> Elisebett Charlott

her Zucht als Erziehung kennzeichnet Kindheit und Jugend des späteren Preußenkönigs Friedrich des Großen (1712 bis 1786). Schon früh hatte sich der Vater, Friedrich Wilhelm I. (1688 bis 1740), vorgenommen, »einen guten Christen, guten Soldaten und guten Wirth« aus dem Sohn zu machen. 1725 bemerkte ein Zeitgenosse: »[...] ob ihn schon der König herzlich liebt, so fatiguiert er ihn [...] dergestalt, daß er bei seinen jungen Jahren so ältlich und steif aussiehet, als ob er schon viele Campagnen gethan hätte.« Mit fünfzehn meinte Friedrich selber: »Statt andere aufzuheitern, habe ich selbst der Aufheiterung von nöten, um meine Melancholie zu zerstreuen.«

Zu seiner älteren Schwester Wilhelmine und zu seiner Mutter, Sophie Dorothea von Hannover, obgleich nicht weniger streng als ihr Gemahl, hatte er eine enge Beziehung. Dem Vater entfremdete er sich immer mehr, bis hin zur totalen Unterwerfung. 1727 wurde Friedrich unter die Aufsicht von vier jungen Offizieren gestellt, die dem König mit ihrem Kopf für das Wohlverhalten des Sohnes bürgten. Das Zerwürfnis erreichte seinen Höhepunkt 1730 im Fluchtversuch des achtzehnjährigen Prinzen. Friedrich wurde eingekerkert und später widerwillig begnadigt, sein Freund Katte wurde vor seinen Augen hingerichtet.

Noch einmal muckte Friedrich auf: als sein Vater ihn gegen seinen Willen mit Elisabeth Christine, Tochter des Herzogs von Braunschweig-Bevern, verheiraten wollte; doch fügte er sich abermals. Erst später näherte er sich dem Vater wieder.

FRIEDRICH DER GROSSE, 16, AN DEN VATER

Wusterhausen, Sonnabend den 10. September 1728
Mein lieber Papa,
Ich habe mich lange nicht unternehmen mögen zu meinem lieben Papa zu kommen, theils weil es mir abgerathen, vornehmlich aber weil ich mich noch einen schlechteren Empfang, als den ordinairen sollte vermuthen sein; und aus Furcht, meinen lieben Papa mehr mit meinem gegenwärtigen Bitten zu verdrießen, habe es lieber schriftlich thun wollen. Ich bitte also meinen lieben Papa, mir gnädig zu sein, und kann hiebei versichern, daß nach

langem Nachdenken, mein Gewissen mir nicht das Mindeste gezeihet hat, worin ich mir etwas zu reprochiren haben sollte; hätte ich aber wider mein Wissen und Willen gethan, das meinen lieben Papa verdrossen habe, so bitte ich hiermit unterthänigst um Vergebung, und hoffe, daß mein lieber Papa den grausamen Haß, den ich aus allem Seinen Thun genug habe wahrnehmen können, werde fahren laßen; ich könnte mich sonsten gar nicht darein schicken, da ich sonsten immer gedacht habe, einen gnädigen Vater zu haben und ich nun das Contraire sehen sollte. Ich fasse dann das beste Vertrauen, und hoffe, daß mein lieber Papa dieses Alles nachdenken und mir wieder gnädig sein wird; indessen versichere ich Ihm daß ich doch mein Tage nicht mit Willen fehlen werde und, ungeachtet Seiner Ungnade, mit unterthänigstem und kindlichstem Respekt bin.

DER NEUNZEHNJÄHRIGE
AN DEN VATER

Cüstrin, den 8. Dezember 1731

Allergnädigster König und Vater,
Ich bedanke mich nochmalen unterthänigst für alle Gnade, so mein allergnädigster Vater für mich gehabt, währender Zeit ich Ihm meine unterthänigste Aufwartung gemacht [Friedrich war im November bei der Hochzeit seiner ältesten Schwester in Berlin gewesen], und bitte auch hierbei, wenn ich wo was sollte versehen haben, mirs in Gnaden zu verzeihen, indem ich es gewiß, wie ich soll und muß, die Gnade die mir mein allergnädigster Vater gethan, mich wieder zum Offizier zu machen. Ich weiß, daß ich es Ihm allein zu danken habe, und werde Ihnen auch dafür ewige Treue, Respect, Liebe, Submission und Erkenntniß haben; ich wünsche nur allein, daß ich Gelegenheit hätte, meinen allergnädigsten Vater von meiner Aufrichtigkeit zu überzeugen. [...] Nach unserem Herrgott erkenne ich keinen andern Herrn, wie meinen allergnädigsten Vater, und weiß keinen anderen, als Sie, dem ich die unterthänigste Treue und Gehorsam leisten muß. Ich versichere meinen allergnädigsten Vater, daß ich auf dieses leben und sterben werde, und finden Sie eine falsche Ader an mir, die Ihnen nicht gänzlich ergeben, so thun Sie mit mir in der Welt, was Sie wollen.

DER ZWANZIGJÄHRIGE
AN DEN VATER

Cüstrin, den 19. Februar 1732

Allergnädigster König und Vater,

Ich habe heute die Gnade gehabt, meines allergnädigsten Vaters Brief zu empfangen, und ist mir lieb, daß mein allergnädigster Vater von der Prinzessin [Man hatte Elisabeth Christine von Braunschweig-Bevern als Braut für ihn ausgewählt] zufrieden ist. Sie mag sein, wie sie will, so werde jederzeit meinem allergnädigsten Vater meinen blinden Gehorsam zu bezeigen, und erwarte all in unterthänigster Submission meines allergnädigsten Vaters weitere Ordre. Ich kann schwören, daß ich mich recht freue die Gnade zu haben, meinen allergnädigsten Vater wieder zu sehen, dieweil ich ihn recht aufrichtig liebe und respectire. [. . .]

Rührende Sohnesfürsorge leitet den Lyriker und Fabeldichter Christian Fürchtegott Gellert (1715 bis 1769), als er seiner einundsiebzigjährigen Mutter, Elisabeth Gellert geborene Schütz (1679 bis 1759), eine jährliche Apanage zusagen kann. Und er macht die Mitteilung spannend – wie aus dem hier wiedergegebenen Brief erhellt. Die Mutter, bei welcher der Sohn eine heile und fröhliche, von Geldsorgen allerdings nicht freie Kindheit verlebt, wird von einem Zeitgenossen so beschrieben: »Sie erwarb sich durch ihr gutes und sanftes Herz, als eine dienstfertige, mitleidige und wohltätige Menschenfreundinn, an ihrem Orte ein unvergeßliches Andencken.«

CHRISTIAN FÜRCHTEGOTT GELLERT, 35,
AN DIE MUTTER

[um 1750]

Liebe Mutter,

Freuen Sie Sich, ich hab Ihnen eine gute Nachricht zu melden; aber ich werde Ihnen nicht gleich sagen, wen es angehet. Nein, ich will den Ausgang wie die Romanschreiber verbergen, und Sie erst durch den Eingang meiner kleinen Geschichte neugierig machen. Vor einigen Wochen schrieb der Baron Crausen in Schlesien den ich nicht kenne, einen Französischen Brief an mich, und bat mich, unter vielen Lobsprüchen, um mein Urtheil über gewisse Schriften von seiner Arbeit, die er wollte drucken lassen. Ich sah die Werke an, und fand sie des Druckes nicht werth. Dieses schrieb ich ihm, und sagte mit großer Bescheidenheit, daß sie mir nicht gefielen. Die andere Hälfte seines Briefes bestand aus Anerbietungen. Er versicherte mich, daß er mir gar zu gewogen wäre, daß er mir gar zu gerne dienen wollte, und daß ich ihm eine Freude machen würde, wenn ich ihm eine Gelegenheit dazu gäbe. Er wollte sich deswegen die Freyheit nehmen und einige vertraute Fragen an mich thun, ob ich verheirathet wäre, ob ich Kinder hätte, wie hoch sich meine Einnahme beliefe, ob ich jemanden zu versorgen hätte. Ich beantwortete diese Familienfragen sehr kurz, bedankte mich für seine Großmuth, und bat, daß er sie in Freundschaft verwandeln möchte. Ich glaubte, er wollte durch seine Gefälligkeit nur meinen Beyfall und meine Erlaubniß, sich drucken zu sehen, erkaufen: ich schlug also alles aus; denn ich hätte zu seiner Autorhitze nicht ja gesagt, und wenn er mir ein ganzes Ritterguth angeboten hätte. Ich konnte natürlicher Weise keine guthe Wirkung von meiner Antwort vermuthen; dennoch ist sie erfolgt. Der Herr Baron schrieb mir, und war über meine grausame Aufrichtigkeit beschämt und entzückt zugleich. Kurz er glaubte, daß ich recht hätte, und daß ihn die Schmeichler zur Unzeit gelobt hätten. Er kränkte sich, daß ich seine Anerbietungen ausgeschlagen hatte, und fragte mich, ob er ihm nicht erlauben wollte, daß er Ihnen liebe Mama, jährlich eine kleine Pension bis an Ihr Ende aussetzen dürfte. Diese Erlaubniß habe ich ihm gegeben, weil sie für mich rühmlich ist. Ja liebe Mama, ich freue mich daß ein Fremder, der mich nicht anders als den Schriften und dem Rufe nach kennt, mir dadurch seine Achtung und seine Liebe zu erkennen geben will, daß er gegen Sie aufmerksam und gütig ist. So hat der Ruhm, der beschwerliche, mir oft entsetzliche Ruhm, doch endlich etwas ausgerichtet, das mir lieb seyn muß. Der Herr Baron Crausen hat Ihnen jährlich 50 Gulden ausgesetzt, und mich an ein Paar Breslauer Kaufleute gewiesen, bey denen ich in der Leipziger Oster- und Michaelis-Messe das Geld gegen einen Schein heben lassen soll. Damit Sie nun seine Freigebigkeit gleich genießen, so schicke ich Ihnen die Hälfte der Pension, welche zu Ostern fällig ist nämlich 25 Gulden, zum voraus. Ich kann den Verlag sehr leicht über mich nehmen, weil ich meine Pension aus Meißen auf ein halbes Jahr unlängst erhalten habe. Gott sey für alles gepriesen! Er gebe Ihnen ruhige Feyertage, und ein gesundes und zufriedenes neues Jahr.

Dieses wünsche ich von Herzen und bin

Ihr lieber Sohn F. Gellert

inem wahrlich kinderreichen Zuhause entstammte Friedrich Gottlieb Klopstock *(1724 bis 1803),* der als Ältester von acht Brüdern und neun Schwestern aufwuchs. *Die Mutter wird als musisch vielseitige Frau beschrieben, die das spätere Werk ihres »kleinen großen Lieblings« verstand und schätzte. Der Vater, seines Zeichens Kommissionsrat, muß dagegen ein eher biederer Mann gewesen sein. Andererseits predigte er seinen Kindern schon Jahrzehnte vor Rousseau Naturnähe und achtete sehr auf ihre körperliche Erziehung; so unterrichtete er sie im Reiten, Schwimmen und »Schrittschuhlaufen«, was der Sohn zeitlebens für wichtig erachtete.*

Hoffnung, Vertrauen und Liebe zum Vater, später die Trauer um ihn, der 1756 starb, machen Klopstocks Briefe zu anrührenden Dokumenten dieser Literaturgattung.

FRIEDRICH GOTTLIEB KLOPSTOCK, 32, AN DEN VATER

Koppenhagen, den 8ten Nov. 1756

Der Zustand Ihrer Gesundheit, liebster Papa, den ich gestern durch den Brief der lieben Mama erfahren habe hat mich sehr gerührt. Das einzige, was mich dabei einigermaßen aufgerichtet, ist, daß ein Blutsturz in Ihren Jahren nicht so heftig seyn kann, als er in jüngeren Jahren ist. Unser Gott erhalte Sie mir noch; denn es geht mir doch durch die Seele, wenn ich denke, daß ich Sie in dieser Welt nicht wieder sehen sollte. – Ich hoffe zu unserm Gott! Er wird es machen, wie es am weisesten und besten für uns seyn wird. Er wird es machen!

Ich habe es immer sehr, sehr gefühlt, wie sehr ich Sie liebe, mein sehr, sehr theurer Vater; aber *wie* habe ich's bei den letzten Briefen gefühlt! – Ich will mich von den Gedanken der Gefahr, in der Sie sind, losreissen. Ich will es Gott überlassen! Ach, was wäre *dieses* Leben, wenn *jenes* nicht wäre! Er, der größte Angebetete wird es nach seiner Weisheit und nach seiner Liebe machen. Ich will also nichts weiter davon schreiben. [...]

Noch will ich Ihnen erzählen, womit ich mich itzt hauptsächlich beschäftige. Ich habe ein Trauerspiel, *Adam,* und einige kleine prosaische Stücke, die ich zugleich mit demselben drucken lassen will, von Neuem durchgesehen. Dann habe ich eine Sache angefangen, die ich für meinen zweiten Beruf halte. Ich habe *Lieder für den öffentlichen Gottesdienst* gemacht. Ich halte dies für eine der schwersten Sachen, die man nur unternehmen kann. Man soll, wo nicht dem gemeinen Haufen, doch den Meisten verständlich seyn, und doch der Religion würdig bleiben. Indeß scheint es mir, daß mir Gott die Gnade gegeben und mir diese Arbeit hat gelingen lassen. Ich empfehle Sie insgesammt der Vorsehung unsers Gottes!

AN DIE MUTTER

[Kopenhagen,] den ersten Weihnachtstag 1756

Liebe Mutter!

Ich habe noch immer einen stillen Schmerz über den Tod meines sehr, sehr geliebten seligen Vaters empfunden. Gott hat mir zwar auch die Gnade gegeben, daß ich ihm für seinen ruhigen Tod gedankt habe, aber eine sanfte Traurigkeit darüber ist doch bisher noch sehr oft bei mir wiedergekommen. Beides, sowohl Dankbarkeit gegen Gott als Betrübnis, habe ich heute, bei wiederholter Durchlesung Ihres Briefes, empfunden. Ich hoffte immer, ihn wenigstens noch einmal in diesem Leben zu sehen, und sehr oft glaubte ich, daß er recht alt werden würde. – Aber Gott hat es anders gewollt. Seine Gedanken sind nicht die unsern. –

Ihre umständliche Beschreibung seines Todes hat mich sehr gerührt. Ich weiß nicht, ob ich es würde ausgehalten haben, wenn ich bei seinem Ende zugegen gewesen wäre; allein, wenn ich bei ihm hätte bleiben können, so würde ich dadurch viel gelernt haben. Nun, er ist viel glückseliger als wir, und wir wollen unserm Gott danken, der ihn zu seinem Frieden, der viel höher ist als alle Vernunft, der viel höher als dieses Leben ist, aufgenommen hat!

– Wie sehr wünschte ich, daß es mir jetzt möglich wäre, zur Erziehung meiner Geschwister etwas beizutragen; aber ich bin selbst in eingeschränkten Umständen [...]

Pastor und Oberhaupt einer kinderreichen Familie war der Vater von Gotthold Ephraim Lessing (1729 bis 1781). Die Mutter, Justina Salome geborene Fellner, leitete den ärmlichen Haushalt mit energischer Hand. Vater Lessing schrieb neben theologischen Texten auch Gedichte, darunter die bis heute gesungenen Lieder »Mein lieber Gott soll walten« und »Komm, komm, mein heller Morgenstern«. Die Eltern bekämpften indes gemeinsam die schreiberischen und bohemienhaften Ambitionen des Sohnes auf das heftigste, obwohl dessen Lustspiel »Der junge Gelehrte« von Caroline Neuber erfolgreich aufgeführt worden war.

Mit zwölf kam Lessing auf die Fürstenschule in Meißen, als Siebzehnjähriger ging er nach Leipzig, um Theologie zu studieren. Als er die Briefe schrieb, studierte er in Berlin, wo er, der lieber Schauspieler und Künstler sein wollte, das Leben eines Bummelstudenten führte. Die Auseinandersetzungen mit den Eltern häuften sich; es ging dabei um Geld und moralische Rechtfertigung. Als Journalist und Kritiker kämpfte sich der wohl freieste Geist seiner Zeit, der »deutsche Voltaire«, erfolgreich aus der elterlichen Gängelung.

GOTTHOLD EPHRAIM LESSING, 19,
AN DIE MUTTER

Berlin, 20. Januar 1749

Hochzuehrende Frau Mutter,

Ich würde nicht so lange angestanden haben, an Sie zu schreiben, wenn ich Ihnen was Angenehmes zu schreiben gehabt hätte. Klagen aber und Bitten zu lesen, müssen Sie eben schon so satt sein, als ich bin sie vorzutragen. Glauben Sie auch nur nicht, daß Sie das Geringste davon in diesen Zeilen finden werden. Ich besorge nur, daß ich bei Ihnen in dem Verdachte einer allzugeringen Liebe und Hochachtung, die ich Ihnen schuldig bin, stehe. Ich besorge nur, daß Sie glauben werden, meine jetzige Aufführung komme aus lauter Ungehorsam und Bosheit. Diese Besorgnis macht mich unruhig. Und wenn sie gegründet sein sollte, so würde mich es desto ärger schmerzen, je unschuldiger ich mich weiß. Erlauben Sie mir derohalben, daß ich nur mit wenigen Zügen Ihnen meinen ganzen Lebenslauf auf Universitäten abmalen darf; ich bin gewiß versichert, Sie werden alsdann mein jetziges Verfahren gütiger beurteilen. Ich komme jung von Schulen in der gewissen Überzeugung, daß mein ganzes Glück in den Büchern bestehe. Ich komme nach Leipzig, an einen Ort, wo man die ganze Welt im Kleinen sehen kann. Ich lebte die ersten Monate so eingezogen, als ich in Meißen nicht gelebt hatte. Stets bei den Büchern, nur mit mir selbst beschäftigt, dachte ich eben so selten an die übrigen Menschen, als vielleicht an Gott. Dieses Geständnis kömmt mir etwas sauer an, und mein einziger Trost dabei ist, daß mich nichts Schlimmers als der Fleiß so närrisch machte. Doch es dauerte nicht lange, so gingen mir die Augen auf: Soll ich sagen, zu meinem Glücke oder zu meinem Unglücke? Die künftige Zeit wird es entscheiden. Ich lernte einsehen, die Bücher würden mich wohl gelehrt, aber nimmermehr zu einem Menschen machen. Ich wagte mich von meiner Stube unter meinesgleichen. Guter Gott! was vor eine Ungleichheit wurde ich zwischen mir und andern gewahr. Eine bäuersche Schüchternheit, ein verwilderter und ungebauter Körper, eine gänzliche Ungewißheit in Sitten und Umgange, verhaßte Mienen, aus welchen jedermann seine Verachtung zu lesen glaubte, das waren die guten Eigenschaften, die mir, bei meiner eignen Beurteilung, übrigblieben. Ich empfand eine Scham, die ich niemals empfunden hatte. Und die Wirkung derselben war der feste Entschluß, mich hierinne zu bessern, es koste, was es wolle. Sie wissen selbst, wie ich es anfing. Ich lernte tanzen, fechten, voltigieren. Ich will in diesem Briefe meine Fehler aufrichtig bekennen, ich kann auch also das Gute von mir sagen. Ich kam in diesen Übungen so weit, daß mich diejenigen selbst, die mir im voraus alle Geschicklichkeit darinnen absprechen wollten, einigermaßen bewunderten. Dieser gute Anfang ermunterte mich heftig. Mein Körper war ein wenig geschickter geworden, und ich suchte Gesellschaft, um nun auch leben zu lernen. Ich legte die ernsthaften Bücher eine Zeitlang auf die Seite, um mich in denjenigen umzusehen, die weit angenehmer, und vielleicht ebenso nützlich sind. Die Komödien kamen mir zuerst in die Hand. Es mag unglaublich vorkommen, wem es will, mir haben sie sehr große Dienste getan. Ich lernte daraus eine artige und gezwungne, eine grobe und natürliche Aufführung unterscheiden. Ich lernte wahre und falsche Tugenden daraus kennen, und die Laster ebensosehr wegen ihres lächerlichen als wegen ihrer Schändlichkeit fliehen.

Habe ich aber alles dieses nur in eine schwache Ausübung gebracht, so hat es gewiß mehr an andern Umständen als an
meinem Willen gefehlt. Doch bald hätte ich den vornehmsten
Nutzen, den die Lustspiele bei mir gehabt haben, vergessen. Ich
lernte mich selbst kennen, und seit der Zeit habe ich gewiß über
niemanden mehr gelacht und gespottet als über mich selbst.
Doch ich weiß nicht, was mich damals vor eine Torheit überfiel,
daß ich auf den Entschluß kam, selbst Komödien zu machen: Ich
wagte es, und als sie aufgeführt wurden, wollte man mich versichern, daß ich nicht unglücklich darinne wäre. Man darf mich nur
in einer Sache loben, wenn man haben will, daß ich sie mit
mehrerm Ernste treiben soll. Ich sann dahero Tag und Nacht, wie
ich in einer Sache eine Stärke zeigen möchte, in der, wie ich
glaubte, sich noch kein Deutscher allzusehr hervorgetan hatte.
Aber plötzlich ward ich in meinen Bemühungen, durch Dero
Befehl nach Hause zu kommen, gestöret. Was daselbst vorgegangen, können Sie selbst noch allzuwohl wissen, als daß ich Ihnen
durch eine unnütze Wiederholung verdrießlich falle. Man legte
mir sonderlich die Bekanntschaft mit gewissen Leuten, in die ich
zufälligerweise gekommen war, zur Last. Doch hatte ich es dabei
Dero Gütigkeit zu danken, daß mir andere Verdrießlichkeiten, an
denen einige Schulden Ursache waren, nicht so heftig vorgeruckt
wurden. Ich blieb ein ganzes Vierteljahr in Kamenz, wo ich weder
müßig noch fleißig war. Gleich von Anfange hätte ich meiner
Unentschließigkeit, welches Studium ich wohl erwählen wollte,
erwähnen sollen. Man hatte derselben nun über Jahr und Tag
nachgesehn. Und Sie werden sich zu erinnern belieben, gegen
was ich mich auf Ihr dringendes Anhalten erklärte. Ich wollte
Medicinam studieren. Wie übel Sie aber damit zufrieden waren,
will ich nicht wiederholen. Bloß Ihnen zu Gefallen zu leben
erklärte ich mich noch überdieses, daß ich mich nicht wenig auf
Schulsachen legen wollte, und daß es mir gleich sein würde, ob
ich einmal durch dieses oder jenes fortkäme. In diesem Vorsatze
reiste ich wieder nach Leipzig. Meine Schulden waren bezahlt,
und ich hätte nichts weniger vermutet, als wieder darein zu verfallen. Doch meine weitläufige Bekanntschaft und die Lebensart,
die meine Bekannten an mir gewohnt waren, ließen mich an
eben dieser Klippe nochmals scheitern. Ich sahe allzudeutlich,
wenn ich in Leipzig bleibe, so werde ich nimmermehr mit dem,
was mir bestimmt ist, auskommen können. Der Verdruß, den ich

hatte, Ihnen neue Ungelegenheit zu verursachen, brachte mich auf den Entschluß, von Leipzig wegzugehen. Ich erwählte Berlin gleich anfangs zu meiner Zuflucht. Es mußte sich wunderlich schicken, daß mich gleich zu der Zeit Herr Lessing aus Wittenberg besuchte. Ich reisete mit ihm nach kurzer Zeit dahin ab, einige Tage mich daselbst aufzuhalten und umzusehn, und alsdann noch zur Sonnenfinsternis in Berlin zu sein. Aber ich ward krank. Ich bin mir niemals selbst zu einer unerträglichern Last gewesen als damals. Doch ich hielt es einigermaßen vor eine göttliche Schickung; wenn es nicht was Unanständiges ist, daß man auch in solchen kleinen und geringen Sachen sich auf sie berufen will. Nach meiner Genesung beschloß ich mit des Herrn Vaters Einwilligung in Wittenberg den Winter über zu verbleiben und hoffte gewiß, dasjenige wieder zu ersparen, was ich in Leipzig zugesetzt hatte. Doch ich wurde bald gewahr, daß das, was in meiner Krankheit und durch andre Umstände, die ich aber jetzo verschweigen will, aufgegangen war, mehr als ein Quartal Stipendia ausmachte. Der alte Vorsatz wachte also bei mir wieder auf, nach Berlin zu gehen. Ich kam und bin noch da, in was vor Umständen, wissen Sie selbst am besten. Ich hätte längst unterkommen können, wenn ich mir, was die Kleidung anbelangt, ein besseres Ansehen hätte machen können. Es ist dieses in einer Stadt gar zu nötig, wo man meistens den Augen in Beurteilung eines Menschen trauet. Nun beinahe, vor einem Jahr, hatten Sie mir eine neue Kleidung zu versprechen die Gütigkeit gehabt. Sie mögen daraus schließen, ob meine letzte Bitte allzu unbesonnen gewesen ist. Sie schlagen mir es ab unter dem Vorwande, als ob ich, ich weiß nicht wem zu Gefallen, hier in Berlin wäre. Ich will nicht zweifeln, daß meine Stipendia wenigstens noch bis Ostern dauern sollten. Ich glaube also, daß meine Schulden genugsam damit können bezahlt werden. Aber ich sehe wohl, daß die nachteilig gefaßte Meinung von einem Menschen, der, wenn er mir auch sonst nie Gefälligkeiten erzeugt hätte, mir sie doch gewiß jetzo erzeugt, da sie mir just am nötigsten sind, daß, sage ich, diese nachteilig gefaßte Meinung die vornehmste Ursache ist, warum sie mir in meinen Unternehmungen so sehr zuwider sind. Es scheint ja, als wenn Sie ihn vor einen Abscheu aller Welt hielten. Geht dieser Haß nicht zu weit? Mein Trost ist, daß ich in Berlin eine Menge rechtschaffner und vornehmer Leute finde, die ebensoviel aus ihm machen als ich. Doch Sie sollen sehn, daß ich nicht an ihn gebunden bin. Sobald als ich eine nochmalige Antwort von Ihnen erhalte, worinne Sie mir eben das sagen, was ich aus dem letzten Briefe habe schließen müssen, will ich mich ungesäumt von Berlin wegbegeben. Nach Hause komme ich nicht. Auf Universitäten gehe ich jetzo auch nicht wieder, weil außerdem die Schulden mit meinen Stipendiis nicht können bezahlt werden und ich Ihnen diesen Aufwand nicht zumuten kann. Ich gehe ganz gewiß nach Wien, Hamburg oder Hannover. Doch können Sie versichert sein, daß ich, ich mag sein wo ich will, allezeit schreiben und niemals die Wohltaten vergessen werde, die ich von Ihnen solange genossen. Ich finde an allen drei Örtern sehr gute Bekannte und Freunde von mir. Wenn ich auf meiner Wanderschaft nichts lerne, so lerne ich mich doch in die Welt schicken. Nutzen genung! Ich werde doch wohl noch an einen Ort kommen, wo sie so einen Flickstein brauchen wie mich. Darf ich noch was bitten, so ist es dieses, daß Sie gewiß glauben mögen, daß ich meine Eltern allezeit so sehr wie mich geliebt habe. [...]

Durch meine Entfernung von Berlin glaube ich Ihnen kein geringes Merkmal meines Gehorsams zu geben, der ich auch zeitlebens verharren werde Dero gehorsamster Sohn

Lessing

DER ZWANZIGJÄHRIGE
AN DEN VATER

Berlin, den 30. Mai 1749

Hochzuehrender Herr Vater,
Ich habe den Koffer mit den spezifizierten darinen enthaltenen Sachen richtig erhalten. Ich danke Ihnen für diese große Probe Ihrer Gütigkeit, und ich würde in meinem Danke weitläufiger sein, wenn ich nicht, leider, aus allen Ihren Briefen gar zu deutlich schließen müßte, daß Sie eine Zeitlang her gewohnt sind, das Allerniedrigste, Schimpflichste und Gottloseste von mir zu denken, sich zu überreden und überreden zu lassen. Notwendig muß Ihnen also auch der Dank eines Menschen, von dem Sie so vorteilhafte Meinungen hegen, nicht anders als verdächtig sein. Was soll ich aber dabei tun? Soll ich mich weitläufig entschuldigen? Soll ich meine Verleumder beschimpfen und zur Rache ihre Blöße aufdecken? Soll ich mein Gewissen – soll ich Gott zum

Zeugen anrufen? Ich müßte weniger Moral in meinen Handlungen anzuwenden gewohnt sein, als ich es in der Tat bin, wenn ich mich so weit vergehen wollte. Aber die Zeit soll Richter sein. Die Zeit soll es lehren, ob ich Ehrfurcht gegen meine Eltern, Überzeugung in meiner Religion und Sitten in meinem Lebenswandel habe. Die Zeit soll lehren, ob der ein beßrer Christ ist, der die Grundsätze der christl. Lehre im Gedächtnis und oft, ohne sie zu verstehen, im Munde hat, in die Kirche geht und alle Gebräuche mitmacht, weil sie gewöhnlich sind; oder der, der einmal klüglich gezweifelt hat und durch den Weg der Untersuchung zur Überzeugung gelangt ist oder sich wenigstens noch dazu zu gelangen bestrebet. Die christliche Religion ist kein Werk, das man von seinen Eltern auf Treue und Glaube annehmen soll. Die meisten erben sie zwar von ihnen ebenso wie ihr Vermögen, aber sie zeugen durch ihre Aufführung auch, was für rechtschaffne Christen sie sind. So lange ich nicht sehe, daß man eins der vornehmsten Gebote des Christentums, seinen Feind zu lieben, nicht besser beobachtet, so lange zweifle ich, ob diejenigen Christen sind, die sich dafür ausgeben. [...]

er spätere Philosoph und »Magus aus Norden« Johann Georg Hamann (1730 bis 1788) studiert zunächst unter anderem Theologie. Ein Pastor Blank rät ihm, bei einer baltischen Adelsfamilie in Livland die Stelle eines Hauslehrers anzunehmen. Von 1756 bis 1758 hält er sich in London auf. Im nachfolgend abgedruckten Brief bittet der Sohn den Vater, den beliebten Königsberger Bader und Wundarzt Johann Christoph Hamann (1697 bis 1766), um diesbezügliche Erlaubnis.

Hamann, der Generation des Sturm und Drang angehörend, empfindet die rationale Kultur der Aufklärung als kalt und nichtssagend und wird zum Verfechter »magischer Lebenskräfte«. Seine Ideen beeinflussen auch Herder, Goethe, Jean Paul und die Romantiker.

JOHANN GEORG HAMANN, 22,
AN DEN VATER

[1752]

Sie haben Ihre Ungeduld, geehrtester Vater, so oft merken lassen, die Früchte ihrer Erziehung, für die ich niemals erkenntlich genug werde sein können, an mir zu erleben, daß ich selbst derjenigen Lebensart, die Sie mir vorgeworfen haben, anfange überdrüssig zu werden. Ich habe mich daher längst nach einem Wege umgesehen, der mich weiter führte, als ich bisher gekommen bin. Es fehlt an nichts als an Ihrer Erlaubnis, daß ich mich jetzt entschließe. Ich halte es daher für meine Pflicht, diese Erlaubnis schriftlich von Ihnen zu erbitten, da ich eine Gelegenheit finde, die mit meinen Absichten und Ihren Wünschen ziemlich übereinkommt.

Sie kennen die Neigung, die ich Ihnen mehr als einmal entdeckt habe; und ich versichere Sie, daß ich niemals mit mir zufrieden sein könnte, in welchen Stand ich auch gesetzt würde, wenn ich auf der Welt sein müßte, ohne von derselben mehr als mein Vaterland zu kennen. Ich habe diesem Triebe zu reisen gemäß mein Studieren eingerichtet und mich daher nicht sowohl auf eine besondere Wissenschaft, die mir zum Handwerke dienen könnte, sondern vielmehr auf einen guten Geschmack in der Gelehrsamkeit überhaupt gelegt. So sehr wir Ursache haben,

Gott für das Gute zu danken, das er uns durch Sie hat zufließen lassen, so reicht doch weder Ihr Vermögen zu, daß ich meinen Vorsatz auf Ihre Unkosten ausführen könnte, und ich halte mein Alter selbst noch nicht reif genug dazu. Ich kann mir gleichfalls nicht schmeicheln, in Königsberg eine vorteilhafte Gelegenheit zu meinem Endzweck zu finden, weil dem hiesigen Adel selbst diese Freiheit ziemlich beschnitten ist. Ebensowenig kann ich mir versprechen, so lange ich hier in meiner lieben Eltern Haus bleibe, geschickt genug zum Umgang der Welt zu werden. Sie werden daher von selbst einsehen, daß mir eine kleine Ausflucht am besten dienen würde, mich selbst führen zu lernen, indem ich mich andere zu führen brauchen lasse. So schlecht das Vertrauen ist, das Sie mich auf meinen Verstand und mein Herz zu setzen gelehrt haben, so darf ich doch nicht verzweifeln, daß die Freiheit, mich meiner Gemütskräfte zu gebrauchen, dieselben verbessern möchte. Diese Freiheit zu denken und zu handeln muß uns wert sein, denn sie ist ein Geschenk des Höchsten und ein Vorrecht unseres Geschlechts und der Grund wahrer Tugenden und Verdienste. Gott selbst hat uns den Gebrauch derselben zugestanden, und ich schmeichle mir, daß Sie dieselben bei meiner Erziehung niemals aus den Augen gelassen haben. Die Eingriffe, die ein menschliches Ansehen in unsere Freiheit tut, bringen uns entweder zu einer Unempfindlichkeit, die niederträchtig oder verzweifelnd ist, oder zur Heuchelei. Die Sittenlehrer bestätigen diese Wahrheit mit dem Beispiele ganzer Völker [...]

Eine Veränderung des Ortes und der Lebensart ist mir bei meinen jetzigen Jahren und nach meinen Umständen unentbehrlich. Nichts wird mich bewegen, mich hier in etwas einzulassen, das mich an Königsberg binden sollte. Ich werde hier zu nichts weder Geschicklichkeit noch Lust jemals bekommen. Wenn gewisse Neigungen gar zu tief in uns stecken, so dienen sie öfters der Vorsehung zu Mitteln, uns glücklicher, wo nicht, doch klüger zu machen. Ich weiß, daß Ihnen an dem einen bei mir so viel gelegen ist als an dem andern.

Ihre Zweifel, die Sie gegen diese Reise hegen werden, sind, wie ich gewiß versichert bin, in Ihrer Liebe zu mir begründet. Für einige derselben danke ich Ihnen, und einige erkenne ich für ebenso wichtig wie Sie. Ich gestehe es, daß mir die Ausübung vieler guten Lehren, die Sie mir gegeben haben, schwer werden wird, weil ich sie lange aufgeschoben habe. Alles dieses muß ich

mir auch bei der glücklichsten Veränderung zum Voraus versprechen; es dürfte mir aber nicht so beschwerlich werden, als wenn
Ihrer Seite weniger und von meiner mehr Zweifel wären, weil
unsere eigene Wahl uns mutiger in unsern Unternehmungen
macht.

icht lassen von seiner Sophie Gutermann mochte Christoph Martin Wieland (1733 bis 1813). Der kommende Schriftsteller und Lyriker hatte sich in das Mädchen Hals über Kopf verliebt und schwärmte jahrelang von ihr. Doch sie heiratete den damaligen mainzischen Hofrat Michael Frank von Lichtenfels, genannt La Roche. Später wurde sie selber als Unterhaltungsschriftstellerin bekannt; ihre Tochter war Maximiliane Brentano, ihre Enkelin Bettina Brentano.

Die Eltern Wieland, besonders der Vater, betrachteten die Idealisierungen des Sohnes mit äußerstem Mißtrauen. Die Mutter allerdings, eine sanfte und kluge Frau, nahm ihn immer wieder in Schutz. Sie war im übrigen sehr sparsam; wie Wieland einmal schreibt, schüttete sie Reste aus Arzneiflaschen zusammen, weil sie nichts verkommen lassen wollte. Nach Ansicht des erwachsenen Sohnes ging sie ähnlich auch mit ihren Gefühlen um.

CHRISTOPH MARTIN WIELAND, 18, AN DIE MUTTER

[o. D.; um 1751]

Daß mein lieber Papa meiner Unbeständigkeit zutraut, daß ich einmal aufhören könnte, meine Sophie zu lieben, ist mir sehr leid. Niemalen bin ich ihr mehr eigen gewesen als jetzt. Tausend Leben, wenn ich so viel hätte, wären nicht zu viel, sie um eine so unschätzbare Person aufzuopfern. Die ganze Welt ist mir ein Nichts gegen meine englische und mehr als englische Sophie. Millionenmal lieber zu ihren Füßen sterben, als alle Kronen der Erde ohne sie besitzen. Sie hat ein unschätzbares Herz. So phantastisch als dieses meinem lieben Papa vorkommt, so lieb wäre es mir, wenn er gewiß seyn könnte, daß ich keinen Augenblick ohne die Liebe meiner Unvergleichlichen leben will. Ich bin gewiß, daß die Vorsicht uns nicht verlassen wird; aber wenn ich ihrer beraubt werden sollte, so schwöre ich auf das Heiligste, daß ich mein Unglück *partout* nicht überleben will. Verzeihen Sie mir, meine theure Mama, diese Gedanken, welche von einer edlen *Passion* kommen, die nur mit dem Tode meiner Seele aufhören kann. [...] Die Verse von meiner Geliebten sind unvergleichlich, und ihre Gedanken und Empfindungen zu haben zärtlich und eng-

lisch, daß ich ganz durchdrungen von Vergnügen und Hochachtung bin. O Himmel, ich soll aufhören können, eine so anbe-
tungswürdige Person zu lieben? Wäre ich wol der Wirklichkeit
mehr werth, wenn ich es thun könnte? [...] Daß mein liebster
Papa den Weg, durch meine Sophie der Glückseligste zu werden,
vor schwer hält, dünkt mich zu kleingläubig. Ich werde an meinen
Pflichten durch den Beistand Gottes nichts fehlen lassen; und
gesetzt, die Fr. v. G. und Fr. Pred. Z. [?] und andere solche Körper
ohne Seele sind mir feind, ja gesetzt, ich habe gar keine Gönner,
so ist es doch ein vollkommen weises liebreiches und mächtiges
Wesen auf unserer Seite und wird vor uns sorgen; und dieses gilt
Millionenmal mehr als die Gunst aller Fürsten der Welt. Wehe
dem, der dieses nicht glauben kann! Ich danke Gott, daß ich es
nicht nur glaube, sondern gewiß weiß.

ls liebevoller, aber durchaus bestimmender Sohn erweist sich Johann Wolfgang von Goethe (1749 bis 1832) in den hier wiedergegebenen Briefen. Der drei Jahre später Geadelte kündigt darin seinen Besuch, gemeinsam mit Herzog Karl August von Sachsen-Weimar, an und erteilt regelrecht Anweisungen, wie der Haushalt – wahrscheinlich für seinen Geburtstag – herzurichten sei.

Die Mutter, Katharine Elisabeth geborene Textor (1731 bis 1808), die »Frau Aja«, war eine vitale, humorvolle Frau und »Menschenfängerin«; sie schreibt einmal an ihren Enkel August von Goethe (siehe auch Seite 150): »Dein Vater hat mir nie, nie Kummer oder Verdruß verursacht.« Überhaupt liebte Mutter Goethe die fröhlichen Seiten des Lebens. »Eine äußerst merkwürdige Frau«, meint die Zeitgenossin Ernestine Voß, »im 72. Jahr rot geschminkt, die Stirn voll dunkelbrauner Locken, kurze Ärmel bis eine Hand breit über den Ellbogen, aber weit gefehlt, daß man Lust hat, ihr das übel zu nehmen. Sie hat eine eigene Gabe, alles was auf Erden zu genießen ist, zu genießen, und das Unangenehme von sich wegzuschieben.« Die Frau Rat Goethe sagt über sich selber: »Ich werde von so vielen Menschen geliebt, geehrt, gesucht, daß ich mir oft selbst ein Räthsel bin und nicht weiß was die Leute an mir haben.«

JOHANN WOLFGANG GOETHE, 29,
AN DIE MUTTER

[1779]

Mein Verlangen Sie einmal wiederzusehen, war bisher immer durch die Umstände in denen ich hier mehr oder weniger nothwendig war, gemäsigt. Nunmehr aber kann sich eine Gelegenheit finden, darüber ich aber vor allem das strengste Geheimniß fordern muß. Der Herzog hat Lust den schönen Herbst am Rein zu genießen, ich würde mit ihm gehen und der Cammerherr Wedel. wir würden bey Euch einkehren wenige Tage dableiben um den Meßfreuden auszuweichen dann auf dem Wasser weiter gehn. Dann zurück kommen und bey euch unsre Städte aufschlagen um von da die Nachbaarschafft zu besuchen. Wenn sie dieses prosaisch oder poetisch nimmt so ist dieses eigentlich das Tüpfgen aufs i, eures vergangnen Lebens, und ich käme das erstemal ganz wohl und vergnügt und so ehrevoll als möglich in mein Vaterland zurück. Weil ich aber auch mögte daß, da an den Bergen Samariä der Wein so schön gediehen ist auch dazu gepfiffen würde, so wollt ich nichts als daß Sie und der Vater offne und feine Herzen hätten uns zu empfangen, und Gott zu danken der Euch euren Sohn im dreisigsten Jahr auf solche Weise wiedersehen läßt. Da ich aller Versuchung widerstanden habe von hier wegzuwitschen und Euch zu überraschen, so wollt ich auch diese Reise recht nach Herzenslust genießen. Das unmögliche erwart ich nicht. Gott hat nicht gewollt daß der Vater die so sehnlich gewünschten Früchte die nun reif sind genießen solle, er hat ihm den Apetit verdorben und so seys. ich will gerne von der Seite nichts fordern als was ihm der Humor des Augenblicks für ein Betragen eingiebt. Aber Sie mögt ich recht fröhlich sehen, und ihr einen guten Tag bieten wie noch keinen. ich habe alles was ein Mensch verlangen kan, ein Leben in dem ich mich täglich übe und täglich wachse, und komme diesmal gesund, ohne Leidenschafft, ohne Verworrenheit, ohne dumpfes Treiben, sondern wie ein von Gott geliebter, der die Hälfte seines Lebens hingebracht hat, und aus vergangnem Leide manches Gute für die Zukunft hofft, und auch für künftiges Leiden die Brust bewährt hat, wenn ich euch vergnügt finde, werd ich mit Lust zurück kehren an die Arbeit und die Mühe des Tags die mich erwartet. Antworte Sie mir im ganzen Umpfang sogleich – wir kommen allenfalls in der Hälfte Septembers das nähere bis auf den kleinsten Umstand soll Sie wissen wenn ich nur Antwort auf dies habe. Aber ein unverbrüchlich Geheimniß vor der Hand auch gegen den Vater Mercken Bölling pp allen muß unsre Ankunft Überraschung sein. ich verlasse mich drauf. Hier vermuthet noch niemand nichts.

d. 9. Aug. 1779   G.

[Mitte August 1779]

So eine Antwort wünscht ich von Ihr, liebe Mutter, ich hoffe es soll recht schön und herrlich werden. Also eine nähere Nachricht von unsrer Ankunft. Ohngefähr in der Hälfte September treffen wir ein und bleiben ganz still einige Tage bey Euch. Denn weil der Herzog seine Tanten und Vettern, die auf der Messe sein werden, nicht eben sehen möchte, wollen wir gleich weiter und auf dem Mayn und Rhein hinab schwimmen. Haben wir unsre Tour vollendet, so kommen wir zurück und schlagen in forma unser Quartier bey Ihr auf, ich werde alsdenn alle meine Freunde und Bekannte beherzigen, und der Herzog wird nach Darmstadt gehen und in der Nachbaarschafft einigen Adel besuchen. Unser Quartier wird bestellt wie folgt. Für den Herzog wird im kleinen Stübgen ein Bette gemacht, und die Orgel wenn sie noch da stünde hinausgeschafft. Das große Zimmer bleibt für Zuspruch, und das Entrée zu seiner Wohnung. Er schläft auf einem saubern Strohsack, worüber ein schön Leintuch gebreitet ist unter einer leichten Decke.

Das Papier schlägt durch drum fahr ich hier fort.

Das Caminstübgen wird für seine Bedienung zurecht gemacht ein Matraze Bette hinein gestellt. Für Herrn v. Wedel wird das hintere Graue Zimmer bereitet auch eine Matraze Bette pp.

Für mich oben in meiner alten Wohnung auch ein Strohsack pp. wie dem Herzog.

Essen macht Ihr Mittags, vier Essen, nicht mehr noch weniger, kein Geköch, sondern eure bürgerlichen Kunststück aufs beste, was Ihr frühmorgens von Obst schaffen könnt wird gut seyn. Darauf reduzirt sichs also daß wir das erstemal wenn wir ankommen iedermann überraschen, und ein paar Tage vorbeygehn eh man uns gewahr wird, in der Messe ist das leicht. In des Herzogs Zimmern thu sie alle Lustres heraus, es würde ihm lächerlich vorkommen. Die Wandleuchter mag sie lassen. Sonst alles sauber wie gewöhnlich und ie weniger anscheinende Umstände ie besser. Es muß Ihr seyn als wenn wir 10 Iahr so bey Ihr wohnten. Ihre Silbersachen stellt sie dem Herzog zum Gebrauch hin, Lavor, Leuchter pp. keinen Caffe und dergleichen trinkt er nicht. Für Bedienten oben im Gebrochnen Dach bey unsren Leuten sorgt sie für ein oder ein Paar Lager. Wedel wird Ihr sehr behagen, der ist noch besser als alles was sie von uns Mannsvolck gesehen hat.

Also immer ein tiefes Stillschweigen, denn noch weis kein Mensch hier ein Wort. Was Ihr noch einkommt schreibe sie mir. Ich will auf alles antworten, damit alles recht gut vorbereitet werde.

Mer[c]k darf noch nichts wissen.

on der ersten Italienreise mit seinem Vater schreibt der gerade vierzehnjährige Wolfgang Amadeus Mozart (1756 bis 1791) an die daheim gebliebene Mama Anna Mozartin kleine muntere Nachschriften zu Briefen Vater Leopolds. Er ist bereits weltberühmt; Fürsten und der Papst feiern ihn. Daß der Kleine nicht »durchdreht« – und das geht aus seinen Briefen hervor –, ist fast ein Wunder; vielleicht liegt das am Einfluß des Vaters, der in der Ausbildung und der Unterstützung des Sprößlings seine Lebensaufgabe sieht. Auch die späteren Briefe, drastisch, derb, fröhlich, phantasievoll und ehrlich, zeigen »den ganzen Mozart«.

Am 3. Juli 1778 stirbt die Mutter in Paris. Mozart greift zu einem »Trick«: Er kündigt dem Vater den möglichen Tod der Mutter an, als diese in Wahrheit schon tot ist. 1781 entflieht er seinem Dienstherrn, dem tyrannischen Erzbischof von Salzburg, endgültig; das nimmt auch dem Vater die Existenzgrundlage. 1782 heiratet er Konstanze Weber. 1787 stirbt Leopold Mozart, verbittert und verarmt; er wird aber noch Zeuge der musikalischen Erfolge des großen Sohnes.

WOLFGANG AMADEUS MOZART, 14,
AN DIE MUTTER

[zwei von zahlreichen Nachschriften zu Briefen des Vaters]

[Mailand, 10. Februar 1770]

Wen man die Sau nent so komt sie gerent: ich bin wohlauf got lob und danck, und kan kaum die stunde erwarten, eine antwort zu sehen, ich küsse der mama die hand, und meiner schwester schicke ich ein bladermades busel, und bleibe der nehmliche... aber wer?... der nehmliche hanswurst,

Wolfgang in Teütschland *Amadeo* in *italien De Mozartini*

[Rom, 14. April 1770]

Ich bin got lob und danck Samt meiner miserablen feder gesund, und küsse die mama und die nanerl tausend oder 1000 mahl. Nb: ich wünschte nur das meine schwester zu Rom wäre, dan ihr wurde diese stadt gewis wohlgefahlen, indem die peterskirchen Regulair und viele andere sachen zu Rom Regulaire sind. die schönsten blumen tragens iezt vorbey, den augenblicke sagte es mir der papa. Ich bin ein nar, das ist bekandt, o ich habe eine noth, in unsere quartier ist nur ein bet, das kan die mama sich leicht einbilden, das ich beym papa keine ruhe habe, ich frey mich auf das neüe quartier. jezt hab ich Just den hl: petrus mit den schlissel samt den hl: paulus mit den schwerdt und samt den hl: lucas mit meiner schwester ec:ec: abgezeichnet, ich habe die ehr gehabt den hl: petrus seinen fus zu sanct pietra zu küssen, und weil ich das unglück habe so klein zu seyn, so hat man mich dan als den nehmlichen alten fechsen

Wolfgang Mozart hinauf gehebt

DER EINUNDZWANZIGJÄHRIGE
AN DEN VATER

[1777]

Allerliebster Papa!

Ich kann nicht Poetisch schreiben; ich bin kein dichter, ich kann die redensarten nicht so künstlich eintheilen, daß sie schatten und licht geben; ich bin kein mahler. ich kann sogar durchs deüten und durch Pantomime meine gesinnungen und gedancken nicht ausdrücken; ich bin kein tanzer. ich kan es aber durch töne; ich bin ein Musikus. ich werde auch morgen eine ganze gratulation sowohl für dero Namens- als geburtstag bey Cannabich auf dem Clavier spiellen. für heüte kann ich nichts als ihnen, Mon tres cher Pere, alles vom ganzen herzen wünschen, was ich ihnen alle tage, Morgens und abends wünsche. gesundheit, langes leben, und ein fröhliches gemüth. ich hoffe auch, daß sie iezt weniger verdruß haben, als da ich noch in Salzburg war; denn ich muß bekennen, daß ich die einzige ursach war. man gieng mit mir schlecht um; ich verdiente es nicht. sie nahmen natürlicherweis antheil — — aber zu sehr. sehen sie, das war auch die gröste und wichtigste ursache

warum ich so vom Salzburg weg eilte. ich hoffe auch mein
wunsch ist erfüllet. Nun muß ich mit einer Musikalischen gratulation schliessen. ich wünsche ihnen, daß sie so vielle jahre leben
möchten, als man jahre braucht, um gar nichts neües mehr in der
Musick machen Zu können. Nun leben sie recht wohl; ich bitte sie
recht unterthänig mich noch ein bischen lieb zu haben, und mit
diesen schlechten glückswunsch unterdessen verlieb zu nehmen,
bis in meinem engen und kleinen Verstands-kasten neüe schub-
laden gemacht werden, wo ich den verstand hinthun kann, den
ich noch zu bekommen im sinn habe. ich küsse dem Papa 1000
mahl die hände, und verbleibe bis in Tod

Mon tres cher Pere
gehorsamster sohn wolfgang Amade Mozart
Mannheim den 8:^{ten} Nov:^{bre} 1777

DER ZWEIUNDZWANZIGJÄHRIGE
AN DIE MUTTER IN MANNHEIM

[31. Januar 1778]

Madame Mutter!
Ich esse gerne Butter,
Wir sind Gott lob und Dank
Gesund und gar nicht krank.
Wir fahren durch die Welt,
Haben aber nit viel Geld;
Doch sind wir aufgeräumt
und keines von uns verschleimt.
Herr Wendling wird wohl böse seyn,
Daß ich kaum nichts geschrieben fein,
Doch wenn ich komm' über d' Rheinbrücke
So komm ich ganz gewiß zurücke
Und schreib die 4 Quartetti ganz
Damit er mich nicht heißt ein Schwantz.
Und das Concert spar ich mir nach Paris,
Dort schmier ichs her [...]
Die Wahrheit zu gestehen, so möcht ich mit den Leuten
Viel lieber in die Welt hinaus und in die große Weiten,
Als mit der Tac-gesellschaft, die ich vor mir seh,
So oft ich drauf gedenke, so thut mir der Bauch weh;

Doch muß es noch geschehen, wir müssen noch zusamm –
. . . .
Nun will ich mich nit mehr erhitzen
Mit meiner Poesie; nur will ich Ihnen sagen
Daß ich Montag die Ehre hab, ohne viel zu fragen,
Sie zu embrassieren und dero Händ zu küssen,
Doch werd' ich schon vorhero haben [. . .]

à dieu Mama

Worms den 1778ten Jenner. Anno 31

Dero getreues Kind
ich hab' den Grind
Trazom [Palindrom zu Mozart]

DER ZWEIUNDZWANZIGJÄHRIGE
AN DEN VATER

Mannheim, 7. Februar 1778

[. . .] Der Herr von Schiedenhofen hätte mir wohl durch Sie längst
Nachricht geben können, daß er im Sinn hat bald Hochzeit zu
halten; ich hätte ihm neue Menuett dazu komponiert. Ich wünsche ihm vom Herzen Glück. Das ist halt wiederum eine Geldhei-
rat, sonst weiter nichts. So möchte ich nicht heiraten: ich will
meine Frau glücklich machen und nicht mein Glück durch sie
machen. Drum will ich's auch bleiben lassen und meine goldene
Freiheit genießen, bis ich so gut stehe, daß ich Weib und Kinder
ernähren kann. Dem Herrn von Schiedenhofen war es notwendig, sich eine reiche Frau zu wählen; das macht sein Adel. Noble
Leute müssen nie nach Gusto und Liebe heiraten, sondern nur
aus Interesse und allerhand Nebenabsichten; es stünde auch
solchen hohen Personen gar nicht gut, wenn sie ihre Frau etwa
noch liebeten, nachdem sie schon ihre Schuldigkeit getan und
ihnen einen plumpen Majoratsherren zur Welt gebracht hat. Aber
wir arme, gemeine Leute, wir müssen nicht allein eine Frau
nehmen, die wir und die uns liebt, sondern wir dürfen, können
und wollen so eine nehmen, weil wir nicht nobel, nicht hochgebo-
ren und adlig und nicht reich sind, wohl aber niedrig, schlecht und
arm, folglich keine reiche Frau brauchen, weil unser Reichtum
nur mit uns ausstirbt; dann wir haben ihn im Kopf. Und diesen
kann uns kein Mensch nehmen, ausgenommen, man hauete uns
den Kopf ab, und dann – brauchen wir nichts mehr. [. . .]

Paris, 3. Juli 1778

Ich habe Ihnen eine sehr unangenehme und traurige Nachricht zu geben, die auch Ursach' ist, daß ich auf Ihren letzten, vom 11. datiert, nicht eher habe antworten können. Meine liebe Mutter ist sehr krank: sie hat sich, wie sie es gewohnt war, Ader gelassen, und es war auch sehr notwendig; es war ihr auch ganz gut darauf, doch einige Täge danach klagte sie Frost und auch gleich Hitzen, bekam den Durchlauf, Kopfwehe. Anfangs brauchten wir nur unsere Hausmitteln, antispasmotisch Pulver; wir hätten auch gerne das schwarze gebraucht, es mangelte uns aber, und wir konnten es hier nicht bekommen; es ist auch unter dem Namen *pulvis epilepticus* nicht bekannt. Weil es aber immer ärger wurde, sie hart reden konnte, das Gehör verlor, so daß man schreien mußte, so schickte der Baron Grimm seinen Doktor her. Sie ist sehr schwach, hat noch Hitzen und phantasiert; man gibt mir Hoffnung, ich habe aber nicht viel; ich bin nun schon lange Tag und Nacht zwischen Furcht und Hoffnung, ich habe mich aber ganz in Willen Gottes gegeben und hoffe, Sie und meine liebe Schwester werden es auch tun; was ist denn sonst für ein Mittel, um ruhig zu sein? Ruhiger, sage ich, denn ganz kann man es nicht sein; ich bin getröstet, es mag ausfallen, wie es will, weil ich weiß, daß es Gott, der alles (wenn's uns noch so quer vorkömmt) zu unserm Besten anordnet, so haben will; dann ich glaube (und dieses lasse ich mir nicht ausreden), daß kein Doktor, kein Mensch, kein Unglück, kein Zufall einem Menschen das Leben geben noch nehmen kann, sondern Gott allein; das sind nur die Instrumenten, deren er sich meistenteils bedienet und auch nicht allzeit; wir sehen ja, daß Leute umsinken, umfallen und tot sind. Wenn einmal die Zeit da ist, so nutzen alle Mitteln nichts: sie befördern eher den Tod, als sie ihn verhindern; wir haben es ja am seligen Freund Hefner gesehen. Ich sage dessentwegen nicht, daß meine Mutter sterben wird und sterben muß, daß alle Hoffnung verloren sei; sie kann frisch und gesund werden, aber nur wenn Gott will. Ich mache mir, nachdeme ich aus allen meinen Kräften um die Gesundheit und Leben meiner lieben Mutter zu meinem Gott gebetet habe, gerne solche Gedanken und Tröstungen, weil ich mich hernach mehr beherzt, ruhiger und getröst finde; denn Sie werden sich leicht vorstellen, daß ich dies brauche. Nun etwas anders! Verlassen wir diese Trauergedanken; hoffen wir, aber nicht zuviel; haben wir unser Vertrauen auf Gott und trösten wir uns mit diesem Gedanken, daß alles gut gehet, wenn es nach dem Willen des Allmächtigen geht, indem er am besten weiß, was uns allen sowohl zu unserm zeitlichen und ewigen Glück und Heil ersprießlich und nutzbar ist.

Ich habe eine Sinfonie, um das *Concert spirituel* zu eröffnen, machen müssen. An Fronleichnamstag wurde sie mit allem Applauso aufgeführt. Es ist auch, soviel ich höre, im *Courier de l'Europe* eine Meldung davon geschehen, sie hat also ausnehmend gefallen. Bei der Prob' war es mir sehr bange, dann ich habe mein Lebetag nichts Schlechters gehört. Sie können sich nicht vorstellen, wie sie die Sinfonie zweimal nacheinander heruntergehudelt und heruntergekratzt haben; mir war wahrlich ganz bang, ich hätte sie gerne noch einmal probiert, aber weil man allzeit so viel Sachen probiert, so war keine Zeit mehr; ich mußte also mit bangem Herzen und mit unzufriedenem und zornigem Gemüt ins Bette gehen. Den andern Tag hatte ich mich entschlossen, gar nicht ins Konzert zu gehen, es wurde aber abends gut Wetter, und ich entschlosse mich endlich mit dem Vorsatz, daß, wenn es so schlecht ging wie bei der Prob', ich gewiß aufs Orchester gehen werde und dem Herrn La Houssaye, erstem Violin, die Violin aus der Hand nehmen und selbst dirigieren werde. Ich bat Gott um die Gnade, daß es gut gehen möchte, indem alles zu seiner höchsten Ehre und Glori ist und ecce, die Sinfonie fing an, Raaff stund neben meiner, und gleich mitten im ersten Allegro war eine Passage, die ich wohl wußte, daß sie gefallen müßte; alle Zuhörer wurden davon hingerissen, und war ein großes Applaudissement. Weil ich aber wußte, wie ich sie schriebe, was das für einen Effekt machen würde, so brachte ich sie auf die Letzt noch einmal an. Da ging's nun da capo. Das Andante gefiel auch, besonders aber das letzte Allegro. Weil ich hörte, daß hier alle letzte Allegro wie die ersten mit allen Instrumenten zugleich und meistens unisono anfangen, so fing ich mit die zwei Violin allein piano nur acht Takt an, darauf kam gleich ein Forte, mithin machten die Zuhörer (wie ich's erwartete) beim Piano sch, dann kam gleich das Forte. Sie das Forte hören und die Hände zu klatschen war eins. Ich ging also gleich für Freude nach der Sinfonie ins Palais Royal, nahm ein gut's Gefrornes, bat den Rosenkranz, den ich versprochen hatte, und ging nach Haus, wie ich allzeit am liebsten zu Hause bin und auch allzeit am liebsten zu Hause sein werde oder bei einem guten, wahren, redlichen Teutschen, der, wenn er ledig ist, für sich als ein guter Christ gut lebt, wenn er verheiratet ist, seine Frau liebt und seine Kinder gut erzieht.

Nun gebe ich Ihnen eine Nachricht, die Sie vielleicht schon wissen werden, daß nämlich der gottlose und Erzspitzbub Voltaire sozusagen wie ein Hund, wie ein Vieh krepiert ist – das ist der Lohn! – Daß ich hier nicht gerne bin, werden Sie schon längst gemerket haben. Ich habe so viel Ursachen und die aber, weil ich jetzt schon einmal da bin, zu nichts nutzen. Bei mir fehlt es nicht und wird es niemalen fehlen, ich werde aus allen Kräften meine Möglichkeit tun. Nun, Gott wird alles gutmachen! Ich habe etwas im Kopf, dafür ich Gott täglich bitte. Ist es sein göttlicher Wille so, so wird es geschehen, wo nicht, so bin ich auch zufrieden; ich habe dann aufs wenigst doch das meinige getan. Wenn dies dann alles in Ordnung ist und so geschieht, wie ich es wünsche, dann müssen Sie erst das Ihrige dazu tun, sonst wäre das ganze Werk unvollkommen. Ich hoffe auch von Ihrer Güte, daß Sie es gewiß tun werden. Machen Sie sich nur jetzt keine unnütze Gedanken, dann um diese Gnade will ich Sie schon vorher gebeten haben, daß ich meine Gedanken nicht eher ins klare setze, als bis es Zeit ist.[. . .]

Nun leben Sie recht wohl. Haben Sie Sorg' auf Ihre Gesundheit, verlassen Sie sich auf Gott, da müssen Sie ja Trost finden; meine liebe Mutter ist in Händen des Allmächtigen [Die Mutter war schon tot]. Will er sie uns noch schenken, wie ich es wünsche, so werden wir ihm für diese Gnade danken; will er sie aber zu sich nehmen, so nutzt all unser Ängsten, Sorgen und Verzweifeln nichts. Geben wir uns lieber standhaft in seinen göttlichen Willen mit gänzlicher Überzeugung, daß es zu unserm Nutzen sein wird, weil er nichts ohne Ursache tut. Leben Sie also recht wohl, liebster Papa, erhalten Sie mir Ihre Gesundheit.

Paris, 9. Juli 1778

Ich hoffe, Sie werden bereitet sein, eine der traurigsten und schmerzhaftesten Nachrichten mit Standhaftigkeit anzuhören; Sie werden durch mein Letztes vom 3. in die Lage gesetzt worden sein, nichts Gutes hören zu dürfen. Den nämlichen Tag, den 3., ist meine Mutter abends um zehn Uhr einundzwanzig Minuten in Gott selig entschlafen; als ich Ihnen aber schriebe, war sie schon

im Genuß der himmlischen Freuden, alles war schon vorbei. Ich
schriebe Ihnen in der Nacht; ich hoffe, Sie und meine liebe
Schwester werden mir diesen kleinen und sehr nothwendigen
Betrug verzeihen, dann nachdem ich nach meinen Schmerzen
und Traurigkeit auf die Ihrige schloß, so konnte ich es ohnmög-
lich übers Herz bringen, Sie sogleich mit dieser schrecklichen
Nachricht zu überraschen. Nun aber, hoffe ich, werden Sie sich
beide gefaßt gemacht haben, das Schlimmste zu hören und nach
allen natürlichen und nun gar zu billigen Schmerzen und Weinen
endlich sich in den Willen Gottes zu geben und seine unerforschli-
che, unergründliche und allerweiseste Vorsehung anzubeten. Sie
werden sich leicht vorstellen können, was ich ausgestanden, was
ich für Mut und Standhaftigkeit notwendig hatte, um alles so nach
und nach immer ärger, immer schlimmer mit Gelassenheit zu
übertragen; und doch, der gütige Gott hat mir diese Gnade
verliehen, ich habe Schmerzen genug empfunden, habe genug
geweint. Was nutzte es aber? Ich mußte mich also trösten: machen Sie es auch so, mein lieber Vater und liebe Schwester!
Weinen Sie, weinen Sie sich recht aus, trösten Sie sich aber
endlich! Bedenken Sie, daß es der allmächtige Gott also hat
haben wollen, und was wollen wir wider ihn machen? Wir wollen
lieber beten und ihm danken, daß es so gut abgelaufen ist; dann
sie ist sehr glücklich gestorben. In jenen betrübten Umständen
habe ich mich mit drei Sachen getröstet, nämlich durch meine
gänzliche, vertrauensvolle Ergebung in Willen Gottes, dann
durch die Gegenwart ihres so leichten und schönen Tods, indem
ich mir vorstellte, wie sie nun in einem Augenblick so glücklich
wird, wie viel glücklicher daß sie nun ist als wir, so daß ich mir
gewunschen hätte, in diesem Augenblick mit ihr zu reisen. Aus
diesem Wunsch und aus dieser Begierde entwickelte sich endlich
mein dritter Trost, nämlich, daß sie nicht auf ewig für uns verloren
ist, daß wir sie wiedersehen werden, vergnügter und glücklicher
beisammen sein werden als auf dieser Welt. Nur die Zeit ist uns
unbekannt, das macht mir aber garnicht bang; wann Gott will,
dann will ich auch. Nun, der göttliche, allerheiligste Wille ist
vollbracht; beten wir also einen andächtigen Vaterunser für ihre
Seele, und schreiten wir zu andern Sachen; es hat alles seine Zeit.
Ich schreibe dieses im Hause der Madame d'Epinay und des
Monsieur Grimm, wo ich nun logiere, ein hübsches Zimmerl mit
einer sehr angenehmen Aussicht habe und, wie es nur immer

mein Zustand zuläßt, vergnügt bin. Eine große Hilfe zu meiner möglichen Zufriedenheit wird sein, wenn ich hören werde, daß mein lieber Vater und meine liebe Schwester sich mit Gelassenheit und Standhaftigkeit gänzlich in den Willen des Herrn geben, sich ihm von ganzem Herzen vertrauen in der festen Überzeugung, daß er alles zu unserm Besten anordnet. Allerliebster Vater, schonen Sie sich! Liebste Schwester, schone Dich! Du hast noch nichts von dem guten Herzen deines Bruders genossen, weil er es noch nicht imstande war. Meine liebste Beide! habt Sorge auf Eure Gesundheit, denket, daß Ihr einen Sohn habt, einen Bruder, der all seine Kräfte anwendet, um Euch glücklich zu machen, wohl wissend, daß Ihr ihm auch einstens seinen Wunsch und sein Vergnügen, welches ihm gewiß Ehre macht, nicht versagen werdet und auch alles anwenden werdet, um ihn glücklich zu sehen. O, dann wollen wir so ruhig, so ehrlich, so vergnügt (wie es nur immer auf dieser Welt möglich ist) leben und endlich, wenn Gott will, dort wieder zusammenkommen, wofür wir bestimmt und erschaffen sind. [...]

om Gänsehirten zum europäischen Denker, so könnte man das Leben Johann Gottlieb Fichtes (1762 bis 1814) überschreiben. Der nachmalige, weit über Kant hinauswachsende Verfechter der systematischen Transzendentalphilosophie und Erkenntnistheorie, der die Deutschen in den Befreiungskriegen anfeuerte, wuchs als Sohn eines armen Leinwebers und Bandwirkers auf. Wegen seines wachen Verstandes und seines guten Gedächtnisses fiel er dem Gutsbesitzer Freiherrn von Miltitz auf, der ihn auf Schulen schickte. So kam Fichte 1774 nach Schulpforta, wo er bis 1780 blieb. Nach dem Tod seines Mäzens erkämpfte er sich, teilweise als Hauslehrer arbeitend, ein Studium in Jena, Zürich und Leipzig.

Der Brief des Zwölfjährigen zeichnet ein Bild des damaligen Schullebens und bezeugt die Armut von Fichtes Vater, der dem Sohn Strumpfbänder zum Verschenken an die Mitschüler schikken möchte, aber leider keinen Pfennig übrig hat.

Auch Fichte selbst hatte später seine liebe Not, sich durchzubringen; noch 1790 war er »von einem Tag zum anderen verlegen um Brot«.

JOHANN GOTTLIEB FICHTE, 12, AN DEN VATER

[1775]

Herzliebster Vater

Euren Brief habe ich erst heute, als den 1 Aprill erhalten. Ich habe bisher mit Schmerzen gewartet, und fast vor Freuden wurde ich außer mir als ich hörte es sey ein Brief an mich da, denn ich glaubte gewiß daß etwas darinn seyn würde. In etlichen Tagen ist der Examen aus welcher 14 Tage währet, und wo wir verschiedene Sachen ausarbeiten müßen, die nach Dreßden geschickt werden. Wir bekommen auch übermorgen die *Censuren*, da wir entweder wegen unseres Fleißes gelobt oder wegen unsrer Faulheit gescholten werden. Dieses wird nun alles nach Dreßden in die Regierung berichtet. Da ich nun gewiß weiß daß ich ein sehr gutes ja fast das beste Lob bekommen werde, so kostet mich doch auch dieses entsetzlich Geld. Denn es ist hier die fatale Gewohnheit daß wer eine gute *Censur* bekommt den 6. Obersten in seiner Classe und 5. Obersten am Tische jeden ein ganz Stück Kuchen kauffen muß welches 1 Gr. 3 Pf. kostet also zusammen 13 Gr. 9 Pf. Ob ich nun gleich dieses *Examen* 5 Gr. 6 Pf. verdient habe, so bleibt doch noch 8 Gr. 3 Pf. welche mir auch schon mein Ober-Geselle ein sehr hübscher Mensch, geborgt hat. Doch was ich übrigens verdiene langt kaum zu den vielen Wasser Krügen, welche man hier kauffen muß, denn die Untersten müßen Wasser holen, und mausen sich einander die Krüge dazu ganz entsetzlich welches ich aber nicht thun kann, denn es ist und bleibt gestohlen. Doch bey allen diesen kümmerlichen Dingen danke ich doch noch Gott daß ich keine Schulden, als die vorhinerzählten 8 Gr. 3 Pf. habe. Daß es Euch mein lieber Vater sehr schwer fallen werde, glaube ich wohl, doch sollte ich denn nicht noch so ein gutes Andenken bei meinen Freunden haben. Mein unschickliches Verhalten wegen des Briefes an Herrn Boden, glaube ich durch beygelegten Brief gut zu machen. An zwey Personen aber kann man auf einmal *Einen* Brief nicht schreiben. Doch noch eins, was schreibt ihr mir denn von 6. Geschwistern, ich habe gerechnet und gerechnet, bringe ihrer aber nur 5. heraus. Ihr schreibt mir von Strumpfbändern, ich weiß aber wohl nicht, ob es gut gethan seyn würde, denn leider fragt man hier nicht so viel nach desgleichen Sache, als nach Geld, ich würde auch noch dazu entsetzlich ausgehöhnt werden, wollt ihr aber so gut seyn und mir ein paar schicken, so wird es mir sehr angenehm seyn, nicht allein weil ich sie sehr notwendig brauche, sondern weil es mir auch ein sehr angenehmes Andenken an Euch verschaffen würde. Ich habe weil ich hier bin eine beständige Gesundheit gehabt. Grüßt meine liebe Mutter mein Geschwister und besonders Gottloben und sagt ihn er solle mir doch schreiben. Ich würde ihm auch schreiben, wenn es jetzo in *Examen* die Zeit litte. Lebet wohl.

P. S. Warum denn aber zur Oster Messe ihr könnt mir eure Briefe immer auf der Post *unfrancirt* schicken, denn das bezahl der Hr. *Rector*.

Johann Gottlieb Fichte

Pforte d. 1 Aprill 1775

S ohn eines Pfarrers in Wunsiedel war Jean Paul (1763 bis 1825), der eigentlich Johann Paul Friedrich Richter hieß. Der Vater starb früh und ließ die Familie in Armut zurück. Die Mutter, Sophia Rosine geborene Kuhn (1737 bis 1797), erbte zwar das Haus, doch wurde das Testament von Verwandten angefochten. Obwohl in bitterer Not lebend, kümmerte sie sich energisch um die Studien des Jungen, der indes bald der Theologie entfloh, viel »herumstudierte« und erste Satiren (»Die Grönländischen Prozesse«) veröffentlichte, deren Qualität er unter Berufung auf das Urteil des mit ihm befreundeten Pfarrers in Rehau auch der Mutter gegenüber verteidigte. Die ersten Erfolge versetzten Jean Paul in die Lage, von seinem Hauswirt Körner einen kleinen Garten zu mieten. Hier konnte er Zopfperücke, Halsbinde und Puder vergessen, sehr zum Mißfallen mancher Zeitgenossen, denen die Schicklichkeitsgebote jener späten Rokokozeit über alles gingen.

JEAN PAUL, 18,
AN DIE MUTTER

[1781]

Geliebte Mama!

Ich erwarte täglich Briefe von Ihnen; ich hoffe immer, um von Ihnen Nachricht von dem zu empfangen, was zeither vorgegangen ist, und das Geld zu erhalten, um das ich Sie gebeten habe. Allein ich erfare, ich sehe nichts von Ihnen – Sie lassen mich zwischen Furcht und Hoffnung. Ich hab' Ihnen schon neulich um Geld geschrieben; und da hab' ich schon viel geborgt gehabt; iezt hab' ich noch keines, ich borg' also immer fort. Aber auf was sol ich denn endlich warten? Sein Sie so gütig und verschaffen Sie mir Rat. Ich mus doch essen, und kan nicht unaufhörlich beim Trakteur borgen. Ich mus einheizen; wo sol ich aber Holz bekommen, ohne Geld? Ich kann ja nicht erfrieren. Für meine Gesundheit kan ich überhaupt nicht sorgen; ich habe weder Morgens noch Abends etwas Warmes. Ich habe Sie um 20 rtl. sächs. gebeten, iezt ist schon lange; wenn ich's bekommen werde, so werde ich kaum das bezalen können, was ich schon schuldig bin. Glauben Sie nicht, daß ich Sie unnötiger Weise um Geld bitten werde, um verschwenderisch leben zu können. – Ich weis wie

nötig Sie es iezt brauchen. Allein helfen Sie mir nur iezt; ich denke,
Sie sollen mir nachher mit Gottes Hülfe, lange nicht helfen dürfen. Es mus gehen; vielleicht hilft mir das Mittel, das ich im Kopfe
habe, zu Gelde. Allein iezt muß ich Geld haben; ich wüste warlich
nicht, was ich anfangen solte, wenn Sie mir entweder keines
schikken, oder mich doch lange warten liessen. – Nun was machen Sie denn iezt? Sind Sie schon in Hof? und wie geht's, und
wie gefällt's Ihnen darin? Was macht der Aktuarius in Schwarzenbach? was machen meine Brüder und mein Hund? Und wie
stehts iezt mit Ihrem Streite? Füret ihn der Aktuar noch, oder wer
hat ihn? gewinnen oder verlieren Sie? und haben Sie schon
geschworen? – Ich erwarte lauter Neuigkeiten von Ihnen; ich
wünsche, daß Sie nur nicht traurig sind. Schreiben Sie ja gleich;
ich wäre sonst in doppelter Furcht, sowol wegen des Geldes, als
auch wegen Ihnen. Nemen Sie Ihre Gesundheit in Acht; sein Sie
standhaft, und ertragen Sie die Leiden, die Sie vielleicht noch in
grosser Anzahl erwarten, mit Geduld und halten Sie meine Brüder zum Fleis an.

   Ich hoffe eine Antwort mit der ersten Post, und mit dem Gelde – denn warlich, ich schreib's noch einmal, ich wüste nicht was
ich anfangen solte – Leben Sie wol und vergnügt.
   Ich bin

                                    Ihr geh. Sohn J. P. F. Richter
Leipzig den 1. Dezember, 1781

DER ZWANZIGJÄHRIGE
AN DIE MUTTER

                                                         [1783]

Liebe Mama,
Verzeihen Sie, daß ich so lange nicht geschrieben und daß ich iezt
so kurz schreibe. Ich habe soviel zu tun, daß ich mich kaum rüren
kan und wenn ich nicht alle Kräfte anstrenge, so werde ich bis zu
Pfingsten gar nicht fertig. – Sie wollen wissen was ich für Bücher
schreibe? Es sind weder teologische noch iuristische; und wenn
ich Ihnen auch den Namen herseze, so ists Ihnen damit doch nicht
deutlich: *Satiren* oder spaßhafte Bücher sind es. – Fast muste ich
lachen, da Sie mir den erbaulichen Antrag thun, mich in Hof in
der Spitalkirche z. B. vor alten Weibern und armen Schülern mit

einer erbaulichen Predigt hören zu lassen. Denken Sie denn, es ist so viel Ehre, zu predigen? Diese Ehre kan ieder miserable Student erhalten, und eine Predigt kann einer im Traume machen. Ein Buch zu machen ist doch wol zehnmal schwerer. Übrigens wil ich Ihnen nur berichten, daß ieder Student wie ich in Hof gar nicht predigen darf, one vorher für 16 fl. in Bayreut die Erlaubnis dazu gekauft. [...] Leben Sie recht wol und schreiben Sie bald. Ich bin

                                    Ihr gehors. Son J. P. F. Richter
Leipzig den 3. April 1783

                                    [Leipzig, 14. April 1783]
Liebe Mama!
Ich habe Ihnen wenig zu schreiben; darum nehme ich nur ein Stükgen Papier – werden Sie daher nicht bös darüber, so wie Sie es über meinen vorigen Brief wurden. Sie haben mir eine Straf-predigt gehalten, damit ich in Hof eine Bußpredigt halten sol. Sie glauben, es ist so leicht ein satirisches Buch zu schreiben. Denken Sie denn daß alle Geistliche in Hof eine Zeile von meinem Buche verstehen geschweige machen können? Glauben Sie daß ich umsonst soviel dafür habe bezalt erhalten? Und daß der Pfarrer in Rehau und der Doppelmaier die Sache nicht verstehen, welche mich so sehr deswegen loben? Wenn ich nun Theologie studiert hätte, von was wollt ich mich denn nären? Noch einmal: Die Erlaubnis zu predigen kostet ungefär 14 fl.; fragen Sie nach. Ich verachte die Geistlichen nicht – allein ich verachte auch die Leinweber nicht, und mag doch keiner werden. – Ihnen hab' ich deswegen kein Buch geschickt, weil es Ihnen zu nichts helfen würde. Ich getraue mir noch Bücher zu schreiben, wo ich für ein einziges so kleines wie das iezige 300 rtl. sächsisch bekomme. – Weil Sie auf Ihre 2 vorigen Briefe nicht *franco* gesezt haben, so must ich es bezalen; die Posten machen es nicht anders. [...] Das Lexikon kan ich unmöglich schikken; ich brauche es selbst. – Ihnen ists nicht recht, daß ich spashafte Bücher schreibe; und Sie schreiben doch spashafte Briefe; über das Ende ihres lezten muste ich lachen. – Schikken Sie durch den Boten diesen Brief an meinen Freund Doppelmaier, der in 5 Wochen Schwarzenbach verlassen wird. Ich bin

                                    Ihr gehors. Son Richter

DER EINUNDZWANZIGJÄHRIGE
AN DIE MUTTER

[1784]

Liebe Mama!

Ich schreibe sogleich, damit Sie mir nicht vorwerfen, ich habe
mich geändert. Allein ich bin noch immer der nämliche; aber
wenn ich nichts zu schreiben habe, was sol ich Ihnen denn da
einen Brief schikken. Sie aber haben sich geändert: denn Sie
schreiben ungefähr alle halbe Jahre einmal; doch mannichmal
sind Sie fleißiger und schikken mir auch schon in einem Vierteljahre einen. Überdies bin ich iezt in verdrüslichen Umständen:
denn ich habe kein Geld; doch habe ich dafür nicht wenige
Schulden und gebe mir täglich Mühe, die alten mit neuen zu
vermehren. Doch hoff' ich bald Geld zu bekommen; und ich kan
darauf um desto eher rechnen, weil es mir neulich wirklich geträumt hat, daß ich in kurzem der reichste Mensch auf Gotteserd-
boden werden solle. Geben Sie mir – ich habe Ihnen schon
einmal darum gebeten – doch Nachricht, wie, wo, bei wem und
wie gros Ihr neues Logis ist. Wenn ich nun einmal wieder, wie
gewöhnlich, gefahren käme, wo solte ich denn in Ihrem Hause
Plaz nehmen? Benachrichtigen Sie mich also, ob ich mir versprechen dürfe, ein bequemes Loch zu finden, in das ich bei meiner
Ankunft kriechen könte. – Vom Verkaufe Ihres Hauses haben Sie
mir auch blutwenig geschrieben und ich habe überdies alles
schon wieder vergessen; schreiben Sie daher alles noch einmal. –
Mein Buch in Helmbrechts ist nur ein geschriebenes aus andern
Büchern und ich frage also wenig darnach. Ich schenke es also
der Mademoiselle von Herzen gerne und mus es wol, da ich mich
(Sie werden in Hof unfehlbar schon davon gehöret haben) entschlossen habe, dieselbe nächstens zu ehelichen. Den Hochzeit-
tag werd' ich Ihnen gewis mit nächstem Brief melden. Sie geht
hier ganz im Stillen vor sich und meine Braut wird wol den
11. Julius schon von Helmbrechts abreisen. – Sie sehen, ungeachtet es mir tol gehet, so bin ich doch lustig und ich fahre wol
dabei; Sie soltens auch sein. – Hat Ihnen denn der Pfarrer in
Rehau selbst es versprochen, mir einen Brief zu schikken? Denn
sonst glaub' ich's nicht: der schreibt beinahe – es ist kaum glaub-
lich – noch seltner an mich als Sie [. . .] Ich habe zu diesem nur
einen elenden Wisch genommen, wie Sie sehen, und ich bitte Sie,

mir das abzugewöhnen. Meines Erachtens solte ein iunger
Mensch wie ich bin sich ordentlicher halten. — Wegen der Lotterie
schreib' ich Ihnen, wenn Sie mir geantwortet haben; vielleicht
antworten Sie mir darum desto eher. In der Hoffnung, daß Sie
mir wenigstens in einem Vierteljahre wieder schreiben, verharre
ich

                                        Ihr gehors. Sohn
                                             Richter
Leipzig den 21. Juni 1784

iebe, *Zärtlichkeit und Sorgfalt des »Herrn Papa«
rühmt in ihrem Brief die vierzehnjährige* Susanna
Maria Jakobina Löffelholz von Colberg *(1764 bis
1837). Der Vater, ein eher schlichter Mann, gerade-
heraus und herzlich, ist Kommandant der Festung Lichtenau bei
Ansbach. Hier ist auch die Schreiberin aufgewachsen, christlich
streng erzogen von der Mutter. Der Brief der als vielseitig begabt
geltenden Tochter ist der einzige, der, schon damals ins Familien-
archiv aufgenommen, die Zeit überdauert hat.*

SUSANNA MARIA JAKOBINA LÖFFELHOLZ
VON COLBERG, 14,
AN DEN VATER

[1778]

Gnädiger Herr Papa

Es ist heunde einer der Wichtigsten Dägen in meinem ganzen
leben, Weil ich under Gottes beystand zum ersten mahl den
heiligen beicht stuhl betreten Soll, und auch hernach zum den
Versöhnungs und liebes mahl meines Jesu geladen bin, damit ich
aber desto Würdiger erscheinen kan, so ist es meine kündliche
Pflicht und Schuldichkeit, zuvor mit meinen Dank und Schuldi-
gen abbitte bey Ihnen Gnädigen Herr Papa zu erscheinen, Vor
daß erste hab ich Ihnen mein lebliches leben zudanken, und
kaum als ich wenige Stunden, das licht dieser Weld erblücket,
wahr Ihre Vätterliche liebe bedacht mich in der heiligen Taufe
Christo meinen Erlöser darzubringen, und in das buch des lebens
einschreiben zu lasen, ja sie sorgten ferner auf das beste vor
meine Erzihung so wohl in den zarsten [zartesten] Jahren, als
auch in den anwacksenden Jahren, gaben sie sich mühe mir teyr
[teure] lehrer an die seiden zu setzen, die mich in meinen Christentum auf das Gründlichste underrichten sollen, welges dann
auch mit Gottes beystand geschehn das ich jetz weiß an wenn ich
glauben soll, und die Plichten eines Christen mir dief in mein
Hertz gebröget, ja meine Zunge ist freilich zu schwach alle wohl-
daten nahmhaft zu machen und diß Papier wierde zu wenig sein
wann ich sie alle erzehlen wolte, kurz zu sagen, sie lieber Herr
Papa haben an mir gethan was nur immer ein zärdlicher und
sorgfäldiger Vatter an seinen Künde in der Welt dun kan; Vor das

alles nehmen sie hin meinen kündlichen Dank welger aus grund
des Herzens gehet, Gott der Vergelter alles guten belohne es
Ihnen dausend und aber dausent mahl. Er Segne sie davor
leiblich und geistlich Er erhalte sie theurerster Herr Papa bey
langen leben mir zum Trost und Freude, Er stärcke und under-
stüze sie in Ihren beschwerlichen Amte, ja erstehe jhnen bey wie
den aberahm und jacob, es fliese auch über sie eben derselbige
Seegen und die Zahl Ihrer rühmlichen Jahre kommen auch selbi-
gen gleich, aber lasen sie auch ferner Ihre Gnade auf mich fliesen,
und nehmen sie mich ferner unter die flügel Ihrer Vätterlichen
sorgfalt, weil mich aber auch mein Gewisen überzeigt das ich
Ihnen lieber Herr Papa öfters so wohl wisentlich als unwisendlich
beleidiget und zum Zorn gereizet habe so bezeige nicht allein
darüber eine herzliche reue sondern bitte es Ihnen hirmit under-
thanig und von ganzer Seelen ab, vergeben sie mir meine jugendliche fehler und sünden von Herzen, und gedenken sie derselben
ja nicht mer, ich werde mir angelegen sein lassen mit der hülfe
Gottes, diese fehler in dugenden zu verwandeln, nur bitte zum
beschlus noch dieses das sie mich auch mit in Ihr Christliches und
Vätterliches Gebet ein Schliesen, und mir auch Gottes gnade und
beystand erbitten helfen, welges Gott gantz ungezweifelt erhoren
wird, wo vor ich Zeit lebens sein werde

Meines Gnädigen Herrn Papa
underthänig gehorsame dochter
Susanna, Maria, Jacobina
Löffelhöltzin von Colberg

Vestung Lichtenau den 11 April 1778

Reformierter Feldprediger Friedrichs des Großen war der Vater von Friedrich Daniel Ernst Schleiermacher (1768 bis 1834). Pastoren gab es auch in der mütterlichen Linie. Eine zuweilen etwas überzogene Frömmigkeit bestimmte die Erziehung des begabten Sohnes, der mit fünfzehn zu den Herrnhutern in deren Schule nach Niesky, zwei Jahre darauf ins Seminar der Brüdergemeine nach Barby kam.

Der junge Schleiermacher, der früh die Mutter verloren hat, möchte dem Vater brieflich die aufkommenden religiösen Zweifel darlegen und ihm von einem Relegationsverfahren Mitteilung machen; zugleich fürchtet er aber, ihm weh zu tun. In der Folge tritt er aus der religiösen Gemeinschaft aus, was er jedoch erst später beichtet. Es kommt zum Zerwürfnis zwischen Vater und Sohn. Um die Aussöhnung der beiden bemüht sich Professor Stubenrauch (der »Onkel in Halle«), Verwandter und Freund der Familie. Dank seiner Fürsprache darf der junge Schleiermacher dann in Halle und Berlin studieren.

Der große protestantische Theologe, Erziehungslehrer und Philosoph heiratete 1809 Henriette von Willich. Fünf Jahre vor seinem Tod mußte er erleben, daß sein einziger Sohn als Neunjähriger starb.

FRIEDRICH DANIEL ERNST SCHLEIERMACHER, 18, AN DEN VATER

Barby, den 21. Januar 1787

Zärtlich geliebter Vater! Zwar spät, aber darum doch nicht minder aufrichtig, nicht minder feurig kommt diesmal mein Glückwunsch zum neuen Jahr. Je älter man wird, bester Vater, je mehr man dem Lauf der Dinge auf der Welt zusieht, desto mehr wird man überzeugt, daß man aus Furcht was Böses zu wünschen lieber nichts von all dem wünschen soll, was man insgemein sich und anderen zu wünschen pflegt; alles ist unter den Umständen Glück, unter anderen Unglück, aber Ruhe und Gelassenheit des Herzens unter allen Umständen, das ist es, was ich Ihnen wünsche, und – was kann einem Vater wohl lieber sein, als das – Freude zu erleben an Ihren Kindern.

Je mehr ich Ihnen dieses, als Ihr Sohn, aus vollem kindlichen Herzen wünsche, desto mehr Ueberwindung kostet es mich, desto mehr greift es das Innerste meiner Seele an, daß ich Ihnen jetzt gleich etwas melden soll, was Ihre Hoffnung auf die Erfüllung dieses Wunsches so sehr wankend machen muß. Ich gestand Ihnen in meinem letzten Brief meine Unzufriedenheit über meine eingeschränkte Lage, ich sagte Ihnen, wie leicht sie Religionszweifel, die bei jungen Leuten zu unseren Zeiten so leicht entstehen, befördern könne, und suchte Sie dadurch auf die Nachricht vorzubereiten, daß der Fall bei mir eingetreten sei; aber ich erreichte meinen Zweck nicht. Sie glaubten mich durch Ihre Antwort beruhigt, und ich schwieg unverantwortlicherweise sechs ganzer Monate, weil ich es nicht übers Herz bringen konnte, Sie aus diesem Irrtum zu reißen.

Der Glaube ist ein Regale der Gottheit, schrieben Sie mir. Ach, bester Vater, wenn Sie glauben, daß ohne diesen Glauben keine, wenigstens nicht die Seligkeit in jenem, nicht die Ruhe in diesem Leben ist, als bei demselben, und das glauben Sie ja, o, so bitten Sie Gott, daß er mir ihn schenke, denn für mich ist er jetzt verloren. Ich kann nicht glauben, daß der ewiger, wahrer Gott war, der sich selbst nur den Menschensohn nannte, ich kann nicht glauben, daß sein Tod eine stellvertretende Versöhnung war, weil er es selbst nie ausdrücklich gesagt hat, und weil ich nicht glauben kann, daß sie nötig gewesen; denn Gott kann die Menschen, die er offenbar nicht zur Vollkommenheit, sondern nur zum Streben nach derselben geschaffen hat, unmöglich darum ewig strafen wollen, weil sie nicht vollkommen geworden sind. Ach, bester Vater, der tiefe durchdringende Schmerz, den ich beim Schreiben dieses Briefes empfinde, hindert mich, Ihnen die Geschichte meiner Seele in Absicht auf meine Meinungen und alle starken Gründe für dieselben umständlich zu erzählen, aber ich bitte Sie inständig, halten Sie sie nicht für vorübergehende, nicht tief gewurzelte Gedanken; fast ein Jahr lang haften Sie bei mir und ein langes angestrengtes Nachdenken hat mich dazu bestimmt. Ich bitte Sie, enthalten Sie mir Ihre stärksten Gründe zur Widerlegung derselben nicht vor, aber, aufrichtig zu gestehen, glaube ich nicht, daß Sie mich *jetzt* überzeugen werden, denn ich stehe fest darauf.

So ist sie denn heraus, diese Nachricht, die Sie so sehr erschrecken muß. Denken Sie sich ganz in meine Seele hinein bei meiner — ich kann mir mit gutem Gewissen das Zeugnis geben und ich weiß, Sie sind selbst davon überzeugt — bei meiner sehr großen, zärtlichen kindlichen Liebe zu einem so guten Vater wie Sie, dem ich alles zu danken habe und der mich herzlich liebt; vielleicht können Sie sich einigermaßen vorstellen, was mich diese Zeilen gekostet haben. Sie sind nun geschrieben mit zitternder Hand und mit Tränen, aber ich würde sie auch noch jetzt nicht fortschicken, wenn mich nicht meine Vorgesetzten dazu veranlaßt und mir gewissermaßen aufgetragen hätten, es Ihnen zu schreiben. Trösten Sie sich, liebster Vater, ich weiß, Sie sind lange in der Lage gewesen, in der ich bin. Zweifel stürmten ehemals ebenso auf Sie los, als jetzt auf mich, und doch sind Sie noch der geworden, der Sie jetzt sind; denken Sie, hoffen Sie, glauben Sie, daß es mir ebenso gehen kann, und seien Sie versichert, daß ich mich, solange ich auch nicht mit Ihnen eines Glaubens bin, doch immer befleißigen werde ein rechtschaffner und nützlicher Mensch zu werden, und das ist doch die Hauptsache.

Ich habe meinen hiesigen Vorgesetzten meine Gedanken aufrichtig dargelegt, man ist dabei ins Ganze genommen liebreich mit mir umgegangen; man hat mir gesagt, man wolle noch warten, ob nicht die Stunde einer glücklichen Aenderung bald schlagen würde, hat mir aber auch oft und deutlich gesagt, was sich wohl von selbst versteht, daß ich mir auch nicht auf das geringste Amt in der Gemeine Rechnung machen könne, bis ich meine Gesinnungen umstimmte. Ich weiß, bester Vater, soviel Kummer ich Ihnen auch jetzt mache, so werden Sie mir doch Ihre väterliche Liebe und Vorsorge nicht entziehen. Sie werden selbst sehen, daß es nötig ist, auch auf den Fall, daß es nicht so bald geschehe, wovon ich leider fest überzeugt bin, Maßregeln zu nehmen, damit ich mich zu einem brauchbaren Mann außer der Gemeine bilde, da ich es in derselben für die Zeit nicht sein kann. Erlauben es Ihre Umstände nur einigermaßen, so lassen Sie mich auch nur auf zwei Jahre nach Halle ziehen. Sie sehen, mein Durchkommen in diesem Leben hängt davon ab. Ich glaube kaum, daß Sie Ihre Einwilligung dazu geben werden, daß ich da Theologie fortstudiere, denn Sie werden unserem Vaterland nicht noch einen heterodoxen Lehrer mehr geben wollen. Können Sie es aber mit gutem Gewissen, da ich mich doch vermutlich nur dem Schulwesen widmen würde, so wäre es mir doch das Liebste, weil ich am meisten dazu vorbereitet wäre und meine Neigung doch dahin geht. Auch könnte ich da meine Gedanken eher ändern, als beim Studieren in der Gemeine; ich hätte mehr Gelegenheit, alles zu prüfen, und würde vielleicht sehen, daß auf der einen Seite manche Gründe nicht so stark und auf der anderen manche stärker sind, als ich dachte. Was ich aber studieren soll, sei Ihnen lediglich überlassen. Bei den Rechten ist das Schlimme, daß ein bürgerlicher Jurist selten eine Stelle findet, und bei der Medizin, daß ich aus Mangel der nötigen Vorkenntnisse mehr als 2 Jahr brauchen würde und die Collegia ohnehin viel teurer sind. Vielleicht kann der Onkel freie Wohnung oder freien Tisch bei sich geben, vielleicht wäre sonst ein Freitisch oder gar ein kleines Stipendium zu bekommen. Es studieren ohnehin jetzt sechs junge Brüder in Halle jura und die nebst meinem alten Breslauschen Freund W– und dem Herrn S– würden hinlängliche Gesellschaft für mich sein, so daß Sie von dieser Seite vom Verderben der Universitäten für mich nicht viel zu fürchten hätten; ich würde so alle meine Zeit zum Studieren brauchen und einsam unter der Aufsicht meines Onkels leben.

Wenn Sie jetzt mit den Geschwistern in Herrnhut darüber kommunizieren und ihnen die Sache vorstellen, so werden Sie es vielleicht dahin bringen, daß ich mit Bewilligung derselben nach Halle gehe, so daß mir die Rückkehr in die Gemeine, wenn ich meine Gesinnungen ändere, freisteht. Die Geschwister werden wohl einsehen, daß diese Ablenkung meines Nachdenkens auf ganz andere Gegenstände das beste Mittel ist, dies nach und nach zu bewerkstelligen. Sollte mich aber auch das für die Zeit ganz von der Gemeine trennen, so ist es doch besser, als daß ich, wenn ich mich nicht ändere, in der Gemeine ein unzufriedenes und untätiges Leben führe; ändere ich mich aber in Halle, so ist ja nicht unmöglich, daß ich dann auch wieder in die Gemeine komme.

Sie werden es diesem Brief ansehen, geliebtester Vater, wie sauer er mir geworden ist. Gott stärke Sie, diese Nachricht ohne Schaden Ihrer Gesundheit, ohne zu großen Kummer und ohne daß es Ihrer väterlichen Liebe gegen mich Abbruch tue, zu empfangen. Er weiß am besten, was es mich gekostet, sie Ihnen zu geben. Nur noch diese einzige Bitte: entschließen Sie sich sobald als möglich. Zu Ostern gehen alle Kursus in Halle an, und was hilft es, wenn ich noch ein halbes Jahr hier bin, hier noch viel Geld verzehre und es hernach doch dazu kommen muß?

Mit Wehmut küsse ich Ihnen, bester Vater, die Hände und bitte Sie, alles von der besten Seite anzusehen und reiflich zu überlegen, und mir noch fernerhin, so sehr es Ihnen möglich ist, Ihre

väterliche, mir unschätzbare Liebe zu schenken als Ihrem bekümmerten, Sie innig verehrenden Sohn.

Barby, den 12. Februar 1787

Bester, zärtlich geliebter Vater! Jetzt werden Sie den kummervol-
len Brief haben. O, wie oft habe ich gewünscht, daß ich minder
ehrlich gewesen wäre und meine Gedanken niemandem entdeckt hätte, oder wenigstens, daß ich den Brief nicht wegge-
schickt hätte; so hätte ich einem so guten Vater allen den Schmerz
und mir alle Unruhe und alle Folgen dieser Sache – Gott weiß,
wie sie noch ablaufen wird – erspart. Aber es mußte geschehen,
und jetzt ist es mir lieb, daß ich das Herz gefaßt habe, weil man
mir seitdem angekündigt hat, daß Ostern der letzte Termin ist, bis
zu dem man mich hier lassen kann. Schreiben Sie nicht erst nach
Herrnhut, liebster Vater; es wäre vergebene Mühe, man kann
einen Dissentierenden, wie ich bin, nicht länger hier dulden; man
fürchtet, ich möchte meinen schädlichen Gift anderen mitteilen,
man kann mich auch, sei ich auch wo ich sei, nicht als in der
Gemeinschaft der Gemeine ansehen. Ich wünschte, bester Vater,
Sie wären so überzeugt, als ich es bin, daß dieser Schritt in
meinen jetzigen Umständen nicht anders als zu meinem Besten
gereichen kann. Ruhig, zufrieden und glücklich hätte ich doch,
bei meiner Denkungsart über Lehre und Verfassung der Gemeine, in derselben nicht sein können. Ich hätte meine Zweifel in
derselben nicht können fahren lassen; aber wie leicht kann das
nicht geschehen, wenn ich in Halle Theologie studiere. Es wird
Ihnen vielleicht unwahrscheinlich vorkommen, daß ich gerade
mitten unter so vielen heterodoxen Lehrern meine Meinungen
ändern sollte; aber soviel ich mich kenne, ist dies der beste Weg
dazu. Die unzulänglichen Beweise, die man hier für manche
Lehrsätze führte, daß man die Meinung Dissentierender nicht,
oder doch wenigstens ohne Anführung ihrer Gründe und Beweise vortrug, dies und der gänzliche Mangel an Gelegenheit,
selbst zu prüfen, nebst der natürlichen Vorneigung für das offenbar Unterdrückte, war die Veranlassung, daß ich nach und nach
dahin kam, wo ich jetzt bin. In Halle fiele das weg, ich käme in eine
Lage, wo ich alles prüfen könnte. Der schöne Vortrag würde mich
nicht verführen, weil ich mich gewöhnt habe, alles, was ich lese
oder höre, von allem Schmuck zu entkleiden und so zu erwägen.

Was aber mehr als das alles ist, so hätte ich den Onkel, dem ich
frei alle meine Gedanken eröffnen und mit ihm darüber reden
kann; das konnte ich hier nicht; die Arbeiter ließen sich nie darauf
ein mich zu widerlegen, und mit meinen Freunden davon zu
reden, das war am schärfsten verboten. Ich hoffe, bester Vater,
Sie werden diese Gründe für triftig halten und mich bei der
Theologie lassen, da ich ohnehin, wenn sich meine Gesinnungen
nicht ändern, nichts anderes als ein Schulamt annehmen werde.
Was könnte dabei herauskommen, wenn ich Jura oder Medizin
studierte, wozu ich mich ohnehin ungeschickt und abgeneigt
fühle: mein Geist würde sich zu oft auch wider meinen Willen von
meinen Berufsgeschäften losreißen, um über diese meine Lieb-
lings-Materie nachzudenken.

Aber wie wird es mit meinem Durchkommen in Halle aussehen. Mein Freund in Halle hat mir folgendes Schema der nötigsten Ausgaben geschickt: Holz jährlich 12 Fl., Miete mit Aufwartung 24 Fl.; hievon läßt sich freilich kaum etwas abdingen. Mit-
tagstisch 40 Fl.; dieser Artikel wird sich um ein beträchtliches
verringern. Frühstück und Abendbrot 48 Fl.; hievon, dächte ich,
müßte sich, da ich keinen Kaffee trinke, auch Abends nicht viel
esse, wenigstens die Hälfte retranchieren lassen. Friseur 8 Fl.,
Stiefelputzen und Kleiderausbürsten 8 Fl., Wäscherin 8 Fl. Hier
sind Kleider, Wäsche, Collegiengelder und die nötigen Bücher
nebst andern Nebenausgaben nicht mitgerechnet. Das Schlimmste ist das, daß ich mit Kleidern und Wäsche sehr, sehr schlecht
versorgt bin, hier zu Ostern kein Geld übrig haben werde und mir
doch noch manches muß machen lassen, weil ich in Halle nicht
so gehen kann, wie hier.

Nun, liebster Vater, sein Sie so gütig und melden Sie mir sobald
als möglich Ihre Entschließung, damit Ihr armer niedergeschlage-
ner Sohn nicht von hier vertrieben wird, ohne zu wissen, wohin.
Sie können sich nicht vorstellen, was ich gelitten habe, da mir die
Arbeiter es als einen möglichen, ja gar wahrscheinlichen Fall
vorstellten, daß Sie sich in diesen Umständen mir ganz entziehen
und mich meinem Schicksal überlassen könnten, da sie mir im
voraus erklärten, daß ich in dem Fall auf kein längeres Hiersein,
keine Schonung, kein Mitleid zu hoffen hätte. Mein Blut kochte,
da ich hörte, daß man Sie so verkannte, so lieblos urteilte, aber
ich verbiß es. O, wie viel traurige schwere Szenen stehen mir hier
noch bevor. Ich empfehle mich der göttlichen Obhut, Ihrem

Gebet und Ihrer väterlichen Vorsorge als Ihr gehorsamster Sohn
Fritz.

[Barby, Februar 1787]

Bester, geliebtester Vater! O, könnten Sie sich den traurigen
jammervollen Zustand Ihres armen Sohnes recht vorstellen! Ich
war schon mehr als zu unglücklich: aber Ihr Brief hat mein Elend
noch mehr als verdoppelt. Ich verkenne darin keineswegs Ihr
zärtliches Vaterherz, das auch Ihren abtrünnigen Sohn noch liebt
und alle Mittel versucht, ihn auf seinen vorigen Weg zurückzubringen. Aber kann wohl etwas Unglückseligeres gedacht werden
für einen Sohn, der seinen Vater so innig liebt und verehrt, als
diese Lage? O, wie viel bittere Tränen sind auf ihn aus meinen
Augen geflossen! wie viel schlaflose Nächte, wie viel freudenlose
Tage hat mich nicht die Erinnerung an Ihren Kummer, den ich
ebenso sehr fühle, als Sie es nur immer können, gekostet! Es
martert mich, daß ich die unglückliche Ursache davon bin, und es
doch nicht in meiner Gewalt steht, ihn zu heben. O, wie oft habe
ich gewünscht, noch eben so herzlich und fest an Ihrem Glauben
hängen zu können, als vorher; denn ich hin fest daran; was ich zu
empfinden vorgab, war nicht Heuchelei, ich empfand es wirklich;
aber es war nichts als natürliche Wirkung meiner veränderten
Lage und der Neuheit der Sache.

Aber, bester Vater, ich bitte Sie um alles, sehen Sie nicht alles
von der schlimmsten Seite an, suchen Sie nicht in allem gerade
das Gegenteil von dem, was Sie denken. Sie sagen, Verherrlichung Gottes sei der erste Zweck, und ich, Vollkommenheit der
Geschöpfe; ist dies nicht am Ende einerlei? erwächst nicht dem
Schöpfer desto mehr Verherrlichung aus seiner Schöpfung, je
vollkommener, je glücklicher seine Geschöpfe sind? Auch ich
halte ja Verherrlichung Gottes, das Bestreben, ihm immer wohl-
gefälliger zu werden, für das Erste; auch ich würde mich für einen
fühllosen, unglückseligen Menschen halten, wenn ich nicht die
innigste Liebe kindlicher Dankbarkeit gegen diesen über alles
guten Gott fühlte, der mir bei allen bedauernswürdigen Zufällen,
die mich jetzt treffen zu wollen scheinen, doch so überwiegend
viel Gutes erzeigt. Warum, bester Vater, sagen Sie, ich bete nicht
Ihren Gott an, ich wolle fremden Göttern dienen? ist es nicht *Ein*
Gott, der Sie und mich erschaffen hat und erhält und den wir

beide verehren? warum können wir nicht mehr vor einem Altar niederknien und zu unserem gemeinschaftlichen Vater beten? O, wie unglücklich bin ich doch! wofür sehen Sie Ihren armen Sohn an? ich habe Zweifel gegen die Versöhnungslehre und die Gottheit Christi und Sie sehen mich an als einen Verleugner Gottes! und diese Zweifel sind noch dazu so natürlich aus meiner Lage entstanden. Wie konnte ich es aufs bloße Wort glauben, daß an allen den Einwürfen unserer Theologen, die von kritischen, exegetischen und philosophischen Gründen unterstützt sein sollen, nichts, gar nichts sei? wie konnte ich es vermeiden, darüber nachzudenken, und ach, daß das Resultat meines Nachdenkens darüber so kläglich für mich ist! Ist denn ein Widerspruch darin, daß ich Zweifel, die offenbar durch meine Lage veranlaßt wurden, durch Veränderung derselben zu heben hoffe und wünsche?

O, bester Vater, wüßten Sie, wie aufrichtig ich es hierin meine; es ist nicht Lust zur Welt, was mir den Wunsch, die Gemeine zu verlassen, eingab (der jetzt, wenn er auch nicht mein Wunsch wäre, traurige Notwendigkeit sein würde), sondern Überzeugung, daß ich in derselben nie meine Zweifel würde fahren lassen können. Denn ich kann selbst nicht untersuchen, inwiefern neuere Einwürfe ungegründet sind, weil ich nichts dergleichen lesen darf, und man ließ sich hier nicht einmal damit ein, mir meine eigenen Zweifel zu widerlegen. Auch Ihre Widerlegung meiner Zweifel über die Gottheit Christi hat mich nicht überzeugt. Es kommt ja immer darauf an, was man damals für einen Begriff mit den Worten υἱὸς δεοῦ verband. Daß man wenigstens nicht immer den *der Einheit mit dem göttlichen Wesen* meinte, sieht man daraus, daß die Apostel diese Worte auch häufig von den Christen brauchen. Daß der Hohepriester es für eine Gotteslästerung erklärte, kann ebensowenig beweisen, denn er erlaubte sich die niedrigsten Mittel, um etwas auf Christentum zu bringen.

Glauben Sie, geliebtester Vater, daß Versetzung in eine freiere Lage, wo ich mich selbst von Grund und Ungrund der Sachen überzeugen kann, das beste, das einzige Mittel ist, mich zurückzubringen. Lassen Sie mich den Trost mitnehmen, daß ich noch Ihrer väterlichen Liebe genieße, daß mich Ihr Gebet begleitet, und daß Sie von Ihrem Sohn noch immer hoffen, daß er, wenn auch nicht zur Gemeine – denn ich muß gestehen, in der Lehre und Einrichtung derselben ist manches, was mir kaum je wieder gefallen wird, z. B. das Los – doch zur Gewißheit im wahren

Christentum zurückkehren wird; denn das fühle ich sehr wohl, daß ein Zweifler nie die völlige unerschütterliche Ruhe eines überzeugten Christen genießen kann.

An den Onkel nach Halle hatte ich schon vorläufig geschrieben, ehe ich Ihren Brief bekam. Ich hoffe, Sie werden, da doch *für jetzt* nichts anderes zu machen ist, ihn noch selbst bitten, sich dort meiner anzunehmen, wenn es ihm auch durch äußere Unterstützung nicht möglich ist, doch mit seinem Rat.

Erlauben Sie, Ihnen ehrerbietig die Hände zu küssen und Sie nochmals angelegentlich mit Wehmut um die Fortdauer Ihrer Liebe zu bitten Ihrem armen bekümmerten Sohn.

er spätere »Dichter der Befreiungskriege« Ernst Moritz Arndt *(1769 bis 1860) wurde auf Rügen geboren als Sohn eines leibeigenen, aber bald freigelassenen Gutsverwalters. Nach den Worten des Sohnes war er* »beweglichen Geistes, ein großer starker Mann und trefflicher Jäger, fröhlich und freundlich, jedoch auch reizbar und cholerisch wie ich«. *Die Mutter dagegen sah Ernst Moritz als phantasiebegabte, liebevolle Frau und* »wundersame Märchenerzählerin«.

Nach dem Besuch des Gymnasiums in Stralsund studierte Arndt Geschichte und Theologie in Greifswald und Jena. 1800 wurde er zunächst Dozent, 1805 Professor für Geschichte in Greifswald. Die 1818 übernommene Professur in Bonn verlor er bereits 1820 im Zuge der sogenannten Demagogenverfolgung; erst 1840 wurde er vom preußischen König rehabilitiert.

Der Dichter und Gelehrte hing liebevoll an seiner Familie, besonders an der nachgeborenen kleinen Schwester, die er »Gottsgab« *oder* »Gab« *nannte. In erster Ehe war der mit Charlotte Marie Quistorp verheiratet, die schon ein Jahr nach der Hochzeit starb. Später ehelichte er eine Schwester Schleiermachers.*

Im hohen Alter sagte Arndt einmal über sich: »Das Schlimmste aber ist gewesen, daß ich Jahre, welche ich tapferer und besser hätte anwenden können und sollen, in einer Art von nebelndem und spielendem Traum unter Kindern, Bäumen und Blumen verloren habe. Ich erkenne und bereue es jetzt wohl, aber es ist zu spät: diese Zeit und überhaupt meine Zeit ist vergangen und verloren.«

ERNST MORITZ ARNDT, 17,
AN DEN VATER

[Stralsund,] 30. März 1787

Liebster Vater. O wie freute ich mich, als ich einen Brief von Ihnen erhielt! Ich bedanke mich deswegen auf's gehorsamste. Sind Mutter, Tante, und alle noch hübsch gesund. Ich bin hier lustig und vergnügt, und habe auch Stunden im Griechischen bey des Hrn. Rectors Bruder. Herr Sekretaire Harrien, Herr Alltermann Israel und Hr. Onkel, beiden Fr. Tanten etc. empfelen sich Ihnen bestens. Ich bin hier immer lustig, und nur einmahl ein bißchen unmuthig gewesen; sonst fällt hier, so viel ich weiß, nichts Neues vor; denn vieles, was hier für Neuigkeit genommen wird, halte ich da nicht für. Ich bin, so lange ich lebe

Ihr gehorsamster Sohn Ernst Moritz Arndt

Wie Sie hier am Papier sehen, fehlt mir eine Scheere.

DER EINUNDZWANZIGJÄHRIGE
AN DIE MUTTER

Greifswald, den 22. Mai 1791

Liebste Mutter, Recht sehr oft denke ich an Ihnen, an Gottsgab, Tanten und das ganze kleine Völkchen, aber nie mit mehr wahrer Empfindung, als wenn es zu Tische geht: Da geht mirs oft, wie den Kindern Israel in der Wüsten, welche nach den Fleischtöpfen Ägyptens lüstern waren. Alles geht noch wohl an bey Madam Räsen, aber die Suppen, besonders Milchspeisen sind so gewässert, daß sie selbst einem hungrigen Magen ekel werden, und das Schweinefleisch ist so mürbe, daß es auf allen Ecken losläßt, Kalbfleisch dagegen so zähe, daß die zweyschneidigen Messer sich krumm darauf biegen, und man Mühe hat, ein Stück mit zwei Fingern von einander zu reißen. Sie können leicht denken, was es da denn zuweilen für einen Aufstand giebt, wenn so circa 25 hungrige Münde nicht recht anbeißen wollen. Ich würde hier schlimm weg kommen, wenn ich ein Kostverschmader wäre, aber so gehts noch so handlich, da ich einmal durchgeseucht bin; denn erstlich ging mir's wie dem Vieh, das von salziger auf Holzweide kömmt, und eine 6tägige Magenkrankheit erinnerte mich recht lebendig an den Löbnitzer Tisch.

Sonst gefällt mir es hier noch ganz gut, und Greifswald hat vor dem elenden Stralsund denn doch tausend Vorzüge, und ist ein fideler Ort, ein gut gemischtes Mittelding zwischen Stadt und Land. Ich habe schon manchen Ausflug aus dem Thore gewagt, und gehe täglich um den Wall spazieren, der sehr hübsch ist, und um 10 Jahren gewiß die schönste Promenade im Lande wird; auch nach Wyk bin ich schon gewesen in zahlreicher Begleitung, wo bey der feisten Madame Möllern gekegelt, getrunken, gespielt und um 9 wieder zu Hause gesegelt ward, wo ein Paar zahme

Enten, welche ihr Unstern noch so spät auf dem Flusse zurück
hielt, das Leben lassen mußten, wenn sie gleich 4 Flintenschüsse
kosteten. Überhaupt giebt es hier unter den Studenten und Professoren verschiedene starke Jäger. Der empfindlichste Mangel
hier ist ein gut Glas Bier oder Wasser, welches hier nicht recht
genießbar zu haben ist; jedoch kann man letzteres aus einem
Dorfe ziemlich gut, jedoch für baares Geld nur, haben. In Gesellschaft bin ich schon verschiedentlich gewesen; heute Abend gehe
ich zu Herrn Illies, der eine sehr artige und gute Frau hat. Leben
Sie wohl und grüßen Sie tausendmal alle von den Kleinsten bis zu
den Größesten.

Ihr gehorsamster Sohn Moritz Arndt

N. S. Bedauern Sie mich, meine schöne Wurst war so weich und
verolmt, daß ich sie heute mit Thränen aus dem Fenster schicken
mußte. Wenn meine Butter alle ist, werde ich mich melden.

DER SECHSUNDZWANZIGJÄHRIGE
AN DIE MUTTER

Altenkirchen den 1. Dez. 1796

Meine süße Mutter, Alle Mahle, daß ich Ihren Brief [Die Mutter
hatte ihre Sorgen um die Zukunft des Sohnes formuliert] gelesen
habe, habe ich weinen müssen, wie ein Kind, und bin doch sonst
ein Mann und vielen Leuten ein rauher Mann. Ich las den Sonnabend Abend vor dem Empfang Ihres Briefes die Zwillinge von
Klinger [dem Sturm-und-Drang-Dichter], wo eine arme Mutter
recht sehr unglücklich ist. Das Stück ist groß und herzdurchboh-
rend, mir waren die Thränen oft nahe. Da dachte ich so an alle die
Sorgen und den Kummer des menschlichen Lebens, und wie
man sich es oft so schwer macht, wenn man recht froh seyn
könnte; mir fiel es ein, wie ich meinen Vater nicht ganz wohl und
munter verlassen hätte, und wie ein Pfeil schoß es mir durchs
Herz was in W. Meisters Lehrjahren irgendwo von dem Vater
steht: ach der wackere und brave Mann war sein ganzes Leben
thätig gewesen für die Seinen, und war doch desselben nie recht
froh geworden; und wie Wilhelm es nun bedenkt, da er nicht
mehr ist der brave Mann, wie er zu Hause hätte manches anders
machen, manches besser genießen sollen. In dieser fröhlich weh-

mütigen Stimmung kam Ihr Brief und beugte mich tief durch
Ihren Schmerz. Alles ist mir noch immer wie ein Traum, obgleich
ich nichts Grausendes und Jammervolles darin finde. Frisch und
frei, wie ich ins Leben hineinsehe, das ich darum für kein Rosen-
wandeln halte, dünkt mich der Mensch und die Erde allenthalben
des Herren. Bloß Muth gebraucht's, den väterlichen Herd zu
verlassen, und Thränen kostet es und erfreut auch durch eine
liebliche Sehnsucht, wenn man von geliebten und erwürdigen
Menschen fern seyn muß. O ihr guten Ältern, heilig sind eure
Sorgen und Thränen, es sind glühende Kohlen auf den Häuptern
der Kinder, aber sie sind es auch in ihren Herzen, euer Andenken
ruhet bei den Guten, wenn ihr lange nicht mehr seid, und der
Gute dort oben die Flecken des Irdischen von euch abgewischt
hat. Der Himmel segne Sie, Mutter, und gebe Ihnen viele Jahre
und Freuden! Ach unsre Mütter behielten uns gerne immer alle
um sich, aber viele müssen oft in die Welt weit umher gesichtet
werden. Wer ist seines Schicksals immer Meister? Weiß ich, was
ich um ein Jahr für Einfälle und Entschlüsse haben kann? Ich
wußte nicht woher ich komme, ich weiß nicht wohin ich gehe;
aber *wie* ich gehe, das muß ich wissen [...] Leben Sie wohl und
grüßen Sie auch alle andre guten Freunde.

Ihr M. Arndt

DER ACHTUNDZWANZIGJÄHRIGE
AN DIE MUTTER

[Altenkirchen,] 14. März 1798

Liebste Mutter,
Sie sind wohl so gütig, meine Sachen gegen Ostern fertigzuma-
chen, daß ich gleich einpacken und den Koffer in alle Welt
senden kann; könnten Sie mir noch drei bis vier Paar kurze
wollene Strümpfe machen, so wäre ich ganz gerüstet. Sie sorgen
wohl, daß ich bei Gelegenheit erfahre, ob und wann Fuhrmann
Kräplin nach Leipzig abfährt.

Nun von Sachen, die mir noch umher angehen. Weil die
Mütter die ersten und natürlichen Mitwisser unsrer Geheimnisse
von Jugend auf sind, oder doch sein sollen, so ist es meine Pflicht,
Ihnen, liebe Mutter, zu beichten, daß meine alte Liebe zu Lotte
Quistorp, die Sie wohl kennen, noch nicht veraltet ist, obgleich

wir aus guten Gründen den Briefwechsel abgebrochen hatten. Was Sie auch davon denken mögen, so ist sie doch die einzige, mit der ich einst glücklich zu leben hoffe. Sie ist jung und wild, ich weiß es, aber hoffentlich nicht, was ihre Sittenrichterinnen aus ihr machen, und gewiß nicht, was diese selbst sind. Ihr altes Übel hat sich fast ganz verloren und sie ist jetzt wieder blühend stark. Daß sie ein Herz und ein lebendiges Gefühl für alles Gute und Schöne hat, weiß ich; daß sie mich liebt, empfinde ich. Doch behalten Sie dies für sich und Tante Sophie, dem Vater sage ich es vielleicht selbst.

Leben Sie wohl!

Ihr Sohn M. Arndt

DER ACHTUNDZWANZIGJÄHRIGE
AN DEN VATER

Greifswald, den 16. Mai 1798

Mein lieber Vater. Eben komme ich mit einer Gesellschaft meiner alten Freunde und Bekannten von Billroth zu Hause und finde trotz der Umnebelung meines Kopfes diese Stunde einzig geschickt, an Sie, lieber Vater, noch einige Worte zu schreiben. Ich empfinde und fühle es selbst am tiefsten, wie ich die letzten 14 Tage in meinem älterlichen Hause nicht gewesen bin, wie ich hätte seyn sollen. Ich habe einmal das Unglück, in einer sehr tief empfindenden Brust ein verschlossenes Herz zu bewahren, sobald es auf Worte ankömmt. Daß aber das väterliche Haus mir immer das liebste auf der Welt gewesen ist, das ich daraus Kraft und Entschlossenheit zu allem Guten und Rechten geschöpft habe, daß ich meine Ältern und Geschwister auf das herzlichste liebe und ehre, und nie etwas thun werde, das Ihnen Schande machen könnte, das glauben Sie mir auch ohne Worte. Die Zeit meiner Abwesenheit geht bald zu Ende, und wohin mich auch mein Schicksal schlagen mag, doch werde ich Sie alle munter und fröhlich wiedersehen und Ihnen dann vielleicht am besten für die unendliche Liebe und Güte danken, womit Sie mich von jeher, Gott weiß wie sehr ohne mein Verdienst, erfreut und beglückt haben. Ich weiß es, mein Leben wird voll Mühe und Arbeit seyn; aber nur dann werde ich verzweifeln, wenn mir der Trost eines guten Gewissens fehlt.

Nun noch Eins, mein lieber Vater [...] Ich werde nun und nimmer, wie die Sachen stehen, kein Prediger; aber auch wenn das Mädel in meinen Augen die untadelichste wäre, dürfte ich diese Bedingungen nicht eingehen. Ich bin seit manchem Tage mit meinem Mädchen verbunden, durch ein Band, das nur eine gewaltige Macht zerreißen kann. Dies ist die Mamsell Quistorp, die einst bei den Fischern in Barth in Pension war. Wenn ich glaube, mit diesem Mädchen einst einzig glücklich zu seyn, wenn ich trotz manches äußern Scheins ein gefühlvolles und edles Herz in ihr achte, wenn ich sie also allen Mädchen in der Welt vorziehe, so werden Sie mir Ihre Bestimmung nicht versagen, und mir vielmehr von ganzem Herzen Glück wünschen. Sie werden mir auch erlauben, an diese in meinen Briefen immer einige Zeilen einzuschließen und zugleich daß sie auch mir durch Sie immer eine kleine Antwort schreibt. Leben Sie wohl und grüßen Sie mir alle von meiner Mutter bis auf meine Gottesgab.

Ihr
E. M. Arndt

DER VIERUNDDREISSIGJÄHRIGE
AN DEN VATER

Stockholm, den letzten Januar 1804
Mein guter Vater, Ihren schönen und fröhlichen Brief erhielt ich den 28. und den 29. eine Nachricht, die mich tief betrübte und welche meine Freunde, die sie schon von Stralsund wußten, mir mit der größten Schonung mitteilten. Es war meine Mutter [sie war kurz zuvor gestorben] und ich rede mit meinem Vater, ein Paar Menschen, die durch Tugenden, Verstand und Menschlichkeit die meisten ihrer Zeit hinter sich ließen. Was sollen wir uns zu unserm Troste sagen? und womit soll ich meinen braven Vater trösten? Ich habe es mir wiederholt und kann es mir tausendmal wiederholen, doch muß jede Trauer ihre Zeit haben, daß eine mildere Erinnerung allmählich den Schmerz versüße. Ich sehe alles nur natürlich und notwendig, aber darum ist unser Verlust nicht weniger groß. Meine Mutter hat ihr schönes Leben in Kraft und lebendiger Tätigkeit durchlebt, sie ist durch ihr Gemüt, durch ihren Mann, auch wohl durch ihre Schicksale eines der ruhigsten und glücklichsten Weiber gewesen; sie hat ein Alter erreicht,

dessen Länge sie bei einem schwachen kränklichen Körper kaum hoffen durfte, und wir alle sahen ja, wie sie nur durch ein festes Gemüt bei dieser Schwäche gewissermaßen immer jugendlich erhalten ward, aber wer konnte sich verbergen, daß ein leichter Ruck dieses schöne Leben umstoßen könnte? Ich denke, sie ist sanft verloschen, wie ein Licht, das nicht mehr brennen kann, und dieser Gedanke mit allen süßen Erinnerungen der früheren und letzten Zeit soll so lange vor meiner Seele schweben, bis ich ruhiger bin. Der Guten Gedächtnis ist süß und wird immer süßer mit der Zeit und was zuerst betrübt, erfreut zuletzt. Es ist doch schön, wenn die reinste Liebe über den Staub der Entschlafenen weint. Und nun, mein Vater, wir reichen uns die Hände aus der Ferne, als die wir uns immer nahe sind, und richten uns einander auf, an schöneren Hoffnungen und einem mutigen Leben. Was Leib ist wird Staub, aber die unendliche Liebe des Menschen, sein unendliches Mitgefühl, sein göttlicher Verstand, seine Sehnsucht und sein Hoffen und Hinaussehen nach etwas Besserem selbst im Glücke, alles dies sagt uns, daß das Bessere in uns etwas Unvergängliches ist, das durch den Tod wieder zu schönerem Leben geht. Wir wollen uns aufrichten in Liebe aneinander, die wir der Seligen ganz und allein gehörten, und diese Liebe soll uns wieder Freude bringen, und fröhlich wollen wir dann jeder seine Bahn durchlaufen, glaubend an einen göttlichen Geist der Welt, der alles durchdringt, alles mitempfindet und alles vorhersieht. Ich gelobe Ihnen hier, als hätte ich meiner Mutter die Hand darauf gereicht, Ihnen künftig ein gehorsamer, lieber Sohn zu sein und Ihrem Alter Freude und Ehre zu bringen, wie und wo ich kann. Meinen kleinen Sohn, so manche meiner Geschwister haben Sie ja um sich, richten Sie sich auf an der Liebe und Jugend. Wir müssen dankbar sein für das Gute und Schöne, was wir so lange hatten. Meine Geschwister, o sie werden nun tiefer die heilige Pflicht fühlen, ihrem Vater mehr zu sein als sonst, weil er einsamer geworden ist.

Was soll ich dem besten Manne mehr sagen und versprechen? Die Guten sind nie allein. O ich wäre nun gern auf Flügeln bei Ihnen und fühlte es, daß ich es sein sollte, aber ich komme ja bald wieder und wir wollen uns dann ruhiger trösten. Wie schwer es mir auch werden mag, ich bin nun einmal gebunden, aber denken Sie, daß ich täglich bei Ihnen bin und Ihnen dann recht viele Liebe und Freude mitbringen will. [...]

Möchte ich bald und öfter hören, daß Sie ruhig und gefaßt sind und daß Sie alle sich so wohl befinden, als Sie es jetzt noch können. Grüßen Sie meine Tante, Onkel und alle meine Geschwister, auch unsern Liebling, er soll Ihnen viele Freude machen.

Ihr EMArndt

m Alter von drei Jahren verlor er seinen Vater, bald darauf auch seinen Stiefvater: Johann Christian Friedrich Hölderlin (1770 bis 1843). Unter finanziell sehr bedrückenden Umständen übernahm die Mutter die Ausbildung des hochbegabten Kindes. Nach der Gymnasialzeit in den Klosterschulen Denkendorf und Maulbronn absolvierte Hölderlin von 1788 bis 1793 ein Theologiestudium am Tübinger Stift, das er mit dem Abschlußexamen beendete. Während dieser Zeit begann er bereits mit der Arbeit an seinem Briefroman »Hyperion«. Nachdem er sich dazu durchgerungen hatte, kein geistliches Amt zu übernehmen, schlug er sich eher widerwillig in verschiedenen Stellungen als Hauslehrer und »Hofmeister« durch, unter anderem in Waltershausen bei Jena.

1796 lernte er Susette Gontard kennen, die als seine »Diotima« Literaturgeschichte machen sollte. Ihr Tod traf ihn unvorbereitet. In der Folge verwirrte sich sein Geist immer mehr. Zunächst erfuhr er Pflege im Haus seines Freundes Isaak von Sinclair und bei seiner Mutter. 1806 umnachtete sich sein Verstand endgültig. In der Pflegschaft des Tübinger Schreinermeisters Zimmer dämmerte er sechsunddreißig Jahre bis zu seinem Tod dahin.

FRIEDRICH HÖLDERLIN, 20, AN DIE MUTTER

[Winter 1790/1791]

Liebste Mama!

Sie haben mich ganz beschämt mit Ihrer Güte. Ich bin noch so weit hinter Ihnen zurück im Guten, und Sie geben mir so viele Gelegenheit, Ihnen nachzuahmen. Verzeihen Sie, liebe Mama! wenn mir ein Wort in meinem vorigen Briefe entfallen ist, das der kindlichen Ehrfurcht zuwider sein mag. Mit der Verleugnung der Reife nach Nürtingen ist es mein ganzer Ernst. Ich konnte doch in der kurzen Zeit meines Aufenthaltes selten recht um Sie sein, und auf längere Zeit bekomme ich doch keine Erlaubnis. Wenn's aber möglich ist, komme ich noch diesen Monat. Hier haben Sie meine gestern (als am Sonntage) abgelegte Predigt. Ich war diesmal ein wenig weitläufiger, als in meiner ersten. Ich führte gerne eine Materie aus, deren genaue und richtige Erkenntnis mir täglich wichtiger wird. Derjenige Teil derselben, in welchem gesagt wird, ohne Glauben an Christentum finde, wenn man die Sache genau prüfe, gar keine Religion, keine Gewißheit von Gott und Unsterblichkeit statt, ist es, womit ich mich einige Zeit anhaltender als sonst beschäftige. Ich glaube, es gibt viele gute Christen, die nicht von jenem Satze nach seinem ganzen Umfange überzeugt sind, nicht als ob sie nicht glauben, wenn der Satz ihnen entwickelt wird, sondern weil sie nicht in Lagen kommen, wo sie die ganze Notwendigkeit der christlichen Religion von jener Seite kennen lernen. Erlauben Sie, liebe Mama! daß ich Ihnen sage, wie ich nach und nach dahin gebracht wurde. Ich studierte denjenigen Teil der Weltweisheit, der von den Beweisen der Vernunft für das Dasein Gottes und von seinen Eigenschaften, die wir aus der Natur erkennen sollen, mit einem Interesse dafür, dessen ich mich nicht schäme, wenn es gleich auf einige Zeit mich auf Gedanken führte, die Sie vielleicht unruhig gemacht hätten. Ich ahnte nämlich bald, daß jene Beweise der Vernunft fürs Dasein Gottes, und auch für Unsterblichkeit, so unvollkommen wären, daß sie von scharfen Gegnern ganz oder doch wenigstens nach ihren Hauptteilen würden umgestoßen werden können. In dieser Zeit fielen mir Schriften über und von Spinoza, einem großen edlen Manne aus dem vorigen Jahrhundert, und doch, Gottesleugner nach strengen Begriffen, in die Hände. Ich fand, daß man, wenn man genau prüft, mit der Vernunft, der kalten vom Herzen verlassenen Vernunft auf seine Ideen kommen muß, wenn man nämlich alles erklären will. Aber da blieb mir der Glaube meines Herzens, dem so unwidersprechlich das Verlangen nach Ewigem, nach Gott gegeben ist, übrig. Zweifeln wir aber nicht gerade an dem am meisten, was wir wünschen? (wie ich auch in meiner Predigt sage) Wer hilft uns aus diesen Labyrinthen? Christus. Er zeigt durch Wunder, daß er das ist, was er von sich sagt, daß er Gott ist. Er lehrt uns Dasein der Gottheit und Liebe und Weisheit und Allmacht der Gottheit so deutlich. Und er muß wissen, daß ein Gott, und was Gott ist, denn er ist aufs innigste verbunden mit der Gottheit. Ist Gott selbst.

Das ist seit einem Jahre der Gang meiner Erkenntnisse von der Gottheit [. . .].

Ich bin

Ihr gehorsamster Sohn

Fritz

DER VIERUNDZWANZIGJÄHRIGE
AN DIE MUTTER

Waltershausen 1794

Endlich, liebe Mutter! kann ich den Wunsch, mich mit Ihnen zu unterhalten, einmal wieder befriedigen. Ich bin glücklich, wenn es Ihnen und den lieben Meinigen allen so gut geht, wie mir. Ich bin gesünder als je, tue, was ich zu tun habe, mit Lust, und finde für das Wenige, was ich tun kann, eine Dankbarkeit, die ich nie erwarten konnte. Meine Lage ist in der Tat sehr günstig [...]

Meine Zeit ist geteilt in meinem Unterricht, in die Gesellschaft mit meinem Hause, und in eigene Arbeiten. Mein Unterricht hat den besten Erfolg. Es ist gar keine Rede davon, daß ich auch nur einmal die gewaltsame Methode zu brauchen nötig hätte; eine unzufriedene Miene sagt meinem lieben Fritz genug, und nur selten braucht er mit einem ernsten Worte bestraft werden.[...] Wenn ich aber über einer eigenen Arbeit etwas zerstreut bin und Gesichter schneide, so weiß man schon, wies gemeint ist, und ich brauche nicht unterhaltend zu sein, wenn ich nicht in der Laune bin. Daß dies ganz nach meinem Sinne ist, können Sie sich denken. Die Zeit, die mir zu meiner eigenen Beschäftigung übrigbleibt, ist mir jetzt teuerer als je. Ich werde wahrscheinlich nächsten Winter in Weimar, im Zirkel der großen Männer, die diese Stadt in sich hat, zubringen. Ich werde da außer meinem Zöglinge noch einen Sohn von dem Konsistorialpräsident Herder unterrichten, und in dessen Hause logieren. Auch mit Goethe und Wieland will mich die Frau von Kalb, die von allen diesen die vertrauteste Freundin ist, bekannt machen. Nächsten Sommer werd ich dahin abreisen, und den jungen Herder hier abholen, und dann mit diesem und meinem Fritz auf den Herbst vielleicht auf lange Zeit ohne die Eltern nach Weimar ziehen. [...]

DER SECHSUNDZWANZIGJÄHRIGE
AN DIE MUTTER

Frankfurt a. M., 30. Januar 1797

Liebste Mutter!

Ich bin glücklich und unglücklich durch Ihre Güte. Ich sollte sie erwidern, durch völlige Befriedigung Ihrer mütterlichen Wünsche, und ich könnte doch dies nur auf eine Art, die Ihnen selbst über kurz oder lange unangenehm sein müßte. Wenn Sie meinen Charakter beurteilten, wie ich ihn selber beurteilen muß, so würden Sie ziemlich resigniert sein, wenn ich zwar die Ehre, die mir durch das bewußte Anerbieten geschiehet, mit ungeheucheltem Dank annehme, aber das Glück, das ich bei jeder andern Art zu denken und zu empfinden gewiß ergriffen haben würde, nicht benütze.

Liebe Mutter! man begehrt einen tauglichen Menschen. Bin ich denn das, wenn ich ehrlich sein will?

Ist das Alter und die Stimmung, worin ich lebe, tauglich zu irgendeinem festen häuslichen Verhältnis? Wie viele Bedürfnisse, mich zu bilden und zu wirken, hab' ich noch, die in einer Lage, wie meine künftige sein würde, unmöglich sich befriedigen lassen würden? Wie viele Forderungen mach' ich an den Menschen überhaupt, wie unendlich viele würd' ich machen, an das Wesen, das ausschließlich und dauernd mich interessieren sollte? Man muß älter, muß durch mancherlei Versuche und Erfahrungen genügsamer geworden sein, um sich zu sagen: hier will ich stehen bleiben und ruhn!

Ich bitte, halten Sie dies für keine Grillen, keine Phantasieen, wie man gewöhnlich unter meinen Landsleuten derlei Äußerungen zu nehmen pflegt. Es ist kein Unverstand, daß ich hierin der Natur folge und, in jener Rücksicht, mich frei erhalte, solang ich kann; gerade weil ich mich und jeden, der mir hierin gleicht, besser, als gewöhnlich ist, verstehe, gerade darum folg' ich der Natur.

Es wird schon einmal anders werden. Ein ruhiger Ehemann ist eine schöne Sache; nur muß man einem nicht sagen, daß er in den Hafen einlaufen soll, wenn er von seiner Fahrt die Hälfte kaum zurückgelegt hat.

Und dann fühl' ich auch mich tüchtiger zum Erzieher als zum Predigtamt. Ich würde schwerlich in den Vortrag, der bei unsern Gemeinden eingeführt und unumgänglich ist, so gut einstimmen, und so leicht, als nötig wäre, da ich hingegen ein Amt, wie mein gegenwärtiges ist, würd' es auch ausgebreiteter, so ziemlich erfüllen zu können glaube. Das Lehramt ist auch überhaupt, soviel ich sehe, bei den jetzigen Zeiten wirksamer als das Predigtamt. Ich glaube, ich habe Ihnen dies schon in dem letzten Briefe geäußert, auch mündlich, soviel ich mich erinnere.

Auch werden Sie mir nicht verdenken, wenn ich gestehe, daß ich für mein Wesen und seine Bedürfnisse meine gegenwärtige Lage für die angemessenste halte. Der liebe Bruder soll Ihnen bei seiner Zurückkunft sagen, ob es leicht sei, edle Menschen zu verlassen, wie diese, bei denen ich lebe, und einen gebildeten Umgang aufzugeben, wie der ist, den ich täglich genieße. Herr und Frau Gontard fühlen ganz mit mir, wie sehr es Ihrem mütterlichen Herzen angelegen sein muß, mich nahe zu haben. Wir haben mit herzlichem Anteil über Ihren Brief zusammen gesprochen. Wir haben Sie gewiß verstanden, liebste Mutter!

Aber Sie verlieren ja gar nichts, wenn ich hier bleibe. Ich hätt' in der Entfernung, die Sie mir bestimmten, Sie jährlich einmal besucht. Das kann und will ich auch von hier aus.

Ich hätt' Ihnen alle Wochen Nachricht gegeben. Das kann und will ich auch von diesem Tage an von hier aus. Sie hätten an meinem ökonomischen Zustand Freude gehabt. Das können Sie auch jetzt und mehr!

Ich bin auch so gesund seit langer Zeit noch keinen Winter gewesen, und ich bin gewarnt genug, in dieser Rücksicht ohne Zwang die Lage nicht zu wechseln. Die Eile verbietet mir, alles mögliche auszuführen, was Sie über meinen Entschluß beruhigen und erheitern kann. Geben Sie deswegen Ihre Teilnahme an meinem Wohlsein nicht auf, teuerste Mutter! Machen Sie sich alle guten Hoffnungen von meiner und Ihrer Zukunft! Denn ich denke, sie sollen sich erfüllen.

Der lieben Schwester und dem Karl schreib ich morgen und schick' ihm zugleich das kleine Reisegeld. Ewig Ihr treuer Sohn

Hölderlin

DER ACHTUNDZWANZIGJÄHRIGE
AN DIE MUTTER

Homburg vor der Höhe d. 11. Dez. 1798

Teure Mutter!

Ihr lieber Brief traf mich nicht mehr in Rastatt und er wurde mir hierher nachgeschickt. Es hat mich herzlich gefreut, daß ich bei meinen Verwandten, wie ich sehen konnte, noch in gutem Angedenken bin, besonders Ihre gütige Vorsorge und Teilnahme, liebste Mutter, hat mich innig gerührt, und Sie können sich denken, wie sehr ich eben dadurch mich in Ihre Nähe gezogen fühlte. Ich mußte, um ruhige Überlegung zu gewinnen, meinen Entschluß über die angebotene Hofmeisterstelle auf den anderen Tag verschieben, und auch dann wollt ich meinem Urteil noch nicht ganz trauen und ein paar Tage noch hingehn lassen, um Ihnen eine reiflich überdachte Antwort geben zu können. [. . .]

Deswegen glaube ich, es mir schuldig zu sein, so lang ich, ohne anderen wehe zu tun, von dieser Seite mich schonen kann, mich zu schonen, um mit lebendiger Kraft ein Jahr lang in den höhren und reineren Beschäftigungen zu leben, zu denen mich Gott vorzüglich bestimmt hat. Diese letzte Äußerung mag Ihnen auffallen, und Sie werden mich fragen, was denn dies für Beschäftigungen seien? Aus dem, was Ihnen bisher von meinen Arbeiten in die Hände gefallen sein mag, werden Sie es schwerlich erraten, was mein eigenstes Geschäft ist, und doch hab ich auch in jenen unbedeutenden Stücken von ferne angefangen, meines Herzens tiefere Meinung, die ich noch lange vielleicht nicht völlig sagen kann, unter denen, die mich hören, vorzubereiten. Man kann jetzt den Menschen nicht alles gerade heraussagen, denn sie sind zu träg und eigenliebig, um die Gedankenlosigkeit und Irreligion, worin sie stecken, wie eine verpestete Stadt zu verlassen, und auf die Berge zu flüchten, wo reinere Luft ist und Sonn und Sterne näher sind, und wo man heiter in die Unruhe der Welt hinabsieht, das heißt, wo man zum Gefühle der Gottheit sich erhoben hat, und aus diesem alles betrachtet, was da war und ist und sein wird.

Liebste Mutter! Sie haben mir schon manchmal über Religion geschrieben, als wüßten Sie nicht, was Sie von meiner Religiosität zu halten hätten. O könnt ich so mit einmal mein Innerstes auftun vor Ihnen! Nur so viel! Es ist kein lebendiger Laut in Ihrer Seele, wozu die meinige nicht auch mit einstimmte. Kommen Sie mir mit Glauben entgegen! Zweifeln Sie nicht an dem, was Heiliges in mir ist, so will ich Ihnen mehr mich offenbaren. O meine Mutter! Es ist etwas zwischen Ihnen und mir, das unsere Seelen trennt; ich weiß ihm keinen Namen; achtet eines von uns das andere zu wenig, oder was ist es sonst? Das sag ich Ihnen tief aus meinem Herzen; wenn Sie schon in Worten mir nicht alles sagen können, was Sie sind, es lebt doch in mir, und bei jedem Anlaß fühl ich wunderbar, wie Sie mich insgeheim beherrschen, und wie mit unauslöschlich treuer Achtung mein Gemüt sich um das Ihrige bekümmert. Darf ichs Ihnen einmal sagen? wenn ich oft in meinem Sinn verwildert war, und ohne Ruhe mich umhertrieb unter den Menschen, so wars nur darum, weil ich meinte, daß Sie keine Freude an mir hätten. Aber nicht wahr, Sie mißtrauen sich nur, Sie fürchten Ihre Söhne zu verzärteln und zu eigenwillig zu machen, Sie fürchten, daß Ihr mütterlich Gemüt Sie selbst betören möchte, und daß Ihre Söhne ohne Leitung wären und ohne Rat, und darum setzen Sie lieber zu wenig Vertrauen in uns und versagen sich aus Liebe die Freude, die der Eltern Eigentum im Alter ist, und hoffen lieber weniger von uns, um nicht zu viel von uns zu hoffen?

Ich wollte Ihnen schreiben, was für Gründe ich hätte, um die angebotene Stelle abzulehnen, und es ist mir lieb, daß ich bei dieser Gelegenheit wieder einmal ein Wort aus meinem Herzen gesprochen habe. Dies Glück wird einem in der Welt so wenig zuteil, daß man es leicht verlernen könnte. [...] Tausend Empfehlungen an die l. Fr. Großmama und an alle!

Ihr Fritz

ls Friedrich Leopold Freiherr von Hardenberg wird Novalis (1772 bis 1801) geboren, ein überzartes, kränkelndes Kind, von der Mutter, Bernhardine von Hardenberg, liebevoll aufgepäppelt. Der Vater, Ulrich Erasmus Freiherr von Hardenberg, ein rauhbeiniger, verschlossener Mann, von Beruf Salinendirektor, wird dennoch von seinem »Fritz« herzlich geliebt und verehrt. Als dieser ihm den Plan darlegt, Soldat zu werden, antwortet er, die schwache Konstitution des Sprößlings vor Augen, mit einer klugen Philippika gegen den Soldatenstand. Der Sohn berichtet ihm auch von seiner Jugendliebe, Sophie von Kühn, der Ludwig Tieck das folgende Zeugnis ausstellt: »Alle diejenigen, welche diese wunderbare Geliebte unseres Freundes gekannt haben, kommen darin überein, daß es keine Beschreibung ausdrücken könne, in welcher Grazie und himmlischen Anmut sich dieses überirdische Wesen bewegt und welche Schönheit sie umglänzt, welche Rührung und Majestät sie umkleidet habe. Novalis ward zum Dichter, sooft er nur von ihr sprach.« Auf die Nachricht vom Tod der knapp Fünfzehnjährigen erleidet Novalis einen Blutsturz. Der zur Gruppe der Jenaer Frühromantiker zählende Dichter (»Geistliche Lieder«, »Hymnen an die Nacht«, Bildungsroman »Heinrich von Ofterdingen«) stirbt an der Schwindsucht, noch nicht neunundzwanzig Jahre alt.

Die Eltern Hardenberg überleben all ihre Kinder. Für Tieck war die Mutter »ein Muster edler Frömmigkeit und christlicher Milde, mit welchen sie in der schönsten Ergebenheit das Schicksal trug, in wenigen Jahren einen Kreis von blühenden, gebildeten und hoffnungsvollen Kindern aussterben zu sehen«.

NOVALIS, 19,
AN DIE MUTTER

Jena, Sommer 1791

Beste Mutter,

Endlich folge ich einmal dem Drang meines Gefühls und überwinde meine Trägheit zum Briefschreiben. Ich weiß, daß Du es so gern siehst, wenn ich an Dich schreibe, ob ich Dich gleich versichre, daß auch gewiß sonst die Erinnerung an Dich mir die glücklichsten meiner Stunden macht, wenn meine Phantasie schwelgt und Dein Bild lebendig mir vorschwebt; wenn alle die schönen Szenen der Vorzeit und Zukunft, die ich mit Dir erlebte und erleben werde, vor mir stehn und jeder Zug in ihnen beseelt ist; wenn gar der blaue Schleier der Zukunft sich hebt und ich Dich als Schöpferin aller jener kühnen Entwürfe sehe, die eine allzu kühne Zuversicht in meine Kräfte wagte. Denn wem dankten alle Männer beinah, die etwas Großes für die Menschheit wagten, ihre Kräfte? Keinem als ihren Müttern. Du trugst beinah alles zur Entwicklung meiner Kräfte bei, und alles, was ich einst Gutes wage und tue, ist Dein Werk und der schönste Dank, den ich Dir bringen kann. Wie befindest Du Dich denn jetzt?, doch so, wie ich hoffe und wünsche, daß Du Dich noch eine lange Reihe Jahre befinden magst, um uns allen nicht die höchste Zufriedenheit zu rauben, die an Dich geknüpft ist. Mein guter Vater ist wohl wieder bei Euch. Komm ja herüber und besuche mich; die Tante und ich freun uns unaussprechlich darauf [...] Ich empfehle mich Deiner Gnade und Liebe und verharre mit dem tiefsten Gefühl von Ehrfurcht und Liebe

         Dein untertäniger Sohn Friedrich von Hardenberg

DER ZWANZIGJÄHRIGE
AN DEN VATER

                 Leipzig, 9. Februar 1793

Voll Zutrauen nahe ich mich Deinem Herzen. Solange ich denken kann, hast Du versprochen, mir mehr Freund als strenger Vater zu sein. Ich hatte nie mehr Bedürfnis, ein erfahrenes Herz zu finden, das mich zutraulich aufnähme, als jetzt. Vorwürfe, lieber Vater, und gerechter Tadel sind überflüssig, denn ich habe mir hundertmal alles lebendig vorgestellt, was Du und die strenge Stimme meines eigenen Bewußtseins mir sagen können. Du weißt schon, was ich wünsche, wonach ich ein heißes Verlangen trage. – Soldat zu werden, ist jetzt die äußerste Grenze des Horizonts meiner Wünsche. Die Erfüllung dieser Hoffnung wird die fieberhafte Unruhe stillen, die jetzt meine ganze Seele bewegt. Du, bester Vater, bist die größeste und fast einzige Schwierigkeit, die ich zu überwinden habe. Habe ich den Weg zu Deinem Herzen gefunden, und löscht dieser schnelle jugendliche Entschluß nicht alle Funken einer zärtlichen Liebe zu mir darin aus, die schon zwanzig Jahre alt ist und mehr aus dem innern Fond Deines Charakters als aus der Natur entstanden ist, so glaub ich auch, diese überwunden zu haben, so glaub' ich, daß nichts mehr der Ausführung meines Vorhabens entgegensteht. Ehe ich meinen Entschluß fest faßte, habe ich freilich innerlich sehr mit der Vorstellung gekämpft, daß ich im höchsten Grade undankbar gegen Euch, liebe Eltern, erscheine, daß ich Euch liebe Hoffnungen zerstöre und Euer Herz an der verwundbarsten Stelle angreife; aber als ich nachher bedachte, daß nicht der gegenwärtige Augenblick, sondern gerade die Aussicht des ganzen Lebens mich bestimmen müsse, daß das Glück und die Ruhe von meinem Leben und ein großer Teil des Eurigen an diesem Entschlusse hinge, indem ich mir von ihm den vorteilhaftesten Einfluß auf die Bildung und Konsistenz meines Charakters verspreche, daß denn doch bald Zeiten kommen würden, wo Euch das alles klar und kräftig einleuchten würde, und ihr mit der Wendung meines Schicksals gewiß würdet zufrieden sein; als ich dies alles bedachte, so war auch mein Entschluß da, mit der freudigen Hoffnung, daß Ihr mir zutrauensvoll die Hand bieten und mein ohnedem verwirrtes Herz durch eine Härte und Kälte, durch einen Mangel an freiem Zutrauen und herzlicher Teilnahme, der Euch sonst so fremd war, nicht noch mehr niederdrücken würdet. Diesem innerlichen Kampf mußt Du es auch zuschreiben, daß Du nicht der erste warst, dem ich mein bedrängtes Herz ausschüttete; ich konnte mich erst nicht überwinden, eine Schüchternheit und Zurückhaltung gegen Dich fahren zu lassen, die Dein strenger Sinn vielleicht seit langer Zeit schon als einen festen Eindruck zurückgelassen hat. So freundschaftlich und warm du zuweilen bist, eine so hinreißende Güte Du so oft äußerst, so hast du doch auch sehr viele Augenblicke, wo man sich Dir nur mit schüchterner Furchtsamkeit nähern kann, und wo Dein feuriger Charakter Dich zu einer Teilnahme treibt, die zwar Ehrfurcht, aber nicht freies unbefangenes Zutrauen gebietet. Nicht gerade Deine Hitze meine ich, aber jene tiefe, erschütternde Empfindung, die Dich ergreift, wenn Du in einer anscheinenden Ruhe und Kälte bist. Und dies fürchte ich am meisten. Nichts ist mir unerträglicher und peinlicher, als Dich kalt und verschlossen zu sehen; ach, ich habe auch zu oft Dich im höchsten Grade wohltätig, offen, zutraulich, herzlich und als die Güte selbst gekannt, wo jedes Deiner Worte

Liebe einflößte, und die sanfteste Überzeugung sich in jedem
Herzen erwärmte. Wenn ich wüßte, daß Du immer so gegen
mich wärst, so wäre kein glücklicherer Mensch als ich, so sollte
auch kein Wort sich für Dich in meinem Herzen verstecken. Doch
ich breche hier ab, um mich zu meinem Entschlusse zu wenden
und über ihn Dir alles zu sagen, was ich zu sagen habe.

Vor allen Dingen muß ich Dir ein Mißtrauen benehmen, als ob
ich schon lange mit diesem Vorsatz umgegangen sei. Ich kann Dir
aufs heiligste versichern, daß er erst seit Weihnachten mich ergriffen hat. Vorher habe ich nie daran gedacht, sondern mich mehr
davor als vor einer Maßregel gefürchtet, die Ihr ergreifen würdet,
wenn mein Fleiß Euren Erwartungen nicht entsprechen würde.
Die Entstehungsgründe sind kurz folgende. Bis Weihnachten war
ich fleißig gewesen, das kann ich freiherzig gestehen. Als ich nach
Weihnachten zurückkam, so war ich ein paar Tage krank, miß-
mutig und unzufrieden mit mir. Ich war zwanzig Jahre alt und
hatte noch nichts in der Welt getan. Mein bisheriger Fleiß erschien
mir selbst in einem verächtlichen Lichte und ich fing an mich nach
Ressourcen umzusehen. Da schoß mir zuerst, wie ein fliegender
Gedanke, der Wunsch durch den Kopf, Soldat zu werden. Es
blieb aber jetzt alles noch im tiefsten Hintergrund stehen. Dann
hatte mein Bruder [Erasmus, zwei Jahre jünger; auch er studierte
in Leipzig] wieder einen Anfall von Hypochondrie. Ich redete ihm
zu, er sprach vom Soldaten. Ich redete ihm diese Sache so
ziemlich aus, aber mir noch tiefer ein. Dieser Wunsch trat immer
heller und lebendiger hervor und fing an, mich zu beunruhigen.
Jetzt war's, daß ich, verzeihe meine Juvenilität, mich in ein Mädchen verliebte. Die erste Zeit ging noch alles recht gut; aber diese
Leidenschaft wuchs so schnell empor, daß sie in kurzer Zeit sich
meiner ganz bemächtigt hatte. Mich verließ die Kraft, zu widerstehen. Ich gab mich ganz hin. Überdies war's die erste Leidenschaft
meines Lebens. Vielleicht ist Dir das nicht so fremd und analoger,
als ich glaube, da Du doch ein äußerst empfindliches und heftiges
Temperament hast; aber Du bist schon von früh an vertrauter mit
der Idee der Pflicht gewesen, und meine Phantasie ist vielleicht
ungebändigter, als es Deine war. Genug, ich geriet in einen
Zustand, in dem ich noch nie war. Eine Unruhe geißelte mich
überall, deren Peinlichkeit und Heftigkeit ich Dir nicht anschaulich zu machen vermag. Hin und wieder gab es doch eine kühlere
Minute, wo mir das Gefühl von Pflicht, von meiner Bestimmung,

die Erinnerung an Euch einfiel und meine innere Pein um die Hälfte vermehrte, weil ich zu gut sah, daß ich nicht so sein sollte und doch Mangel an Kraft fühlte, mich herauszureißen, weil ich zu unzertrennlich mit der Empfindung der Liebe verbunden war, weil ich gern beides verknüpft hätte und doch keine Möglichkeit vor mir sah. Vierzehn Tage habe ich fast nicht ordentlich geschlafen und selbst diesen kurzen Schlaf machten mir lebhafte Träume peinlich. Da kam der Entschluß der Reise. In dieser Epoche sah ich Dich, Deine kurze Anwesenheit machte meine innere Situation verwirrter. Damals schrieb ich zuerst alles an meinen Onkel [den älteren Bruder des Vaters, Friedrich Wilhelm von Hardenberg]. Nachgerade legte sich dieses Seelenfieber, aber mein Entschluß blieb. Meine Leidenschaft ist jetzt ganz erloschen und Du kannst jetzt vor den Rezidiven dieser Leidenschaft sicher sein. Sie hob sich selber auf, als sie auf einen Grad gestiegen war, von dem Du Dir keine Vorstellungen machen kannst. Einige Wunden hat sie noch zurückgelassen, die nur die Zeit vernarben kann; aber es bleibt mir ewig eine der merkwürdigsten Zeiten meines Lebens. Daß ich in dieser Zeit nichts tat, kannst Du Dir leicht vorstellen, und Du wirst darüber nicht ärgerlicher sein als über die ganze Geschichte. Ich könnte hierüber noch eine ganze Menge Bemerkungen machen, aber Dein Herz, Dein Selbstgefühl, Deine Güte, Erfahrung und Menschenkenntnis macht sie mir überflüssig. Mein Entschluß soll mich nun ganz allein beschäftigen. Die Entstehung desselben hast Du nun gesehen, und aus ihr ergeben sich leicht die meisten Motive. So aufmerksam ich schon seit langer Zeit auf mich bin, so gut ich vorher glaubte, mich ganz zu kennen, so hat mir doch erst die Begebenheit die Augen geöffnet. Von meiner Leidenschaftlichkeit wußte ich wenig. Ich glaubte nie, daß mich etwas so allgewaltig in so kurzer Zeit unmerklich ergreifen, mich so in meiner innersten Seele gefangennehmen könnte. Ich habe nun die Erfahrung gemacht. Bin ich sicher, daß nicht heute oder morgen mich wieder so ein Unfall trifft? Als Soldat bin ich gezwungen, durch strenge Disziplin meine Pflichten gewissenhaft zu tun; überdem sind es größtenteils mechanische Pflichten, die meinem Kopfe und Herzen alle möglichen Freiheiten gestatten; als Zivilist, Gott im Himmel! wie würde das mit meinen Geschäften aussehen, wenn solche Pausen von gänzlicher Kopfabwesenheit kämen. Ich würde Euch, mich selbst und meine Pflichten täuschen, obendrein unglücklich sein und keinen Trost haben. Ich muß noch erzogen werden, vielleicht muß ich mich bis an mein Ende erziehen. Meine leidenschaftliche Unruhe und Heftigkeit würde sich auf alles erstrecken, und leider würden die trockenen Geistesarbeiten davon den wenigsten Nutzen haben. Im Zivilstande werde ich verweichlicht. Mein Charakter leidet zu wenig heftige Stöße, und nur diese können ihn bilden und fest machen. Schon diese heftige Leidenschaft hat auf meinen Charakter und meine Einsicht einen, wie ich mir schmeichle, vorteilhaften Einfluß gehabt. So ein Charakter wie der meinige bildet sich nur im Strome der Welt. Einem engen Kreise kann ich nie meine Bildung danken. Vaterland und Welt muß auf mich wirken. Ruhm und Tadel muß ich ertragen lernen. Mich und andere werde ich gezwungen, recht zu kennen; denn nur durch andere und mit anderen komme ich fort. Die Einsamkeit darf mich nicht mehr schmeichelnd einwiegen. Es will der Feind, es darf der Freund dann nicht schonen. Dann fange ich erst an, meine Kräfte zu üben und männlich zu werden. Männlichkeit ist das Ziel meines Bestrebens. Nur sie macht edel und vortrefflich, und wo könnte ich sie eher für mich finden als in einem Stande, wo strenge Ordnung, pedantische Unbedeutendheit und Ein Geist zu Einem großen Ziele führt, wo das Leben immer nur als Medium erscheint, und das Prinzip der Ehre das Selbstgefühl schärft, die Empfindung veredelt, den Wetteifer erhöht und den Eigennutz aufhebt, wo man fast immer mit seiner letzten Minute umgeht. Wenn man da nicht geweckt wird zum Ernst, zur Männlichkeit, zu klugem Gebrauch seiner Kräfte und seiner Zeit, wenn da nicht der Charakter Konsistenz und Bildung und Größe erhält, so müßte man auf der untersten Stufe der menschlichen Würde, der menschlichen Natur stehen. Ich hoffe, daß Du jetzt schon einsehen wirst, daß nicht eine kindische Vorstellung vom Soldaten mein Hauptbeweggrund gewesen ist. Ich weiß zu gut, was ich aufopfere und was ich erhalte, wozu ich mich entschließe und was ich verlasse. Ich weiß, daß der Soldatenstand kein Rosengarten ist, aber was gerade andere scheuen, das zieht mich an und läßt mich den heilsamsten Einfluß für meine Bildung davon hoffen. Vorher will ich noch einiges über Bestimmung überhaupt erinnern, wovon ich fest überzeugt bin, daß es mit Deiner Denkungsart nicht kontrastiert. Du weißt zu gut, wie lange man sich über seine eigene Bestimmung täuschen kann und wirst mir daher keinen wesentlichen Vorwurf machen, daß ich nicht eher auf diesen Entschluß verfiel. Man ist

so lange unbestimmt und gleichgültig in der Wahl seines Gegen-
standes, bis man durch sich selbst, durch ein individuelles Bedürfnis seine Richtung erhält. Manche und die meisten eigentlich
haben so wenig Sinn für ein eigentliches Bedürfnis, daß sie sich
gutwillig vom ersten besten Gegenstand bestimmen lassen, ohne
sich zu fragen, ob diese Leistung ihnen auch angemessen ist oder
vielmehr ob sie zu dieser Bestimmung passen. Die Edlen unter
ihnen werden durch diese verfehlte Wahl unglücklich, die minder
Edlen lassen sich's freilich nicht zu Herzen gehen, sehen es hundertmal nicht ein und verderben den Platz, auf dem sie stehen,
und verkürzen die Linie, die ihnen ihre falsch gewählte Bestimmung vorschreibt. Erlaube mir daher doch, daß ich dem Rufe
jetzt folgen kann, den ich aus meinem Herzen und den Gegen-
ständen um mich her höre. Höre ich zur Unzeit, nun so kann ich
mir doch selbst Vorwürfe machen und habe nicht nötig, unwillig
auf einen andern zu sein. Du denkst ferner zu hell, als daß Du
nicht überzeugt sein solltest, daß der Zivilstand eigentlich nicht
um ein Haar vorzüglicher sei als der Soldatenstand, sondern daß
der Mann den Stand mache; ich gehe also schnell über diesen
Vorwurf hinweg. Das tätige Leben, in das ich nun trete, wird
meinem brausenden Kopfe und meinem unruhigen Herzen
höchst willkommen sein. Meine Grundsätze und Ideen werden
geprüfter, schärfer gedacht, tiefer empfunden werden. Die wilde,
leidenschaftliche Hitze wird sich legen und nur eine sanfte gemä-
ßigte Wärme zurückbleiben. Der üppige Gedankenstrom wird
sich verlieren, aber er wird desto reicher werden. Die Erfahrung
wird ihre Hand an meine Bildung legen, und in ihrem hellen
Lichte wird manche romantische Jugendidee verschwinden und
nur der zarten stillen Wahrheit, dem einleuchtenden Sinne des
sittlich Guten, Schönen und Bleibenden den Platz überlassen.
Mein Sinn wird Charakter, meine Erkenntnisse werden Grundsätze, meine Phantasie wird Empfindung, meine Leidenschaftlichkeit wohltätige Wärme, meine Ahnungen werden Wahrheit,
meine Einfalt Einfachheit, meine Anlage wird Verstand, meine
Ideen werden Vernunft. Siehe, lieber Vater, das ist der Zweck,
den ich habe; mißbilligen kannst Du ihn unmöglich, und das
gewählte Mittel scheint mir das zweckmäßigste zu sein. Ich glaube
mit diesem schon alle jene Einwürfe entkräftet zu haben, die Du
mir etwa in Rücksicht der Verhältnisse meines Charakters zum
Soldatenstand machen könntest. Mir wird die Subordination, die

Ordnung, die Einförmigkeit, die Geistlosigkeit des Militärs sehr
dienlich sein. Hier wird meine Phantasie das Kindliche, Jugendliche verlieren, was ihr anhängt, und gezwungen sein, sich nach
den festen Regeln eines Systems zu richten. Der romantische
Schwung wird in dem alltäglichen, sehr unromantischen Gange
meines Lebens viel von seinem schädlichen Einfluß auf meine
Handlungen verlieren, und nichts wird mir übrigbleiben als ein
dauerhafter schlichter Bonsens, der für unsere modernen Zeiten
den angemessensten, natürlichsten Gesichtspunkt darbietet. Was
die Strapazen betrifft, so weiß ich, daß ich sie ausdauern werde,
wenn ich sie ausdauern soll und so fürchte ich mich nicht davor.
Was die Todesfurcht betrifft, so müßte in mir kein Tropfen Deines
Blutes fließen, wenn sie mich zurückhalten sollte. Bei mir kommt
auch noch aus gewissen individuellen Hinsichten, die Du auf
keinen Fall mir teilen kannst, eine Gleichgültigkeit gegen das
Leben mit hinzu, die Dir paradox vorkommen wird, weil Du mich
nicht ganz kennst. Ich bin fest überzeugt, daß man in der Welt
mehr verlieren kann als das Leben, und daß das Leben nur von
uns seinen Reiz erhält, daß es immer nur Mittel und fast nie Zweck
sein darf, und daß man oft wenig verliert, wenn man von diesem
Stern abtritt. Meine Handlungen, hoffe ich, sollen Dir zeigen, daß
hierin mehr als Tirade ist. Was das Zerschießen und das Zerhauen
angeht, so bleibt mir auch in diesem Falle noch immer die Zuflucht zu den Wissenschaften, die bisher das Glück meines Lebens ausmachten und gewiß jetzt nicht aufhören werden. Von
ihnen und von dem sorgfältigen Studium meines Handwerks
verspreche ich mir die Ausfüllung der vielen Stunden, die mir der
Dienst übrig läßt, und dies wird allein schon genug sein, die
Langeweile und den Müßiggang zu verbannen, der die Geißel
der meisten Offiziere ist. Mein Geist und seine Bildung ist ohnedem mein heiligster Zweck; äußere Veränderungen und körperliche Unfälle werden also diesem nie entgegenstehen, wenn sie
nicht mittelbar die Freiheit seiner Bewegung und seiner Entwicklung hemmen.

Ich habe sonst noch vielerlei überdacht, ob jemand reellen
Schaden von meinem Entschluß haben könnte, aber ich habe
nichts gefunden. Euch wird's im Anfang schmerzen, meinen an-
gefangenen Lauf unterbrochen zu sehen, mich, den Ihr so zärtlich
liebt, dem ungewissen Kriegsglück anvertraut zu sehen, zwei
Jahre Hoffnung und Depensen umsonst gehabt zu haben; aber

hängt nicht die ganze Lebenszeit des Menschen an unsichtbaren Fäden zusammen? Kann Euch beim festen Glauben an die Vorsehung das erste wahre Unruhe machen? Und vergeßt Ihr das zweite nicht gern, wenn Ihr mich nun endlich auf einer festen Bahn seht und meinen Charakter geborgen und Eure Hoffnungen gegründet, so daß jeder gelungene Schritt Euch der beste Dank wird? Ach, dann werden Zeiten kommen, wo wir uns mit gerührtem Herzen umarmen werden und froh sein über das Vergangene und heiter entgegensehen den kommenden Stunden, wo Du einsehen wirst, daß meine innere Stimme recht hatte und daß mich ein schützender Engel so führte. Erleichtere mir also, bester Vater, meinen jetzigen Entschluß, und mache mir das Herz nicht schwer mit Deinem inneren verhaltenen Kummer, das ohnehin Hoffnung und Kraft und Mut bedarf, denn die bisherige untätige Ruhe hat es verzärtelt. Es wird Dich nicht gereuen, mir entweder meinen letzten, oder meinen ersten männlichen Weg verkürzt und erleichtert zu haben. Komm' ich nicht wieder, so bin ich doch meinem Schicksal gefolgt, das mir kein längeres Leben gönnte, und auch dann wirst Du der Vorsicht Plan still verehren. Sehe ich Euch wieder, so hoffe ich, Du sollst mir noch einmal Dein ganzes Zutrauen schenken, und wir wollen gewiß noch einmal manchen fröhlichen Tag miteinander verleben. Mein Onkel ist von allem diesem schon unterrichtet; seine Antwort hat mich entzückt wegen der Wärme und Teilnahme, mit der er zu mir sprach. Er glaubte, es sei bloß Grille; ich habe ihm ebenso detailliert geantwortet, wie ich Dir jetzt schrieb. Sieh, bester Vater, das ist nun alles. Ich hoffe, Du lässest mir diejenige Gerechtigkeit widerfahren, die mir zukommt, und erkennst zwar in mir den leidenschaftlichen jungen Menschen, aber auch das freie, offene Herz, das es nicht gern mit andern, aber auch nicht gern mit sich selbst verdürbe und so gern weiser, besser und glücklicher sein und machen möchte. Ich habe das uneingeschränkteste Zutrauen in die Güte Deines Herzens und in Deine Zärtlichkeit für mich. Laß mich in Dir ganz den Vater und Freund finden und verbanne jeden aufsteigenden Unwillen gegen mich sogleich aus deiner Brust. Lege auch ein gutes Wort ein bei meiner Mutter und meinem Onkel und verzeihe allen meinen Torheiten und den Lizenzen meiner Jugend.

Ich schließe voll der freudigsten Hoffnung und bitte Dich, je eher, je lieber, Abrede zu nehmen wegen meiner Plazierung. Nur

je eher, je lieber von Leipzig hinweg und zu meiner Bestimmung!
[Novalis hatte den Plan, Soldat zu werden, bald wieder aufgege-
ben; er sah »die Mittelmäßigkeit« des Berufs und wollte seinen
»Ehrgeiz lieber bei einem Studium entzünden«]

DER EINUNDZWANZIGJÄHRIGE
AN DIE MUTTER

Wittenberg, 28. Juni 1793

Wie innig kann ich Dir zu Deinem Hochzeitstage Glück wünschen. So ein Glück ist das Ziel meiner fernsten, aber liebsten
Wünsche. Dieser Sinn für Familienglück, der in mir so kräftig und
lebendig ist, wird auf das Schicksal meines Lebens gewiß einen
wohltätigen Einfluß haben und am ersten die wilden Auswüchse
meiner Phantasie beschneiden, die mich beständig innerlich un-
stet und flüchtig machen. Diesen Sinn recht rein auszubilden, ihm
vorzuarbeiten, soviel ich kann, im dunkeln Gewebe meines
Schicksals, soll mein Hauptzweck sein, und nur das widerwärtig-
ste Los, die Loskettung von allem, was mich ans Leben knüpft,
könnte mir das Ziel verrücken. Ich hab' ihn von Euch, diesen
Sinn, der jetzt schon in mir oft leidenschaftlich wird und sich in die
lächerlichsten Träume verliert [...] Oh ich fühle sie ganz, die
Süßigkeit des Berufs, Stütze einer Familie zu sein, und darum
plagt mich auch oft mein wildes, leidenschaftliches Temperament
bis zum höchsten Überdruß. Es ganz zu sein, erfordert unendliche
Talente, Kraft des Geistes, Sinnenkraft, eine Fülle des Herzens
und eine unbeschreibliche, unnachahmliche Bestimmtheit des
Charakters. Wie weit ich von alledem trotz aller zufälligen Bildung
meiner Seele bin, kann ich selbst am besten beurteilen. Ich bringe
nichts dazu mit, als ein leidenschaftliches Gefühl für stille, häusli-
che Glückseligkeit. Vielleicht erleichtert mir das noch den Weg zu
dieser Bestimmung. Eine freundliche Ahnung sagt mir, ich bin
dazu geboren, und selbst mein äußeres Schicksal flößt mir kein
Mißtrauen ein. – Ich bin voll Glauben und Zuversicht und erwarte
alles, wenn ich meine ruhelosen Launen bezwinge. – Fleißig bin
ich jetzt, und deswegen ist mir nicht bange, besonders da es mir
leichter wird, als ich selbst es mir vorstellte. – Der Vater wird zu
Michaelis gewiß zufrieden sein.[...]

DER VIERUNDZWANZIGJÄHRIGE
AN DEN VATER

Tennstedt, Juni 1796

Nicht ohne heftige Beunruhigung wage ich einen lange gefürchteten Schritt. Längst schon würde ich ihn getan haben, wenn nicht mehrere ungünstige Umstände sich dagegen vereinigt hätten. Alle meine Hoffnung beruht auf Deiner Freundschaft und Teilnahme. Es ist nichts Unrechtes, was mir auf dem Herzen liegt; aber etwas worüber Eltern und Kinder so oft nicht übereinstimmen. Sehr viele Stimmen in meinem Herzen sagen mir zwar Trost und Beruhigung zu; aber je mehr auf dem Spiele steht, desto ängstlicher sieht man den Zeitpunkt der Entscheidung entgegen. Ich weiß, daß Du ganz herablassender Freund Deiner Kinder sein willst, – aber Du bist Vater, und oft widerspricht selbst die väterliche Liebe der Neigung des Sohnes. Sobald ich mich zusammennehme, so verschwindet freilich diese Besorgnis meistenteils, denn nur dann würde mir meine Liebe entgegenstehn, wenn ich weder Verstand noch Herz zu Rate ziehen wollte und den Abgrund meines eignen Unglücks graben. Dies ist aber hier wohl nicht der Fall.

Ich habe mir ein Mädchen gewählt. Sie hat wenig Vermögen, und ob sie gleich von Adel ist, so ist sie doch nicht stiftsfähig. Es ist ein Fräulein von Kühn. Ihre Eltern, von denen nur die Mutter die Rechte ist, wohnen in Grünningen, einem Gute bei Weißensee. Abgerechnet auch meine Verhältnisse, so würde ihre Jugend schon einen nahen Heiratsplan unratsam machen. Von ihrem persönlichen Wert ziemt mir nicht, ein entscheidendes Urteil zu fällen; und ich muß mich für jetzt begnügen, teils die allgemeine Stimme ihrer nähern Bekannten, teils die vorzüglichere Stimme unparteiischer Männer für sie anzuführen, im ganzen aber auf eigne Prüfung zu provozieren. Ich habe sie bei einer Expedition in ihrem väterlichen Hause kennengelernt. Sehr langer, sehr aufmerksamer Umgang mit dieser Familie befestigten meine Wahl. Lange blieb mir die gegenseitige Wahl zweifelhaft, ohnerachtet ich das Zutraun und die Freundschaft der ganzen Familie genoß; doch glaube ich jetzt derselben versichert zu sein, besonders wenn Deine Einwilligung Sophiens Besorgnissen ein Ende macht. So fest sie an ihren Eltern hängt, so fest wünscht sie mich an den Meinigen hängen zu sehn, und wird ohne Überzeugung Deines Beifalls sich sicher nicht ausdrücklich für mich dezidieren.

Längst schon würde ich *Dein* Zutraun und Deine Einwilligung gesucht haben; aber seit Anfang November ist Sophie gefährlich krank gewesen. Ein paarmal war fast alle Hoffnung verschwunden und jetzt noch siecht sie und erholt sich nur langsam. Du kannst sie mir jetzt zum zweiten Male schenken und mir damit eine Ruhe wiedergeben, die sich seit langer Zeit aus meiner Seele verlor. Ich flehe nur um Deine Einwilligung und Autorisation meiner Wahl. Die Ausführung des Plans steht noch zu weit ab, als daß ich ein Wort darüber verlieren sollte. Möglichkeiten sehe ich – ich überlasse sie der gütigsten Hand auszubilden und tue nur meinerseits das, was ich dazu durch Fleiß, Treue und Wirtschaftlichkeit tun kann. Auf diesem Wege hoffe ich meinen Lieblingswunsch am ersten erfüllt zu sehn.

Mündlich mehr. Ich erwarte nur Liebe von Dir. Es hängt von Dir ab, diese Periode zur glücklichsten meines Lebens zu machen. Dann hab ich Dir, außer Leben und Erziehung auch noch das zu danken, was dem Leben so einen einzigen Reiz in seiner Art gibt – Ich leugne es nicht – meine Liebe und Dankbarkeit gegen Dich werden noch zunehmen. Es ist wahr, mein Wirkungskreis wird durch diese Partie äußerlich eingeschränkt – aber ich rechne für die Zukunft ein wenig auf meinen Kopf und meinen Ehrgeiz – – und für die erste Zeit auf Sophieens Verstand und gute Wirtschaft. Sie ist nicht groß erzogen. Sie wird mit wenigem zufrieden sein – ich bedarf nur, was Sie bedarf. Ich weiß gewiß, unser gemeinschaftliches Leben gewinnt an Zutraulichkeit unendlich, denn ich bin Deiner Freundschaft auf ewig versichert. Wie werden sich meine älteren Geschwister freuen, die so teilnehmend an der Ruhe meines Lebens hängen. Gott segne diese wichtige, so ängstlich durchharrte Stunde. Was du meinst wird gut sein, aber freuen kann mich nur Deine freundliche, einwilligende Vaterstimme.

Fritz

oethe hatte seinen Einfluß geltend gemacht, daß Johann Gottfried Herder (1744 bis 1803) Hofprediger, Generalsuperintendent und Oberkonsistorialrat in Weimar wurde. Dieses Amt sicherte ihm, seiner Frau, Caroline geborene Flachsland, und den sechs Kindern eine »bürgerliche Existenz«. Der große Kinderfreund Goethe verkehrte oft im Herderschen Hause, und sein »kleiner Adoptivsohn« Fritz von Stein spielte mit den Herder-Kindern: Gottfried (1774 bis 1806), August (1776 bis 1838), Wilhelm (1778 bis 1842), Adelbert (1779 bis 1857), Luise (1781 bis 1860) und Emil (1783 bis 1855).

1788 ging Herder auf eine ausgedehnte Italienreise, erst mit dem Domherrn Friedrich von Dalberg und dessen Geliebter, Frau von Seckendorff, dann als Begleiter der Herzogin Anna Amalia. Von dieser Reise schrieb er seinen Kindern zahlreiche Briefe, auf jedes einzelne von ihnen persönlich eingehend.

Die Antworten blieben nicht aus. Die Briefe des Ältesten, Gottfried, klingen schon recht perfekt in ihrem dem 18. Jahrhundert gemäßen Floskelreichtum. Die Kleineren schreiben fröhlich drauflos, drücken ihre Sehnsucht nach dem Vater aus und vermitteln so ein Stück Alltag. Der kleine Emil nennt sich in den Briefen an den Vater »Bruder«, an die Schwester »Sohn«.

DIE HERDER-KINDER
AN DEN VATER JOHANN GOTTFRIED HERDER

GOTTFRIED HERDER, 14

[Ende November 1788]

Liebster Vater.

Wie sehr hat mich Ihr lieber Brief an uns gefreut, darinnen Sie uns soviel gutes und herzliches schreiben, ich danke Ihnen recht sehr dafür, daß Sie auch unserer in Rom gedacht, und uns etwas von sich geschrieben haben. Ich freue mich recht sehr auf Herrn Moritz, der uns recht viel von Ihnen und von Rom erzählen wird. Bleiben Sie nur gesund, liebster Vater trotz dem Sirocco, wir wollen Ihnen gewiß immer gute Luft zuschicken, und der Tramontane soll Ihnen allemal Glück, Freude und Gesundheit bringen. Wir sind bisher gottlob alle recht gesund und wohl, und Gott wird uns ja auch noch fernerhin Friede, Freude und Gesundheit geben.

Ich muß Ihnen doch auch etwas zu lachen schreiben, das mir passirt ist: Am Wilhelmstage stand ich in der Kirche neben dem H. Hofmahler Cleß, der bald 80 Jahr alt ist. Dieser fing ein Gespräch mit mir an, ohne mich zu kennen, und beklagte sich sehr über die jetzigen Zeiten. »Vor Alters, sagt er, da war es doch noch etwas, aber ach! wie sieht es jetzt mit uns aus!!! – Man sehe nur die Geistlichen an, sie treten auf die Kanzel, reden und reden, und wissen nicht was. – Ja! und der Superintendent [der Vater selbst] ist nach Italien gereißet blos aus Neugierde, er wird gewis nicht auf die Kanzel treten und uns erzählen wo er gewesen, und was er gesehen hat, ob er weiß, ob der Pabst einen goldenen oder dreckigten Pantoffel an hat«, u. d. gl. mehr, das uns rechten Spaß gemacht hat. Leben Sie wohl, liebster Vater. Der Herr Conrektor und Herr Schäfer grüßen Sie bestens, auch Herr Rudolph, der Ihnen sagen läßt, daß es im Seminario recht gut günge. Leben Sie wohl, wohl! und gedenken Sie

Ihres gehorsamsten und Sie zärtlichst liebenden Sohnes
Gottfried Herder

AUGUST HERDER, 13

d. 9t. März 1789

Liebster Vater.

Werden Sie ja nicht böse, daß ich Ihnen so sehr lange nicht geschrieben habe, aber ich konnte nicht, denn wir mußten immer bey den Prinz, aber dafür will ich Ihnen einen längern schreiben. Die Mutter hat jetzt ein Gesetz gemacht, daß, wer sich beym Tische auflegt, oder sich nicht gut aufführt, muß 1 𝒴 geben, wer seine Bücher nicht ordentlich stellt, oder das andere anfährt u. a. m. muß 1 𝒴 geben, und da bekömt jeder jeden Sontag 1 g. und die Mutter hofft von ihnen auch recht viel Pfenige zu bekommen. Vorigen Sontag als d. 1t März habe ich meinen Geldbeutel mit 6 g. verlohren aber nicht der Gute. Ich habe auch italienische Pinchen [Pinien] vom H. v. Goethe, und die sind aufgegangen, und da wollen wir einst recht viel darunter spatziren gehn. Bringen Sie mir Steine mit lieber Vater, der G. v. Goehte sagte, es wären dort Kaufleute die hätten solche Scherbel und Steine v. Carneol, Achat, Onyx, Chrösapras, u. d. g. zu verkaufen, und bekäme man für ein paar Pfennige einen großen Haufen. Der Herr Subkonrektor ist wieder gesund und hält auch selbst Schule. und ist gar gut. Im Griechischen lese ich Äsops griechische Fabeln und das neue Testament. Die Herzogin Amalia hat dem Erbprinz, sehr schöne italienische Trachten geschickt, und ich wollt' sie wären mein. Leben Sie wohl lieber Vater und behalten sie mich lieb

Ihr gehorsamer Sohn
August Herder

H. Schäfer läßt Sie grüßen.
Grüßen Sie Wernern.

WILHELM HERDER, 10

den 26.ten Septem. 1788

lieber Vater.

Ich habe mich jetzt entschlossen, so ein Künstler zu werden wie Albert Thürer und die andern waren, und um hernach hinzureisen, wo Sie jetz sind, daß ich alle die Schönen Paläste und Gemälde abzeignen kann, ich habe auch angefangen zu tuschen und der Herr Rath Krause hat mich sehr gelobt. Wir haben alle Gürthel bekommen, das wir gerathe und schön gehen und sitzen. Mehr schreib ich Ihnen nicht darum weil keine Neiigkeiten sind vorgefallen.

Leben Sie glücklich und frölich und denken Sie oft an uns wie wir an Sie denken. Leben Sie wohl und grüsen Sie den Werner, behalten Sie uns lieb.

Ihren Gehorsammen Sohn
Wilhelm Herder 1788

WILHELM HERDER, 11

den 13. Februar [1789]

Lieber Vater.

Jetzt habe ich wieder ein Jahr meiner Jahre vollendet, und bin schon ein Schriett näher zur Ewigkeit. Ich bin eilf Jahr geworden, und ich muß daher von Jahr zu Jahr und Tag zu Tag klüger und

weiser werden, wie mir der August gewünschet hat. Die Mutter
hat mir ein Gesangbuch, Geldbeutel, Mandeldorte, und eine
große Bretzel gegeben und hat mir einen Gulthen gegeben in
Ihrem Nahmen, und mit der Überschrieft! Von dem lieben Vater
aus Neapel. Gottfried hat mir was gar schönes geschrieben und
hat mir Büschings Einleitung, Papier, Tusche und Feder gegeben.
August hat mir auch was schönes geschrieben und hat mir eine
Rose ein par Hosenschnallen und Federn gegeben. Adelbert hat
mir auch was schönes geschrieben welches mir sehr wohl gefallen
hat und hat mir ein Messer und Papier gegeben. Luise hat mir
auch was geschrieben und hat mir eine Bleyfeder und Papier
geschenk. Die Jumpfer Schwarzin hat mir eine große Bretzel
gegeben. Es that uns leid daß Sie nicht bey uns waren. Leben Sie
wohl und behalten Sie lieb

Ihren gehorsammen Sohn
Wilhelm Herder

ADELBERT HERDER, 9

[22. September 1788]

Lieber Vater
Sie werden nun in Rom seyn, wir freuen uns alle Tage, wenn
Freitag und Sonntag ein Brief von ihnen kommt. Wir haben recht
lange von ihnen keinen Brief gekricht. Der junge Stein hat uns
allen ein rechtes dickes Seil geschenkt das ist im Garten aufge-
spant, Wir haben auch Girtel um userm Leib angekricht das wir
sollen uns gerade halten. Grissen sie den Werner leben sie wohl
behalten sie mich lieb der Herr Schäfer griset sie.

ihr getreuer Sohn
Adelbert Herder

[14. November 1788]

Lieber Vater.
Ich habe sie recht lange nicht geschrieben. Es ist was sehr Merk-
würdiges in unserer Stadt; den das Alte Schloß wird wieder
Aufgebuet, aber es wird 10 Jahre tauern ehe es Aufgebaut ist.
Denn es nimmt sehr viele Zeit weg. Mit unserer Römischen Ge-

schichte geht es ganz gut. Der Herr Schäfer grieset Sie, und griesen Sie den Werner. Ich habe ihren Brief den sie an mir geschriben haben der Frau von Frankenberch [gezeigt] denn sie hat einen Babakei, ein Rothkelchen und einen Spietz. leben Sie wol

> Ihr getzreier Sohn
> Adelbert Herder

LUISE HERDER, 7

[September 1788]

Lieber Vater.
Kommen Sie balt wieder denn wir haben Sie gar lieb u mögen nicht ohne Sie leben. die Mutter hat uns auf der Landcharde Botzen [Bozen] gezeigt. wo so Vile Kinder u so viel Obst waren da haben mir recht gewünscht bei Sie zu seyn. Jetzt lerne ich das Lied Jesus meine Zuversicht u mir beden alle Tage mit der Mutter.

> Luise

[19. September] 1788

Lieber Vater.
Es geht jetzt gar hübsch in der Schule ih rechne nun, u. Wir haben die Landcharte da suchen Wie oft Italien auf das liegt gegen Mittag. u. ich habe auch Verona gesehen. ich habe das Lied gelernt. befiel du deine Wege u jetzt lerne ich meinen Jesu las ich nicht. Kommen Sie balt wider der liebe Gott wirt Sie auch nicht verlassen Sie sind ein Guter Vater Ihre gehorsame

> Luise Herder

[24. Oktober 1788]

Liebster Vater.
ich habe Ihnen recht lange nicht geschriben. Ich freie mich recht daß Sie gesund sind. ich habe Zahnweh und einen geschwollenen Baken. Kommen Sie balt denn wir sehnen uns nach Sie jetzt sitzen wir des Abens beisammen. die Mutter hat uns ein Spiel

gelernt bekomd ein jeder ein Blädchen darauf wirt ein Word
geschriben Rose oder Schaf oder ein andres u. da muß man eine
Beschreivun davon magen. Das Spiel gefällt mir recht u. Emil
spieltes auch mit. Ich lerne jetzt das Liet Solt ich meinen Gott nicht
singen. Leben Sie wohl liebster Vater ich habe Sie recht lieb. Ihre
gehorsamme

Luise Herder

EMIL HERDER, 5

[Dezember] 1788

lieber Vater!
ich krige auch wider ein neises Kleit krines Gegchen [grünes
Jäckchen] ich bin Vellig wider gesund, ich habe nicht genubbert.
die Mutter hat mir auf den Glawir gelernt: Rosen auf den weg
gestreid, und des Harms vergessen! ihr getreider bruter [!]

Emil Herder

[Anfang März 1789]

lieber Vater
ich kriege ein neues Kleidchen von grünem Biber, es wird schon
kalt. ich habe getraumt von Sie. Sie wären gekommen u. hätten
Kuchen gebracht. Kommen Sie nur bald, ich habe Sie gar lieb.
Gott wird Sie gesund halten.

Ihr gehorsamer Bruder [!]
Emil Herder

er 1808 geadelte Begründer der neueren deutschen Strafrechtswissenschaft, Paul Johann Anselm Ritter von Feuerbach (1775 bis 1833), erlebte eine harte Kindheit und Jugend. Dem despotischen Vater, Johann Anselm Feuerbach (1755 bis 1827), entfloh er als Sechzehnjähriger. Er studierte Philosophie und wurde schon mit zwanzig promoviert, doch der Vater, selber Rechtsanwalt, zwang ihn zur Juristerei, in der er dann so viel leistete, die ihm aber lebenslang verhaßt blieb. »Die Jurisprudenz«, schrieb er als Erwachsener an seinen Sohn Joseph Anselm, »war mir von meiner frühesten Jugend an in der Seele zuwider und noch jetzt bin ich von ihr als Wissenschaft nicht angezogen.«

Seine labile, eigenwillige Persönlichkeit – er neigte zu Jähzorn wie zu Schwermut – zügelte Feuerbach mit äußerster Willensstärke. »Ich bin eigensinnig im höchsten Grade«, vertraute er seinem Tagebuch an. Sein Tod ist, im Zusammenhang mit seinem berühmten Buch über Kaspar Hauser, geheimnisumwittert; das Gerede vom politischen Mord ist nie ganz verstummt. (Siehe auch Seite 237.)

PAUL JOHANN ANSELM FEUERBACH, 20,
AN DEN VATER

Jena, den 1. Juni 1796

Mein lieber Vater!
Nehmen Sie dieses kleine Opfer meiner Verehrung, das ich Ihnen hier vor den Augen der Welt dargebracht habe [Gemeint ist ein frühes juristisches Werk, das er dem Vater gewidmet hat] und das wenn auch nicht durch die äußere Größe seines Werthes, doch gewiß durch die Absicht, die ihm zum Grunde liegt, eine kleine Regung des Beifalls bei einem Vater finden wird. Dem Vater für die Wohlthaten zu danken, die ich als Kind von ihm empfangen habe; ihm zu sagen, daß ich immer noch sein Kind, er noch immer mein Vater sei und – warum sollte ich es nicht gestehen? – einen endlichen Sieg über sein Vaterherz mir zu erringen; – das waren die Triebfedern, die mich bestimmten, Ihnen dies kleine Monument meines Herzens aufzurichten. – Und könnt' ich, dürft' ich denn wohl an der Erfüllung dieser seligen Hoffnung zweifeln? Könnt' ich glauben, daß Sie gar nichts mehr gegen den fühlen

könnten, dem Sie das Leben gegeben haben? Nein! nie werde ich davon mich überreden lassen. Sie können, um die Liebe Ihres Sohnes zu prüfen, die Aeußerungen Ihrer Liebe unterdrücken; aber nie können Sie ganz vergessen, daß Sie ein Vater sind. O mein Vater! überzeugen Sie mich doch bald durch die That, daß ich mich in dieser Hoffnung nicht getäuscht, in diesem Glauben nicht betrogen habe. [. . .] Meine Gesundheit ist durch verzehren- den Gram, durch die Anstrengung ununterbrochener Arbeit und durch den Mangel an Mitteln ganz zerrüttet; mein Muth im Leiden ist erschöpft und ich habe nur noch Thränen, um mein Elend zu beweinen. Gewiß – ich traue es Ihrem Menschenherzen zu – Sie würden gerührt mir die Hand zu Versöhnung bieten, wenn Sie mich sehen, mich in manchen Stunden beobachten könten; Sie würden den *Menschen* bemitleiden, wenn Sie auch den *Sohn* nicht lieben könnten. [. . .] Ich studiere Jura, wie Ihnen beiliegen- des Zeugniß des Prof. Hufeland beweisen wird. – Ich würde es nicht wagen, von Ihnen eine Unterstützung an Geld zu fordern, wenn ich nur auf eine andere Weise subsistiren könnte. – Aber wie soll ich leben können, da mir mein juristisches Studium alle Muße nimmt, mit der ich mir sonst vielleicht etwas verdienen könnte. [. . .] Ich bitte daher inständigst, mein Vater, mir eine Unterstützung nicht zu versagen, damit ich mein Studium fortset- zen, und als würdiger Nachfolger eines würdigen Vaters nach Frankfurt zurückkehren könne. Ich werde mit Wenigem vergnügt sein, wenn ich nur einigermaßen – gesetzt auch es müsse küm- merlich geschehen – mein Leben hinschleppen kann. –

Ich habe gelernt mit Wasser und Brod vorlieb zu nehmen; ich will es noch ein Jahr wenn es sein muß, auf diese Weise versu- chen und ich bitte Sie nur um so viel, um mir nicht durch Betrug mein Brod erkaufen, oder schimpflich erbetteln zu müssen.

Ich kann nichts mehr hinzusetzen. Ich fühle Thränen in meinem Auge. Leben Sie wohl!

Ihr Sohn

dol einer Epoche, aufgeklärt und gebildet, großher-
*zig, anmutig und klug, eine überragende Frauenfigur
ihrer Zeit war* Luise Auguste Wilhelmine Amalie von
Preußen *(1776 bis 1810), Tochter Herzog Karls II.
von Mecklenburg-Strelitz (1741 bis 1816). Sehr jung verlor sie
ihre Mutter wie auch ihre Stiefmutter – der Vater ehelichte die
Schwester seiner verstorbenen Gattin –; so wuchs sie bei der
Großmutter auf, der geistreichen und vitalen »Landgräfin
Georg«.*

*1793 heiratete sie den preußischen Kronprinzen Friedrich Wil-
helm, der 1797 als Friedrich Wilhelm III. König von Preußen
wurde. Mit ihm hatte sie neun Kinder, von denen zwei früh
starben. 1806 floh sie vor Napoleon nach Königsberg; ein Jahr
später versuchte sie vergeblich, den Kaiser der Franzosen in Tilsit
für mildere Friedensbedingungen zu gewinnen. 1809 wieder in
Berlin, erlebte sie dennoch nicht, wofür sie sich eingesetzt hatte:
die Befreiung Deutschlands.*

LUISE VON PREUSSEN, 31,
AN DEN VATER

Memel, den 17. Juni 1807

Mit der innigsten Rührung und unter tausend Tränen der dank-
barsten Zärtlichkeit hab' ich Ihren Brief vom Monat April gelesen.
Wie soll ich Ihnen danken, bester, zärtlichster Vater, für die vielen
Beweise Ihrer Liebe, Ihrer Huld und unbeschreiblichen Vater-
güte! Welcher Trost ist dieses nicht für mich in meinen Leiden und
welche Stärkung! Wenn man so geliebt wird, kann man nie ganz
unglücklich sein. –

Ich habe zwei Monate sehr viel Freude erlebt; ich war mit der
guten Ika vereint und habe das Glück ganz genossen. Freilich
hatt' ich die Ahndung, daß es nicht Belohnung für vergangene
Leiden war, die mich so froh gemacht, sondern, indem mein Herz
sich dankbar zu Gott wandte, so fühlt' ich deutlich, daß es Stärkung zu neuen Leiden sein sollte – und – ich hab' mich nicht
geirrt! Es ist wieder aufs neue ein ungeheures Unglück und Unge-
mach über uns gekommen, und wir stehen auf dem Punkt, das
Königreich zu verlassen, – vielleicht auf immer –; bedenken Sie,
wie mir dabei ist; doch bei Gott beschwöre ich Sie, verkennen Sie

Ihre Tochter nicht! Glauben Sie ja nicht, daß Kleinmut mein Haupt beugt. Zwei Trostgründe hab' ich, die mich über alles erheben: der erste ist der Gedanke, wir sind kein Spiel des Schicksals, sondern wir stehen in Gottes Hand und die Vorsehung leitet uns; der zweite, wir gehen mit Ehren unter. Der König hat bewiesen, der Welt hat er es bewiesen, daß er nicht Schande, sondern Ehre will. Preußen wollte nicht freiwillig Sklavenketten tragen. Auch nicht einen Schritt hat der König anders handeln können, ohne seinem Charakter ungetreu und an seinem Volke zum Verräter zu werden. Wie dieses stärkt, kann nur der fühlen, den wahres Ehrgefühl durchströmt. [...]

Gott wird mir helfen, den trüben Augenblick zu bestehen, wo ich über die Grenze meines Reiches muß. Da wird es Kraft erfordern, aber ich hefte meinen Blick gen Himmel, von da alles Gute und Böse kömmt, und mein fester Glaube ist, er schickt nicht mehr, als wir tragen können. Noch einmal, bester Vater, wir gehen unter mit Ehren, geachtet und geschätzt von Nationen, und werden ewig und immer Freunde haben, weil wir es verdienen. Wie beruhigend dieser Gedanke ist, läßt sich nicht sagen. Ich ertrage alles mit einer solchen Ruhe und Gelassenheit, die nur Ruhe des Gewissens und reine Zuversicht geben kann. Deshalb seien Sie überzeugt, bester Vater, daß wir nie, nie ganz unglücklich sein können, únd daß mancher mit Kronen und vom Glück bedrückt, nicht so froh ist, als wir es sind. Gott schenke jedem Guten den Frieden in seiner Brust und er wird noch immer Ursache zur Freude haben. [...]

Noch eins zu Ihrem Trost, nämlich, daß nie, nie etwas von unserer Seite geschehen wird, was nicht mit der strengsten Ehre verträglich ist und was mit dem Ganzen gehet. Denken Sie nicht an einzelne Erbärmlichkeit. Der König steht mitten im Unglück ehrwürdig und charaktergroß da. Das wird auch Sie trösten, das weiß ich, so wie alle, die mir angehören, George, Karl und Onkel Ernest. Ich lege mich der guten Großmama zu Füßen und bin auf ewig Ihre treu gehorsamste, Sie innig liebende Tochter, und Gottlob, daß ich es sagen darf, da mich Ihre Gnade dazu berechtigt, Ihre Freundin

Luise

anseatische Großbürger waren die Eltern von Philipp Otto Runge (1777 bis 1810), und es mag ihnen nicht leichtgefallen sein, dem unbändigen Willen des Sohnes nachzugeben, den es zur Malerei hinzog. Sie sorgten sich um sein späteres »Auskommen«, doch er erklärte ihnen, zur Not könne er immer noch Kunsthändler werden.

1799 bis 1801 war er auf der Kopenhagener Akademie Schüler von Jens Juel und Nicolai Abraham Abildgaard. Dann ging er zu Anton Graff nach Dresden. Hier lernte er Ludwig Tieck kennen und schätzen; der Kreis der Romantiker beeinflußte ihn ebenso wie die Naturmystik, mit der er sich anhand der Schriften Jakob Böhmes beschäftigte. Realismus und Verinnerlichung, das blieb sein großes Thema als Maler. Daneben betrieb er theoretische Farbstudien und schrieb zahlreiche philosophisch-erkenntnistheoretische Briefe, die ein – schriftstellerisches – Werk für sich darstellen.

PHILIPP OTTO RUNGE, 21,
AN DEN VATER

Hamburg, den 24. August 1798

Lieber Vater, ich danke Ihnen von ganzem Herzen für Ihre gütige Einwilligung, daß ich mich auf die Malerei legen darf. Ich halte es jetzt für meine Pflicht, Ihnen selbst wenigstens das zu sagen, wie es um mich steht, was jetzt mein Beginnen sein wird und wie ich die Zeit benutze. Es hat mir von jeher auf dem Herzen gelegen, mich einst als Künstler zu ernähren und als solcher zu leben, aber ich hatte kein bestimmtes Bewußtsein davon, was ich werden wollte, da ich von nichts genauere Kenntnis hatte. Wie es jetzt gekommen ist, daß ich auf die Malerei verfallen bin, davon kann ich nichts anderes sagen als: sie ist mir nun das liebste und ich kenne nichts besseres als sie. Ob ich mich nun allein dadurch künftig ernähren kann, weiß ich nicht; ich glaube es nicht, und so ist denn der Handel mit Gemälden und Kunstwerken das, was einst das gutmachen muß, was die Kunst zu wenig tut. Für diesen Augenblick muß aber mein einziges Bestreben sein, ein Maler zu werden, wozu mich jetzt auch meine Natur einzig und allein antreibt, da auch der Plan mit dem Handel doch nur erst in die Zukunft geht, und ich nun die Gegenwart benutzen muß, weil auch aus dem Handel nichts rechtes werden kann, wenn ich nicht wenigstens soviel Namen habe, daß mein Urteil Gewicht gibt. Dies ist nun zwar noch ein großes Feld, aber ich bin doch nicht einen Augenblick verzagt. In allem was ich getrieben habe, das nicht zur Kunst gehörte, habe ich keine Fortschritte gemacht, nur in der Kunst bin ich fortgegangen, ohne es selbst zu wissen. Ich meine, wenn man das ergreift, wozu einen die Natur treibt, so tut man seine Pflicht und es heißt das mit dem Pfunde wuchern, das uns Gott gegeben hat. Es würde doch als Kaufmann nie etwas anders als ein Stümper aus mir geworden sein, und wenn ich auch irdisches Glück erreicht hätte, würde das Bewußtsein, es nicht verdient zu haben, mich immer haben beunruhigen müssen. Nun würde es zwar töricht sein, wenn ich Ihnen versprechen wollte, ein großer Maler zu werden; ich kann nicht in die Zukunft sehen und glaube, man kann auch da ebenso wenig über sich selbst urteilen, als über andre; allein ich glaube mich bisher wenigstens so weit beobachtet zu haben, daß ich unverzagt auf dem Wege fortgehen darf, den ich mir einmal gewählt, und daß doch nichts anderes als ein Maler aus mir wird, es mag auch kommen, wie es will. – Mein erstes Bestreben wird also sein, die Gegenstände um mich und aus mir immer natürlicher darzustellen und wenn mir Gott meine Liebe zur Kunst so lebendig erhält, wie sie jetzt in mir lebt und mit jedem Tage lebendiger in mir wird, so hoffe ich nie Not zu leiden. Daß ich je meine Kunst zu etwas Lasterhaftem gebrauchen sollte, davor mag mich Gott bewahren, und so lange Ihr und meiner lieben Mutter Gedächtnis in mir bleibt, würde ich davor zittern, und das wird ewig nicht aus meinem Herzen schwinden.

Ich habe neulich einen Brief von dem alten Albrecht Dürer gelesen, der jedem jungen Künstler die Bibel als einen unerschöpflichen Brunnen für die Kunst anempfiehlt, und worin er wohl sehr Recht hat. [. . .]

DER FÜNFUNDZWANZIGJÄHRIGE
AN DIE MUTTER

Den 18. Dezember 1802

Meine liebe Mutter!

Ich wollte Ihnen und meinem lieben Vater gern ein recht schönes Weihnachten bringen. Dieses Jahr habe ich so viel getan und so viel erlebt, daß mir dagegen mein ganzes voriges Leben fast unbedeutend erscheint, da ich mich aber umsehe, was ich denn wohl gemacht, ist es nach außen hin eben nichts; alles was ich gemacht, liegt noch in mir. So will ich Ihnen denn nun das geben, mich selbst ganz einmal gegen Sie auszusprechen, damit Sie sehen, daß ich immer nur das Gute gesucht, und daß ich den richtigen Weg gefunden habe. Ich danke jetzt Gott für alles, was mich dieses Jahr wohl so traurig gemacht hat, denn ich sehe, daß das alles zu meinem Besten gewesen ist.

Sie haben sehr recht gehabt, liebe Mutter, da Sie bange für mich waren, als ich mich der Kunst widmete. Wenn ich jetzt zurücksehe, graust mich ordentlich vor den Abgründen, an denen ich vorübergegangen bin; aber Ihre Liebe hat mich erhalten. Jetzt hat mir Gott den rechten Weg gezeigt, und er wird mir nun auch den Mut geben ihn zu gehen. Es ist sehr schwer, wenn uns viel gegeben wird, mit dem Vielen getreu zu wirtschaften.

Sie wissen, daß ich mit vielen gelehrten Leuten bekannt worden bin, daß manche von diesen ein großes Vertrauen in mich gesetzt haben. – Mir war es nur immer darum zu tun, einsehen zu lernen, wie es möglich, daß diese Leute alles so zusammenhängend wissen konnten und mitunter so wenig Liebe in sich hatten. Und da habe ich denn auch bald gemerkt, daß es mit dem Zusammenhang nur windig aussah, daß all ihre Wissenschaft und Kunst etwas Fremdes in ihnen ist, daß sie nur selten durch ihre Wissenschaft ihr Inneres aussprachen, ja, daß bei denen, wo das auch der Fall war, trotz allen ihren hohen Ansichten von dem Zusammenhalt der Welt, und trotz allem Genie immer die niedrige Gemeinheit durchblickte, wenn ihre Wissenschaft nicht auf den Grund unserer Religion gebaut war. – Ich bin wie ein Schaf mitten unter die Wölfe gekommen und grade doch das, daß ich nichts wußte, daß ich keine Wissenschaft hatte, hat mich nur gerettet, denn wenn ich unter solchen war, die mich nun alle weit zu übersehen glaubten, wenn diese trotz ihrer Wissenschaft es nicht begreifen konnten, daß in meinen Arbeiten etwas lag, wovon sie unverhohlen sagten, daß sie es nicht erreichen könnten; so mußte ich ja wohl auf den Grund von ihnen kommen. Alle ihre schönen Ideen meinen sie nicht ernstlich und kennen es nicht inwendig in sich, wie können sie es denn also beschreiben? Das hat mich gelehrt, mich auf mich selbst zu verlassen und ich bin so ziemlich durchgedrungen.

[. . .] Ich kann Ihnen (schriftlich wenigstens) es nicht so deutlich sagen, wie ich es wohl weiß, daß eine schönere und bessere Kunst wohl vor uns liegt, die wir finden werden und woraufhin alle meine Kräfte steuern. Erreiche ich es, so werde ich durch mein Leben zu bahnen suchen, daß auch andere das Land finden. Dies kann ich nicht verleugnen, und es ist keine Phantasterei von mir, sondern so gewiß, wie die Sonne am Himmel steht, denn was mit allem in und außer uns in den reinsten Zusammenhang gebracht werden kann, ist keine Lüge. Ich werde es versuchen, und es ist, dünkt mich, wohl wert, sein Leben daran zu setzen, wenn man die Menschen so von der Angst, wohin alle die unselige Kunst und Wissenschaft sie jetzt hinjagt, erlösen könnte.

Sehen Sie, liebe Mutter, dieses alles hat mich neben dem auch immer geängstigt, daß ich auch meine Pauline nicht erlangen möchte. Aber ich habe festgehalten. Ich will es Ihnen gestehen, liebste Mutter! mir war die Seligkeit nichts, wenn ich es mir denken müßte, daß die, in welcher alle meine Wünsche befriedigt waren, nicht mein werden sollte; und dann fiel mir auch das ein: »Wer nicht verläßt Vater und Mutter um meinetwillen, der ist mein nicht Wert« – da habe ich es dann Gott überlassen, ob er mir sie geben wolle oder nicht –, und dann überfiel mich der Zweifel an meiner Ewigkeit; aber ich habe in diesem Zweifel festgehalten und habe es der ewigen Barmherzigkeit Gottes anheimgestellt, da ist mir alles wiedergekommen und nun verstehe ich das: »Wer sein Leben zu gewinnen glaubt, der wird's verlieren, und wer sein Leben wegwirft, der wird's gewinnen.« – Das ist der freiwillige Tod, durch den wir ewig leben.

Und nun einige Tage darauf, liebe Mutter, erhielt ich die Nachricht, die mir Bassenge's selbst sagen ließen, ich solle nur nicht bange sein, sie waren alle für mich, und daß Pauline selbst mir auch recht gut sei. Sie veranstalteten darauf selbst, daß wir uns in einer Gesellschaft sprechen sollten; der Vater bloß ist noch sehr dagegen, weil sie noch so jung ist. – Ich habe an Pauline danächst geschrieben, und sie hat, wie ich sie auch gebeten, den Brief ihrer Mutter gezeigt, die auch alles, was ich ihr geschrieben gut und wahr gefunden und es ihr dann selbst überlassen hat, weil sie selbst doch mit mir leben sollte, ob sie um meinetwillen hier alles verlassen möchte. Wir haben uns danach hier gestern Abend gesprochen um uns über einander ganz aufrichtig alles zu sagen; dann soll ich sie, außer an öffentlichen Orten, nicht wieder sprechen, bis ich sie von dem Vater begehren könnte. Liebe Mutter und lieber Vater! ich bringe Ihnen eine liebe Tochter, die mich so von ganzer Seele liebt, wie ich sie liebe. –

Vor Ostern soll ich doch ihrem Vater auf keinen Fall etwas sagen (weil sie dann konfirmiert wird). Ich glaube, liebe Eltern, mich so betragen zu haben, daß ich, wie die Umstände sind, nicht anders konnte, und hoffe, Sie werden mir das nicht verargen, daß ich dies hinter ihres Vaters Rücken getan; es war nicht möglich, mehr gradezu zu gehen, auch ist ja auf keinen Fall etwas Unrechtes damit gemeint gewesen, denn ich mußte doch wissen, was sie von mir hielt. [. . .]

rüh ein Meister des Worts war Clemens Brentano (1778 bis 1842), doch der Vater, Pietro Antonio Brentano (1735 bis 1797), ein reicher Kaufmann, der vom Comer See nach Frankfurt übergesiedelt war, hatte auch für den Sohn entsprechende Pläne: Er gab ihn schon als Zwölfjährigen nach Mannheim in die Lehre. Von hier schrieb Clemens auch den Brief an die Mutter in Frankfurt, Maximiliane Brentano geborene La Roche (1756 bis 1793), Tochter von Wielands Jugendschwarm Sophie Gutermann; ihre Ehe war nicht glücklich.

Mit sechzehn trat der junge Brentano in die väterliche Firma ein. Später arbeitete er im Laden eines Öl- und Schnapshändlers in Langensalza. 1798, in Jena, kam für ihn der lebensentscheidende Durchbruch, der ihn zu dem Dichter der Romantik werden ließ. Sein »bizarres, geistsprühendes Wesen, dem der Schwester Bettina eng verwandt«, wie ein Biograph sagt, »bestimmt eine ganze literarische, und nicht nur literarische Epoche«.

CLEMENS BRENTANO, 14,
AN DIE MUTTER

Mannheim, den 25ten Oktober [1792]

Beste Mutter!

Ich schäme mich fast Ihnen als Deutscher zu schreiben, weil die Deutschen das Einrücken der Franzosen gar nicht einhalten. Man möchte fast denken, als wären keine Deutsche mehr. Jetzt sind sie auch schon in Frankfurt, meiner lieben Vaterstadt. Bald werden sie in Hanau, Gießen, Kassel sein, weil sie ganz Hessen-Kassel brandschatzen wollen. Bald werden sie in Koblenz sein, wo man, wie hier gesagt wird, schon einen Freiheitsbaum aufgepflanzet und den Kurfürsten in dem Schlosse eingesperrt hat. Bald werden sie ganz Trier besitzen. O wie lange hat der Reichstag geschlafen, wie lange reibt er sich die Augen, wie lange wird es währen, bis er wachend auf schleunige Hülfe denket, dann wenn ihn die Franzosen zu Regensburg mit einer Bombe wecken. Ich bin sehr unruhig, Mama, um Sie, meinen guten Vater und meine Geschwister. Ich bin in ein Labyrinth von schrecklichen Möglichkeiten versetzt, aus welchen ich mich nicht wicklen kann; denn hier sind die Denkungsarten zu verschieden um etwas Wirkliches hören zu können. Einer sagt, die Franzosen hätten Mainz mit der Zitadelle, ein anderer, sie hätten Mainz ohne die Zitadelle, ein dritter gar, sie hätten keines von beiden. Ebenso lauten auch alle Neuigkeiten von Frankfurt. Übrigens habe ich etwas erfahren, welches ich dem Verstande eines hohen Magistrates einer löblichen Bürgerschaft ganz angemessen fand und daher aus patriotischer Eigenliebe fast glaube, nämlich daß die Frankfurter mit einer löblichen Deputation, mit Erfrischungen und ansehnlichen Geschenken die ankommenden Franzosen empfangen und mit allen Zeichen einer erzwungenen Gastfreiheit zu besänftigen suchten, da sie doch mit Gewalt nichts hätten ausrichten können. Ich bin sehr ängstlich, mein Gehirn ist das Schlachtfeld von tausend grausen Ideen, eine unterdrücket die andere und zeigt sich mir immer in einem schrecklichen Gewande. Ich bitte Sie, beste Mutter, reißen Sie mich aus dieser Ungewißheit. [...] Meinetwegen haben Sie nichts zu besorgen; denn die Franzosen haben sich noch nicht einfallen lassen, unsere (aber nicht meine) Neutralität nicht gehörig zu respektieren. Ich bleibe um eine baldige Antwort bittend Ihr gehorsamer unruhiger Sohn

Clemens

onvivant, Abenteurer, Weltmann, Gartenkünstler, Reiseschriftsteller, Edelmann großen Stils, Reiteroffizier, Erzromantiker, ein geistvoller Briefschreiber, der mit den Illustren seiner Zeit korrespondierte – das alles war der 1822 zum Fürsten erhobene Hermann von Pückler-Muskau (1785 bis 1871). Dieser skurrile Mann, ein rechtes Original, steckte sein Vermögen in nachmals berühmt gewordene Gartenanlagen und brachte von einer seiner ausgedehnten Weltreisen die Abessinierin Machuba als Geliebte mit. Seine Frau, eine geborene Hardenberg, duldete nicht nur diese Kaprice, sondern gab ihn später gänzlich frei, damit er durch erneute Heirat wieder zu Geld kommen konnte. Goethe nannte ihn »ein in seiner Art frommes Weltkind«; für Rahel Varnhagen war er ein »Erdbändiger«.

Auch der Vater, Ludwig Erdmann Reichsgraf von Pückler, lebte für einen Landadeligen auf großem Fuße, desgleichen, ganz »Grande Dame«, die Mutter, Reichsgräfin Clementine. Ihr stand der Sohn mit deutlicher Reserve gegenüber, wie aus dem ersten der beiden Briefe hervorgeht, in dem der Jüngling kritisch seine Erziehung Revue passieren läßt.

HERMANN VON PÜCKLER-MUSKAU, 16, AN DEN VATER

Leipzig [um 1801]

Wenn es wahr ist, was man so allgemein behauptet, daß die frühere Erziehung des Menschen den Ausschlag für all sein künftiges Thun und Lassen giebt, so ist es wohl natürlich, daß sie das richtigste Augenmerk sowohl des Erziehers als auch vorzüglich des zu Erziehenden sein muß. [...] Versteht sich, daß hier nicht von der Erziehung eines Kindes die Rede ist, das noch gar keinen Begriff von dem haben kann, was ihm zuträglich oder schädlich sei, sondern von der Leitung des Jünglings, an dem noch immer gebessert werden kann, was dem Kinde verdorben wurde.

Du wirst es mir also verzeihen, lieber Vater, daß ich auch einmal in Hinsicht auf eine Sache, die mich doch immer am nächsten angeht, eine Bitte an Dich thue, die nicht mein Vergnügen, sondern bloß mein Bestes zur Absicht hat. Vorher aber erlaube mir einen kleinen Rückblick auf meine bisherige Erziehung zu werfen, wo mir, und vielleicht mit Recht, nie erlaubt wurde, einen Vorschlag zu thun.

In den frühesten Jahren meiner Kindheit, und kaum mir aus dunkler Erinnerung vorschwebend finde ich mich in den Händen theils roher, theils dummer Bedienten, die mich ziemlich nach Gefallen behandelten, und unter der Oberaufsicht einer Mutter, die ohne selbst zu wissen warum, mich bald schlug bald liebkoste, und oft mit mir spielte wie ein Kind mit seiner Puppe. Du, lieber Vater, warst zu jener Zeit zu sehr mit Sorgen, Kummer und Geschäften überhäuft, um ein aufmerksames Auge auf ein Kind zu haben, das Du bei seiner Mutter gut aufgehoben glaubtest. Danach sorgtest Du für einen Hofmeister, und warst glücklich in seiner Wahl. Gewiß, hätte ich den braven Tamm behalten können, vieles wäre jetzt anders; der gute Mann hatte aber den Fehler, zu sagen was er dachte; Damen wollen lieber geschmeichelt sein, meine Mutter konnte sich nicht mit ihm vertragen, und er – ging. [...] ich wurde daher auf's neue einem Manne übergeben, der unter der Maske des Edelmuthigen die niederträchtigsten Gesinnungen verbarg, und zugleich in's Geheim meine bisher ihrem Gemahl wenigstens noch treu gebliebene Mutter zu verführen suchte. Der Antrag meiner Erziehung mußte ihm um so lieber sein, da er dadurch Gelegenheit bekam, seinem Zweck immer näher zu rücken. Er behandelte mich wider seine besseren Einsichten ganz nach den sich oft widersprechenden Wünschen meiner Mutter, und führte ihre verrücktesten Gedanken an mir aus. So erreichte ich mein siebentes Jahr, begabt mit allen Fehlern, die aus einer solchen, oft widersinnigen Behandlung entstehen mußten. Meine Mutter, der ich zum Spielzeug zu groß wurde, und die meine Erziehung überhaupt zu ennuyieren anfing, drang nun darauf, daß ich aus dem väterlichen Hause weg sollte, obgleich ich noch nicht acht Jahre alt war; Du gabst endlich nach, und ich kam nach Uhyst. [... (Von dort kam der junge Hermann erst nach Halle, dann nach Dessau an die »allgemeine Stadtschule«, mit einem Doktor Niemeyer)] Dies, lieber Vater, war nun wohl etwas gewagt, mich mit einem Dir ganz unbekannten Menschen an einen Ort gehen zu lassen, wo zu meiner Bildung nichts weiter als eine öffentliche Stadtschule vorhanden war. [...] Du warst aber gerade damals in einer der unangenehmsten Lagen, indem auf der einen Seite Deine ökonomischen Umstände immer noch schwankend [...] waren, auf der anderen

Dein Herz durch die unglaublichen Verirrungen Deiner noch immer geliebten Gemahlin zerrissen. [. . .]

Nach Verlauf eines Jahres, wo die Angelegenheit mit meiner Mutter endlich so ziemlich zu Ende war, ließest Du mich nach Hause kommen, das Beste und Klügste, was gethan werden konnte; denn hier im väterlichen Hause war es, wo ich nach und nach anfing das zu verbessern, was bisher verdorben worden war. [. . .] Nun noch ein Wort über meine Beziehung der Universität. [. . .] Wie kam es, daß Du, bester Vater, dessen bester, aufrichtigster Wunsch von jeher mein Bestes war, der keine Kosten an meiner Erziehung gespart hatte, dessen edles Herz und richtigen Verstand ich oft bewunderte [. . .] daß der in einer für mich so wichtigen Sache so gleichgiltig sich bewiesen hat? Wie kam es, daß Du bei der Wahl eines Mannes, der meinen Eintritt in die Welt und alle die Betrügereien und Verführungen derselben, die mir bisher nur aus Romanen bekannt waren, leiten sollte, nicht erst vorher einen gründlich kennen zu lernen suchtest, [. . .] sondern gleich den ersten Besten, der Dir durch dritte, vierte Hand empfohlen wurde, annahmst, ohne Dich auch nur im Geringsten bei Anderen nach ihm zu erkundigen, denn sonst würde Dir jedermann hier in Leipzig haben sagen können, daß gerade dieser Kretzschmer den allgemeinen Ruf eines liederlichen und läppischen Menschen habe [. . .] Ohne unbillig zu sein, bester Vater, mußt Du selbst gestehen, daß diese Betrachtungen meine begangenen Fehler sehr verringern, und umso eher wirst Du mir verzeihen, daß ich mir die Freiheit genommen habe, sie Dir mitzutheilen. Du siehst zugleich daraus, daß ich Dir nicht schmeichle, um meine Bitte erfüllt zu sehen, sondern bloß von Dir Gerechtigkeit verlange. Jetzt sind die Umstände anders; ich habe Gelegenheit gehabt, in kurzer Zeit viel, zum Theil schmerzliche Erfahrungen zu machen, und ich kann mir jetzt bei meinem guten Willen recht gut allein forthelfen, ohne wieder in Gefahr zu kommen, meiner Gesundheit und meinem Beutel so wie bisher zu schaden, und Du kannst nun sicher einer froheren Zukunft entgegensehen. [. . .]

DER ZWEIUNDZWANZIGJÄHRIGE
AN DIE MUTTER

[Juli 1808]

So ist nun also, meine liebe Mama, mein Schicksal entschieden. Ich bin völlig schwindsüchtig, speie Blut, bereit, den letzten Seufzer auszuhauchen, und die Ärzte haben die Güte, mir zu versichern, daß ich nicht mehr als einige Jahre zu leben habe [Entgegen seinen Befürchtungen sollte der junge Pückler die Krankheit überleben; er wurde sechsundachtzig]. – Das ist keine sehr amüsante Prognose ohne Zweifel, aber man wird niemals sagen dürfen, daß Heinrich Ludwig, Armand Graf von Pückler durch den Anblick des Todes sich habe schrecken lassen. Hierzu, Madame, allein dient die Philosophie, die Sie so wenig schätzen, ich hoffe daß Sie ihr mehr Ehre zuteil werden lassen, wenn Sie bemerken werden, wie wenig mein Humor unter einer schmerzhaften Krankheit gelitten hat und durch die Überzeugung eines baldigen Todes. Was mich unterhält ist, daß ich in Verschwendung gelebt habe und am Geldmangel sterbe; da ich mir keine Reise zu Pferde oder im Wagen leisten kann, bin ich gezwungen zu Fuß zu gehen, Sack auf dem Rücken, von Luzern bis Mailand und wieder ebenso zurück über die hohen Alpen [. . .] Ich bin versucht, Ihnen eine Schilderung meiner Touren auf den St. Gotthart, zu geben, zu den Boromeeischen Inseln, nach Mailand und auf den Grimsel, zumal es offenbar meine letzten sind, aber ich habe mir zum Glück für Sie überlegt, daß ich nichts würde sagen können, nichts Amüsantes, nichts Neues, Ihnen, einer Dame, die soviel gereist ist wie Sie, die soviel gesehen hat und die noch viel mehr weiß als das was sie gesehen hat. So will ich Ihnen nur für die Extasen auf den hohen Bergen danken, für meine süßen Träumereien in den einsamen Wäldern und für alles andere, was bei einer Reise durch die Schweiz einem unbedingt begegnen muß.

Wenn ich noch wagen kann, einen Wunsch nach Glück in dieser Welt zu formen, so wäre ich vielleicht froh, wenn Sie diesen Winter Ihr Gut Alex inspizieren würden, um im Vorübergehen Ihren sterbenden Sohn zu sehen, bevor er in jene Welt abberufen wird – aber ich fürchte, es wird Ihnen nicht der Mühe wert sein. Ich bin, Madame la Comtesse und liebste Mama

Ihr sehr folgsamer H. P.

ritisch, aber liebevoll, zuweilen stolz stand die Mutter, Rosine Elisabeth geborene Hoser (1760 bis 1831), zu ihrem begabten Sohn, Johann Ludwig Uhland (1787 bis 1862). Er schrieb viele Briefe an den Vater und »an die Eltern«, aber nur zwei an die Mutter. Schon mit fünfzehn kam der spätere Lyriker, Balladen- und Volkslieddichter (»Ich hatt' einen Kameraden«, »Es zogen drei Burschen wohl über den Rhein«) auf die Universität; 1810 wurde er Doktor der Jurisprudenz, wie es die Familientradition wollte. Seine ersten Gedichte, die er 1815 veröffentlichte, machten ihn mit einem Schlag populär. Den Eltern war seine Abkehr von der Rechtswissenschaft indes nicht ganz geheuer.

Der »vaterländische Sänger« betätigte sich auch politisch, als Kämpfer für die bürgerlich-demokratische Freiheit und die deutsche Einigung während der Paulskirchen-Versammlung 1848.

LUDWIG UHLAND, 8,
AN DIE MUTTER

[1795]

Liebste Mama!

Zuerst will ich Dir nur schreiben, daß es mich sehr freue daß das Louischen u. Du wohl seyest. Um 12 Uhr kamen wir in Stuttgrordt an, wir giengen nun in Adler und ließen uns dort stergken, als wir gegessen hatten giengen wir zu Herrn Harbrechts, am Abend giengen wir in die Komödie da man Emilie Galotti spielten am Sontag aßen wir bei Herrn Haugen zu Mittag. Am Montag kam Frau Harbrechtin mit einem Mädchen nieder, wir zogen also zu Herrn Haugen und speisten also auch dort zu Mittag und zu Nacht. Wir sind im Siñ morgen früh nach Feuerbach zu gehen und dort zu Mittag zu essen. Der Papa will nach Tisch wieder nach Stuttgardt gehen daß ich noch in die Komödie komme wo man Oberon König der Elfen spielt, ich und der Papa werden am Freitag wieder abreisen. Ich habe mich also wohl divertiert. Viele Grüße an alle Anverwandten und Freunde. Lebe wohl.

Dein gehorsamer Sohn
J. L. U., d. 12. Okt. a. 1795

DER NEUNUNDZWANZIGJÄHRIGE
AN DIE MUTTER

Stuttgart, d. 9. Aug. 1816

Liebste Mutter!

Empfangen Sie meinen herzlichen Glückwunsch zu Ihrem bevorstehenden Geburtstag, zugleich aber auch meinen innigen Dank für Ihren wohlmeinenden, mütterlichen Brief. Ich habe gewiß Alles wohl beachtet, was Sie mir darin ans Herz gelegt, und ich habe das Vertrauen, es werde nicht das letzte Mal seyn, wie Sie schreiben, daß Sie auf solche Art mir Ihre Gesinnungen und Wünsche aufschließen.

So viel glaube ich übrigens versichern zu dürfen, daß es nicht *bloße* Neigung ohne Rücksicht auf höhere Pflichten ist, was meine Handlungsweise bestimmt. Welche Opfer mich diese schon gekostet, werde ich Ihnen einmal besser sagen, wenn es mir gelungen seyn wird, auf dem eingeschlagenen Wege durchzudringen.

Was Sie von dem oft Ungefälligen meines äußeren Wesens schreiben, kann ich nicht widersprechen. Es mag vielleicht in der bisherigen Ungunst meiner Verhältnisse und in der mannigfachen Bewegung meines Inneren einige Entschuldigung finden. Auch habe ich mich bei allem dem doch von jeher der Anhänglichkeit mancher Redlichen zu erfreuen gehabt.

Religiöse Gesinnung fehlt mir gewiß nicht und ich bin mir bewußt, das Irdische stets auf ein Höheres zu beziehen.

Nach der langen Regenzeit sind nun doch endlich warme, sonnige Tage eingetreten, wobei Ernte und Herbst noch gedeihen mag. [Bezieht sich auf eine katastrophale Mißernte des Jahres] Will es Gott, wird auch mir die Frucht des Lebens nicht verloren seyn. Möge Gott Sie, liebe Eltern, noch lange erhalten, damit es mir besser als bisher gelingen möge, Ihnen Freude zu machen.

Ewig Ihr liebender
Sohn

achdem Heinrich Floris Schopenhauer, der Vater Arthur Schopenhauers (1788 bis 1860), wahrscheinlich in geistiger Verwirrung, sich 1805 das Leben genommen hatte, baute sich die Mutter, Johanna Schopenhauer (1766 bis 1838), in Weimar als Unterhaltungsschriftstellerin, wie man heute sagen würde, und als Gastgeberin eines Salons, in dem die Berühmtheiten der Stadt verkehrten, eine neue Existenz auf.

Der Sohn wollte studieren, war aber zunächst in Hamburg in eine kaufmännische Lehre gesteckt worden, eine Ausbildung, die ihm verhaßt war. Aus der Hansestadt schrieb er der Mutter – es sind die einzigen Zeilen an sie, die erhalten blieben. Die zahlreichen anderen Briefe an die Mutter wurden wohl von der Schwester Adele vernichtet.

Als Arthur 1813 zur Mutter nach Weimar kommt, bahnen sich heftige Konflikte an. Johanna Schopenhauer steht dem Sohn an Giftigkeit in nichts nach. 1814 verläßt Arthur sie; er sieht sie nie mehr wieder.

ARTHUR SCHOPENHAUER, 18,
AN DIE MUTTER

[Hamburg, o. D., um 1806]

Das Vergessen überstandener Verzweiflung ist ein so seltsamer Zug der menschlichen Natur, daß man dergleichen nicht glauben würde, wenn man es nicht sähe. Herrlich hat Tieck es ausgedrückt in ungefähr den Worten: »Wir stehen und jammern und fragen die Sterne, wer je unglücklicher gewesen als wir, indeß hinter unserm Rücken schon die spottende Zukunft steht und über den vergänglichen Schmerz des Menschen lacht.« Aber gewiß, es soll so sein, nichts soll standhalten im vergänglichen Leben: kein unendlicher Schmerz, keine ewige Freude, kein bleibender Eindruck, kein dauernder Enthusiasmus, kein hoher Entschluß, der gelten könnte fürs Leben! Alles löst sich auf im Strom der Zeit. Die Minuten, die zahllosen Atome von Kleinigkeiten, in die jede Handlung zerfällt, sind die Würmer, die an allem Großen und Kühnen zehren und es zerstören. Das Ungeheuer Alltäglichkeit drückt Alles nieder was emporstrebt. Es wird mit nichts Ernst im menschlichen Leben, weil der Staub es nicht

werth ist. Was sollten auch ewige Leidenschaften dieser Armselig-
keiten wegen?

»Life is a jest and all things shew it:
I thought so once and now I know it.«*

DER NEUNZEHNJÄHRIGE
AN DIE MUTTER

[Hamburg 1807]

Es ist unbegreiflich wie bei der Bannung der ewigen Seele in den
Körper solche aus ihrer vorherigen *erhabenen Apathie* konnte
gerissen werden, hinabgezogen in die Kleinheit des Irdischen und
so zerstreut durch Körper und Körperwelt, daß sie ihren bisherigen Zustand verlernte und an dem von ihrem vorigen Standpunkt
so unendlich kleinen Irdischen theilnahm und sich darin einbaute,
daß sie ihr ganzes Dasein darauf beschränkte und damit ausfüllte;
daß die Außenwelt sie so zerstreute, daß sie selbst das Wunderbare und ihr Fremde dieser Außenwelt in dem Grade über-
sieht, daß Tausende aus der Welt gehen, ohne sie beachtet und
darüber gedacht zu haben: da doch jede der dem Menschengeist
unerklärbaren einfachsten Naturerscheinungen z. B. eines der
Elemente hinreichen würde, ihn sein ganzes kurzes Leben hindurch in beständigem Streben zu erhalten und zu beschäftigen.
Aber er geht rasch fort auf der Brücke, deren Grund er nicht
kennt, ohne rechts oder links zu schauen, seinen kleinen Fuß-
pfad, ohne zu denken woher noch wohin, nur emsig zum nächsten Schritte strebend.

*   »Das Leben ist eine Posse, und alle Dinge zeigen es: So kam es mir ehedem vor,
    und nun weiß ich es sicher.« Verse von John Gay, die Schopenhauer unter
    dessen Büste in der Westminster-Abtei gelesen hatte.

nniges Familienleben, eine glückliche Ehe mit seinem »Bauernmädchen Rebekka« und eine stetig anwachsende Kinderschar, die schließlich zehn Köpfe zählte – eine rundum heil erscheinende Welt verwirklichte Matthias Claudius (1740 bis 1815), der »Wandsbecker Bothe«. Waren die Eltern auf Reisen – oft fuhren sie zur Kur nach Pyrmont, in diesem Fall gemeinsam mit dem Sohn Hans –, wurde ein reger Briefwechsel geführt; der Vater schrieb jedem Kind einzeln und ausführlich, zuweilen mehrmals am Tag.

Den nachfolgenden Brief seines »Fritz«, des in der Reihe der Sprößlinge an achter Stelle stehenden Friedrich Claudius (1789 bis 1862), nahm er als »Muster eines kindlichen Briefstils« in sein eigenes Werk auf.

FRIEDRICH CLAUDIUS, 6,
AN DIE FAMILIE MATTHIAS CLAUDIUS

[1795]

Meine liebe Mama, ich grüße Dich. Mein lieber Papa, ich grüße Dich. Mein lieber Hans, ich grüße Dich.

Ich grüße Euch, soviel als ich kann.

Mein lieber Papa und Mama, ich danke Euch für den Brief, als ich danken kann.

Nun ist es schlechtes Wetter, und gestern auch; die zwei Tage gehen immer kalt weg.

Ich bin sehr lustig. Ich denke, daß ich gar nicht unartig bin. – Ich habe Dich viel tausendmal lieb, alle drei.

Wenn Du wieder zu Hause kommst, so denke ich wohl, daß ich schon einen a auf der Rechentafel machen kann, vielleicht auch schon einen c.

Ich will mich üben auf das Lernen allein.

Lieber Hans, es ist erstaunlich, erstaunlich mit die Fliegen. Ich weiß gar nicht mehr, wie der Hans aussieht.

Aber meine liebe Mama, ich kann mir noch gut vorstellen, daß ich Dich leiden mag, und Papa und Hans auch, wenn sie auch nicht hier sind, und gar wenn sie hier sind.

Ich grüße noch einmal.

Es ist wohl zuviel, aber ich muß doch noch einmal grüßen.

Es regnet.

Ich will eben zu Tische gehen. Wir haben nichts als gelbe Wurzeln, nichts anders. Das ist ein unmenschlich elendig Essen; und so geht es meist alle Mittag.

Das ist das letzte Mal, daß ich schreiben kann.

Den 18. August

ie liebevolle, schlichte Mutter, Maria Jacobine gebo-
rene Stock, war eine Tochter von Johann Michael
Stock, der Goethe in der Kunst des Radierens unter-
wies. Der Vater, Christian Gottfried Körner (1756 bis
1831), mit Schiller befreundet, war ein bedeutender Kopf mit
vielseitigen musischen Neigungen. Der Sohn, Karl Theodor Kör-
ner (1791 bis 1813), stand ihm sehr nahe. Er wurde in großer
Freiheit erzogen; mit elf Jahren bekam er einen Hauslehrer, der
auch beibehalten wurde, als der Vierzehnjährige ins öffentliche
Gymnasium überwechselte.

Der junge Körner studierte zunächst Bergbau, dann, mit dem
Einverständnis des Vaters, der allerdings immer wieder »studenti-
sches Verkommen« fürchtete, Naturwissenschaften. Auf väterli-
ches Anraten ging Theodor nach Wien, wo er sich für eine Lauf-
bahn als Schriftsteller entschied. Erste Stücke erschienen, er ver-
lobte sich, erhielt sogar eine Anstellung an der »Burg«. Doch am
15. März 1813 folgte er dem Aufruf des Königs von Preußen und
meldete sich als Freiwilliger für den Kampf gegen Napoleon. Er
verabschiedete sich schriftlich vom Vater. Am 26. August 1813
traf ihn die tödliche Kugel.

THEODOR KÖRNER, 20,
AN DEN VATER

Wien, am 6. Januar 1812

Lieber Vater! Du äußerst in Deinem letzten Briefe, ich möchte
doch die Naturwissenschaften mit forttreiben. An Botanik ist hier
im Winter nicht zu denken, und von Mineralogie kann ich auch
nichts tun, außer die Sammlung zu sehen. Das möchte nun sein,
wie es wollte, ich kann aber nicht glauben, daß ich neben Geschichte dieses forttreiben könnte. Hier freilich, da meine historischen Studien noch nicht derart sind, daß sie mich ganz verlang-
ten. Übrigens habe ich eigentlich die Idee, diesen Winter das
Wiener Theater und meine Muße zu dem Beginnen meiner
dramatischen Laufbahn zu benutzen. Geradezu, ich überzeuge
mich alle Tage mehr, daß eigentlich Poesie das sei, wozu mich
Gott in die Welt geworfen. Ein Talent ist nicht das Eigentum eines
einzelnen Menschen, es wird das Eigentum der Nation, und die
verlangt, daß man ihr Pfund wuchern lasse. – Mein ganzes Ge-

schichtsstudium habe ich bloß der Poesie wegen gewählt, weil sie
mit ihm in der höchsten Vereinigung steht, und ohne ihr gründli-
ches Studium die andere nicht zur Blüte gelangen kann. – Du
wirst mir sagen, daß ich aber auf ein noch zweifelhaftes Talent
meine künftige Existenz nicht begründen könne; wohl war, aber
wenn man Schlittschuh laufen kann, soll man auf der Erde sich
mühsam fortbewegen, weil man dort einbrechen könnte? – Der
Konradin soll entscheiden denk' ich mir, – wird er gut und nimmt
man ihn willig auf, so will ich bleiben, wo das Herz mich hinzieht;
gelingt er mir nicht, dann will ich die erste beste Brotwissenschaft
vornehmen, und meinen geglaubten Beruf zum Dichten bei mü-
ßigen Stunden in Sonetten verschnitzeln. – Der Geschichte wegen will ich nach Göttingen, und ich bin überzeugt, daß man sie
nur dort studieren kann. Sollte mein Relegat nicht zurückgenom-
men werden für dieses Jahr, so wird man es doch im künftigen
Jahre nicht verweigern. Im letzten Fall würde ich Dich um einen
Römerzug bitten. Tirol wollte ich den Sommer durchstreifen und
Herbst und Winter in Italien begrüßen. – Willst Du mich gern in
Berlin so schreibe mir Deine Gründe. – Die Furcht vor Exzessen
ist teilweise ungegründet. Zwar werde ich das, was ich glaube und
fühle, gern zu jeder Stunde auch mit dem Blute besiegeln, dazu
hast Du mich erzogen; und mein Wort, Vater, lieber auf dem
Schild, als ohne ihn, aber Studentengeschichten habe ich satt und
wegen solcher Spielerei will ich mein gutes Leben nicht wieder in
die Schanze schlagen. – So mein Plan für die Zukunft. Er könnte
nur durch den Krieg mit Preußen geändert werden, wo ich, wenn
die Sache je ein insurrektionsartiges Ansehen erhielte, meine
deutsche Abkunft zeigen und meine Pflicht erfüllen müßte. – Man
spricht soviel von Aufopferung für die Freiheit und bleibt hinter
dem Ofen. Ich weiß wohl, daß ich der Sache den Ausschlag nicht
geben würde, aber wenn jeder so denkt, so muß das Ganze
untergehen. Man wird vielleicht sagen, ich sei zu etwas Besserem
bestimmt, aber es gibt nichts Besseres, als dafür zu fechten oder
zu sterben, was man als das höchste im Leben erkannt. Ich würde
Euch manche traurige Stunde kosten, aber die Tat wäre nicht gut,
wenn sie nicht ein Opfer kostete. Euch unruhige Minuten zu
verschaffen, ist das drückendste Gefühl für mich. Ja, mein ruhiges
Bewußtsein zu opfern, wär' der härteste Kampf, den ich höher
anschlüge, als das bißchen Leben, was ich dabei verlieren
könnte. Antworte mir darüber behutsam. Dein letzter Brief war

augenscheinlich aufgemacht. – Diese meine Pläne verlieren aber
jetzt schon allen Schein der Ausführbarkeit, da man allgemein
sagt, das Berliner Kabinett hätte sich an Frankreich geschlossen, –
und ich so etwas selbst aus Humboldts Reden vermuten muß.
Daher dürfen sie Dich nicht beunruhigen [...] Ich würde gern
solange als möglich in Wien bleiben, es ist gar zu herrlich hier;
würde meine Relegat aufgehoben, so käme ich Ostern nach
Dresden und würde dann entweder nach Göttingen oder Berlin
gehen, wie Du es für mich am vorteilhaftesten fändest. – Müßte
ich eine Brotwissenschaft wählen, so würde ich lieber Jura als
Medizin vornehmen, weil ich es doch ohne Liebe tun würde und
bei dem Recht mehr Aussicht zur Muße hätte. Gott befohlen,
treuer Freund, ich harre Deiner Antwort.

DER ZWANZIGJÄHRIGE
AN DIE MUTTER

Wien, am 7. März 1812

Zum zweytenmal soll ich dein Fest nicht unter meinen Lieben
feyern. – Du glaubst mir, daß mich das sehr schmerzt. Ach, daß
ihr nicht auch in Wien seid, dann hätt' ich keinen Wunsch übrig. –
Nun, des Sohnes Geist, der Hauch seiner Sehnsucht nach dem
theuren Kreise, wird Dich freundlich umwehen und Dir alles
sagen, was ich im tiefen Herzen als heilige Gebote bewahre.
Gute, liebe Mutter! – Heute bin ich herrlich überrascht worden
durch des Vaters Brief. Ihr wollt herkommen, o das ist trefflich. Es
wird Euch nicht gereuen, es giebt nur ein Wien. [...] Meine Toni
[die Schauspielerin Antonie Adamberger, seine Verlobte] ist noch
bei der Censur und meine Braut hat die Ehre gehabt, verboten zu
werden, zwar noch nicht offiziell, doch unter der Hand. Weswegen? – Darüber zerbricht sich alles den Kopf. – Es sind vielleicht
mir unbekannte Anspielungen darin, da sie aber siebenmal hinter
einander mit Beyfall gegeben worden, laß ich's mir gern gefallen,
indem so etwas Interesse erregt. – Meine herzlichsten Grüße an
alle, liebste Mutter, und die Versicherung, die Deiner mütterlichen
Liebe wohl thun wird, daß ich noch der Alte bin, und recht
glücklich und heiter lebe. – Bis in den Tod

Dein treuer Theodor

DER EINUNDZWANZIGJÄHRIGE
AN DEN VATER

Wien, 10. März 1813

Liebster Vater! Ich schreibe dir diesmal in einer Angelegenheit, die, wie ich das feste Vertrauen zu Dir habe, Dich weder befremden noch erschrecken wird. Neulich schon gab ich Dir einen Wink über mein Vorhaben, das jetzt zur Reife gediehen ist.

Deutschland steht auf, der preußische Adler erweckt in allen treuen Herzen durch seine kühnen Flügelschläge die große Hoffnung einer deutschen, wenigstens norddeutschen Freiheit. Meine Kunst seufzt nach ihrem Vaterlande, – laß mich ihr würdiger Jünger sein! – Ja, liebster Vater, ich will Soldat werden, will das hier gewonnene glückliche und sorgenfreie Leben mit Freuden hinwerfen, um, sei's auch mit meinem Blute, mir ein Vaterland zu erkämpfen. Nenn's nicht Übermut, Leichtsinn, Wildheit!

Vor zwei Jahren hätte ich es so nennen lassen; jetzt, da ich weiß, welche Seligkeit in diesem Leben reifen kann, jetzt, da alle Sterne meines Glücks in schöner Milde auf mich niederleuchten, jetzt ist es, bei Gott, ein würdiges Gefühl, das mich treibt, jetzt ist es die mächtige Überzeugung, daß kein Opfer zu groß sei für das höchste menschliche Gut, für seines Volkes Freiheit. Vielleicht sagt Dein bestochenes väterliches Herz: Theodor ist zu größeren Zwecken da, er hätte auf einem anderen Felde Wichtigeres und Bedeutendes leisten können, er ist der Menschheit noch ein großes Pfund zu berechnen schuldig. Aber, Vater, meine Meinung ist die: zum Opfertode für die Freiheit und für die Ehre der Nation ist keiner zu gut, wohl aber sind viele zu schlecht dazu! Hat mir Gott wirklich etwas mehr als gewöhnlichen Geist eingehaucht, der unter deiner Pflege denken lernte, wo ist der Augenblick, wo ich ihn nicht mehr geltend machen kann! Eine große Zeit will große Herzen, und ich fühl' die Kraft in mir, eine Klippe sein zu können in dieser Völkerbrandung, ich muß hinaus und dem Wogensturme die mutige Brust entgegendrücken.

Soll ich in feiger Begeisterung meinen siegenden Brüdern meinen Jubel nachleiern? Soll ich Komödien schreiben auf dem Spotttheater, wenn ich den Mut und die Kraft mir zutraue, auf dem Theater des Ernstes mitzusprechen? Ich weiß, Du wirst manche Unruhe erleiden müssen, die Mutter wird weinen! Gott tröste sie! Ich kann's Euch nicht ersparen. Des Glückes Schoßkind rühmt' ich mich bis jetzt; es wird mich jetzo nicht verlassen. Daß ich mein Leben wage, das gilt nicht viel; daß aber dies Leben mit allen Blütenkränzen der Liebe, der Freundschaft, der Freude geschmückt ist, und daß ich es doch wage, daß ich die süße Empfindung hinwerfe, die nur in der Überzeugung lebte, Euch keine Unruhe, keine Angst zu bereiten, das ist ein Opfer, dem nur ein solcher Preis entgegengestellt werden darf. Sonnabend oder Montag reise ich von hier ab, wahrscheinlich in freundlicher Gesellschaft; vielleicht schickt mich auch Humboldt als Kurier. In Breslau, als dem Sammelplatze, treffe ich zu den freien Söhnen Preußens, die in schöner Begeisterung sich zu den Fahnen des Königs gesammelt haben. Ob zu Fuß oder zu Pferd, darüber bin ich noch nicht entschieden; das kommt einzig auf die Summe Geldes an, die ich zusammenbringe. Toni hat mir auch bei dieser Gelegenheit ihre große, edle Seele bewiesen. Sie weint wohl, aber der geendigte Feldzug wird ihre Tränen schon trocknen. — Die Mutter soll mir ihren Schmerz vergeben; wer mich liebt, soll mich nicht verkennen, und Du wirst mich Deiner würdig finden.

Dein Theodor

eichlich vornehm, aber kalt ging es zu im Elternhaus von Franz Grillparzer *(1791 bis 1872). Er, der älteste von vier Söhnen, auch der weitaus begabteste, wurde später der bedeutendste Dramatiker Österreichs. Die Mutter, Marianne Grillparzer (1767 bis 1819), muß eine schwärmerische, phantasiebegabte Frau gewesen sein; stets kränkelnd und zu Schwermut neigend, nahm sie sich das Leben. Über den 1809 verstorbenen Vater schreibt Grillparzer in seiner Selbstbiographie (zitiert nach Elbogen): »Mein Vater war Advokat, ein streng rechtlicher, in sich gezogener Mann. Da seine Geschäfte und seine natürliche Verschlossenheit ihm nicht erlaubten, sich mit seinen Kindern viel abzugeben, er auch starb, ehe ich volle achtzehn Jahre alt war [. . .], so kann ich von dem Innern seines Wesens mir und andern keine Rechenschaft geben. Sein äußeres Benehmen hatte etwas Kaltes und Schroffes, er vermied jede Gesellschaft, war aber ein leidenschaftlicher Freund der Natur. [. . .] Nur auf Spaziergängen [. . .] wurde er froh und mitteilsam. Wenn ich mich erinnere, daß es ihm [. . .] am Ufer der Donau Vergnügen machte, den Inseln im Flusse, nach Art der Weltumsegler, selbstgewählte Namen zu geben, so muß ich glauben, daß in früherer Zeit die Regungen der Phantasie ihm nicht fremd gewesen sein müssen, ja noch später [. . .] konnte ich ihm kein größeres Vergnügen machen, als wenn ich ihm Romane, aber ausschließlich Ritter- und Geistergeschichten zutrug, die dann der ernste Mann, am schwedischen Ofen stehend und ein Glas Bier trinkend, bis in die späte Nacht hinein las.«*

Den ersten Brief schickte der sechzehnjährige Schüler aus den Ferien; die Unterschrift »Seraphin« oder »Serafin« benutzte er in Anlehnung an seinen Namenspatron, den heiligen Franz von Assisi, dem die Zeitgenossen den Beinamen »Seraphischer Vater« verliehen.

FRANZ GRILLPARZER, 16,
AN DIE MUTTER

Donnerstag den 10ten 7bris [1807]

Beste Mutter!
Sonnabends bin ich glücklich in Greillenstein angekommen, der HE. Verwalter samt seiner Frau empfingen mich aufs beste, so

wie sie mir auch noch immer aufs freundschaftlichste begegnen. Beide sind sehr gute und liebe Leute und tun alles, was sie nur denken, daß es mir Freude machen könnte. Ich bin sehr vergnügt, denn die Gegend hier herum ist herrlich, und ich habe alles, was ich nur wünschen kann.

Es gibt hier immer Unterhaltung. Teils kommen fremde Verwalter von der umliegenden Gegend zu uns und laden uns wieder ein, so wie ich schon in der kurzen Zeit, da ich hier bin, beim Hofrichter zu St. Bernhard, Pundschuh, der den Papa gut kennt und schon öfter mit ihm zu tun gehabt hat, eingeladen war, teils fangen wir Vögel, gehen spazieren, und was eine Hauptsache ist, essen und trinken vortrefflich.

Ich gebe mir hier ein fürchterliches Ansehen, und die Bauern, die sehen, wir höflich ihr Verwalter mit mir ist, sehen mich wenigstens für ein *halbes* Weltwunder an. Ich paradiere Sonntags in der Kirche auf dem Oratorium neben dem HE. Verwalter, da doch der Rentschreiber, der, ihrer Meinung nach, schon ein übergroßes G.... ist, auf der andern Seite steht. Aber eben deswägen, weil alles mich angafft, muß ich etwas ordentlicher in der Kleidung sein, als ich es sonst wäre. Ich weiß wohl, daß die Röcke, die ich mithabe, meine einzigen sind, da die andern zwei noch beim Schneider liegen, und auch fürs Land zu gut wären, aber einen Frack habe ich nicht nötig, wohl aber ein Beinkleid, denn die drei, die ich mithabe, sehen wohl gut genug fürs Haus, aber nicht außer demselben aus, daher bitte ich, mir die kaschmirne Hose zu schicken, und zwar sobald als möglich, denn am St. Florianstag fahre ich mit dem HE. Verwalter nach Kloster Altenburg, auch könnte ich das graue Beinkleid gut brauchen, denn um das nankingettene zu tragen, ist es hier zu kalt.

Ferner brauche ich noch einen Hosenträger, und sehr notwendig Brillen, ferner drei oder vier Pinseln zum Malen, und ein Stangel schwarzen Tusch. (Was Geld und dgl. betrifft, so wird es Ihrer und des Papa rühmlichst bekannter Großmut anheimgestellt.) Dieses alles bitte ich zu kaufen, und nebst den Büchern, die vermutlich der Mailler schon geschickt hat (wenn es noch nicht geschehen ist, so bitte ich sie holen zu lassen) nur durch den Fuhrmann Toifel zu senden [...].

Man ruft zum Frühstück, ich muß schließen, der Bote geht sogleich ab.

Leben Sie wohl, grüßen Sie den Papa und meine Brüder, und

vergessen Sie nicht, daß man auf dem Lande Geld braucht, und auf den 4. Oktober mein Namenstag ist.

Ihr gehorsamster Sohn
Seraphin Klodius Grillparzer

NB. Es wird besser sein, wenn ich selbst in Horn die Brillen kaufe, denn Sie wissen nicht, welche für mein Auge recht sind.

DER SIEBZEHNJÄHRIGE
AN DEN VATER

Burgschleinitz, den 25. September [1808]

Theuerster Vater!

Dankbarkeit und kindliche Liebe fordern mich auf, die Feder zu ergreifen, und Ihnen die innigsten Gefühle meiner Seele aufzuschließen, Gefühle, die gewiß mein Herz so sehr erfüllen, als sie je die Brust eines Sohnes erfüllten.

Zwar nicht nur heute, immer glüht die Liebe für Sie, theuerster Vater in meinem Innern, und strebt sich durch Handlungen thätig zu zeigen, aber nie fühle ich sie inniger, als an dem heutigen Tage, wo eine durch ihr graues Alter, durch lange, verflossene Jahrhunderte geheiligte Gewohnheit, jedes Kind verbindet, seinem Vater seine Gesinnungen zu entdecken.

Ich bin überzeugt, Sie kennen mein Herz, und ich glaube daher nicht nöthig zu haben mit leerem Wortschall Ihnen zu sagen, was Sie gewiß schon ohnedem wissen; auch will ich nicht Zeit und Papier mit Hinklexung von Wünschen verderben, die man nur schreibt – um sie zu schreiben, denn Wünsche sind eitel, und wenn der Vater aller Wesen eine Ursache Ihrer Beglückung sucht, so wird er sie eher in Ihren Tugenden, als in meinen Wünschen finden, aber stets will ich mich bestreben Ihnen durch mein Betragen Ihre noch übrigen Lebenstage zu versüßen. Leben Sie wohl, und schenken Sie mir noch ferner Ihre Gnade und Liebe.

Ich verbleibe mit aller Hochachtung

Ihr gehorsamster Sohn
Serafin Grillparzer

DER ZWEIUNDZWANZIGJÄHRIGE
AN DIE MUTTER

Kralitz den 11. Oktober 1813

Liebe Mutter!

Sie haben sich gegen die Beschließerin im Seilerschen Hause beklagt, daß ich Ihnen so selten schriebe, so daß Sie sehr besorgt wegen meiner Gesundheit seien; eine Sache, die ich kaum begreifen kann, da ich wenigstens alle vierzehn Tage während meines Hierseins an Sie schrieb. Nur der unordentliche Zustand der Posten hier in Mähren, der so weit geht, daß ich einen Ihrer Briefe einen Monat zu spät bekam, läßt vermuten, daß einige meiner Briefe verloren gingen, ein Unfall, der hier nicht ohne Beispiel ist.

Ich befinde mich immerwährend sehr wohl; ich habe, solange ich hier bin, nicht einmal Kopfweh gehabt, kurz, ich kann Ihrer Gesundheit nichts wünschen, als daß sie sei wie meine. Besonders hoffe ich das von Adolf. [Der 1800 geborene Adolf Grillparzer, jüngster Bruder des Dichters, kam über die erste Grammatikalklasse nicht hinaus; 1817 stürzte er sich in die Donau und ertrank]

[...] Leben Sie wohl, beste Mutter, ich hoffe, Sie bald, recht bald in Wien zu umarmen. Ich lasse dem Adolf Gesundheit und reichliche Öffnung wünschen; bald werde ich selbst das Vergnügen haben, ihn auf dem Nachtgeschirr zu erblicken.

An Koll meine Empfehlung. Graf Pepi [Seiler] und besonders Graf Franz lassen sich empfehlen; letzterer bittet mich eben, Sie in seinem Namen um Verzeihung zu bitten, daß er Sie, als er in Wien war, nicht besucht habe; aber man ließ ihn nicht allein ausgehen.

Ihr treuer Sohn
F. G. Grillparzer

ochgeschätzte Frau Gräfin! Ich danke Ihnen für den Gruß, den Sie mir durch ihren Sohn ausrichten ließen, und erwiedere ihn hier. Ihr August weint täglich sehr, daß er nicht bey Ihnen ist. Er kann darüber sehr krank werden, es wäre besser, wenn er bey Ihnen wäre. Überhaupts ist es weiter gar nicht gut hier seyn, und es werden dieses Jahr entsetzlich viele hinauskommen welche ihre Entlassung begehrten. August würde sich glücklich schätzen, auch unter diese Zahl zu gehören. Ich empfehle mich Ihnen indessen, und glauben Sie, daß ich immer seyn werde Ihr unterthänigster Diener Friz Schnizlein, Eleve.«

Das schrieb ein Mitschüler und enger Freund von August Graf von Platen-Hallermünde (1796 bis 1835) an dessen Mutter. Der Sohn eines preußischen Oberforstmeisters in Ansbach wurde früh zum Offizier bestimmt; schon mit neun Jahren kam er ins Kadettenkorps nach München. Er schrie um Hilfe, er buhlte und bettelte um die Zuneigung der Mutter, Luise geborene Freiin Eichler von Auritz. Doch sie lehnte ihn, den sie als ein einziges Unglück ansah, rundherum ab. Ihre Briefe nannte er später »eine Quelle der Aufregung«, »nervenzerrüttend«, »eine Geißel meines Lebens«. Der übrigens homosexuelle Dichter verbrachte die meiste Zeit seines Lebens in Italien. Nach seinem frühen Tod sagte die Mutter über die Briefe ihres Sohnes: »Es eignet sich zu keiner Biographie, nur zum Tadel.« Den ersten der Briefe schrieb der Kadett August an seinem zehnten Geburtstag.

AUGUST VON PLATEN, 10,
AN DIE MUTTER

den 24. Oktober 1806

Liebste Mutter

Heute Nachmittag habe ich deinen Brief empfangen das Päckchen aber schon vorgestern. Madame Steidel hat mir gesagt du würdest mich in der Vaganz [Vakanz, Ferien] abholen ist es denn wahr? Meine Füße kann ich nicht waschen denn ich wüßte nicht mit was und nicht in was. Letzthin kam der Bote den du nach Nymphenburg geschickt hast zu mir und sagte die 36 Kreuzer wären nicht bezahlt worden. Wenn ich ein Kaskett hätte, hätte ich heute in die Comedie gedürft. Schicke nur die Brieftasche, die mir

Caroline gestickt hat. Wenn ist dein Geburtstag. Ich werde mir ein Dictionnaire kaufen, damit ich dir französisch schreiben kann. Hier ist die Tante Les ihr Brief und auf der anderen Seite was ich ihr schreiben will, corrigiere es mir.

dein dich zärtlich liebender Sohn August

[etwa Anfang 1807]

Beste Mutter!

Sonst habe ich Adelberten immer deine Briefe lesen lassen. Adelbert geht gewiß nicht mit mir zu W[erneck], denn dieser kann ihn nicht wohl leiden weil er ihn einmall bei Tische eine wenig grobe Antwort gegeben hat. Die Soken sind mir recht. An den Kittel sind die Aermeln zu lang. Ich finde das Portrait sehr ähnlich. Ich bin recht gerne bei Mad. Schelling weil sie so schöne Bücher hat. Ich habe *immer entzezlich Kopfschmerzen* weißt du nicht was ich dafür brauchen kann denn ins Krankenzimmer gehe ich sehr ungern 1.) weil man den Sontag darauf nicht ausgehen darf. 2) Weil man wenigstens 3 Tage hintereinander nichts als Suppe zu essen bekömmt. George hat mir einen französischen Brief geschrieben. Ich möchte gern an die Großmutter schreiben und ihr für den Kittel danken. Schike mir einen boullion [Gemeint ist »brouillon«, soviel wie Briefentwurf] dazu. Wenn ich hier Kittel sage versteht mich kein Mensch. Ich muß sagen Rökel. In München sagen sie nie *wieder* sondern immer *wiederum*. Zu früh von 9 bis 10 gehn wir im Hof. Die Gautsche [Schaukel] ist aber jetzt nicht mehr da. Lezthin als wir spazierengiengen versank ich bis über die Knie im Schnee. Ich war ganz naß, und bekam den andern Tag doch keine frische Soken Hätte ich nicht die Deinigen gehabt. Das liebste was wir zu essen bekommen ist mir Juchsen. Samstags bekommen wir Knetel (oder wie du sie nennst Klöße). Diese sind aber so gepfeffert, daß ich keinen Bissen davon essen kann. Ich freue mich schon darauf wenn ich auf die Vaganz zu dir kommen darf und nicht mehr die festgesezten Speisen bekomme. Caroline hat gewiß so dumm gelacht wie sie in ihren Brief schreibt der Vers ist gar zu dumm. Lebe wohl beste Mutter du kannst dich jetzt gewiß nicht über die Kürze meines Briefes beklagen.

Dein dich zärtlich liebender Sohn Auguste

DER ZEHNJÄHRIGE
AN DIE MUTTER

den 19ten Juni 1807

Gute Mutter!

Sage mir, ist nicht Gehorsam die schönste Pflicht der Kinder? Wenn du dieses weißt wie kannst du mich noch fragen ob ich dieses oder das folgende Jahr in die Vaganz kommen *will*. Ein andermal thue es nicht mehr. Hast du meinen Brief von ich weis nicht mehr vom wievielsten Juni erhalten es wäre mir recht leid wenn es nicht so ist.

Du mußte aber wissen, daß wir nicht in München bleiben und daß du nach der Vaganz nicht mehr *à Munic* sonder *à Freising* auf die Adresse schreiben mußt.

Sieh Mutter deswegen ist es mir recht leid, daß ich dies Jahr nicht in die Vaganz kommen kann, denn da gehen alle meine Sachen und Bücher zu Grunde, denn mein Kistchen nimmt man nicht mit. Ich schrieb dir deswegen so lang nicht weil ich immer auf Antwort von meinen Brief vom Juni wartete. Vorgestern badete ich mich zum erstenmal in meinem Leben mit den Andern. Ich wagte mich zu tief hinein und sank hinein. Ich konnte keinen Athem mehr holen aber in dem nehmlichen Augenblicke als ich zu Grunde gehn wollte trib mich das Wasser in die Höhe. ich wäre aber gleich wieder hinabgesunken wenn mich nicht Einer (namens Engelbrecht) bei der Hand erwischte und hervorzog. Diesen hast du das Leben deines Sohnes zu danken. *O es muß ein schrecklicher Tod seyn das Ersticken.* Aber vergiß dein Versprechen nicht nehmlich, daß du und der Vater mich aufs Jahr abholen. Hälst du dieses Versprechen, so will ich auch das Meinige halten und will immer fleißig und gut seyn, damit ich (wenn ich dir um den Hals falle) sagen kann ich *habs verdient*. In der Hoffnung, daß du dein Versprechen halten wirst bin und bleibe ich

Dein dich zärtlich liebender Sohn August, Eleve

N. Sch. Antworte mir bald und auf alles, und halte auch dein Versprechen wegen Geburtstag und Weinachten. Nicht war? Nächstens werde ich dem Vater schreiben.

den 7ten August 1807

das Geschenk an meinen Geburtstage schicke nicht vorher denn ich habe keinen Platz es aufzuheben. Vielleicht gehen wir dieses Jahr gar nicht nach Freising weil erst noch viel gebaut werden muß. ich bitte dich sage doch dem Vater. er möchte dem G:[ene-ral] W[erneck, Kommandant des Kadettenkorps] fragen wegen der Vaganz und wegen Freising thue mir diesen Gefallen. O wenn doch du und der Vater hieher kämen! Ich wüßte gar nicht was ich vor Freuden anfangen sollte, und wenn du erst einen Sontag hier bliebst da könnte ich den ganzen Nachmittag bei dir zubringen. Das wäre ein Tag! Siehst du mich nicht gern? Wenn du mich gern siehst so sage doch den Vater ob er denn nicht wüßte ob es gewiß sey. Was will denn der Vater bein König? Doch vielleicht soll ich dies nicht wissen. Nichtwar? Doch beantworte mir nur diese Frage wenn ist dein und des Vaters Geburtstag? Wie alt ist der Vater? Was will denn Asimont in seinen Briefe wie er sagt das Lied erinnere ihm an F:? Hast du ihn etwa nicht gelesen? Nun etwas von Lbkd. [Liebeskind, ein Mitzögling] Du weißt liebe Mutter daß meine Bücher beim Portier gekommen sind als ich hereinkam. Da konnte ich denn gar keine haben. Lbkd erbot sich mir die schön-sten davon in seinen Koffer zu thun, damit ich darin lesen könnte. Ich thats. Er nahm sie in seinen Koffer. Es waren: Stoff zur Bildung u. s. w. 2 Theile, die Familie Bendheim, mein Gesangbuch, Gu-mal und Lina und dann noch mein Etuis an Queret. Da lieh er Gumal und Lina einen Andern welcher in der Lection darin laß. Es wurde ihn von Hr. Major weggenommen. Die Familie Bend-heim weiß ich selbst nicht wo er sie hingebracht hat. Wenn ich sie ihm abforderte so sagte er er hätte sie in seinen Koffer und da könnte er nicht hinein weil er auf den Boden stünde. Endlich einmal gestand er mir daß er sie nicht mehr hätte. Was that er aber er schob die Schuld auf mich und sagte er hätte mir sie einmal gegeben. Die andern Bücher gab er mir. Mein Etuis hat er noch. Aber weiß wo er das hat. Ich will noch einen Versuch machen und es ihn abfordern aber ich glaube schwerlich daß er's noch hat. Wie findest du nun dieß Betragen und da sagst du noch in einen deiner Briefe die die Comedie Falsche Freunde und Aberglaube sollte mich an Adelberts Freundschaft mahnen. Doch dein Brief den ich lezthin empfing sagte das Gegentheil.

Freilich liebe Mutter, du stellst dir es des Sontags ganz anders vor. Des Sontags stehn wir erst um 5 Uhr auf (die Werktag um

4 Uhr). Dann ziehen wir uns an bis ½7 Uhr. Dann gehen wir hinunter im Speissaal. Dann wird gebetet ein Morgengebeth das Vaterunser und gegrüßt sey du Maria du bist voll der Gnaden der Herr ist mit dir u. s. w. Dann haben wir eine Stunde dann frühstücken wir, dann wird visitirt. Dann geht man in die Kirche. Also nur eine Stunde. Und dann sehen manche einem so gerne in die Briefe. Grüße den Vater und gieb ihn (in meinen Namen) einen recht herzlichen Kuß. Grüße auch AL.

Dein Sohn küßt dich in Gedanken und verbleibt dein dich zärtlich liebender

August

[Randbemerkungen]
Des Sonntags bekommen wir Milchsuppe des Werktags Brod. – Lottens Briefe schicke mir jezt noch nicht. – Schicke mir den Boullion zu einem fr:[anzösischen] Briefe an die kleine Duglas. – Soll ich denn Simon wieder schreiben? – Schicke mir statt einen der Büchelchen ein Stammbuch. – Liebe Mutter schicke mir den Ring gleich jezt und wenn du mir auf Weihnacht eine Freude machen willst schicke mir einen Ring mit des Vaters Haren.

Montag den 17ten August 1807

Beste Mutter!
Es machte mir eine sehr große Freude als ich in deinen Briefe las daß du mir 2 Ringe schicken wolltest. Des Vaters Ring laße eben so weit machen, doch eher weiter als enger. Aber wegen Adalbert: Pfui Mutter! wer wird gleich so seyn. Ich will lieber meine Bücher einbüssen als Adalbert in Verdruß bringen. Was andere anbetrifft die werd' ich schon warnen. Das Etuis will ich bei Gelegenheit fordern. Bist dus so zufrieden. Denke nur wenn du liest an die Stelle des V. U. Vergieb u. s. w. wie wir auch u. s. w. – Carl von Tucher sagte lezthin zu mir das ich mit ihm in der Vaganz reisen möchte. Ich sagte ihm aber das du es nicht wolltest das ich in die Vaganz käme.

Aber wenn es vielleicht noch möglich wäre? Ich wollte so lange ich im Chore [Kadettenkorps] bin nichts mehr als die N. und mein Monathsgeld. Nichts zu W[eihnacht] nichts G[eburtstag] wie wärs?

Es kann vielleicht garnicht seyn, daß wir dieses Jahr nach Freising gehen das Schloß ist zu baufällig. O Gott wenn ich hier bleiben muß wenn fast alle in die Vaganz gehen und die andern fast alle auf die Reise. (Da kann ich nicht mit ich bin noch zu klein und zu schwach)

Antworte mir gleich denn die V[akanz] geht bald an.

Adieu

dein dich zärtlich liebender Sohn August

den 10ten August [gemeint: 20. August]

N. Sch. Ich weiß nicht wie ich diesen Brief fortschicken kann. Heute empfieng ich deinen Br. von 17ten.

DER ELFJÄHRIGE
AN DIE MUTTER

München den 11ten July 1808

Liebste Mutter! Du willst daß Tucher mit mir in die Vaganz reisen soll, aber er sagte mir daß er auf die Reise gienge. Aber du wirst deswegen doch dein Versprechen halten und ich werde zu Dir kommen, nicht war liebe Mutter? Ich bitte Dich. Ich kann unmöglich länger hier bleiben ohne dich zu sehen. Es wird sich schon eine Gelegenheit finden oder ich könnte ja auch auf den Postwagen fahren. Antwort: Doch du mußt o[der] d[er] V[ater], ein Einladungsbillet an den Herrn Major oder General schreiben. Ich bin sehr in Verlegenheit wegen Theresens Ring.

Nächsten Mittwoch (an den Geburtstag der Königinn) bin ich wahrscheinlich bey Herrn Diakon Weber eingeladen. Meinen Brief vom Juny wirst du jetzt empfangen haben, er ist mit Gold-Siegellack pytschirt. Diesen werde ich mit den gelben pytschieren, es sieht sehr schön aus. Ich war ein ganzes Monat und 6 Täge krank. Den Kartharr, ich muß noch jetzt immer Geismilch trinken. Den 30ten May kam ich ins Krankenzimmer und den 3ten July wieder herauf. Ich freue mich den ganzen Tag auf die Vaganz, Gott wenn diese Freude umsonst wäre! Lebe wohl küsse den Vater in meinen Namen und glaube daß ich immer seyn werde

dein dich zärtlich liebender gehorsamer August

Rechnung einiges meines Geldes

6 kr . . . Virnniß

6 kr . . . beim Einkehren

2 kr . . . für ein Virnnißglas

12 kr . . . Virnniß

12 kr . . . Armengeld

24 kr . . . für einen armen Officier welchen alle etwas
gaben

12 kr . . . beim Einkehren

6 kr . . . den Bedienten für das Holen

1 kr . . . für ein Kasketäugel

3 kr . . . für ¼ Kasketskette

3 kr . . . den Bedienten

6 kr . . . Virnniß

6 kr . . . für das Paket

4 kr . . . für einen Brief

6 kr . . . für den letzten großen Brief

Summa 1 fl. 49 kr

München den 22ten 7. 1808

Liebste Mutter!

Du wirst nun meinen Brief erhalten haben in dem ich Dich benachrichtigte das ich wieder gesund wäre. Ich sah den Kutscher, und er gab mir den Brief. Also dieser wird mich abholen? Mein Geist beschäftigt sich immer mit der Vaganz, mit den Augenblick in dem ich *München* verlassen werde und in dem froher Ausruf über meine Lippen schallen wird: »So bin ich doch ein paar Wochen von der Plage befreyt, *München* zu sehen und darin zu seyn, (oder vielmehr soll es heißen vom *Cadettenchore*) mit dem Augenblick, da ich Dir in die Arme falle. Heute Morgen stand ich sehr frühe auf, ich erblickte die prächtige Morgenröthe und fühlte die so sanfte Morgenkühle. Da wars mir so wohl. Meine Einbildungskraft stellte mir vor es wäre dieses der Morgen in welchen ich München verlassen sollte. Ich hörte unten (meine Einbildungskraft) vor der Hausthüre die Pferde wiehern und trappen. Aber endlich da die Morgenröthe sich verzog und da es lauter wurde, da erwachte ich aus meinem Halbtraume, ich sah daß alles nicht wahr wäre. – Doch von diesen süßen Träumen konnte ich nicht abbrechen, ich setzte sie fort – machte eine ganze Gedankenreise bis nach *Ansbach*. Endlich war ich dort wollte schon dein Haus suchen aber ach! man störte mich in meinen Träumen. Der Officier kam und wekte die andern.

Schnizlein geht wahrscheinlich auch in die Vaganz, wir könnten ja miteinander reisen. Willst du? Er hat es seinen Vater geschrieben und dieser wird wenn er will [daß sein Sohn zu ihm kommen soll] es den meinen sagen. – –

Ich und Schnizlein haben schon manches Projectchen in unsern Köpfen gemacht. Ich bitte dich antworte mir bald, Du mußt aber erst eine Einladung an den Hr. Major oder General W. schicken, wenn Du willst, daß ich Dich besuche. Du willst doch noch? Es ist ganz der Wunsch

Deines Dich zärtlich liebenden Sohnes August

N. Sch. Küsse den Vater.

N. Sch. an meinen Vater:
Lieber Vater! ich bitte Dich sey so gut und sage der Mutter sie möchte mir ja bald antworten. Schreibe mir dann ob es Dir recht ist wenn ich mit Schnitzlein fahre und ob Dir sein Vater etwas geschrieben hat. Ich bin in Gedanken immer bei Dir doch weil ich es sonst nicht bin verbleibe ich

Dein gehorsamer August

Wir haben noch 40 Tage bis zur Vaganz ich zähle sie allemahl.

[undatierter Zettel, 1808]

Liebe Mutter
Ich muß ihr schreiben daß ich gestern die erste Ohrfeige bekommen hab und mich sehr verdrossen hat und ich es gar nicht verdient hab [...]

DER ZWÖLFJÄHRIGE
AN DIE MUTTER

»nro 15«   den 5ten December 1808. Montag

Beste Mutter!

Ich empfieng Nro. 85 und 86 [Platen hatte der Mutter vorgeschla-
gen, die Briefe zu numerieren]. Mein Säbelarest [Platen hatte
während der Unterrichtsstunde einen Brief der Mutter gelesen,
was bemerkt worden war. Er wollte den Brief aber nicht heraus-
geben. Deshalb wurde der »Säbelarrest« verhängt. »Ich muß
nun«, schreibt Platen darüber, »bey den Spaziergängen ohne
Säbel mitgehen, darf nicht ausgehen wenn ich eingeladen bin,
nicht ins Theater, und muß auch ohne Säbel in die Kirche gehen.«] ist mir heute geschenkt worden. Wegen dem Portrait
verstehe ich dich nicht in deinem Briefe, schreibe es mir noch
einmal. Ich hätte auch eine Bitte an Dich, nehmlich daß du mir
Pfeffels Fabeln (welche der Vater in dem Kasten finden wird)
schicken mögest. Ich möchte sie so gerne lesen. Wenn ich sie
gelesen habe schicke ich sie dir wieder zurück. Auch schicke mir
das Taschenbuch welches ich in der Vaganz immer las, und worin
Emerich und Blandchen steht. Das blaue Band das du mir nebst
dem Gelben mitgabst um die Kapsel daran zuhängen habe ich
nicht. Es muß noch in dem Korbe liegen, in welchen ich meine
Sachen warf, als ich sie einpakte. Du kannst es mir mit den erstern
beyden Sachen schicken. Ich bitte dich thue es bald! Indeß will
ich wider der alte August seyn und um *Deinetwillen* alles leiden,
nur schenke mir deine Liebe wieder.

Wir haben jeder ein wollenes Leibchen bekommen. Dieses will
ich nun im Winter hindurch tragen und meine andern Unter-
Leibchen auf den Sommer sparen. Vorgestern empfieng ich nro
86 und auch an den nehmlichen Tage erhielt Fritz einen Brief von
seinen Vater. Du kannst dir leicht denken was dieser Brief enthielt. — — Der 21ten November war der Todestag von Fritzens
Mutter »Sie wurde mit ihren neugebohrnen Kinde im Arm zur
Erde gebracht. Sie verschied eine Stunde nach ihren Kinde,
welches ein Mädchen war, indem sie ihre Kinder noch einmal
segnete«, schreibt Schnizleins Vater. An dem nehmlichen Tag (21
Nov) wo Fritz seine Mutter verlor, verlor einer meiner Miteleven,
(welcher aber jetzt in der Pagerie ist) seinen geliebten Vater.

Unglücklicher Tag! wie viele Thränen sind an dir geweint worden!
Meinen lezten Brief vergaß ich zu numerieren, thue es also.

Ich verbleibe dein Dich zärtlich liebender Sohn

»Nro. 18«   4. 1. 1809

Theuerste Mutter!
Hast du doch meinen Brief vom 29ten Dezember 1808 erhalten,
worinn ich Dir zum neuen Jahre gratulierte und Dir meinen Dank
für das schöne Geschenk abstattete? Ich war die Zeit über noch
nicht invidiert [eingeladen] und war auch noch nicht in der Comedie. [...]
   Ich bitte dich, schicke mir keine Handschuhe von gezupfter
Seide, man darf hier keine andern als *gelblederne* tragen. Ich
hätte Dir dieses schon lange geschrieben, allein es ist ein ganz
neuer Befehl, sonst durfte man gar keine haben. Ich darf also
meine florettseidenen schon nicht tragen, und die andern wären
mir auch unnütz. Ich danke dir indessen recht sehr für deinen
gu[... (unleserlich)] muß, bis man zukömmt. Dann wird im Spei-
sesaal hinunter *marschirt,* und dann bethet einer vor. Dann statten die Unteroffiziere Rapport ab und dann wird in die Lektionen
marschiert, und in Reih und Glied. (Du wirst sehen wenn ich dir
den weitern Tageslauf erzähle, wie oft dies Aufstellen in Reih und
Glied geschieht. Und wenn man unter diesen vielen Mahlen im
Gliede nur einmal den Fuß ein wenig bewegt oder gar den Kopf
dreht, so bekömmt man Abends nichts zu Essen oder noch eine
härtere Strafe. Ist das nicht entsezlich!?) Die Lektionen dauern
nun bis 9 Uhr. Dann wird wieder aufgestellt und das Brod ausge-
theilt. Es kommen die Officiere und visitieren uns ob wir ganz
ordentlich angezogen (zu B: das Halstuch gut und schön gebunden) Wer das nicht ist bekömmt wieder Strafe oder sonst Verdruß. Dies dauert nun bis 10 Uhr. Dann wird wieder in die
Hörsääle *abmarschirt.* Die Lektionen dauern nun bis 1 Uhr. Da
wird gegessen. Das Gemüse ist immer sehr schlecht gekocht.
Doch wer keins ißt, bekömmt auch kein Rindfleisch oder sonst
eine Strafe. Um ¾ auf 2 wird aufgestanden und wieder aufgestellt. Da gehts spazieren, immer in Reih und Glied wie die Soldaten wir dürfen da kaum mit einander reden. Um 4 Uhr kommen

wir wieder nach Hause. Es geht wieder in die Hörsäle. Alles in Reih und Glied. Um 7 Uhr hören die Lektionen auf. Es wird wieder aufgestellt und die Unteroffiziere statten Rapport ab. Dann wird zu Nacht gegessen. Um 8 Uhr aufgestanden. Die Stunde von 8 bis 9 ist nun die einzige Freystunde, und diese haben wir manchesmal nicht einmal. Um 9 Uhr wird wieder aufgestellt, Rapport abgestattet und im Schlafsaal hinauf *marschirt*. Da mü-ßen wir noch eine Zeit lang in Reih und Glied stehen. Endlich heißt es: auseinander. Wir müssen uns *geschwinde* ausziehen und in's Bett legen. Ist das ein Leben für Menschen? Jeder Hund, jede Katze, ja, jeder gemeine Soldat hat es besser als wir. Und du, liebe Mutter, kannst mir zumuthen, daß ich hier gerne seyn soll! Du, meine Mutter? Sonst war es lang nicht so streng als jetzt: deswegen kann mich jezt [nichts] mehr dazu bewegen hier zu bleiben, als die außerordentliche Liebe meiner guten Mutter. Die größte Kleinigkeit zieht eine harte Strafe nach sich. Des Sonntags haben wirs auch nicht besser, nehmlich: Der ganze Vormittag wird mit scharfen Visitationen zugebracht und den ganzen Nach-mittag müssen wir spazieren*rennen*. Sage nur selbst, ist es mög-lich daß man hier eine vergnügte Stunde haben kann? Doch mein Brief ist zu einer ansehnlichen Länge herangewachsen und ich muß jetzt schließen. Du kannst leicht denken, daß ich immer recht geschwinde schreiben muß, weil ich so wenig Zeit habe.

Lebe wohl, gute liebe Mutter, und gieb dem Vater einen Kuß in meinen Namen. Ich aber werde mich immer bemühen, zu zeigen daß ich bin

Dein gehorsamer und dich zärtlich liebender August

»Nro 32«   den 14ten Juny 1809

Beste Mutter!
[...] Du sagst, daß so viele Kinder in Instituten, von ihren Ältern getrennt leben müssen, ich will dies zugestehen, aber bedenke: sie leben doch wahrlich nicht so wie ich. Wenn es kein militairi-sches Institut wäre. wollte ich es noch gelten lassen. Doch wenn ich nur nicht Soldat werden muß, will ich gerne hier bleiben, doch der Vater muß mir das versprechen.

Wenn nur die Vaganz-Zeit schon da wäre! Ich will meine Zeit

gewiß recht gut benützen und machen, daß ich im Französischen mehr Fertigkeit erlange. Diese Sprache ist durch nichts als durch Sprechen zu erlernen, und uns will man sie mit der Gramatik in den Kopf hineinpfropfen. Das wird nimmermehr gehn! Mit dem Sprechen anfangen ist viel gescheider. Habe ich nicht recht? [. . .]

»38«   3. Okt. 1809

Beste, gütigste Mutter!
[. . .] Wie sehr es mir ahnt thut, kann ich dir gar nicht beschreiben! Alles ist so traurig, so schreklich! O Mutter, theuerste Mutter, ich habe keinen Trost, und niemand der mich tröstet! Ich bitte dich Mutter komm doch einmal, und besuche mich, es giebt ja genug Gelegenheiten, sonst bin ich gar zu elend. Ich bitte Dich um Gotteswillen thue es, und bald, so bald als möglich! Die Schuhe schike mit M. Oerl. Schreibe den General nichts, sonst wird mir jede (auch nur die kleinste) Freude verbittert, Ich und Steidl haben schon oft mit einander geweint! Ich werde mein Versprechen erfüllen, und fleißig seyn, doch werde ich immer in den Lektionen wenn ich an euch denke zerstreut und muß weinen! Komme doch! Schnizlein schreibt und dankt Dir, er wird dir auch etwas von den Neuen sagen.

Sonntags war ich bey Schaden, daß hat mich doch wieder auf einige Zeit ein wenig aufgeheitert. Küsse den Vater recht herzlich, und verzeihe mir daß ich verkehrt angefangen habe! Nächstens an G. Beh.

Dein dich mehr als zärtlich liebender, unklücklicher Sohn!

DER DREIZEHNJÄHRIGE
AN DIE ELTERN

»44«
                                        19/12. 1809
Beste Mutter!
Ich bin gottlob schon lange wieder gesund, und aus den Krankenzimmer, und war auch schon wieder zweymal bey Schele. Der Gesandte ist hier. Vor 2 Wochen ließ mich der Hh. Oberstleut-

nant auf sein Zimmer kommen, machte mich tüchtig aus, weil ich euch wegen den Kästchen geschrieben hätte, ließ aber nach einigen Tagen uns allen unsre Kästchen wiedergeben, und erlaubte, daß man sie unter die Bettstelle stellen dürfte.

Etliche 20 von uns haben sich ein kleines Theater zusammengerichtet, wozu wir alle zusammengelegt haben, jedoch weil der Geldmangel doch noch groß so haben sie doch erst eine Decoration, ein Zimmer, und dann einen hübschen Vorhang. Zur Genesungs-Feyer der Frau Oberstlieutnantin wurde das erste Stük gegeben mit Namen: Gemähllde guter Menschen, Schauspiel in einen Akt. Auch ward ein kleines Conzert im Speissaal gegeben, wobey einige von uns auf dem Theater deklamiren mußten. Auch ich war dabey und hatte noch dazu das Schwerste. Ich deklamirte nehmlich den zweyten sehr langen Monolog aus Schillers Jungfrau von Orleans.

Du sagtest mir lieber Vater, daß ich nicht einen Stand wählen müßte, den ich haße, und den ich mich nie widmen kann, nemlich den Militairstand, mein Haß ist unauslöschlich, und wird sich nie legen, hoffe das nicht. Nun hat mir einer meiner Lehrer gesagt, daß, wenn ich studieren wollte, ich noch eine Privatstunde im Latein und Griechischen nöthig hätte. Willst du mir diese nicht geben lassen, so kann ich ja zum Post und Forstwesen gehen. In Mathematik und Französischen will ich mir gewiß recht Mühe geben.

Euer euch herzlich liebender August

in größter Eile. Mein Lehrer sagte, daß ihr jetzt meinen Stand schon bestimmen müßte[t].

DER VIERZEHNJÄHRIGE
AN DIE MUTTER

[15. November 1810]

Liebe Mutter! Tausend Glück und Segen
Ohne Kummer, und von Sorgenqual
Ungetrübt sey'n auf des Lebens Wegen
Immer, stets dein Theil allüberall:
Sanfte Engel mögen dich geleiten,
Aber auch der Hoffnung Feuerstrahl.

Dies sind meine Wünsche, theuerste Mutter zu deinem Geburts-
feste; möchten sie doch erhört werden, und zu allen Zeiten holde
Freude deine Leiterin seyn und nie des Kummers düstre Wolke
deine Stirne umschweben.

Von deinem dich zärlich liebenden
August

ie Freiin Ottilie von Pogwisch heiratet 1817 Goethes
Sohn August (vgl. S. 43) und heißt fortan Ottilie von
Goethe (1796 bis 1844). Von Zeitgenossen wird sie
als sehr gebildet, exzentrisch, »überromantisch« und
leicht hysterisch geschildert. Mit der Bezeichnung »verruchter
Engel« spielt ein Kritiker darauf an, daß sie ihren Gatten wiederholt betrog. Nach dessen Tod, 1830 – er stirbt in Italien an den
Pocken –, erst recht aber nach dem Ableben, 1832, des alten
Goethe, der sich um sie und ihre drei Kinder noch gekümmert
hatte, versinkt ihr Dasein im Chaos. Als einzige Goethe-Erbin
bleibt sie allerdings sehr gefragt und ist finanziell abgesichert.

Die Mutter, Henriette von Pogwisch geborene Gräfin Henckel
von Donnersmarck, war Hofdame und erwies sich zeitlebens als
Vertraute der Tochter. Über den Vater weiß man nur, daß er
preußischer Major war. Die rührenden Zeilen der Einunddreißig-
jährigen sind das einzige an ihn gerichtete Schriftstück, das man in
Ottilies Nachlaß fand; offenbar wurde der Brief nicht abgeschickt.

OTTILIE VON POGWISCH(-GOETHE), 20,
AN DIE MUTTER

[Ende Juli 1816]

Schon seit längerer Zeit, liebe Mutter, sah ich die Nothwendigkeit
ein, mit Dir einmal ausführlich über das Verhältniß mit Herrn von
Goethe zu sprechen, und Dich um eine Entscheidung darüber zu
bitten; – Dazu war aber erforderlich, daß ich ernstlich es betrach-
tete, und dadurch völlig klar darüber mit mir würde, und es genau
zergliederte. Daß dies wenig Erfreuliches für mich haben könnte
und wohl gar irgend ein schmerzlicher Entschluß die Folge davon
sein könnte, mußte ich wohl im Voraus glauben; und so will ich
gestehen, daß es Mangel an Kraft war, was mich bis jetzt es
verschieben ließ. – Seit 3 Jahren habe ich entweder es so leichtsinnig hingehen lassen ohne darüber zu grübeln, oder mich mit
der Hoffnung getäuscht, es würde schon endlich sich lösen oder
durch irgend einen Zufall gänzlich aufgehoben werden. – Ich will
und kann mich nicht länger darüber betrügen. – Es ist nicht durch
die Heftigkeit einer Neigung unlöslich, – wohl aber durch die
Länge der Zeit, die es bestanden. Alle die kleinen Zurückziehun-
gen helfen zu garnichts, als es nur noch wunderbarer zu gestalten;

es kann nicht zerstört werden, da es im Äußern gänzlich aufgehoben werden kann und dennoch immerfort leise fortdauert, und es
also nur irgend eines Zufalls bedarf um wieder sich anzuknüpfen.
Wir sind beide immer gegen die ganze Gesellschaft in heimlichem
Einverständnis, was mir höchst peinlich ist, und ja durchaus nicht
aufzuheben ist, da es nicht in verabredeten Zeichen besteht,
sondern nur durch das lange Bestehen eines Verhältnisses zwischen uns, [da] wir uns so genau kennen, daß wir gegenseitig
jede Miene und Bewegung auszulegen wissen. –

Daß es nicht bestehen sollte, sagte mir meine Vernunft; – ich
frage immer: was soll's? – für ein Spiel ist es zu ernst und dauernd,
und daß die schönen Jugendträume von Schwesternliebe u. s. w.
hier unerreichbar sind, ist mir nun wohl klar; – übrigens, daß es
für mich durchaus von keinem günstigen Einfluß ist und sein
kann, bedarf wohl keiner Frage; – Herr von Goethe steht nicht
hoch genug über mir, um daß er vielleicht vorteilhaft auf mich
wirken und mich zu etwas erheben könnte, und selbst meine
frohe Laune litt diesen Winter öfters darunter und statt, wie es der
größte Wunsch meines Lebens ist, Dich aufzuheitern und zu
Deiner Zufriedenheit etwas beizutragen, betrübte ich Dich! –
Nein, liebe Mutter, das will ich nicht mehr. – Ich glaubte früher, es
wäre Dir ganz gleichgültig, uns verheiratet zu sehen oder nicht, –
jetzt weiß ich doch wohl, daß Du es wünscht – Und nehme ich
nur den Fall an, daß mir noch einmal Jemand gefiele und ich ihm,
so würde ich doch nicht einwilligen können; ich bin durch kein
Wort, keine Äußerung gebunden, ich weiß es wohl, aber dennoch würde ich ganz gegen meine innere Empfindung, gegen
mein Zartgefühl handeln, könnte ich eine Verbindung eingehen! – Auch hierin möchte ich frei sein. – Und wir können es uns
nicht verschweigen, daß sogar vielleicht meine Ehre darunter
leiden könnte. –

Sage mir doch nun Niemand, ich müsse meine Vernunft zu
Hülfe nehmen! Wäre es eine Verbindung, die sich eben erst
anknüpfen wollte, – ja dann könnte sie mir helfen, aber dies alte
Band kann sie nicht zerreißen, zumal da die Vernunft im 20ten
Jahr ein sehr schlechter Alliirter ist und gewöhnlich auf die Dauer
nicht – aushält. Es giebt nur 2 Dinge, so fürchte ich, die es lösen
können; – eine Verheiratung, denn dann sind wir beide zu rechtlich es fortzusetzen, und – Entfernung – nicht hatte ich bis jetzt
daran gedacht, wenn Du dieses für nöthig hältst, wo ich hin

wollte; – es ist dann gleichviel – beglücken kann mich ja keine
Lage, die mich von Dir entfernt, – und darf ich nicht wünschen,
bei Dir und hier, wo all die Schätze meines Lebens sind, zu
bleiben, so habe ich keinen Wunsch. –

Da schreibt mir Ulrike neulich, Du habest um einige Hofda-
menstellen für sie geschrieben. – Zwei Töchter darfst Du nicht
verleihen; muß ich fort, so gieb sie mir; – ich glaubte, daß Ulrike
sie nicht gern annimmt; und wäre es auch, ich liebe sie genug, um
ein Opfer von ihr anzunehmen; von Freude kann nicht die Rede
dabei sein; daß mich nichts andres als kalte Vernunft bestimmt,
Dir die Entscheidung darüber vorzulegen, weißt Du wohl, da Du
mich kennst. Mein Herz durfte keine Stimme haben, denn es
würde nie in eine Trennung von Dir willigen; – Du weißt, daß ich
mich sehr glücklich fühle; also war es auch nicht etwa ein Gefühl
von Unglück, was mich auf Entfernung denken ließ; ebenso
wenig gab mir vielleicht ein unfreundliches Betragen von Herrn
von Goethe Anlaß dazu; ich sah ihn seit dem Abend bei der
Riemern, wovon ich dir ausführlicher schrieb, nicht wieder. –
Antworte mir nicht gleich, liebe Mutter; muß ich fort? ich fürchte
das ausgesprochene Wort.

DIE EINUNDDREISSIGJÄHRIGE
AN DIE MUTTER

[Die Beziehung zu August von Goethe war sehr schlecht gewor-
den]

[Spätsommer 1827]
Ich gehe nach Tierfurth, liebe Mutter, in der Absicht mir dort ein
Zimmerchen zu miethen und bis zum 1. Oktober dort zu bleiben!
Wie reizbar ich bin, wie alles mich in einem Zustand der Verzweif-
lung bringt, hast Du selbst gesehen; ich vermag die Qual des
Gedankens aber nicht mehr zu ertragen durch diese heftigen
Erschütterungen, die sich ja beinah täglich erneuen, das Leben
des Kindes zu gefährden. [Ottilie war schwanger; ihre einzige
Tochter mit August, Alma, wurde am 29. Oktober 1827 geboren]

Ich hoffe, Du besuchst mich recht oft, da Du ja eine Spazierge-
herin bist, und den Morgen, wo die einzige Zeit Deiner Freiheit ist,
der Vater die Pferde nicht braucht. Tadele mich nicht zu sehr, –
ich habe keine Kräfte mehr und kann wirklich nicht anders. Wie

soll ich wohl das Leben ertragen, wenn ich alle Verhältnisse erst habe bis zum Schlimmsten kommen lassen. Lebewohl und gönne mir Ruhe.

DIE EINUNDDREISSIGJÄHRIGE
AN DEN VATER

[um 1827]

Seit 4 Jahren, lieber Vater, habe ich vergebens auf ein freundliches Wort von Dir gehofft, vergebens mich nach einer Nachricht von Dir gesehnt; Du erfülltest meine Bitte nicht und ließt den Brief, den ich Dir durch Emma Stromberg sandte, unbeantwortet. Aber ich will nicht ermüden, Dich um einige beruhigende Zeilen zu bitten, nicht aufhören Dich an die Liebe Deiner Kinder zu erinnern, und Dir zu wiederholen, mit welchem Verlangen wir Deiner gedenken. – Du mußt es ja wissen wie lieb Du uns bist, [Hier bricht der Brief ab]

*n der westfälischen Wasserburg Hülshoff kam An-
nette von Droste-Hülshoff (1797 bis 1848) zur Welt,
ein zartes, kaum lebensfähiges Kind. »Das dürftige
Lebensflämmchen [schien] gleich wieder verlöschen
zu sollen«, schrieb ein Zeitgenosse. Der Vater muß ein Sonderling
und Phantast mit starken okkulten Neigungen gewesen sein, die
Mutter eine starke Persönlichkeit mit ungewöhnlichen musikalischen und sprachlichen Begabungen.*

*Annette wurde von Privatlehrern erzogen und begann schon
als Kind Gedichte zu schreiben und zu komponieren. Doch die
Familie hatte keinerlei Verständnis für die musischen Interessen
der Tochter und schränkte schon die Heranwachsende stark ein.
Immerhin beschäftigte sie sich schon 1820 mit dem »Geistlichen
Jahr«. Ihr erster Gedichtband erschien allerdings erst 1838.*

ANNETTE VON DROSTE-HÜLSHOFF, 23, AN DIE MUTTER

Hülshoff, 9. 10. 1820

Du weißt, liebste Mutter, wie lange die Idee dieses Buches [»Das
geistliche Jahr« als Manuskript] in meinem Kopfe gelebt hat,
bevor ich sie außer mir darzustellen vermochte. Der betrübende
Grund liegt sehr nahe, in dem Unsinn, dem ich mich recht wis-
sentlich hingab, da ich es unternahm, eine der reinsten Seelen,
die noch unter uns sind, zu allen Stunden, in Freud und Leid vor
Gott zu führen, da ich noch deutlich fühlte, wie ich nur von sehr
wenigen Augenblicken ihres frommen Lebens eine Ahnung haben könne, und wohl eben nur von jenen, wo sie selbst nachher
nicht weiß, ob sie zu den guten oder bösen zu zählen. Es würde
somit fast freventlich gewesen sein, bei so heiligen Dingen mich in
vergeblichen Versuchen, ich möchte sagen, herumzutummeln,
wenn nicht der Gedanke, daß die liebe Großmutter ja gerade in
jenen Augenblicken nur allein eines äußeren Hilfsmittels etwa
bedürfe, indes in ihren reineren Stunden alles Hinzugetane gewiß
überflüssig oder störend, und wo sie sich dessen etwa aus Demut
bedient, auch das gelungenste Lied von mir ihr nicht jene alten,
rührenden Verse ersetzen kann, an denen das Andenken ihrer
frommen verstorbenen Eltern und liebsten Verwandten hängt, –
wenn nicht, sage ich, dieser Gedanke mich zu den mehrmaligen

Versuchen verleitet hätte, die so mißlungen sind, als sie gar nicht anders werden konnten. Kein Schwachkopf, der plötzlich zum König wird, kann bedrängter sein, als ich im Gefühl der Ohnmacht, wenn ich Heiligtümer offenbaren sollte, die ich nur dem Namen nach kannte, und deren Kunde mir Gott dereinst geben wolle! – So habe ich geschrieben, immer im Gefühl der äußersten Schwäche und oft wie des Unrechts, und erst seitdem ich mich von dem Gedanken, für die Großmutter zu schreiben, völlig frei gemacht, habe ich rasch und mit mannigfachen, aber erleichternden Gefühlen gearbeitet und, so Gott will, zum Segen. – Die wenigen zu jener mißlungenen Absicht verfertigten Lieder habe ich ganz verändert oder, wo dieses noch zu wenig war, vernichtet, und mein Werk ist jetzt ein betrübendes, oder vollständiges Ganze, nur schwankend in sich selbst, wie mein Gemüt in seinen wechselnden Stimmungen. – So ist dies Buch in Deiner Hand! Für die Großmutter ist und bleibt es völlig unbrauchbar, sowie für alle sehr frommen Menschen; denn ich habe ihm die Spuren eines vielfach gepreßten und geteilten Gemütes mitgeben müssen, und ein kindlich in Einfalt frommes würde es nicht einmal verstehen. Auch möchte ich es auf keine Weise vor solche reinen Augen bringen; denn es gibt viele Flecken, die eigentlich zerrissene Stellen sind, wo eben die mildesten Hände am härtesten hingreifen, und viele Herzen, die keinen Richter haben als Gott, der sie gemacht hat. – Daß mein Buch nicht für ganz schlechte, im Laster verhärtete Menschen paßt, brauche ich eigentlich nicht zu sagen; wenn ich auch eins für dergleichen schreiben könnte, so würde ich es doch unterlassen. Es ist für die geheime, aber gewiß sehr verbreitete Sekte jener, bei denen die Liebe größer wie der Glaube, für jene unglücklichen, aber törichten Menschen, die in einer Stunde mehr fragen, als sieben Weise in sieben Jahren beantworten können. Ach! es ist so leicht, eine Torheit zu rügen; aber Besserung ist überall so schwer, und hier kann es mir oft scheinen, als ob ein immer erneuertes Siegen in immer wieder auflebenden Kämpfen das einzig zu Erringende, und ein starres Hinblicken auf Gott, in Hoffnung der Zeit aller Aufschlüsse, das einzig übrige Ratsame sei, d. h. ohne eine besondere wunderbare Gnade Gottes, die auch das heißeste Gebet nicht immer herabruft. [...]

uchthausverwalter war der Vater, ein phlegmatischer Kleinbürger, die Mutter eine zänkische, aufbrausende Tyrannin – so recht eine Mischung, um aus dem Sohn, Christian Dietrich Grabbe (1801 bis 1836), einen »wild-genialischen, aber haltlosen Dramatiker« zu machen, einen »pathologischen Lügner und Bramarbaseur«, einen »starrsinnigen Säufer«, wie die verschiedensten Biographen nicht gerade schmeichelhaft anmerken. Indessen gibt es auch andere Stimmen, die ihn beispielsweise einen »Wegbereiter realistischer Kunst« nennen, »in der sich eine völlig neue Form der historischen Tragödie ankündigt«.

Die Eltern versuchten allerdings immer wieder, ihr einziges Kind zu unterstützen. Einmal schickten sie ihm ein Paket mit Silberlöffeln. Heinrich Heine traf Grabbe in Berlin; er berichtet darüber: »Als ich Grabbe kennen lernte, hatte er bereits den Potagelöffel, den Goliath, wie er ihn nannte, aufgezehrt. Befragte ich ihn manchmal, wie es ihm gehe, antwortete er mit bewölkter Stirne lakonisch: ›Ich bin bei meinem dritten Löffel, oder ich bin bei meinem vierten Löffel. Die großen gehen dahin seufzte er einst, und es wird sehr schmale Bissen geben, wenn die Kleinen, die Kaffeelöffelchen an die Reihe kommen, und wenn diese dahin sind, gibts gar keine Bissen mehr.‹« Die Briefe des Dreizehn- beziehungsweise Sechzehnjährigen aus seiner Gymnasialzeit lassen den späteren »hochfahrenden Ton« schon erahnen.

CHRISTIAN DIETRICH GRABBE, 13,
AN DIE ELTERN

[1815]

Liebe Eltern!

Schnell ergreife ich die Feder, da ich höre, daß mein Vater mit mir nach Meinberg will!

Ich habe einen heftigsten Wunsch, Wunsch sage ich? – die heftigste Begierde, die größte Leidenschaft nach einem Buche. Aber ach, alle meine Wünsche scheitern, meine Ruhe ist dahin auf lange, lange Zeit, es ist – es ist – – – – ich bin verwirrt, ich vermag es nicht zu schreiben, es ist – – – o Gott – – – zu teuer. Zitternd schreibe ich es. Wie gern gäbe ich vieles von meiner Kleidung dahin, um es zu erhalten, allein dies würdet Ihr nicht erlauben, doch geht es, so erlaub' es Vater, liebe Mutter! Bedenkt, bedenkt, daß wahrscheinlich die Ruhe Eures Sohnes auf lange davon abhängt. Abschreiben möcht ich es, aber es sind 14 Bände. Schon seit langer Zeit habe ich mich mit dem Wunsche, es zu erhalten, umhergetrieben, schon lange Wochen nagte innere Unruhe an meinem Herzen. Dies Herz war zu voll, zu besorgt, als daß es hätte hoffen können, es über die Lippen zu bringen oder es zu schreiben. Daher war jener finstere Trübsinn, dem ich ganz nachhing, wo ich überall stand und in mich selbst versunken war, Ihr wolltet ihn vertreiben, allein ich bange ihm jetzt noch in einsamen Stunden nach, dann hoffte ich, ihn in Eurer Gesellschaft zu zerstreuen, durch Frohsinn darin auseinander zu treiben, aber vergebens, habe ich mich entfernt, so umhüllen wieder finstre Wolken meine sonst jugendliche freie Stirn. Darum murrte ich, wenn ich ein neu Kleid bekam: ach, dachte ich, du hast der Kleider so viele, hättest du doch das Geld dafür, daß du es zum Buche brauchen könntest. Ach Gott wie gern, wie freudig wollte ich auf manches Verzicht tun, dann will ich wahrhaftig lange kein ander Buch als ein Schulbuch, lange kein neu Kleid haben, und Dir, durch kindlichen Gehorsam, soviel wie ich kann, und was doch meine Schuldigkeit ist, Dein Alter versüßen. Da ich so ungeheure Liebe zur Geographie habe, so habe ich eine solche Begierde darnach, es ist von dem so berühmten Zimmermann. Da es wissenschaftlich ist, so kannst Du denken, daß ich es zur Unterhaltung nicht verlange. Es heißt, Zimmermann, Taschenbuch der Reisen, bei Gerhard Fleischer zu Leipzig mit Kupfern und Charten. Verschreibst Du es mir, so will ich alles Unnötige verkaufen. O Gott, welch einen Tag habe ich heute wieder gehabt, ich habe das Buch immer vor Augen gehabt. Ganz genau weiß ich den Preis selbst nicht, frag' daher erst die Buchhandlung ja darum, daß sie es Dir nicht schicken und es wäre Dir zu teuer. Jetzt wollte ich Dich warnen, mich mit nach Meinberg zu nehmen, weil dann das Geld, was ich da verzehren würde, besser zum Buche angewandt wäre. Ich will keine Butter mehr essen, Kaffee wenig trinken. Frag' doch den Dienstag um den Preis des Buchs und verschreibe es darnach, wenn Da kannst, bedenk', meine Ruhe hängt lange, lange davon ab, jetzt beschließe ich diesen unter manchen Zähren und Schluchzen geschriebenen Brief. Euer

geliebter Christian

Die Schrift konnte ich wegen meiner Unruhe nicht besser machen.

Zum Zeichen, daß ich aber alles mögliche getan habe, lege ich meine Aufsätze zum Durchsehen bei und bitte, sie wieder auf die Kammer unten in mein Bücherbrett zu legen.

DER SECHZEHNJÄHRIGE
AN DIE ELTERN

[Detmold, Februar 1818]

Liebe Eltern!

Ich habe ein Buch verschrieben, aber schon seit ½ Jahre, und konnte es zurücksenden, wenn es kam. Ich will eine *kritische Beleuchtung* hierüber anstellen.

1. War es erlaubt, ein Buch ohne das Wissen meiner Eltern zu verschreiben?

Erlaubt war es nicht, aber zu entschuldigen ist es, weil ich fürchtete, es Euch zu sagen, weil es ein halb Jahr wohl hin ist, und weil ich das Geld desselben ersparen konnte. – Nun ist die Frage übrig, ob es das Buch wert ist, daß es verschrieben wird. – In jedem meiner Bücher kannst Du das Lob seines Verfassers lesen. Es ist in seiner Art das erste Buch der Welt und gilt bei vielen mehr als die Bibel, denn es ist das Buch der Könige und des Volks, es ist das Buch, wovon einige behaupten, daß es ein Gott geschrieben hat, es sind: *die Tragödien Shakespeares,* des Verfassers des Hamlets, die schon 300 Jahre bekannt sind. Diesen hat Deutschland seine Bildung zu verdanken, denn sie regten zuerst *Goethen,* den größten Deutschen, auf; sie waren es, um welche *Schiller,* als er eine Stelle aus ihnen hatte vorlesen hören, nach Stutgart reiste und, von ihnen befeuert, die Räuber schrieb; deshalb kannst Du mir verzeihen, daß ich von ihnen eingenommen bin.

Du weißt, wie nützlich es ist, sich durch Nebenarbeiten auf Universitäten Geld zu erwerben oder auch nach der Studienzeit im Überfluß leben zu können. – Das kannst Du nur durch *Schriftstellerei,* denn man hat sogleich kein Amt. – Ich kann aber bloß das schreiben (außer der *Jura* oder Medizin, die ich vielleicht studiere), was in Shakspeares Fach schlägt, Dramen. – Durch *eine* Tragödie kann man sich Ruhm bei Kaisern und ein Honorar von Tausenden erwerben, und durch *Shakspeares* Tragödien kann man lernen, gute zu machen, denn er ist der erste der *Welt*, wie Schiller sagt, bei dessen Stücken Weiber zu frühzeitig geboren haben. Der Shakspeare ist aber so schwer zu verstehen, daß man *Monate* an einer Seite, wie an dem Monolog im Hamlet: *Sein oder nicht sein* usw. studieren muß, und jahrelang, wenn man etwas daraus lernen will, darum wünschte ich ihn eigen zu haben. – Im *Englischen* habe ich einen Band von ihm und daraus kann ich *englisch* lernen.

Sieh! so nötig habe ich ihn! – Du meinst, es koste Dir viel Geld, ihn zu verschreiben. – Das ist so nicht. – Sieh, ich habe gar keine Bücher gekriegt! Wir mußten Schulbücher haben! Ich habe sie geliehen, alte Ausgaben gebraucht, um Dich nicht zu belästigen! – Meinst Du, es mache Spaß, mich mit den großen 400jährigen pergamentenen Büchern zu schleppen?

Ich mußte einen *Atlas* haben (beim Rektor) von der Welt vor Christus. – Alle haben ihn. – Ich nicht. – Ich sehe mit andren aus und mußte einzelne Charten leihen – der Atlas kostet 2 Rtlr. – Ich habe sie Dir erspart. Frag' nach, ob's nicht so ist. Ich mußte bei Köhler haben: *Nitsch alte Geographie,* kostet 1 Rtlr. – ich habe ihn erspart und mit anderen ausgesehen. Ich mußte haben: *Cicero de legibus* bei Moebius, 24 Gr. – ich habe eine alte Ausgabe geliehen, habe Dir nie etwas davon gesagt. – Ich mußte haben bei Moebius: *Terentii Com.* 1 Rtlr. 12 Gr. – Ich sah mit einem anderen aus. *Cicero de senectute* 12 Gr. bei Moebius habe ich geliehen, ebenso wie *Steins Geographie* (24 Gr.) bei Pruß. – Sieh, diese Bücher habe ich Dir erspart mit Mühe und Verdruß, und hättest Du sie mir angeschafft, so hättest Du 6 Rtlr. bezahlen müssen. – Denke Dir, Du hättest die 6 Rtlr. zurückgelegt und wolltest sie nun für die *neun Bände* vom Shakspeare anwenden. – Doch dies verlange ich nicht einmal. – Erstlich verspreche ich Dir heilig, dies Jahr kein Buch von Dir mehr zu fordern. – Wenn die Meyersche Buchhandlung *jetzt* das Buch schickt, so erhalten wir erst Ostern *1819* oder ein ganzes Jahr später die Rechnung von Lemgo und brauchen dann erst zu bezahlen. – Nun erhalte ich jeden Tag einen Groschen oder auch wohl einen Gutengroschen. Diesen gib mir noch bis diesen Ostern, denn das will ich sparen, wenn ich ihn brauche; von diesen Ostern an bis Ostern 1819 will ich kein Taschengeld haben. Das macht über 10 Rtlr. – Hiermit kannst Du das Buch bezahlen, ohne mehr Geld wie sonst auszugeben über ein Jahr.

Also schreib hin nach Lemgo, sie solltens schicken, Du kannst es aber auch abbestellen. Ich möchte es so gern haben, es ist mir dienlich und so vieles andere. Willst Du es abbestellen oder verschreiben? – Dein

Sohn

Die *Schuld* ist abbestellt. Zeig' ja! diesen Brief niemand, niemand.

ikolaus Franz Niembsch Edler von Strehlenau lautete sein eigentlicher Name: Nikolaus Lenau (1802 bis 1850). Der Vater, Franz von Niembsch, Soldat, österreichischer Beamter, ein Abenteurer und wüster Spieler, starb, als Nikolaus erst fünf war. Die schwerblütige Mutter, Therese geborene Maigraber, erzog ihre vier Kinder trotz einer chaotischen und streitbaren Ehe sorgfältig. Ihr Hätschelkind freilich war ihr »Niki«, den sie musisch breit ausbilden ließ. Sie kannte seine grüblerische Melancholie, seine Weichheit, seine Gefährdung. Die letzten sechs Jahre seines Lebens verbrachte der schwermütige Stimmungslyriker, geistig umnachtet, in einer Anstalt bei Wien.

NIKOLAUS LENAU, 10,
AN DIE MUTTER

[Pest, 15. Oktober 1812]

Gratulatio.

Welche ich Nicolaus Nimbsch meiner liebsten Mutter zu ihren Namensfeste, den 15ten October 1812 geschrieben habe.

Liebste Mutter! Ihr heutiger Namens-Tag erinnert mich an alle die Pflichten, die ich gegen eine gute Mutter habe, und ich fühle bey dieser Erinerung den stärksten Trieb, die Pflichten zu erfühlen.

In meinem Alter bin ich beynahe ganz außer Stande, etwas mehr zu ihren Glücke beizutragen, als durch Wünsche; aber meine Wünsche sind gewieß so aufrichtig, so warm, als sie in dem Herzen eines guten Kindes je entstanden sind. Jedem Morgen, und Abend werde ich fleißig beten zu den Allmächtigen, daß er ihre Gesuntheit erhalte; und nach den zeitlichen die ewige Glückseelichkeit ertheilen möge. Verbleibe ihr

Ihr gehorsamster
Sohn Nicolaus Nimbsch

DER ELFJÄHRIGE
AN DIE MUTTER

[Pest, 15. Oktober 1813]
Glückwunsch
zum
Namensfeste
welchem ich
Nickolaus Nimbsch
gewidmet habe
Meiner Allerliebsten Mutter

Hoch erfreut, mein kindliches Gefühl voll Dank Ihnen zu widmen
können; harrte ich auf dem heutigen Tage nicht ohne Ungeduld,
in welchem ich, vor Ihre häufigen in mich geübten Wohlthaten,
wenigstens in Ihrem Namensfeste mit diesem kindlichem Wunsche gegen Sie liebste Mutter dankbar zeigen kann, da ich mich
auf keine andre Weise Ihnen solchen zu erweisen im Stande bin.
Der Allgütigste göhne Ihnen das heutige Fest durch unzählige
Jahre, mit bester Gesundheit, und im großten Erdenglücke zu
durchwandeln; Welches ich von Allmächtigem zu erlangen im
Gebete nie vernahläßigen werde. Entzihen Sie mich nie der
mütterlichen Huld und Sorge und ich verblibe

stets der gehorsamste Sohn

DER ACHTZEHNJÄHRIGE
AN DIE MUTTER

[um 1820]

Theure, gute Mutter!
Traurig klingende Worte, die daher kommen, wo mein Theuerstes, heilig von Gott zu Beschützendes ist, dringen mir empfind-
lich ans Herz. Die Grundpfeiler des Ideals meines Lebens, das ich
mir manchmal ausmale, sind Sie und Ihr Mann und Ihre Kinder.
Sie alle sollen nur einige Jahre den widrigen Einflüssen der Außenwelt trotzen, wo wir dann, treu vereint mit besten Banden,
und auf die vergangene Prüfungszeit froh zurückblickend, selig
der durch Liebe beglückten Gegenwart genießen werden. Wie
fürchterlich beugend wäre es doch, wenn ein feindlicher Schick-

salssturm mir der Grundzüge meines einstmaligen Glückes auch nur einen einzigen mehr verwehte! Kövesdy ist schon in jenem dunklen Lande, von dem die Sinnenwelt uns trennt; nun aber soll Gott die übrigen dem Glücke ungestört entgegen leben lassen, ohne mich des irdischen Glückes vielleicht auf immer unempfänglich zu machen. [. . .] Ihr Brief stimmte mich aber gewaltig zur Schwermuth. Es ruht ein gewisses Dunkel auf Ihrem, mir, als dem wärmsten Theilnehmer, doch hell seyn sollenden Leben. Die unbegreifliche Ursache Ihres nicht nach Wien Kommens! – Alles verdeckt! – Lassen Sie mich doch um Gotteswillen in keiner Ungewißheit dessen, was das Liebste meiner Welt betrifft! Ich küsse Sie unzähligemale in meiner Phantasie, in der Sie zunächst leben.

Ihr treuer Sohn Niki

[17. Juni 1821]

Meine Person hat sich über alle Lust, welche Geld, Amt u. s. w. geben können, erhoben; ja, ich finde sogar eine Wollust darin, wenn man seine Welt in sich trägt, ohne durch Bande der Genußgierde an das Rad des Weltlaufes gebunden zu seyn, wo man als Sklave niedriger Lust, der unbedingte und schwache Vollzieher fremder Beschlüsse wird. Ich verstehe es, Menschen und die Welt zu achten, ich verstehe es aber auch, diese und jene zu verlassen [. . .] doch nein! zu verachten wollt' ich sagen, denn es könnte Voltaire recht haben, wenn er sagt: »Ausgeatmet, ausgelebt!« Und dann möcht ich wohl den sehen, der »ausgelebt« wünschte! Doch auch dies scheint mir im Striche des Möglichen zu liegen; nur müßte man dann keine solche Mutter haben! – Dein warmes Herz, liebe Mutter, ist eine Göttergabe, eine köstliche Rarität in dieser Welt von Eiszapfen, und Dein Schmerz um Deine Kinder – ein Schmerz, den Tausende nicht fühlen, welche aber auch der Lust entbehren, welche die Mutter da fühlt, wenn sie dem Sohne nach einer glücklichen Prüfung einen Teller Reisbrei aufsetzt und sieht, daß es dem Buben so schmeckt.

Regelrechte Standpauken an die Adresse der Eltern finden sich in den Briefen von Kinderhand nicht eben häufig. Der 1845 in den Freiherrenstand erhobene Justus von Liebig (1803 bis 1873) fühlte sich von seinem Vater, dem Farben- und Drogeriehändler Johann Georg Liebig (1775 bis 1850), gedemütigt und gekränkt. Den nachfolgenden Brief aus Paris, wo er an der Sorbonne studierte, richtete er zwar formal an die Eltern; er setzte sich darin aber ausschließlich mit dem Vater auseinander, dem er an aufbrausendem Temperament in nichts nachstand.

Schon als Schüler wußte Justus, was er werden wollte: Chemiker. Er machte zunächst eine Apothekerlehre und studierte danach in Bonn und Erlangen. Während dieser Zeit befreundete er sich mit August von Platen. Durch die Fürsprache Alexander von Humboldts kam er dann zu dem Physiker-Chemiker Joseph Louis Gay-Lussac nach Paris, der seine forscherische Kreativität deutlich beflügelte. 1824 wurde er Professor in Gießen, wo er an der später nach ihm benannten Universität ein Labor für experimentelle Ausbildung aufbaute.

Seine wissenschaftliche Bedeutung für die neuere Chemie, die Landwirtschaft (Arbeit über Kalksuperphosphat) und die Physiologie (Entdeckung des Chloroforms) ist erheblich. Ferner erfand Liebig unter anderem das Verfahren zur Glasversilberung und die Herstellung des Fleischextrakts, der nach ihm heißt.

JUSTUS LIEBIG, 20,
AN DIE ELTERN

Paris, 28. Mai 1823

Liebe Eltern! Soeben erhalte ich Ihren Brief vom 21. Mai und ich beeile mich, diesen Brief, von welcher Art mir noch keiner vorgekommen ist, schleunigst zu beantworten. Sie schreiben mir da einen Brief voll Vorwürfe, die ich einen nach dem andern vornehmen werde, um die Unrechtmäßigkeit derselben, und Ihr Unrecht, welches Sie haben, mir solche zu machen, genau auseinanderzulegen. Der Brief ist in einer Erbitterung geschrieben, welche ich von Ihrer Seite am wenigsten erwartet hätte, wer der Hetzer dazu gewesen ist, kann ich nicht entscheiden. Sie schreiben mir, daß Sie in meinen Briefen lauter Widersprüche fänden, wenn Sie

einen fanden, warum fragten Sie mich denn nicht darum, um ihn
zu lösen, und dann fragen Sie »was ich um die Farbenfabrik zu
fragen hätte, und welche Farben am besten gingen, was dieses
mich anginge« [Gemeint ist das väterliche Geschäft]. Eine solche
Frage ist wohl von einem Vater an seinen Sohn noch nie gemacht
worden, denn sie setzt alle väterliche Liebe beiseite, und behandelt den Sohn mit einer Härte und Lieblosigkeit, die dieser, auch
wenn er sie verdient hätte, nicht ertragen würde und Sie schreiben, daß ich dieses vertragen und verdauen sollte. Allein ich kann
sie weder vertragen noch verdauen, sondern ich fühle mich über
eine solche Behandlung im höchsten Grade indigniert; was brauchen Sie, wenn Sie von anderen Umständen oder von meinem
schlechten Bruder in Zorn versetzt sind, mich diese üble Laune
entgelten lassen?

Habe ich nicht auf alle mögliche Weise Ihre Wünsche hinsicht-
lich der Fabrikation von Farben zu fördern gesucht, habe ich nicht
von Bonn aus Beschreibungen von Fabriken und Fabrikationen
gesandt, und ebenso von Erlangen, und hier habe ich um Ihret-
willen die glänzendsten Vorteile aufgegeben, welche mir die Erfindung der grünen Farbe bringen konnte, ich habe einen Kon-
trakt aufgehoben, damit Sie die Farbe mit Vorteil fabrizieren
können. Was ist aber während dieser Zeit von Ihnen in der Farbe
geschehen? Nichts. Ich will aber nicht, schlechterdings nicht,
aussprechen, daß Sie die Ursache davon sind, denn ich kenne
Ihren Eifer und Ihre Tätigkeit; bin ich es aber, der Sie daran
verhinderte, habe ich diesen Vorwurf verdient?

Sie schreiben weiter, »wenn meine Kinder, wie aller Menschen
Kinder, in Deinen Jahren mir zur Hand gegangen wären, allein
meine Kinder haben mich zum Spott, und nehmen mir mein Geld
und meine Gesundheit mit lachendem Munde ab«. Über diesen
Satz enthalte ich mich aller Anmerkungen, denn wenn Sie ihn
noch einmal überlesen, so werden Sie das Unrecht, das Sie mir
darin zufügen, sehr bald einsehen. Es geht übrigens daraus hervor, daß es Ihr beständiger Wille war, mich hinter den Ladentisch
zu stellen, denn nur dadurch konnte ich Ihnen, wie Sie sich
ausdrücken, zur Hand gehen. [...] Ich mag keinen zweiten Brief
von der Art von Ihnen erhalten. Es handelt sich hier nicht darum,
daß Sie vielleicht sagten, indem Sie den Brief schreiben, daß Sie
mir Ihre Meinung damit sagen wollten, denn das Meinungensa-
gen der Art richtet man an kleine Kinder, und an die richtet man es

nicht einmal, weil ein verständiger Mann fürchten muß, das Vertrauen der Kinder dadurch zu verlieren. Glauben Sie ja nicht, daß Sie Louis [den Bruder] vor sich haben, der allen möglichen Schimpf vielleicht stillschweigend verträgt. – Wie ich mich als Sohn gegen Sie betrug, darüber glaube ich mir keine Vorwürfe machen zu müssen. Ich habe Ihre viele Bemühungen um mich dankbar anerkannt, und werde sie immer anerkennen, ich nehme Ihnen nie Ihr Geld noch Ihre Gesundheit mit lachendem Munde ab, noch behandle ich Sie mit Spott, wie Sie sich ausdrükken, ich verehre Sie immer mit der kindlichsten Liebe. Sie teilten in allem was ich wußte, das, was mir Freudiges war und das, was mir Leid brachte, das heißt, ich wendete mich immer und in Allem mit Vertrauen und Zutrauen an Sie, als meine besten Freunde, die ich auf dieser Welt besitze. Ich glaubte, daß diese meine Gesinnung von Ihnen seither auch anerkannt worden wäre, wenigstens erschienen mir alle seitherigen Briefe von Ihnen es zu sagen, allein ich sehe jetzt, daß die Freude, dieses anerkannt zu wissen, eine sehr vorzeitige war, und daß ich mich darin sehr geirrt habe; wovon mich Ihr Brief, wenn er Ihre wahren Gesinnungen ausspricht, auf das Traurigste überzeugt. –

Warum lassen Sie mich den Unwillen entgelten, den Ihnen Louis verursacht hat, und beleidigen und beschimpfen mich auf eine für Sie so entwürdigende Art. [...] Glauben Sie denn, ich säße hier müßig und verzehrte das Geld leichthin und in hohem Circul, wie Sie sich ausdrücken, ich habe mich aller Gesellschaften entwöhnt, selbst der der Professoren, die mich hier auf das Zuvorkommendste aufnahmen, ich besuche sie nicht mehr, weil es mir Zeit raubt, die ich zu meinem Studium nötig habe. Ich bezahle allein für Stunden 100 Frs. monatlich, weil diese hier ungeheuer teuer sind, studiere die englische und italienische Sprache noch für mich, weil ich einmal einen Posten vollkommen ausfüllen will, und Sie beschweren sich über meine ungeheuren Ausgaben die Sie nicht einmal tragen. Wahrlich, dieses bedarf einer Milderung in Ihrem Briefe. Kurz, ich verlange in Ihrem nächsten Briefe, den ich umgehend erwarte, eine vollkommene Aufklärung über Ihren Brief, den ich eben beantworte. [...] Bei kälterer Überlegung und bei weniger Aufregung hoffe ich, daß Sie dieses zurücknehmen werden, und daß Sie mich künftig, wie bisher nur als Ihren gehorsamen Sohn betrachten.

ie so viele große Dichter und Denker vor und nach ihm sollte auch Eduard Mörike (1804 bis 1875) Pfarrer werden. Seine glückliche Kindheit endete jäh mit dem Tod des Vaters, 1817. Der kleine Eduard wurde bei Verwandten, dem Onkel Ernst Friedrich Georgii, erzogen. Obwohl er unter der äußeren Not litt, entwickelte der versponnene Junge schon früh ein reges Fabuliertalent. Seine ersten Gedichte schrieb er als Theologiestudent in Tübingen.

Eine unglückliche Liebe und der Tod des jüngeren Bruders belasteten ihn schwer. Mit zweiundzwanzig wurde er Vikar, doch begann er daran zu zweifeln, ob er überhaupt zum Geistlichen berufen sei; aber auch als Journalist und Lyriker konnte er nicht leben. Resignierend und widerstrebend übernahm er die Pfarrerstelle in Cleversulzbach – und erlebte dort seinen Durchbruch als anerkannter und bedeutender Dichter. (Siehe auch Seite 269 ff.)

Die Mutter, Charlotte Dorothea geborene Beyer, starb 1841; sie gilt als Inbild einer leidensfähigen, großmütigen, zutiefst liebenden Frau.

EDUARD MÖRIKE, 23,
AN DIE MUTTER

Köngen November 1827

Das Bild unseres neulichen Abschiedes, geliebteste Mutter, will mich nicht verlassen, und es dient zu meiner Beruhigung, Dir einige Worte zu sagen, sowie etwas von Dir zu vernehmen.

Wenn Dich der Gedanke an die sich mehr und mehr entscheidende Auflösung meiner bisherigen Verhältnisse in keinem anderen Sinne wehmütig macht, als in welchem dies auch bei mir der Fall ist, so bin ich schon zufrieden. Insofern ich auf dem neuen Weg, den ich ja vorläufig nur versuche, meine Bestimmung zu erreichen hoffe, so kann ich mich nur freuen über ihn; außerdem gestand ich mir gleichwohl unverhohlen, was alles es sei, das ich zu verlassen im Begriffe bin: es sind manche zufällige Annehmlichkeiten, es ist besonders der Genuß Deiner Nähe. Glaube mir, daß ich das letztere nicht ohne tiefe Bewegung denken kann, namentlich, wenn ich glauben darf, daß auch für Dich meine Nachbarschaft wohltätig war: ja sei versichert, dies ist auch die einzige Rücksicht, die mich vermögen könnte, selbst meine bes-

sere Überzeugung aufzuopfern! Ich meine nämlich, wenn es ge-
denkbar wäre, daß Du die bewußte Veränderung bloß aus diesem Gesichtspunkt ungern sähest, so würde mich – der Himmel
weiß es! – meine Liebe zu Dir vom Schritte zurückhalten, den
meine Vernunft billigt. Da ich aber Grund habe zu glauben, daß
Dich weniger dieser beiläufige Reiz der Gegenwart als vielmehr
die allgemeine Sorge für mein Wohl bestimmt, so hält mich nichts
zurück; denn eben dieses Wohl suche auch ich zu befördern, und
zwar tue ich es umso ruhiger auf meine selbstgewählte Art, je
weniger Du bei einer so wichtigen und ganz individuellen Angelegenheit durch ein absolutes Verbot glaubst meinen kindlichen
Gehorsam auf die äußerste Spitze stellen zu dürfen. Es fürchte
niemand, daß dieser Gehorsam mir, selbst in diesem bitteren
Gedränge, fehlen würde! Nein, er würde nicht fehlen, ich
schwöre Dirs; aber ob Dein Kind glücklich wäre, sogar bei dem
besten Willen, es wirklich um Deinetwillen zu sein, dies ist eine
andere Frage, die ich wenigstens nach meinem gegenwärtigen
Gefühl noch nicht bestimmt beantworten kann.

   Liebste Mutter! aber gesetzt, daß ich mich selbst betröge wo ist
denn alsdann das große Risiko, das mit dem verwilligten halben
Jahre gewagt wird? Oder hast Du Dir auch schon klar gemacht,
was ich eigentlich bezwecke?

   Eine Arbeit, die ich ausführen will, soll (dies ist meine Absicht)
teils zeigen, wie weit meine Fähigkeiten für das schriftstellerische
Fach reichen, teils wird es von dem Werte dieser Schrift abhän-
gen, ob mir dadurch die Anwartschaft auf eine anderwärtige
Anstellung [...] begründet wird, neben der ich meiner Neigung
weiter leben kann. – So viel wird die bewußte Zwischenfrist ein
für allemal entscheiden, und ich will zufrieden sein mit dieser
Entscheidung, sie falle auch aus, wie sie will; dies verheiß ich Dir
bei meiner Liebe. Ist Dir denn das Letztere nicht genug, Dich zu
beruhigen? Ist Dir mein Herz nicht Bürge, daß ich Deinem Winke
zurückfolgen werde, wenn mich meine Neigung in der nächsten
Zukunft auf den gefährlichen Versuch einer allzu ungewissen
Existenz verleiten sollte? Dieses Versprechen, einer Mutter gegeben die ich unter allen Menschen am meisten liebe, sollte Dich
doch sicher stellen, um mich getrost einen Schritt tun zu lassen,
der mir entweder ein reiches Glück eröffnen oder wenigstens die
nicht teuer genug zu erkaufende Überzeugung geben wird, daß
ich das meinige versucht habe [...]

ultur und Wohlstand kamen im Elternhaus von Felix Mendelssohn-Bartholdy (1809 bis 1847) zusammen. Der Vater, Abraham Mendelssohn, war ein Freigeist und begüterter Bankier, die Mutter, Lea geborene Salomon, eine ungemein gebildete, musisch begabte, elegante Dame, die ein geselliges Haus führte. Das Talent des Sohnes erkannten und förderten beide. So kam der »vollendet schöne, südländisch schlanke Knabe mit seinen Locken und sprühenden Augen«, wie ein Zeitgenosse schwärmte, zu seinem Musiklehrer Carl Friedrich Zelter, einem Freund Goethes. Dieser war ebenfalls von Felix begeistert. »Ein kostbarer, himmlischer Knabe! Schikken sie ihn mir recht bald wieder, daß ich mich an ihm erquicke«, schrieb er an die Mutter. Den Besuch bei dem Dichterfürsten schildert Felix im ersten der hier wiedergegebenen Briefe.

Mit neun Jahren gab er sein erstes Konzert. Er kam nach Paris, wo damals viele Komponisten, etwa Meyerbeer und Hummel, lebten, und nach Berlin; hier kaufte der Vater ein Haus, das bald zum musikalischen und kulturellen Zentrum der Stadt wurde. Mit zwanzig ging der hoffnungsvolle junge Mendelssohn nach London, wo sein eigentlicher Erfolg begann. Den zusätzlichen Namen Bartholdy legte er sich aus Verehrung für seinen Oheim und Förderer Levin Salomon zu, der nach dem Übertritt vom Judentum zum Protestantismus den Namen Bartholdy angenommen hatte. Nach dem Tod seiner geliebten Schwester Fanny verlor der Komponist den Lebenswillen und starb sechs Monate später.

FELIX MENDELSSOHN, 12,
AN DIE FAMILIE ABRAHAM MENDELSSOHN

[Weimar,] 6. Nov. 1821

Jetzt hört Alle, Alle zu. Heute ist Dinstag. Sonntag kam die Sonne von Weimar: Goethe an. Am Morgen gingen wir in die Kirche wo der 100. Psalm von Händel halb gegeben wurde. (Die Orgel ist groß und doch schwach, die Marienorgel [die Orgel in der Berliner Marienkirche] ist, obwohl klein, doch viel mächtiger. Die hiesige hat 50 Register, 44 Stimmen und einmal 32 Fuß.) Nachher schrieb ich Euch den kleinen Brief vom vierten und ging nach dem »Elefanten« wo ich Lukas Cranach's Haus zeichnete. Nach zwei Stunden kam Professor Zelter: »Goethe ist da, der alte Herr

ist da!« Gleich waren wir die Treppe hinunter in Goethe's Haus.
Er war im Garten und er kam eben um eine Ecke herum; ist dies
nicht sonderbar, lieber Vater, ebenso ging es auch Dir. Er ist sehr
freundlich, doch alle Bildnisse von ihm finde ich nicht ähnlich.

Er sah sich seine Sammlung von Versteinerungen an welche
der Sohn geordnet und sagte immer: »Hm! Hm! ich bin recht
zufrieden.« Nachher ging ich noch eine halbe Stunde im Garten
mit ihm und Professor Zelter. Dann zu Tisch. Man hält ihn nicht
für einen Dreiundsiebziger, sondern für einen Funfziger. Nach
Tisch bat sich Fräulein Ulrike die Schwester der Frau von Goethe
einen Kuß aus und ich machte es ebenso. Jeden Morgen erhalte
ich vom Autor des Faust und des Werther einen Kuß und jeden
Nachmittag vom Vater und Freund Goethe zwei Küsse. Bedenkt!
(In Leipzig bin ich einigemale durch Auerbach's merkwürdigen
Hof gegangen, ein großer Durchgang wie es in Leipzig sehr viele
giebt, mit Läden und Menschen angefüllt und von Häusern von
6 – 7 Stock eingeschlossen. Auf dem Markt steht sogar Eines von 9
Stock.) Doch wo verirre ich mich hin! Nachmittags spielte ich
Goethe über zwei Stunden vor, theils Fugen von Bach theils
fantasirte ich. Den Abend spielte man Whist und Professor Zelter
der zuerst mitspielte sagte: »Whist heißt Du sollst das Maul halten.« Ein Kraftausdruck! Den Abend aßen wir Alle zusammen,
auch sogar Goethe der sonst niemals zu Abend ißt. Nun meine
liebe hustende Fanny? Gestern früh brachte ich Deine Lieder der
Frau v. Goethe [Ottilie] die eine hübsche Stimme hat. Sie wird sie
dem alten Herrn vorsingen. Ich sagte es ihm auch schon, daß Du
sie gemacht hättest und fragte ob er sie wohl hören wollte? Er
sagte: Ja ja, sehr gerne; der Frau von Goethe gefallen sie besonders. Ein gutes Omen! Heute oder morgen soll er sie hören. [. . .]

[Weimar, 10.] November 1821
[. . .] Montag war ich bei der Frau von Henckel und auch bei
seiner Königlichen Hoheit vom Erbgroßherzog, dem meine G-
Moll-Sonate sehr wohl gefiel. Mittwoch abend war Oberon von
Wranitzky, eine recht hübsche Oper. Donnerstag früh kamen die
Großherzogin und die Großfürstin und der Erbgroßherzog zu
uns, denen ich vorspielen mußte. Und nun spielte ich von elf Uhr
mit Unterbrechung von zwei Stunden bis zehn Uhr des Abends,
und die Phantasie von Hummel machte den Beschluß. Als ich

letzt bei ihm war, spielte ich ihm die Sonate aus G-Moll vor, die ihm sehr wohl gefiel, wie auch das Stück für Begasse und für Dich, liebe Fanny. Ich spiele hier viel mehr als zu Hause, unter vier Stunden selten, zuweilen sechs, ja wohl gar acht Stunden.

Alle Nachmittage macht Goethe das Streichersche Instrument mit den Worten auf: Ich habe Dich heute noch gar nicht gehört, mache mir ein wenig Lärm vor, und dann pflegt er sich neben mich zu setzen und wenn ich fertig bin, (ich fantasire gewöhnlich) so bitte ich mir einen Kuß aus, oder nehme mir einen. Von seiner Güte und Freundlichkeit macht Ihr Euch gar keinen Begriff, ebenso von dem Reichthum, den der Polarstern der Poeten an Mineralien, Büsten, Kupferstichen, kleinen Statuen, großen Handzeichnungen usw. usw. hat. Daß seine Figur imposant ist kann ich nicht finden er ist eben nicht viel größer als der Vater. Doch seine Haltung, seine Sprache, sein Name die sind imposant. Einen ungeheuren Klang der Stimme hat er und schreien kann er wie 10 000 Streiter. Sein Haar ist noch nicht weiß, sein Gang ist fest, seine Rede sanft. Dinstag wollte Zelter nach Jena und von da nach Leipzig abreisen. Sonnabend war Adele Schopenhauer die Tochter bei uns und wider Gewohnheit blieb Goethe den ganzen Abend. Die Rede kam auf unsere Abreise und Adele beschloß, daß wir Alle hingehn und uns Professor Zelter zu Füßen werfen sollten und um ein Paar Tage Zugabe flehen. Er wurde in die Stube geschleppt und nun brach Goethe mit seiner Donnerstimme los, schalt Professor Zelter, daß er uns mit nach dem alten Nest nehmen wollte, befahl ihm still zu schweigen, ohne Widerrede zu gehorchen, uns hier zu lassen, allein nach Jena zu gehn und wieder zu kommen und schloß ihn so von allen Seiten ein, daß er Alles nach Goethe's Willen thun wird. Nun wurde Goethe von Allen bestürmt, man küßte ihm Mund und Hand und wer da nicht ankommen konnte der streichelte ihn und küßte ihm die Schultern, und wäre er nicht zu Hause gewesen, ich glaube wir hätten ihn zu Hause begleitet wie das römische Volk den Cicero nach der ersten katilinarischen Rede.

Übrigens war auch Fräulein Ulrike ihm um den Hals gefallen und da er ihr die Cour macht (sie ist sehr hübsch), so that Alles dies zusammen die gute Wirkung. Montag um elf Uhr war Konzert bei Frau von Henckel. Nicht wahr, wenn Goethe mir sagt, mein Kleiner, morgen ist Gesellschaft um elf, da mußt auch du uns was spielen, so kann ich nicht sagen »Nein!« [...]

ereits als Sechzehnjähriger entfloh der spätere
Opernkomponist und Berliner Domchordirektor Otto
Nicolai (1810 bis 1849) der barbarisch harten Erziehung seines Vaters, Karl Nicolai (1785 bis 1857), der,
von Beruf Musiklehrer, ein engstirniger, starrsinniger Kleingeist
war. Sein Lehrer Adler in Stargard nahm sich seiner an, förderte
sein musikalisches Talent und brachte ihm auch die Grundzüge
schulischer Bildung bei. Später wurde er Schüler von Bernhard
Klein und Carl Friedrich Zelter und gewann vor allem durch seine
Oper »Die lustigen Weiber von Windsor« Popularität.

OTTO NICOLAI, 32,
AN DEN VATER

Wien, den 31. August 1843

Lieber Vater!
Endlich nach so vieler Zeit einmal ein Brief von Dir, der Zufriedenheit ausdrückt! Ein solcher erfreut und erquickt mich. Da Du mich
jedoch außer für Deinen Sohn auch für Deinen *Freund* ansiehst,
welcher ich auch wirklich bin, so muß ich Dir sagen, daß überall
doch immer ein Häkchen vorkommt, das mir nicht gefällt, ja mir
wehe tut, wie ich es nicht zu verdienen mir bewußt bin. So sagst
Du mir: »*Schaue mit Vertrauen in die Zukunft! Lange werde, kann
ich nicht mehr leben.*« Was soll das heißen? – soll in diesen Zeilen
ein Trost für mich liegen? – ich will mich nicht weiter auf Kom-
mentare hierbei einlassen in der festen Überzeugung, daß Du das
Ungerechte welches ich darin finde, selbst herausfühlen wirst.

Ebenso kränkt und beleidigt es mich, wenn Du bei Deinem
Begehren, Dir momentan Hilfe zu senden, welches gewiß, wo ich
es kann, *mit Liebe und gerne geschieht, Du Dich, wie bis jetzt
immer geschehen ist*, des Wortes *Darlehn* usw. bedienst. – Ist das
die Sprache des Vaters zum Sohne? Ich *leihe* Dir nicht – denn wenn
ich Dir *leihe*, so gehe ich des Gefühles verlustig, meinen Vater
unterstützt zu haben, und das ist mein einziger Lohn. – Leihen
kann ich jedem, auch einem fremden Menschen, wenn ich will. –

Ebenso klage ich Dich bitter an, daß Du mir *unnützerweise* und
schon mehrmals Schrecknisse und betrübte, ja schlaflose Nächte
machst. Warum mußtest Du mir schreiben?: »*wenn ich bis zum
10. nicht bezahle, so werde ich eingesperrt.*« Das fuhr wie ein

Donnerschlag in meine Seele, und solcher Donnerschläge habe ich gar nicht nötig, um Dir beizuspringen, so viel ich kann. Da ich erst am 12. circa Deinen Brief hier vorfand (ich meine jenen, in dem jene furchtbaren Worte standen), weil ich in Pest war, so ging ich wochenlang mit dem Gedanken herum, Du könntest Dich in Arrest befinden. – Und nun schreibst Du wieder: »*Als ich Deine letzten Zeilen empfing* (die nämlich mit der Anweisung) *befand ich mich schon außer der Dir geschilderten Gefahr, in das Schuld-gefängnis abgeführt zu werden.*« So frage ich Dich denn mit vollem Recht: warum malst Du mir denn unnützerweise eine solche Gefahr vor? – Ich besinne mich, daß Du mir gerade ebenso es ungefähr vor 3 Jahren machtest, als ich mich in Triest befand, wo mir eben solche Drohung von Dir zukam, und ein Termin zur Abwehrung derselben dabei genannt war, der eben-falls entweder schon passiert oder doch vor der Tür war. – Kurz, wenn Du etwas von mir wünschest, so bitte ich Dich ein für allemal, mich mit dem Worte *Darlehn* und mit *unnützen Schreck-bildern* zu verschonen. Eine freundliche Aufforderung wirkt ebenso stark und stärker auf mich, denn es ist die *Pflicht des Sohnes,* dem Vater beizustehn, wenn er kann, und zur Erfüllung meiner *Pflichten* brauche ich keine blutigen Sporen, sondern nur das Wort: »Mein Sohn, die Pflicht ruft!« [. . .]

Ich bitte Dich, in diesen Dir gemachten Vorwürfen meine Liebe zu erkennen, denn, wenn ich Dich nicht liebte, so würde mich weder das Wort Darlehn kränken noch mich die genannte Dro-hung in Schrecken setzen. Diese Zeilen erhältst Du zwar durch *Cassandra* [Nicolais Stiefschwester], aber versiegelt; sie weiß nichts von ihrem Inhalt. Wenn Du auch mich liebst, so schreibe mir bald und behandle *Cassandra* mit der größten Liebe, ja, ich wage hinzuzusetzen, mit größerer, als Du mich behandeltest, wie ich ein Kind war. Wenn Du liebst, so wirst Du mitfühlen, was ich sage, und verzeihen, wo ich Unrecht habe. Ebenso tue ich es hierdurch und grüße und küsse Dich herzlich als Dein treuer Sohn und Freund

Otto Nicolai

DER FÜNFUNDDREISSIGJÄHRIGE
AN DEN VATER

Wien, den 16. Februar 1846

Geliebter Vater!

Endlich habe ich von Dir einige Zeilen erhalten! Ich danke Dir herzlich dafür, und wenn mich auch dieselben Deinetwegen nicht gänzlich beruhigt haben, so haben sie dennoch einen großen Teil meiner wegen Deiner empfundenen Beängstigung weggenommen. Obwohl Du Deine letzten Zeilen nur als Vorläufer eines ausführlichen Schreibens angibst, so kann ich doch nicht umhin, Dir jetzt wieder zu schreiben und Dir mitzuteilen, was ich für Dich und für mich wünschen würde.

Zuvörderst hoffe ich zu Gott, daß Du Dich nun wieder völlig wohl befinden möchtest! Denn nur so würde es möglich sein, auf meine Idee einzugehen [daß der Vater zu ihm zöge]. Diese ist für Dich keine neue mehr; aber schon aus dem Umstande, daß sie selbst nach jahrelangen Intervallen, doch immer als *dieselbe* zurückkehrt, entnehme ich, daß sie doch die *einzigrichtige* sein muß, und ich versuche also nun nochmals, Dir dieselbe vorzuschlagen und Dich dringend zu bitten, auf dieselbe einzugehen.

Vollkommene Zufriedenheit in unsern Verhältnissen möchte für Männer Deines Charakters wie auch des meinigen schwerlich hienieden zu erringen sein; daß Du aber in den Verhältnissen, in denen Du Dich in den letzten Jahren bewegst, mit *Recht* wenig zufrieden bist, leuchtet mir vollkommen ein. Es leuchtet mir ebenso sehr ein, daß Dich der Gedanke, bei mir und gänzlich von mir zu leben, ebensowenig vollkommen befriedigt; indes bin ich *vollkommen* überzeugt, daß ein *Mittel*zustand hievon für uns beide der befriedigendste und beste sein würde. Wenn Du also den Bitten und dem treuen Rate Deines Dich aufrichtig liebenden Sohnes Gehör geben willst, so säume nun nicht länger – – *denn die Zeit verrinnt!!!* – – unserm Leben die *richtige* Gestaltung zu geben.

Diese habe ich als einzig und allein in folgendem Verhältnis erkannt: Du unternimmst unverzüglich – aber nicht wieder nach monatlichem Hin- und Herüberlegen – die Reise zu mir. Ich *garantiere* es Dir, daß Du hier in Wien (wegen Deiner persönlichen Kenntnisse und wegen des Einflusses, den ich genieße, und durch den es Dir möglich werden wird, Deine Kenntnisse zu

Deiner Erhaltung in Anwendung zu bringen) zu leben haben
wirst. Meine Wohnung ist von der Art, daß Du sehr gut darin Platz
findest, ohne Deine Freiheit zu verlieren [. . .].

DER SIEBENUNDDREISSIGJÄHRIGE
AN DEN VATER

Berlin, 21. November [1847]

Lieber Vater!

[. . .] Über unser Verhältnis im allgemeinen wiederhole ich Dir
nun heute nochmals, was ich Dir schon *seit Jahren* öfter geschrieben habe. Wenn Du nicht bei mir leben, sondern Dein Leben
durchaus bei fremden Leuten in dienstbaren Verhältnissen zubringen willst, so rechne nicht auf meine Geldunterstützungen.
Ich werde nicht, nachdem ich bereits *Mutter* und *Schwester* erhalte, meinem Vater Summen *nach der Fremde* schicken, damit
er seine Persönlichkeit und seine geistigen Kräfte ferne von mir
unter Fremden in dienstbaren Verhältnissen zubringe und dann
doch dadurch *nie* sein Auskommen habe, sondern von seinen
Brotherren stets Vorschüsse nehme, die ich dann zahlen soll [. . .]
Ja, bereits vor 8 Jahren, nämlich im September 1839, schriebst
Du mir nach Triest: »Soeben werde ich wegen einer Schuld an
Cassandras Mutter ins Gefängnis abgeführt.« Diese Nachricht
versetzte mich damals in aufrichtige Verzweiflung um so mehr, als
zum Helfen gar nicht mehr die Zeit war, denn wenn man soeben
abgeführt wird, so kann man dies nicht in 1 Minute 200 Meilen
weit schreiben und die Antwort dann zurückfliegen sehen. Meine
Angst war unbeschreiblich, und ich litt entsetzlich; – jedoch Dein
nächster Brief vom März 1840 (ich besitze *alle* Deine Briefe) sagte
mir, daß alle diese Angst unnütz gewesen wäre. So gingst Du *oft*,
beinahe immer mit mir und mit meinen Empfindungen um! Deine
Briefe sind seit beinahe 2 Jahren nur kurze, lakonische, *bittre*
Zeilen. Ich habe sie, nochmals gesagt, *alle*; sie sind alle bei mir und
nummeriert, jeden kann ich mittels meines Korrespondenzbuches in ½ Minute in der Hand haben. So bin ich imstande, mir
oder Dir, oder, wenn es nötig sein sollte auch andern, jeden
Augenblick eine Übersicht über das Verhältnis, in welches Du
Dich zu mir gestellt hast, zu geben. Wenn Du mir schreibst, daß
Herr *Brikner* gesagt habe: er zweifle nicht, daß ich *meine Pflicht*

gegen meinen 63jährigen Vater erfüllen und ihm die 150 Taler, die er geborgt, schicken werde, – so könnte ich natürlich leicht veranlaßt werden, bei diesem Herrn mich zu rechtfertigen, wenn ich es *nicht* tue. Darum schreibe mir nie, »andere Leute« seien im Begriff oder der Ansicht, mich auf meine *Pflicht* weisen zu dürfen, denn sonst wäre ich gezwungen, *andern* Mitteilungen zu machen, die doch nur unter uns bleiben und selbst unter uns besser nie erwähnt würden!

Eine Magd, ein Knecht, ein Schreiber oder irgend was für ein Diener, der freie Station hat, kommt, wenn er im Dienst steht, mit seinem Gehalt nicht nur aus, sondern legt davon zurück, da er für keine Lebensbedürfnisse zu sorgen braucht, – und ein Sekretär, ein Lehrer, ein Gesellschafter sollte nötig haben, bei Vollstrekkung seiner Obliegenheiten bei seiner Herrschaft Schulden zu machen? – Wenn man bei dem Dienst, den man übernimmt, nicht die Deckung seiner nötigen Bedürfnisse gesichert sieht, so ist man ein Tor, wenn man den Dienst annimmt, um so mehr, wenn man einen Sohn hat, der es *ungern* sieht, daß man sich in dienstliche Verhältnisse zu Privatpersonen begibt, und der dem Vater wohl 10mal angeboten hat, ihn gänzlich zu erhalten, wenn er in seiner, des Sohnes Nähe leben will. Was würde ich nicht für Freude gehabt haben, wenn mein Vater Teilnehmer und Augenzeuge meiner Leistungen und Erfolge in Wien gewesen wäre, und wenn ich in seiner Liebe und Freundlichkeit eine Belohnung, einen Dank dafür gefunden hätte, daß er *bei mir* ein ruhiges, sorgenfreies Leben geführt hätte?! Das hast Du aber nie gewollt: Du *wolltest* durchaus *fern* von mir sein, aber Geldunterstützungen in der Ferne von mir haben. Bist Du und *warst* Du in der Lage, solche von mir annehmen zu wollen, so mußtest Du auch nicht zu *stolz* sein, um den Anblick Deines Sohnes unter solchen Verhältnissen nicht ertragen zu wollen.

Wahrscheinlich werde ich hier Hof-Kapellmeister werden; die Unterhandlungen sind bereits im Gange. Von dem Augenblick an, wo meine Stellung mir übergeben ist und ich in Berlin bestimmt bleibe, biete ich Dir nun heute wieder freies Leben bei mir an, bei dem ich für alle bescheidnen, notwendigen Bedürfnisse Sorge tragen werde, wofür Du Deinerseits mich bei meinen Arbeiten unterstützen kannst, wozu Du vollkommen die Fähigkeiten und hoffentlich auch den Willen besitzest. Den Augenblick meiner Anstellung werde ich Dir sofort mitteilen, weshalb ich um

Deine Adresse bitte. Dies ist es, was ich Dir anbieten kann und will, und ich hoffe, damit vollkommen »*meine Pflichten gegen meinen 63jährigen Vater erfüllt zu haben*«. Anweisungen, aus der Ferne an mich ausgestellte, werde ich niemals akzeptieren, sowie ich auch dem in der Ferne lebenden Vater keine Geldunterstützungen senden kann. Ich will meinen Vater *ganz* erhalten; dann soll er aber in meiner Nähe sein und meine Liebe mit der seinigen vergelten.

Ich bin mit Liebe dein ergebener Sohn

Otto Ni.

ein Vater war Bürgermeister im mecklenburgischen Stavenhagen, ein harter, ungebildeter, humorloser Mann, der den Sohn, Fritz Reuter (1810 bis 1874), zwang, zunächst in Rostock, dann in Jena Rechtswissenschaft zu studieren. Fritz beugte sich, obwohl er lieber Maler werden wollte, und trat in eine Burschenschaft ein, was damals von freiheitlich-demokratischer Gesinnung zeugte.

Die Jahre von 1820 bis 1840 standen für Deutschland im Zeichen der »Demagogenverfolgung«, ausgelöst durch die Ermordung des Dramatikers August von Kotzebue am 23. März 1819 in Mannheim. Nach dem Scheitern der Pariser Julirevolution von 1830, was auch jenseits des Rheins Unruhen zeitigte, lebte sie verstärkt wieder auf; nicht zuletzt galt sie den politisch aktiven Burschenschaften. Auch Reuter geriet in den Sog studentischer Turbulenzen. Er wich zunächst nach Camburg, dann nach Berlin aus. Am 31. Oktober 1833 wurde er verhaftet. Drei bittere Jahre verbrachte er in den Kerkern preußischer Festungen. 1836 schließlich wegen Hochverrats zum Tod verurteilt, später zu dreißig Jahren Festungshaft begnadigt, wurde er 1840 entlassen und nach Mecklenburg abgeschoben.

Nach dem Tod des Vaters, 1845, begann er zu schreiben. In einigem zeitlichen Abstand erschienen seine erfolgreichen Bücher »Ut mine Festungstid« und »Ut mine Stromtid«, die ihn, bei seinem Schicksal nicht gerade selbstverständlich, als einen Humoristen von hohen Graden ausweisen. Die letzten Jahre seines Lebens verdämmerte der inzwischen dem Alkohol verfallene Dichter.

FRITZ REUTER, 17,
AN DEN VATER

Friedland, 29. Januar 1828

Ich habe Dir versprochen, mich zu bessern, und habe es auch seit Weihnachten gehalten; Du hast immer mich gebeten, ich sollte endlich Willen und Lust zur Arbeit zeigen, und ich habe sie gezeigt; um so befremdeter muß es mir sein, jetzt durch alle Schüler meine Angelegenheiten zu erfahren, die Du, wie ich es mir nicht anders erklären kann, A... offenbart und mir verheimlicht hast. A... hat es auch nicht ermangelt, aller Welt dies zu erzählen, nur mir nicht, wodurch ich gewissermaßen als einer erscheine, der selbst nicht Verstand genug hat, darüber zu urteilen. Lieber Vater, wenn Du noch auf meine Bitten hörst, glaube doch nicht alles, was Dir von mir berichtet wird. Ich äußerte den Wunsch Maler zu werden; Du glaubtest, ich täte es um nur nicht zu arbeiten und die Zeit mit Nichtstun zu vergeuden, aber wahrlich, nie habe ich den Gedanken geäußert; Du wünschtest es nicht, und ich begab mich eines Wunsches, der soviel Reiz für mich hatte. Jetzt steht es nur allein in Deinem Willen, was ich für ein Fach wählen soll, ich begebe mich aller Wünsche und gehorche Deiner weiseren Einsicht. Soll ich studieren, so sehe ich nicht ein, warum Du mich nach Parchim bringen willst, da ich von hier doch eben so gut und noch besser die Universität beziehen kann. Wenn ich nicht den Willen hätte, Dir in aller Hinsicht Freude zu machen, so würde wie Du wohl einsehen wirst, die allerstrengste Aufsicht nichts über mich vermögen, die, wie ich vermute, meiner zu Parchim wartet. Daher, lieber Vater, schreibe mir in Deinem folgenden Briefe, was ich werden soll, und Du sollst sehen, daß ich Dir Folge leisten werde, aber zeige noch einmal soviel Vertrauen und laß mich hier, und höre nicht auf andere, was die Dir schreiben, sondern nur auf den Herrn Doktor Bossart, der mich am besten kennt, und mit dem ich hierüber noch Rücksprache nehmen will. Lebe wohl.

Dein Dich aufrichtig liebender Sohn

DER ZWEIUNDZWANZIGJÄHRIGE
AN DEN VATER

Camburg, den 16. März 1833

Lieber Vater!

Du hast wiederum seit längerer Zeit keine Nachricht von mir, und zwar in einer Zeit, wo diese nöthiger war, als in früheren Verhältnissen; weshalb diese nicht erfolgt, in den späteren Zeilen dieses Briefes, ich will zuerst damit beginnen, Dich mit meinem Thun und mit den Gründen dafür zu benachrichtigen. Was ich Dir jetzt schreibe, ist *wahr*. Einige Studenten hatten Excesse begangen und wurden bestraft; aber auch ein ganz Unschuldiger, und das war C. Krüger, wurde vom Senat, und in diesem sitzt der Herr Ob.-App.-Rath V. Schröter, ohne alles Verhör, ohne selbst die von ihm angeführten Zeugen seiner Unschuld zu vernehmen, ohne daß einer der Professoren, namentlich sein Landsmann und Lehrer, der Herr v. Schröter, für ihn gesprochen, auf *vier Jahre relegirt*. Daß mich dieses schändliche Unrecht auf das Äußerste empörte, zumal da ich von Krügers Unschuld fest überzeugt war, da er, wie Du selbst weißt, von Jugend auf mein Freund war, kannst Du Dir leicht denken; die Excesse nahmen zu, ich nahm auf Ehre auch gar keinen Antheil daran und das *ganz allein*, weil Du darunter leiden würdest; aber bald sollte ich der Gegenstand neuen Unrechts sein. Es wurde Militär nach Jena gerufen und Alles blieb ziemlich ruhig. An einem schönen Tage mache ich einen Spaziergang auf ein, eine Stunde entfernt gelegenes Dorf, und wie ich am Abend mich anschicke, nach Hause zu gehen, werde ich durch einen Pedell und 60 Mann Soldaten arretirt, unter den gröbsten Worten gezwungen, bis an die Knie in den tiefen Koth zu waten, von den Soldaten gestoßen und am Ende auf die Hauptwache geworfen, wo mir von den Pedellen und Soldaten wiederum nicht die höflichste Begegnung ward; darauf wurde ich um 12 Uhr Mitternacht vor das Universitätsamt gebracht und bekam engeren Stadtarrest, wäre aber wahrscheinlich nicht so davongekommen, wenn nicht die Studenten, von diesem neuen Unrecht unterrichtet, in großen Haufen versammelt laut meine Freiheit verlangt hätten.

Diese Fälle – späterer Unruhen, wo ein Student von anderen mit Knitteln erschlagen wurde, wo ein anderer von Soldaten mit Säbelhieben verwundet, und mehrere mit Bajonetten gestoßen wurden, gar nicht zu gedenken – bestimmten mich, die Universität zu verlassen, ich forderte mir also, sobald mein Stadtarrest gehoben war, mein Abgangszeugniß und ging aus einem Orte, wo man unschuldiger Weise schlecht behandelt werden konnte, oder sich wenigstens doch durch etwas ganz Unbedeutendes in Untersuchung verwickelt sehen konnte, die Consil und Relegat als Strafe nach sich ziehen; und nun sehe ich, daß ich recht that, denn jetzt sind schon über 80 Studenten auf diese Weise entfernt worden und zwar mit schlechten Zeugnissen, indem ich vom Universitätsamte ein ganz gutes Zeugniß habe, welches mir auf jeder anderen Universität freundliche Aufnahme sichert. Wie ich fortging aus Jena, ging ich den Weg nach Hause und daher kommt es, daß Du erst jetzt Nachricht von mir erhältst, da ich hoffte, bald mündlich mit Dir zu reden; aber bis Halle gekommen, hatte ich meinem Fuße zu viel zugetraut, denn dieser war vom Gehen in den schlimmen Wegen wieder krank geworden, und da ich zum Fahren kein Geld hatte, mußte ich, nach einigem Aufenthalt in Halle, hierher nach Camburg bei Naumburg, einem kleinen Städtchen, mit Gelegenheit zurückfahren, wo ich mir ein Stübchen auf einige Wochen sehr wohlfeil gemiethet habe und, da ich hier mehrere Leute kenne, auf solche Weise meine Existenz gesichert habe.

Soweit kam ich gestern Abend, als ich durch den Besuch zweier Bekannten aus Jena, die ebenfalls nach Hause gehen müssen, auf eine höchst unangenehme Weise gestört wurde, sie brachten mir nämlich die Nachricht mit, Du habest dem Professor v. Schröter den Auftrag gegeben, mich in öffentlichen Blättern zu suchen; ob es Recht war oder nicht, will ich unerörtert lassen, nur soviel will ich darüber sagen, daß es mich den Entschluß fassen ließ, nicht nach Jena und auch nicht nach Hause zu gehen. Das unnütze Hin- und Herschreiben zu vermeiden, werde ich Dir hierfür meine Gründe in diesem Briefe angeben. Wenn ich nach Hause käme, so wäre es entweder, um von da zur Universität wiederum zu gehen, oder ein halb Jahr zu Hause zu bleiben oder ganz das Studium aufzugeben. Was den ersten Fall betrifft, so sind mir die Osterfeiertage von 1832 noch zu gut im Gedächtniß, um nicht Auftritte ähnlicher und vielleicht schlimmerer Art bei Deiner jetzigen Aufgebrachtheit zu befürchten. Noch ist der Eindruck nicht verschwunden, der meinem fröhlichen Sinne damals eingeprägt wurde; ein Etwas, dem ich keinen Namen geben kann, ist zurückgeblieben, es ist ein Riß zwischen uns, der will ausgefüllt, nicht vergrößert werden, und das würde er, wenn jene Zeiten wiederkehrten und ich würde *jede* Gelegenheit ergreifen, zu verhüten, daß er nicht unheilbar würde. Mein Leichtsinn würde nicht ermangeln, Dir öfter Gelegenheit zum Zorn zu geben und Deine Hitze ließe Dir dann, wie schon früher oft geschehen, nicht den Leichtsinn leichtsinnig scheinen, nein, wie die Verbrechen des Boshaften. Bei dem zweiten Fall kommt dies Alles auch in Betracht und kommt noch ein Grund hinzu, den mir meine Ehre vorschreibt; Du schriebst nämlich in einem Deiner vorigen Briefe, wenn ich keine Lust zum Arbeiten hätte, so solle ich nach Hause kommen, Du wolltest mir, so lange Du lebtest, zu essen geben und ich könne dann zu Hause — — mein Leben hinbringen; da ich nun aber, Gott sei Dank, noch nicht zu dem Punkte gekommen bin, Dir oder mir zur Schande zu leben und auch wohl nimmer so weit kommen werde, so denke ich, würde ich, ehe ich dies thäte, lieber etwas Anderes, meiner Ehre Passenderes, thun. Über den dritten Punkt kannst Du freilich nur allein entscheiden, und ich würde ohne Verzug, wenn dies Dein Wille ist, zu Hause erscheinen, aber werde, aus dem hier gleich oben angeführten Grunde, mich nicht länger als einen Tag aufhalten, blos um Dir die Wahl meines zukünftigen Geschäfts, zu welcher ich auf der Reise Zeit genug habe, anzuzeigen, und was ich hier noch ausdrücklich hinzufüge, werde ich diesen Beruf, und sei er der unglückseligste von der Welt, unter *keiner* Bedingung wieder aufgeben.

Solltest Du jedoch wünschen und wollen, daß ich völlig ausstudirte, so mache ich Dich auf eine, Dir vielleicht noch gegenwärtige Äußerung, die Du am Abend vor meiner Abreise nach Jena thatest, aufmerksam: »Mein Sohn«, sagtest Du, »ich gebe Dir drei Jahre hindurch 300 Thaler [Gold] alle Jahr, Du kannst studiren, wo Du willst, ich mache Dich aber darauf aufmerksam, daß Du nach vollendetem Triennis Dein Examen machen mußt.« Solltest Du noch derselben Ansicht sein, so mache ich Dir meinen Vorschlag: lasse mich von hier aus gerades Weges nach München gehen, um weiter Jura zu studiren; ich will Dir auch sagen, weshalb ich München gewählt habe: erstens ist für mein Studium viel daselbst zu gewinnen, welches schon daraus zu ersehen, daß bei Weitem mehr Juristen als Theologen daselbst studiren; zweitens, und das ist der Hauptgrund, komme ich in eine Stadt, wo ich keinen kenne, keine Landsleute habe und also nicht durch vielen Umgang und Gesellschaft vom Arbeiten abgehalten werde; dies hat München den Vorzug vor Berlin bei mir verschafft; drittens ist es daselbst wohlfeil und ich kann daselbst das Geld entbehren, welches ich zum Bezahlen meiner Schulden in Jena nöthig habe. Wenn Du diesen Vorschlag annimmst, so schicke mir den Wechsel für das folgende Quartal und leihe mir 40 Thaler, die ich zur Bezahlung meiner Schulden nöthig habe, und die Du vierteljährig von meinem Wechsel wieder abziehen kannst. Dagegen mache ich Dir folgende drei Versprechen: 1. keine Schulden zu machen, 2. alle Quartal Dir ein Testat über regelmäßigen Besuch der Collegia zu senden, und zu Hause so fleißig zu sein, daß ich in 1½ Jahren ausstudirt habe, und 3. alle Monat, am 1. jedes, an Dich zu schreiben. Willst Du dies eingehen, so gebe ich Dir die Hand

darauf, schlage es nicht aus, es wird gut werden; und solltest Du es
nicht wollen, so verlange ich erst, daß Du den Oheim in Jabel
fragst, was er dazu meint, und wenn Ihr beide darüber berathet,
so bedenket wohl, daß von der Beantwortung dieses Briefes
mein ganzes zukünftiges Loos abhängt und auch das Deine,
insofern uns manches Interesse und manche Hoffnung gemeinsam sind. Ich habe diesen Brief kalt und mit Absicht leidenschafts-
los niedergeschrieben, damit ich mir späterhin nicht den Vorwurf
zu machen hätte, meine Scheingründe durch die Sprache des
Gefühls einzuschmuggeln. Ich hoffe, Du wirst einsehen, daß ich
in Allem wahr und vernünftig geurtheilt habe, und rufe Dir dann
aus der Ferne den herzlichsten Dank und viele Grüße an die
Schwestern und Großmutter zu. Lebe wohl. Dein

F. Reuter

Camburg, den 5. April 1833
Lieber Vater!
Unter den Gefühlen der Freude und Trauer habe ich Deinen
jüngsten Brief gelesen; aber leider hatte die Trauer die Überhand
und mußte sie haben, denn obgleich der Brief freundlich und
gütig abgefaßt ist, so leuchten durch diese schönen Gewänder
Mißtrauen und Verachtung auf eine für mich sehr betrübende
Weise. Ich soll nach Hause kommen, ich werde es, oder mit
anderen Worten, ich werde das Studiren aufgeben, ich thue es
mit ungemeinem Mißbehagen; aber keine menschliche Gewalt
wird mich je wieder dazu bringen können. Aufrichtig gesprochen,
ich halte das Studium der Jurisprudenz für die schrecklichste
Arbeit, die ich mir denken kann, aber ich halte es jetzt für das
größte Glück auf der Welt, wenn ich weiter darin studiren könnte,
weil es der einzige Weg ist, das von mir begangene Unrecht gut zu
machen. Noch einmal, Vater, willst Du den Handschlag, den ich
im vorigen Briefe Dir geboten habe, annehmen, ich biete ihn Dir
noch einmal an, schlägst Du ihn aus, so bin ich verloren, denn die
letzte Spur Deines Vertrauens ist hin; nimmst Du ihn an, so soll
Deine Güte gesegnet sein, die Früchte Deines Vertrauens werden
nicht ausbleiben. Bewahre diesen Brief auf, damit er einst für
meinen guten Willen zeugen werde, oder sonst für meine moralische Kraft. Mit Bedauern muß ich jetzt noch bemerken, daß mir
aber nicht möglich ist, Deiner Aufforderung, gleich nach Empfang

der 15 Thaler nach Hause zu kommen, Genüge zu leisten; wie ich Dir in einem früheren Briefe geschrieben, habe ich Schulden in Jena und auch hier werde ich nicht alles bezahlen können; zur Deckung dieser Ausgaben bat ich in meinem vorigen Briefe um 40 Thaler mehr als meinen gewöhnlichen Wechsel; solltest Du mich nach München gehen lassen, so gewähre mir diese Bitte, sollte sich dies nicht mit Deinen Ansichten vertragen, so bitte ich Dich inständigst um 50 Thaler; ich hoffe, Du wirst diese, obgleich unbillige Bitte erfüllen, es soll auch das letzte Geld sein, was ich von Dir verlange. So habe ich Dir nun einen Brief geschrieben, den schwersten, den ich jemals geschrieben habe, und den ich nie im Leben zum zweiten Male schreiben werde, wollte Gott, er verfehlte seinen Zweck nicht, wenigstens verdient er es nicht, denn das, was von seinen Worten der Vergangenheit gehört, ist wahr, was noch in der Zukunft schwebt, mache ich wahr und sollte ich verderben. Noch einmal danke ich Dir für Deine Güte, die Du gegen mich stets gezeigt hast, und bitte Dich dann, die Schwestern zu grüßen, denen ich auch nächstens zu schreiben gedenke, jetzt kann und mag ich nicht mehr. Lebe wohl.

Dein Sohn
F. Reuter

Noch eines: Um Antwort, lieber Vater, bitte ich Dich so bald wie möglich!

unächst studierte Robert Schumann *(1810 bis 1856)* in Leipzig und Heidelberg Jura. Erst spät entschied er sich dafür, seinen schriftstellerischen und musikalischen Neigungen zu folgen. Der Schöpfer so vieler schöner Lieder erweist sich in seinen Briefen als trefflicher Literat. Die Mutter, Johanna Schumann geborene Schnabel (1771 bis 1836), eine musikalische Frau, die viel mit den Kindern sang und Robert Klavierunterricht nehmen ließ, wollte gleichwohl dessen künstlerische Berufsideen nicht dulden. Als der Vater, ein Verlagsbuchhändler, gestorben war, zwang sie den Sohn zu »einem ordentlichen Studium«. Er schrieb ihr regelmäßig liebevolle Briefe, in denen er sich auch mit dem Für und Wider seines Jurastudiums auseinandersetzte.

Nach dem Tod der Mutter trat die junge Pianistin Clara Wieck in das Leben des jungen Schumann; Vater Wieck widersetzte sich der sich festigenden Verbindung, und Schumann mußte erst mit ihm prozessieren, um Clara heiraten zu können. *(Siehe auch Seite 207.)* Eine Gemütskrankheit, die dem Komponisten seit langem zu schaffen machte und die sich immer wieder in schweren Depressionen äußerte, gipfelte 1854 in Schumanns Versuch, sich im Rhein zu ertränken. Der Gerettete wurde in die Heilanstalt Endenich eingeliefert, wo er zwei Jahre darauf starb.

ROBERT SCHUMANN, 17, AN DIE MUTTER

Monheim hinter Nürnberg, den 28. April 1828

Hier sitz ich, geliebte Mutter, in einem Kreis von bayerschen Bierpatrioten und denke an mein teures Zwickau. Ist man im Vaterlande, so sehnt man sich hinaus, ist man im fremden Lande, so denkt man wehmütig an die geliebte Heimat. Und so ists durchaus im menschlichen Leben: das Ziel, das man einmal erstrebt hat, ist kein Ziel mehr: und man zielt und strebt und sehnt sich, immer höher, bis das Auge bricht und die Brust und die erschütterte Seele schlummernd unter dem Grabe liegt.

Ich denke oft an Dich, meine gute Mutter, und an alle die guten Sprüche, die Du mir in das stürmische Leben mitgabst: — — — — — Gute Mutter, ich habe Dich oft beleidigt: ich verkannte oft, wenn Du das Beste wolltest: verzeihe dem stürmischen, aufbrausenden

Jüngling, was er jetzt durch gute und edle Taten, durch eine tugendhafte Lebensweise gutmachen will: die Eltern haben ein Leben von dem Kinde zu fordern! Der Vater schlummert schon: Dir, meine teure Mutter, bin ich nun um so mehr schuldig: ich habe die Schuld für ein mir glücklich bereitetes Leben, für eine heitere, wolkenlose Zukunft Dir allein abzutragen. Möchte das Kind sich dieser Schuld würdig finden und zeigen, daß es die Liebe einer guten Mutter ewig, ewig durch tugendhaften Lebenswandel erwidert. Möchtest Du aber auch, wie immer, mir eine gute, verzeihende Mutter sein, eine milde Richterin des Jünglings, wenn er sich vergangen, und eine schonende Ermahnerin, wenn er zu sehr aufbrauste und tiefer in die Labyrinthe des Lebens sinken sollte. Jean Paul sagt: Freundschaft und Liebe gehen verhüllt und mit verschlossenen Lippen über diese Kugel, und kein Mensch sagt dem andern, wie er ihn liebt: denn der innere Mensch hat keine Zunge. Aber Kindesliebe möge nicht verschleiert über diese Erde gehen und laut und offen sagen, wie sehr es das Elternherz verehre und die Liebe mit Anbetung erwidere.

Mein Brief ist verworren: ich fühl es: Du kennst mich aber, und ich kenne Dich, und Du wirst den liebenden Sohn verstehen, der seine Gefühle nur in dunkle, tote Laute zu hüllen weiß. Bleib mir denn gut, meine Mutter.

Heute früh bin ich mit Rosen von Nürnberg weg: Rosen ist ein liebenswürdiger Mensch und würzt mir die Reise durch Erwiderung und Austausch der Ideen und Gefühle. [...]

DER ZWANZIGJÄHRIGE
AN DIE MUTTER

Heidelberg, den 1. Juli 1830
Morgens 4 Uhr

Meine geliebte Mutter!
Keine unsrer Freuden darf dem andern eine Träne kosten, geschweige die eines Sohnes der Mutter. Und ebendeshalb, weil ich hier so tief in lauter Blüte und Frühling sitze, habe ich so wenig geschrieben. Hast Du meinen vorigen Brief nicht erhalten, so will ich gern in diesem den Schleier vom rückwärts liegenden Dunkel noch einmal ziehen, da er zumal dünn, schwebend und götterleicht ist.

Der ganze Frühling, den man überhaupt schöner empfindet als beschreibt, wurde durch nichts unterbrochen, als hier und da durch eine Abendröte oder einen Nachtigallenschlag oder durch eine neue Blüte, so ätherisch ruhte er über die ganze Zeit, daß Du nichts von mir gehört hast. Und das ist eigentlich die ganze Entschuldigung und Beschreibung, die ich geben kann.

Wärest Du bei mir, so wollt ich gern gar nichts sprechen und Dir nur in Dein Auge sehen, wenn sich die Natur drinnen spiegelt oder wenn Du Menschen um Dich hast, die Dir freundlich die Hand drücken, wie Rosen und Weber.

Jetzt ist mein Leben stiller und einsamer; Weber ging schon vor sieben Wochen in sein Italien, und Rosen vor vier Tagen in seine Heimat; ihre Bilder hängen vor meinem Schreibtisch und sehen freundlich herunter.

Der Frühling hat mich wärmer mit mir selber vereint und mich die Zeit schätzen und würdigen gelehrt, mit der man sonst wohl spielt. So spielen gegenseitig der Mensch mit der Zeit und die Zeit mit dem Menschen.

Ist Dir ein Bildchen von meiner Lebenseinteilung nicht unlieb, so gebe ich Dir es gern. Nur die Jurisprudenz legt manchmal einen kleinen, frostigen Winterreif über meinen Morgen; sonst ist lauter Sonnenschein drinnen, und alles glänzt und blitzt wie junge, frische Tauperlen auf Blumen. Die Götterjugend ruht nicht im Alter, sondern im Herzen, und die rechten Menschen sind ewig jung, wie Du und wie die Dichter. Meine Idylle ist einfach und zerfällt in Musik, Jurisprudenz und Poesie, und so sollte immer Poesie das praktische Leben einfassen oder das schöne, glänzende Gold den rohen, klaren, scharfen Diamanten. – Ich steh früh auf. Von vier bis sieben Uhr arbeite ich, von sieben bis neun gehts ans Klavier, dann zu Thibaut; nachmittags wechselt Kollegium mit englischer und italienischer Stunde und Lektüre, und abends gehts unter die Menschen und in die Natur. Das ist das Ganze und ein Ganzes. – Daß ich kein praktischer Mensch, fühl ich hie und da, und eigentlich ist niemand daran schuld als der Himmel selbst, der mir eben wieder Phantasie gab, mir die dunklen Stellen der Zukunft zu ordnen und zu kolorieren. – Daß ich gern ein großer Jurist werden möchte, kannst Du glauben, und es fehlt mir jetzt auch wohl nicht an gutem Willen und Eifer; daß ich es aber niemals weiter bringen werde als jeder andre, liegt nicht an mir, sondern an den Umständen und vielleicht an meinem

Herzen, das nie gern Lateinisch sprach. Nur der Zufall und, wills der Himmel, das Glück sollen den Schleier heben, der über meiner Zukunft dunkel liegt. So muntert mich z. B. Thibaut zur Jurisprudenz *nicht* auf, »weil mich der Himmel zu keinem Amtmann geboren hätte« und weil alles Tüchtige eben vom Himmel kommt und nur geboren wird. Ein mechanischer, getriebener Jurist ohne Liebe dazu ist ebendeshalb kein großer. – Dies sind meine Ansichten, die ich Dir nicht vorenthalten kann. Zu ängstigen brauchst Du Dich nicht, und Lebenspläne hab ich die Menge, wenn einer und der andere scheitern sollte. – – – – Ich habe mir vorgenommen, den Brief fertigzuschreiben, wie ich ihn anfing und schnell fortzuschicken. Aber der künftige Brief wird lang und länger als alle, die Du je bekamst. Habe Nachsicht mit diesen Flugzeilen und schreib bald, meine teure Mutter, damit unsere Korrespondenz wieder in den alten Galopp kommt. Ein langsamer oder unterbrochener Briefwechsel ist gar keiner, obgleich ich allein daran schuld bin. Dein Leben sei leise und schön, wie meines.

Lebe wohl.

Robert Schumann

Grüße alle, die Du liebst.

Heidelberg, 30. Juli 1830, fünf Uhr

Guten Morgen, Mama!

Wie soll ich Dir nur meine Seligkeit in diesem Augenblicke beschreiben! – Der Spiritus kocht und platzt an der Kaffeemaschine, und ein Himmel ist zum Küssen rein und golden, – und der ganze Geist des Morgens durchdringt frisch und nüchtern. – Noch dazu liegt Dein Brief vor mir, in dem eine ganze Schatzkammer von Gefühl, Verstand und Tugend aufgedeckt ist, – die Zigarre schmeckt auch vortrefflich, – kurz, die Welt ist zu Stunden sehr schön, d. h. der Mensch, wenn er nur immer früh aufstünde.

Sonnenschein und blauer Himmel ist noch genug in meinem hiesigen Leben; aber der Ciceróne fehlt, und das war Rosen. Zwei meiner andern besten Bekannten, von H. aus Pommern, zwei Brüder, sind auch vor acht Tagen nach Italien gereist, und so bin ich oft recht allein, d. h. zuweilen recht selig und recht unglücklich, wie sichs nun trifft. Jeder Jüngling lebt lieber ohne Geliebte als

ohne Freund. Noch dazu wird mirs manchmal glühend warm,
wenn ich an mich selbst denke. Mein ganzes Leben war ein
zwanzigjähriger Kampf zwischen Poesie und Prosa, oder nenn es
Musik und Jus. Im praktischen Leben stand für mich ein ebenso
hohes Ideal da wie in der Kunst. – Das Ideal war eben das
praktische Wirken und die Hoffnung, mit einem großen Wir-
kungskreise ringen zu müssen, – aber was sind überhaupt für
Aussichten da, zumal in Sachsen, für einen Unadeligen, ohne
große Protektion und Vermögen, ohne eigentliche Liebe zu juri-
stischen Betteleien und Pfennigstreitigkeiten! In Leipzig hab ich,
unbekümmert um einen Lebensplan, so hingelebt, geträumt und
geschlendert und im Grunde nichts Rechtes zusammengebracht;
hier hab ich mehr gearbeitet, aber dort und hier immer innig und
inniger an der Kunst gehangen. Jetzt stehe ich am Kreuzwege,
und ich erschrecke bei der Frage: Wohin? – Folg ich meinem
Genius, so weist er mich zur Kunst, und ich glaube, zum rechten
Weg. Aber eigentlich – nimm mirs nicht übel, und ich sage es Dir
nur liebend und leise – war mirs immer, als verträtest Du mir den
Weg dazu, wozu Du Deine guten mütterlichen Gründe hattest,
die ich auch recht gut einsah und die Du und ich die »schwankende Zukunft und unsicheres Brot« nannten. Aber was nun
weiter? Es kann für den Menschen keinen größeren Qualgedan-
ken geben als eine unglückliche, tote und seichte Zukunft, die er
sich selbst vorbereitet hätte. Eine der früheren Erziehung und
Bestimmung ganz entgegengesetzte Lebensrichtung zu wählen,
ist auch nicht leicht und verlangt Geduld, Vertrauen und schnelle
Ausbildung. Ich stehe noch mitten in der Jugend der Phantasie,
die die Kunst noch pflegen und adeln kann; zu der Gewißheit bin
ich auch gekommen, daß ich bei Fleiß und Geduld und unter
gutem Lehrer binnen sechs Jahren mit jedem Klavierspieler wett-
eifern will, da das ganze Klavierspiel reine Mechanik und Fertigkeit ist; hier und da hab ich auch Phantasie und vielleicht Anlage
zum eigenen Schaffen. – Nun die Frage: eins oder das andere;
denn nur eines kann im Leben als etwas Großes und Rechtes
dastehen, – und ich kann mir nur die eine Antwort geben: nimm
dir nur einmal Rechtes und Ordentliches vor, und es muß ja bei
Ruhe und Festigkeit durchgehen und ans Ziel kommen. In diesem
Kampf bin ich jetzt heißer als je, meine gute Mutter, manchmal
tollkühn und vertrauend auf meine Kraft und meinen Willen,
manchmal bange, wenn ich an den großen Weg denke, den ich

schon zurückgelegt haben könnte und den ich noch zurücklegen muß. [...]

Blieb ich beim Jus, so müßte ich unwiderruflich noch einen Winter hierbleiben, um bei Thibaut die Pandekten zu hören, die jeder Jurist bei ihm hören muß. Blieb ich bei der Musik, so muß ich ohne Widerrede von hier fort und wieder nach Leipzig. Wieck in Leipzig, dem ich mich gern anvertraue, der mich kennt und meine Kräfte zu beurteilen weiß, müßte mich dann weiterbilden; später müßt ich ein Jahr nach Wien und, wär es irgend möglich, zu Moscheles gehen. Eine Bitte nun, meine gute Mutter, die Du mir vielleicht gern erfüllst. Schreibe Du selbst an Wieck in Leipzig und frage unumwunden, was er von mir und meinem Lebensplan hält. Bitte um schnelle Antwort und Entscheidung, damit ich meine Abreise von Heidelberg beschleunigen kann, so schwer mir der Abschied von hier werden wird, wo ich so viele gute Menschen, herrliche Träume und ein ganzes Paradies von Natur zurücklasse. Hast Du Lust, so schließe diesen Brief in den an Wieck ein. Jedenfalls muß die Frage bis Michaelis entschieden werden, und dann solls frisch und kräftig und ohne Tränen an das vorgesteckte Lebensziel gehen.

Daß dieser Brief der wichtigste ist, den ich je geschrieben habe und schreiben werde, siehst Du, und eben deshalb erfülle meine Bitte nicht ungern und gib bald Antwort. Zeit ist nicht zu verlieren.

Lebe wohl, meine teure Mutter, und bange nicht. Hier kann der Himmel nur helfen, wenn der Mensch hilft.

Dein Dich innigst liebender Sohn

Robert Schumann

Heidelberg, den 22. August 1830

Meine verehrte Mutter!

Es war ein schöner Tag, der 19. August, an dem ich Eure Briefe erhielt. Der ganze innere Mensch mußte hervortreten und eine ganze Zukunft in die Wagschale legen, und die steigende wählen. Die Wahl ward mir nicht schwer, so ungeheuer auch der Schritt war, von dem mein ganzes künftiges Leben, mein Ruhm, mein Glück und vielleicht auch Eures abhängt. –

Glaube mir, daß ich Dein ganzes Herz voll Liebe für mich zu schätzen weiß und daß ich durch Deine Zweifel tiefer in mich gegangen bin als vielleicht sonst. Aber sei auch überzeugt, daß ich

in diesen Tagen meine ganze Vergangenheit an mir vorübergehen ließ, um einen Schluß für die Zukunft daraus zu ziehen.

Ich mag mein Herz mit meinem Kopf, Gefühl, Verstand, Vergangenheit, Gegenwart, Zukunft, Kräfte, Hoffnungen, Aussichten und alles fragen –: sie weisen mich zur Kunst hin von der
frühsten Kindheit an bis jetzt. Gehe auch Du mein ganzes Leben,
meine Kindheit, mein Knabenalter und den Jüngling durch und
sagen *offen*: Wohin trieb mich mein Genius immer und immer?
Denk an den großen Geist unseres guten Vaters, der mich *früh*
durchschaute und mich zur Kunst oder zur Musik bestimmte – – –
– Und schreibst Du nicht selbst noch in Deinem vorletzten Briefe,
daß ich so innig an Dichtkunst, Natur und Musik hänge etc. –
Beuge der Natur und dem Genius nicht vor, sie könnten sonst
zürnen und sich auf ewig wenden. –

Laß mich eine Parallele ziehen – fürs erste vertraue ganz auf
Wieck – Du kannst Ursache dazu haben. – Der Wegweiser zur
Kunst spricht: Wenn Du fleißig bist, kannst du in drei Jahren am
Ziel sein! Das Jus spricht: In drei Jahren kannst du's vielleicht zum
Akzessisten mit der zweiten Zensur gebracht haben, bekommst
auch 16 Groschen jährlichen Gehalt. Die Kunst fährt fort: Die
Kunst ist frei wie der Himmel: die ganze Welt ist ihr Hafen. Das Jus
zuckt die Achseln und sagt: Ich bin eine ewige Subordination vom
Akzessisten bis zum Minister und gehe immer in Manschetten und
Chapeau-bas. Die Kunst spricht weiter: Ich wohne bei der Schönheit und das Herz ist meine Welt und meine Schöpfung – ich bin
frei und unendlich, komponiere und bin unsterblich ec. – Das Jus
sagt ernsthaft: Ich kann nichts bieten als Akten und Bauern, wenn
es weit kommt einen Totschlag – dann ist's aber auch eine
Freude; neue Pandekten kann ich durchaus nicht edieren ec. [...]

Auf andere niedrige Interessen geht mein Gespräch gar nicht
ein; z. B. welches von beiden bessere Geldinteressen bringt, da
sich die Antwort von selbst versteht. –

Geliebte Mutter! ich kann Dir meine *durchgedachten* Gedanken nur schwach und flüchtig skizzieren; ich wollte, Du ständest
jetzt vor mir und könntest in mein Herz sehen – Du würdest
sagen: Verfolge die neue Bahn mit Mut, Fleiß und Vertrauen, und
Du kannst nicht untergehen. – Gebt mir Eure Hände, Ihr Lieben,
und laßt mich meinen Weg ruhig fortgehen – *wahrlich – Ihr und
ich können jetzt der Zukunft mit sichererer und festerer Miene in
ihr Aug' sehen als früher.*

Eduard's Vorschlag ist gut und herzlich – geht aber durchaus nicht – da in einem halben Jahre (bei mir) immer mehr in der Kunst verloren ist als beim Jus, was ich leicht einbringen kann.

Wiecks Vorschlag ist gut! er sagt: »Robert soll es sechs Monate lang bei mir probieren.« Gut! fällt dann Wieck ein günstiges Urteil, nun, so fehlt es an Fortkommen und Ruhm sicherlich nicht. Hegt er nach diesen sechs Monaten aber nur den geringsten Zweifel, nun, *so ist ja auch nichts verloren*; ich kann noch ein Jahr studieren, mein Examen machen, und habe immer nicht länger als vier Jahre studiert. [...]

nbeirrte Demokratin, glühende Anhängerin der
1848er Revolution und frühe Frauenrechtlerin war
Malwida Freiin von Meysenbug (1816 bis 1903). Die
Eltern hielten ihren Drang nach Freiheit und geistiger
Selbständigkeit in engen Grenzen und untersagten ihr sogar mit
Erfolg eine Verbindung mit dem politischen Publizisten Julius
Fröbel. Es kam daher immer wieder zu heftigen Konflikten.

1850 ging die selbstbewußte junge Frau an die Hamburger
Frauenhochschule. Ihrer demokratischen »Umtriebe« wegen aus
Berlin ausgewiesen, übersiedelte sie 1852 nach London. Hier
lernte sie den russischen Sozialpolitiker und Schriftsteller Alexan-
der Herzen kennen, mit dessen Kindern sie bald eine innige
Beziehung verband; die Tochter Olga wurde von ihr adoptiert.
Später lebte sie in Paris und an verschiedenen Orten in Italien.
Befreundet war sie auch mit Richard Wagner, Franz Liszt und
Friedrich Nietzsche, um nur einige zu nennen. In ihren dreibändi-
gen »Memoiren einer Idealistin« (1876) und dem Buch »Der
Lebensabend einer Idealistin« (1898) schrieb sie ihren und ihrer
Weggefährten Lebensgang auf.

MALWIDA VON MEYSENBUG, 36,
AN DIE MUTTER

[1852]

[...] Glaube mir, daß ich es nicht weniger mit tiefem Schmerz
empfinde, wenn unsre Lebenspfade nicht mehr zusammengehen
sollten; und doch ist es nicht unsre Schuld, es ist das Verhängnis
der ganzen Zeit, wohin ich komme, überall derselbe Kampf,
derselbe Schmerz; wir aber wollen ihn würdig und in aller Liebe
lösen, dann wird der Frieden der Liebe uns den Schmerz überwinden. Sei gewiß, daß, was ich auch für einen Plan für die
Zukunft fasse, es wird mit ruhiger Prüfung meiner Kraft geschehen; er wird Deiner wert sein, und ich werde ihn nicht vollführen,
ohne ihn vertrauend Dir vorgelegt zu haben und Deinen Segen
mir dafür zu erbitten.

Soll ich nicht endlich auch ungestört am Mutterherzen die
Stelle finden, nach der ich verlange, wo ich friedlich ruhen kann,
weil ich weiß: die Mutter glaubt ganz an deine edle Natur und läßt
dich im Segen deine Pfade gehen, weil sie weiß, du suchst auf
deine Weise das Rechte. Laß es so sein!

Ich wünsche Euch so oft zu mir, um Euch im Mitgefühl zu beweisen, wie es nie in mein Herz kam und je kommen kann, Euch minder zu lieben. Glaub's auch nie mehr, meine Mutter, und wenn Dir was unverständlich scheint, laß es uns sanft zwischeneinander aufklären. Weiter bedarf's ja zwischen guten Menschen nichts, und Du tust Dir selbst unnütz Schaden und mir ungerechtes Leid, wenn Du es anders machst. Denke heiter an mich, denn ich gehe in meiner Weise dem Guten nach wie meine Geschwister in der ihren.

Daß ich oft in tiefer Sehnsucht Eurer gedenke, das ist die notwendige Schattenseite, die jedem menschlichen Verhältnis beigefügt ist; möchte es mir wenigstens gelingen, Euch und vor allen Dich, meine liebe Mutter, endlich zu überzeugen, daß der Drang meines Herzens mich nicht auf die falsche Bahn geführt, sondern dahin, wo ich, in Entfaltung meines eigentlichen Wesens, Segen verbreite und Segen ernte und dadurch Euch, die ich so zärtlich liebe, am schönsten ehre, und möchtet Ihr mir dann in allen Fällen glauben: daß ich nicht gewissenlos auf zweifelhaften Pfaden, sondern in ernstprüfender Selbsterkenntnis dem Ziele zugehe, von dem ich weiß, daß ich es erreichen muß.

Ich habe nur die eine Bitte an Dich, sie kommt aus meinem tiefsten Herzen, ich kann nichts wärmer mir erbitten: laß bei Deiner Liebe, beste Mutter, auch das Vertrauen sein, ohne welches die Liebe wertlos ist, aber das Vertrauen von Dir zu mir, nicht durch den Umweg meiner Brüder, die notwendig gegen mich reden müssen.

Soll ich das schöne Ziel nie erreichen, Euch in Ruhe und Frieden auf mich blicken zu sehen, wenn ich meine Wege wandle in der Überzeugung, daß ich das tue, was meiner Natur und Ansicht nach das Rechte ist? Und könnt Ihr Euch nicht wirklich dabei beruhigen, daß ein reines Herz, wie Ihr mir's zutraut, und ein wahrhaft sittlicher Wille nicht unreine Taten begehen können?

Ich habe Deinem Willen meinen höchsten irdischen Wunsch [die Verbindung mit Julius Fröbel] geopfert. Deinen sorglichen Widerstand hätte ich freundlich liebend zu heben versucht und hätte mit Deinem Segen zu Deiner und meiner Ehre ausgeführt, was ich vorhatte; dies Gefühl lebt in mir und hat mich noch nie getäuscht; nur geht freilich alles nicht so schnell. Aber auch so werde ich Deiner und meiner würdig leben, obwohl weniger glücklich; und ich dachte gerade mit so frohem Herzen daran, mir ein Glück zu schaffen, an dem Du noch teilgenommen hättest. Nun, das ist vorbei, und ich will Dir nun erzählen, was ich zu tun gedenke, ob Du damit einverstanden bist.

Nein, meine liebe Mutter, laß uns endlich einen heiteren Frieden schließen für immer. Wenn ich wirklich Dein liebes Kind bin, das geliebteste wäre ein Unrecht gegen meine Geschwister, so glaub auch, daß ich dieser Liebe wert bin, sonst entzieh sie mir lieber, denn ich kann sie nicht freudig besitzen, wenn Du an mir zweifelst oder Dich ewig um mich grämst. Versuch es einmal, zu denken: »sie geht ihre Wege, aber sie wird dabei besser, friedlicher, glücklicher; so müssen es wohl für sie die rechten sein«, und dann wirst Du Dich mit mir freuen, wirst Anteil nehmen an meinen Geschicken, wie an denen meiner Geschwister. Hast Du es doch auch einst so gemacht, als Otto [der ältere Bruder] seinen Glauben wechselte. Was sich in mir entwickelt hat, lag längst vor jener Zeit in mir, die Du bezeichnest. Mache daher weder Dir noch jemand anders Vorwürfe; ich bin ja nicht schlecht und nicht mißraten, wer verdiente denn also Vorwürfe? Denn wenn Du das glaubtest, dann müßtest Du mich aufgeben. Nein, beste Mutter, gönne mir das Glück, zu denken, daß Du mit Frieden auf mich blickst, und daß Dein Segen mir den Weg, auf dem ich meinen Frieden finde, doppelt lieb macht.

So laß es sein, Du nimmst damit eine Qual aus meinem Leben und aus Deinem auch, und wahrlich, es bedarf nur des Entschlusses, denn ich weiß es, ich verdiene Vertrauen.

Ich habe Deinen Wünschen meinen Plan geopfert. Du magst aus Obigem nur sehen, daß ich stets bereit bin, meine Wünsche den Deinen zu opfern, wenn Du dies forderst, wie ich es ja schon einmal getan, wo es mir noch schwerer wurde, als jetzt [Sie sollte als Erzieherin nach England gehen].

Die Freiheit, die Du Deinen anderen Kindern gönnst, ihre Wege zu gehen, die mußt Du auch mir zuerkennen, denn ich suche nach meiner Überzeugung das Rechte und Edle wie sie. Laß Dich nicht immer wieder irre machen in dem Vertrauen auf

Deine Malwida

on Religion und christlicher Erziehung habe er nie reden hören, sagt Theodor Storm (1817 bis 1888) einmal. Zeitgenossen meinen sogar, der spätere Dichter, der vor allem mit Novellen hervortrat (»Pole Poppenspäler«, »Immensee«, »Aquis submersus«, »Der Schimmelreiter«), habe keinerlei erzieherische Fürsorge erfahren. Der humorlose, cholerische Vater, als Advokat erfolgreich, kümmert sich wenig um die Kinder. Eine stärkere, wenn auch wohl etwas einseitige Beziehung hat Theodor zur Mutter, Lucie Storm geborene Woldsen; er beschreibt sie als »sanfte Frau mit wunderschönen blauen Augen, ohne hervorragende geistige Begabung, aber von klarem Verstand«.

Da die Eltern die Schriftstellerei für brotlose Kunst erachten, wird Theodor Jurist und läßt sich 1843 als Rechtsanwalt in seiner Geburtsstadt Husum nieder. 1846 ehelicht er Constanze Esmarch. Die 1848 dänisch gewordene schleswigsche Heimat verläßt er; erst nach Preußens Sieg über die Dänen, 1864, kehrt er zurück. 1865 stirbt seine Frau bei der Geburt des siebten Kindes. Ein Jahr darauf heiratet er noch einmal, »um den Kindern eine Mutter zu geben«, wie es heißt. 1874 wird Storm Oberamtsrichter in Husum.

Die Schilderung häuslichen Alltags, die den folgenden Brief des längst erwachsenen Sohnes durchzieht, rührt in ihrer Offenheit.

THEODOR STORM, 44,
AN DIE MUTTER

Heiligenstadt, 6. Dez. 1861

Liebe Mutter, Dank für Deinen letzten Brief, die Nachrichten waren ja meistens gut, aber mit dem Altwerden laß es nur ein wenig sachte angehen. Übrigens geht es Deinem ältesten Sohn nicht viel besser, das Öl meiner Lebenslampe hat die letzte Zeit ein wenig rasch gebrannt.

Also jetzt die Schilderung unsres Winterlebens. In der Mittel- und Constanzes dran grenzenden Schlafstube haben wir die Fußböden streichen lassen; die heizen wir nun und das ist unsre Welt. Darin sitzen Hans und ich, zu arbeiten, Constanze zu flikken, Ernst, Karl und Lite, zu malen und zu schnitzeln, darin schläft das Piepchen, tänzelt mit ihr, wenn sie wach ist, das Kindermäd-

chen Ottilie ... darin – in diesem unserem Weltgebäude nämlich
– setzt sich auf den Tisch und Stühlen diese ganze Kinderbande
und spielt unter lebhaftem Geschrei »Tod und Leben«, ein Kar-
tenspiel, das Wussow den Jungen gezeigt hat, dem ich aber, da
die Kinder schließlich, wenn sie ihre Schularbeiten gemacht, an
nichts anderes dachten, durch Verbrennen der Karten gestern ein
plötzliches Ziel gesetzt habe. Seitdem sagt Losche alle paar Stunden, selbst gestern im Einschlafen noch, mit der zartesten Stimme
zu mir:

»Papa, tut es Dir leid um die schönen Karten? Mir geht es auch
so, wenn ich bös werd, da schmeiß ich Alles hin und nachher da
tut es mir leid!« Und der Junge hat wirklich Recht. – Darin – in
dieser betäubenden kleinen Welt, habe ich in den letzten beiden
Monaten eine Novelle geschrieben, die wohl um ⅓ länger als
»Immensee« ist, was ich in meiner künftigen Biographie nicht zu
vergessen bitte. Jetzt, nachdem das Productionsfieber vorüber,
bin ich aber auch ziemlich zusammengeklappt, denn es ist nicht zu
vergessen, daß ich täglich 6–7 Stunden Amtsarbeiten dabei besorgt habe. Die Kinder frugen mich zuletzt fast täglich »Papa, bist
Du denn noch nicht fertig?« Denn natürlich war ich während der
zwei Monate, während ich diesen jahrelang umhergetragenen
Stoff zu Papier brachte, weder für sie noch für einen andern
Menschen auf der Welt. Nur eine Portion Tiere und andere
fabelhafte Geschöpfe mußte ich freilich für sie anfertigen, die
dann von Hans und Ernst auf eine greuliche Art angetuscht
wurden. Als ich vor ein paar Tagen die Reinschrift corrigierte und
mich einen Augenblick über einen Ausdruck bedachte, fragte
Losche: »Papa, Du dichtest wohl?« »Nein.« »Aber Du denkst ja
doch mit'm Kopf so in der Luft herum.« –

Vor 8 Tagen hab' ich meine Arbeit »Im Schloß« an die »Garten-
laube« geschickt. Ob sie sie nimmt, muß ich dann abwarten. Der
»Bazar« ersuchte mich diesen Sommer um eine Novelle – allein,
da die Bedingung gestellt war, daß die Novelle weder Religion
noch Politik berühre, so habe ich nicht einmal den Versuch
gemacht, sie dort anzubringen, wie Ihr demnächst Euch aus der
Lektüre derselben leicht erklären werdet. Vielleicht kommt später
einmal eine harmlose Stunde, wo ich den zahmen Ansprüchen
des »Bazar« genügen kann. Vorläufig muß ich pausieren.

Eine Parenthese

»Wo ist mein Schlüsselbund?« fragt Constanze. »Der Herr hat es geholt«, sagt das Mädchen. »Ich hab dem Herrn Butter holen müssen.« – »So?« sagt Constanze, sehr gedehnt, »also Butter hast Du heute morgen gegessen und auch wohl Zucker?« Beides ist nämlich seit einem Vierteljahr nur zum Nachmittagstee gestattet. – Ich aber nahm das Häppchen aus dem Schrank und sagte triumphierend: »Ist was davon gegessen?« Nein! Dann aber mußte ich gleich gestehen, daß ich heute morgen so große Lust zu süßem Tee und Butterbrot gehabt, daß ich indes, nachdem die Butter schon requiriert, dies Gelüste dennoch bezwungen. –

So kämpft im Kleinen wie im Großen jeder fortwährend heimlich mit dem Teufel; und Heil dem, in dem der Teufel, d. h. das sinnliche Begehren noch recht frisch und lebendig ist, wie er mit ihm fertig wird, ist seine Sache. Ich möchte nicht, daß der Teufel sobald in mir stürbe.

Die Parenthese, welche sich soeben begab, gehört auch zur Schilderung unseres häuslichen Lebens.

ater und Sohn verband eine äußerst enge Beziehung. Karl Marx *(1818 bis 1883)* genoß eine liebevolle, in vieler Hinsicht auch nachsichtige Erziehung. Der Vater, Hirschel Marx *(1782 bis 1838)*, von Beruf Rechtsanwalt, ein eher konservativer, doch patriotisch gesinnter, aufgeschlossener Mann, trat, als der Sohn sechs wurde, aus der jüdischen Gemeinde Triers aus und ließ sich auf den Namen Heinrich taufen. Er las viel mit dem jungen Karl, so Voltaire und Racine, und diskutierte mit ihm über Themen aus Politik, Philosophie, Religion und Geschichte.

Karl machte 1835 Abitur und studierte anschließend Jura in Bonn. Hier lernte er auch Jenny von Westphalen, seine künftige Frau, kennen und lieben. 1836 ging er nach Berlin, um sich in Geschichte und Philosophie auszubilden, bummelte dabei aber viel herum, was zu erheblichen Spannungen zwischen Sohn und Vater führte.

KARL MARX, 18,
AN DEN VATER

Berlin, den 10. November [1836]

Theurer Vater!

Es giebt Lebensmomente, die wie Grenzmarken vor eine abgelaufene Zeit sich stellen, aber zugleich auf eine neue Richtlinie mit Bestimmtheit hinweisen. In solch einem Übergangspunkt fühlen wir uns gedrungen, mit dem Adlerauge des Gedankens das Vergangene und Gegenwärtige zu betrachten, um so zum Bewußtsein unserer wirklichen Stellung zu gelangen. Ja, die Weltgeschichte selbst liebt solches Rückschauen und besieht sich, was ihr dann oft den Schein des Rückgehens und Stillstandes aufdrückt, während sie doch nur in den Lehnstuhl sich wirft, sich zu begreifen, ihre eigene, des Geistes That geistig zu durchdringen. Der Einzelne aber wird in solchen Augenblicken lyrisch denn jede Metamorphose ist theils Schwanensang, theils Ouverture eines großen neuen Gedichts, das nach verschwimmenden, glanzreichen Farben Haltung zu gewinnen strebt; und dennoch möchten wir ein Denkmal setzen dem einmal Durchlebten, es soll in der Empfindung den Platz wiedergewinnen, den es für das Handeln verloren, und wo fände es eine heiligere Stätte, als an dem

Herzen der Eltern, dem mildesten Richter, dem innigsten Theilnehmer, der Sonne der Liebe, deren Feuer das innerste Zentrum unserer Bestrebungen erwärmt! [...]

Wenn ich also jetzt am Schlusse eines hier verlebten Jahres einen Blick auf die Zustände desselben zurückwerfe und so, mein theurer Vater, Deinen so lieben, lieben Brief von Ems beantworte, so sei es mir erlaubt, meine Verhältnisse zu beschauen, wie ich das Leben überhaupt betrachte, als den Ausdruck eines geistigen Thuns, das nach allen Seiten hin, in Wissen, Kunst, Privatlagen dann Gestalt ausschlägt. Als ich Euch verließ, war eine neue Welt für mich erstanden, die der Liebe, und zwar im Beginne sehnsuchtstrunkener, hoffnungsleerer Liebe. Selbst die Reise nach Berlin, die mich sonst im höchsten Grade entzückt, zur Naturanschauung aufgeregt, zur Lebenslust entflammt hätte, ließ mich kalt. [...]

In Berlin angekommen, brach ich alle bis dahin bestandenen Verbindungen ab, machte mit Unlust seltene Besuche und suchte in Wissenschaft und Kunst zu versinken.

Nach der nachmaligen Geisteslage mußte nothwendig lyrische Poesie der erste Vorwurf, wenigstens der angenehmste, nächstliegende sein, aber, wie meine Stellung und ganz bisherige Entwicklung es mit sich brachten, war sie rein idealistisch. Ein ebenso fernliegendes Jenseits, wie meine Liebe, wurde mein Himmel, meine Kunst. [...] Die ganze Breite eines Sehnens, das keine Grenze sieht, schlägt sich in mancherlei Form und macht aus dem »Dichten« ein »Breiten«.

Nun durfte und sollte die Poesie nur Begleitung sein; ich mußte Jurisprudenz studiren und fühlte vor allem Drang, mit der Philosophie zu ringen. [...]

[Es folgt eine breite Schilderung einer von ihm verfaßten rechtsphilosophischen Arbeit]

Doch was soll ich weiter die Blätter füllen mit Sachen, die ich selbst verworfen? Trichotomische [kleinliche] Eintheilungen gehen durch das Ganze durch, es ist mit ermüdender Weitläufigkeit geschrieben und die römischen Vorstellungen auf das barbarischste mißbraucht, um sie in mein System zu zwängen. Von der andern Seite gewann ich so Liebe und Überblick zum Stoffe wenigstens auf gewisse Weise.

Am Schlusse des materiellen Privatrechts sah ich die Falschheit des Ganzen [...]

Am Ende des Semesters suchte ich wieder Musentänze und Satirmusik und schon in diesem letzten Hefte, das ich Euch zugeschickt, spielt der Idealismus durch erzwungenen Humor (Skorpion und Felix), durch mißlungenes, phantastisches Drama (Oulanem) hindurch, bis er endlich gänzlich umschlägt und in reine Formkunst, meistentheils ohne begeisternde Objekte, ohne schwunghaften Ideengang, übergeht.

Und dennoch sind diese letzten Gedichte die einzigen, in denen mir plötzlich wie durch einen Zauberschlag, ach! der Schlag war im Beginn zerschmetternd, das Reich der wahren Poesie wie ein ferner Feenpalast entgegenblitzte und alle meine Schöpfungen in Nichts zerfielen.

Daß bei diesen mancherlei Beschäftigungen das erste Semester hindurch viele Nächte durchwacht, viele Kämpfe durchstritten, viele innere und äußere Anregung erduldet werden mußte, daß ich am Schlusse doch nicht sehr bereichert hinaustrat und dabei Natur, Kunst, Welt vernachlässigt, Freunde abgestoßen hatte, diese Reflektion schien mein Körper zu machen, ein Arzt rieth mir das Land und so gerieth ich zum ersten Male durch die ganze lange Stadt vor das Thor nach Stralow. Daß ich dort aus einem bleichsüchtigen Schwächling zu einer robusten Festigkeit des Körpers heranreifen würde, ahnte ich nicht.

Ein Vorhang war gefallen, mein Allerheiligstes zerrissen, und es mußten neue Götter hineingesetzt werden.

Von dem Idealismus, den ich, beiläufig gesagt, mit Kantischem und Fichteschem verglichen und genährt, gerieth ich dazu, im Wirklichen selbst die Idee zu suchen! Hatten die Götter früher über der Erde gewohnt, so waren sie jetzt das Zentrum derselben geworden.

Ich hatte Fragmente der Hegelschen Philosophie gelesen, deren groteske Felsenmelodie mir nicht behagte. Noch einmal wollte ich hinabtauchen in das Meer, aber mit der bestimmten Absicht, die geistige Natur ebenso nothwendig, konkret und festgerundet zu finden, wie die körperliche, nicht mehr Fechterkünste zu üben, sondern die reine Perle ans Sonnenlicht zu halten.

[...] Glaube mir, mein theurer, lieber Vater, keine eigennützige Absicht drängt mich (obgleich ich selig sein würde, Jenny wiederzusehen), aber es ist ein Gedanke, der mich treibt, und den darf ich nicht aussprechen. Es wäre mir sogar in mancher Hinsicht ein harter Schritt, aber wie meine einzige süße Jenny schreibt, diese

Rücksichten fallen alle zusammen vor der Erfüllung von Pflichten, die heilig sind.

Ich bitte Dich, theurer Vater, wie Du auch entscheiden magst, diesen Brief, wenigstens dies Blatt der Engelsmutter nicht zu zeigen. Meine plötzliche Ankunft könnte vielleicht die große, herrliche Frau aufrichten. [...] In der Hoffnung, daß nach und nach die Wolken sich verziehen, die um unsere Familie sich lagern, daß es mir selbst vergönnt sei, mit Euch zu leiden und zu weinen und vielleicht in Eurer Nähe den tiefen, innigen Antheil, die unermeßliche Liebe zu beweisen, die ich oft so schlecht nur auszudrücken vermag, in der Hoffnung, daß auch Du, theurer, ewig geliebter Vater, die vielfach hin- und hergeworfene Gestaltung meines Gemüths erwägend, verzeihst, wo oft das Herz geirrt zu haben scheint, während der kämpfende Geist es übertäubte, daß Du bald wieder ganz völlig hergestellt werdest, so daß ich selbst Dich an mein Herz pressen und mich ganz aussprechen kann.

Dein Dich ewig liebender Sohn Karl

Verzeihe, theurer Vater, die unleserliche Schrift und den schlechten Stil; es ist beinahe vier Uhr, die Kerze ist gänzlich abgebrannt und die Augen trüb; eine wahre Unruhe hat sich meiner bemeistert, ich werde nicht eher die aufgeregten Gespenster besänftigen können, bis ich in Eurer lieben Nähe bin.

Grüße gefällig meine süße, herrliche Jenny. Ihr Brief ist schon zwölfmal durchlesen von mir und stets entdecke ich neue Reize. Es ist in jeder, auch in stilistischer Hinsicht der schönste Brief, den ich von Damen denken kann.

ein Vater war Drechslermeister in Zürich und starb bereits 1824. So mußte die Mutter, Elisabeth Keller geborene Scheuchzer (1787 bis 1864), den Sohn, Gottfried Keller (1819 bis 1890), in ärmlichsten Verhältnissen erziehen. An seinen Freund Hegi schrieb der Student Keller einmal: »Dabei kann meine liebe Alte mir nichts schicken, ohne äußerste Einschränkung, und um ihr allen Kummer zu ersparen, schreibe ich ganz fidel nach Hause, als ob ich im größten Floribus lebte, indes ich ganz gemütlich auf dem räudigsten und schäbigsten Hunde reite, den es jemals gegeben hat. Meinen Bekannten sage ich immer, ich erwarte noch Geld von Hause, sonst hätten sie wahrscheinlich vermöge ihrer glänzenden Generosität mir längst nicht mehr gepumpt und ich wäre also schon längst krepiert.«

Keller studierte zunächst, 1837, Malerei bei dem Aquarellisten Rudolf Meyer und begann auch schon zu schreiben. In München, 1840, kämpfte er, wie ein Biograph anmerkt, »mit dem eigenen Talent, den widrigen materiellen Umständen und der skeptischen Mutter daheim um Anerkennung seiner malerischen Begabung«. Nach zwei Jahren kehrte er nach Zürich zurück. Erst hier wurde er seiner schriftstellerischen Ader recht gewahr. Eines seiner Lieblingsthemen als Dichter blieb das Mutter-Sohn-Verhältnis.

GOTTFRIED KELLER, 20
AN DIE MUTTER

München, den 27. Juni 1840

Liebe Mutter!

[. . .] Was mich betrifft, so habe ich im Anfange gewaltig gegeizt, und bin nirgends hingegangen; wann ich an einem Tag etwas übers bestimmte Maß hinaus gebraucht habe, so fraß ich den anderen gar nichts; allein das war sehr dumm. Ich muß mir die Fremde nicht nur in Hinsicht der Kunst, sondern auch in anderer, gesellschaftlicher Beziehung zu nutze machen; denn ich war von Hause aus in vielen Sachen noch sehr ungeschliffen und schüchtern, und das ändert sich nicht, wenn man in der Fremde hinter dem Ofen hockt. Ich mische mich also unter die Leute und lerne von jedem was zu lernen ist. Auch habe ich mich in den bayrischen Kunstverein aufnehmen lassen, was mich aber zwölf Gulden kostet alle Jahr; indessen ist der Nutzen weit größer; denn nicht nur lerne ich sehr viel dadurch; sondern ich kann später meine Sachen besser verkaufen.

Auch haben die schweizerischen Studenten und Künstler eine Gesellschaft hier, worin ich ebenfalls bin. Donnerstag hatten wir ein Leichenbegängnis zu begehen, da einer aus dieser Gesellschaft, Graf d'Affry von Freiburg, der einzige Sohn seiner Eltern, einundzwanzig Jahr alt, starb. Wir begleiteten ihn sämtlich zum Grabe. Es war ein schöner Zug. Voraus die Geistlichkeit mit Kreuz und Fahne und Rauchfaß etc. Dann der Sarg, von sechs Schweizern getragen, welche schwarze Kleidung mit weißen Florschärpen um den Leib trugen. [...] So zogen wir um den Kirchhof herum und dann aufs Grab, wo eine Blechmusik von dreißig Mann aufspielten, nachdem die Geistlichen ihre Künste gemacht hatten. Dann hielt einer eine schöne Rede; wiederum Musik und dann schmiß jeder von uns drei Schaufeln Erde ins Grab und bespritzte es mit Wasser, welches man uns in einem alten Kübel hergestellt hatte. Dann aber zogen wir in corpore auf unsere Kneipe, wo wir erst die rechte Totenfeier hielten. Es war wirklich ein herzerhebender Anblick, den ganzen Saal voll Schweizer zu sehen; jeder ein mächtiges Bierglas in der Hand, dasselbe in die Höhe streckend, und auf Kommando mit feierlicher Miene ausleeren bis auf den Grund. [...] Überhaupt sind sehr viele Schweizer hier krank, und meistens sehr gefährlich am Nerven- und noch mehr am Schleimfieber. Die Münchner sagen zwar, wenn einer gleich anfangs sich ans Biertrinken halte, so werde man weniger krank; und das habe ich mir hinter die Ohren geschrieben. [...] Ich wünschte manchmal nur, daß Du und Regula hier wären und die Pracht alle sähen, die sich hier bei verschiedenen Gelegenheiten entfaltet. Wenn ich früher oder später einmal in einen guten Stiefel gerate, so muß auf jeden Fall so etwas eingerichtet werden.

Ich habe immer noch meine alte Mütze, welche meinen Kameraden viel Spaß macht; ich bin schon bei allen honetten Schweizern bekannt, welche hier sind; die meisten haben aber mehr Geld als ich; aber das macht nichts. [...]

Euer Sohn und Bruder
Gottfried Keller

DER EINUNDZWANZIGJÄHRIGE
AN DIE MUTTER

München, den 14. Juli 1840

Lieber Mutter!

Den Brief samt Anweisung habe ich richtig erhalten und das Geld bezogen, worauf ich sehnlichst gewartet hatte; denn in Hinsicht des wohlfeilen Lebens habe ich mich sehr getäuscht; wenn einer hungern will, so kann man hier schon wohlfeil auskommen; lebt man aber ein wenig ordentlich, so kommt's halt mit Zürich so ziemlich aufs gleiche heraus. Doch genug hiervon; Ich sehe schon ein, daß ich auf den Spätherbst selbst auskommen muß und deswegen habe ich mich in den Kunstverein aufnehmen lassen, welches für einen Fremden und zudem für einen Anfänger der einzige Weg ist, seine Bilder zu verkaufen; so geschickte Männer es hier hat, und so sehr ich mich anstrengen muß, nur einen Schatten von dem zu leisten, was jene, so werden doch häufig noch ziemlich schlechtere Sachen angekauft, als ich mir zu machen getraue. Sehr nützlich wäre es freilich, ich könnte den Winter hindurch noch für mich studieren, indem ich dann im Frühling um so sicherer auftreten könnte; denn je besser man hier arbeitet, desto mehr verdient man; und so viele Maler es hier hat (etwa 600), so leben die, welche etwas Tüchtiges gelernt haben, doch alle wie die Herren. [...]

Ihr werdet nun schönes Wetter haben in der Schweiz, während hier beständiges Regenwetter ist, man steckt immer in den Mänteln. Meine zwei Herren Schebiässe [Röcke] fangen allmählich an zu altern, ich muß froh sein, wenn sie bis zum Herbst aushalten, wenigstens der kleine; indessen ist das Flicken hier billiger als bei uns; mein Hauspatron, welcher von Gottesgnaden ein Schneider ist, hat mir den Rock gänzlich renoviert für etwa sieben Kreuzer. [...]

München, den 19. Oktober 1840

Liebe Mutter!

Daß Ihr zuhause mich für fähig gehalten habt, eine Krankheit zu erlügen, um Geld zu erhalten, war mir eben keine große Erquikkung, da ich eben damals, als ich den Brief erhielt, kaum noch auf den Beinen stehen konnte. Ich lag vier ganze Wochen im Bett und bekam nichts als Fleischbrühe und Wasser zu saufen, so daß Dein Traum ziemlich erfüllt war; denn ich war so abgemagert und schwach als ich wieder ausgehen konnte, daß ich vor mir selbst erschrak, als ich in den Spiegel schaute. – Doch werde ich in Zukunft nichts mehr von dergleichen Sachen schreiben, es mag mir gehen, wie es will, da man zu allem Elende noch glaubt, ich lüge. Was das viele Geldbrauchen betrifft, so weiß ich am besten, für was ich es ausgebe, auf jeden Fall nicht fürs Lumpen, auch gehe ich nicht mit Lumpen, sondern einzig und allein mit Hegi von Zürich, welcher mein bester Freund hier ist, und wir sitzen meistens ganz allein beieinander. Du wirst dich wahrscheinlich wundern, daß die letzten vier Louisdor bereits wieder gebraucht sind, wenn Du nicht bedenkst, daß ich dem Doktor sechzehn Gulden, dem Apotheker acht Gulden, der Magd, welche alle Nächte bei mir gewacht und mich sonst gut verpflegt hat, einen Taler, und obendrein den Mietzins bezahlen mußte. Dazu mußte ich, als ich wieder essen und ausgehen durfte, feinere und kräftigere Speisen nehmen und eine Zeitlang Rheinwein trinken, um wieder zu Kräften zu kommen; auch schaffte ich mir ein Flanellleibchen, Unterhosen und Überschuhe an, weil das Wetter hier immer naß und kalt ist und ich mich vorzüglich auf den Winter warm halten muß. Du wirst mir vielleicht indessen auch wieder nicht glauben, daß der Doktor an meinem Aufkommen gezweifelt hat. Du wirst aus allem also einsehen, daß ich das übrige Geld noch brauche; weil ich wenigstens zwei Monat Zeit haben muß, um etwas zu machen, das ich verkaufen kann; nachher tragt keine Sorge mehr für mich! Was Deine Meinung im vorletzten Briefe betrifft, daß ich nämlich wieder nach Haus kommen sollte, so traust Du mir da nicht viel Charakter zu. Die Leute würden ein schönes Gelächter haben. Ich habe einmal meine Bahn angetreten und werde sie auch vollenden, und müßte ich Katzen fressen in München. Fischer ist schon über zwei Wochen hier. Wir müssen nächstens Holz kaufen; denn es ist abscheulich kalt und was mich betrifft, so muß ich den ganzen Tag essen, so ausgehungert bin ich durch die Krankheit geworden.

Grüße alle!

Dein Sohn
Gottfried Keller

ie »Königin der Klavierspielerinnen«, wie Hans von
Bülow sie, die spätere Frau Robert Schumanns,
nannte, Clara Wieck (1819 bis 1896), war knapp acht
Jahre alt, als sie erstmals in einem Konzert auftrat.
Darüber berichtet sie der Mutter, die zu der Zeit von ihrem Mann
getrennt lebte, im ersten der beiden hier abgedruckten Briefe.

Der Vater, der Klavierlehrer Friedrich Wieck, führte sein Wun-
derkind von Tochter stolz vor. Ungeachtet aller pädagogischen
Ambitionen war er ein rechter Dickschädel. Von der Auseinandersetzung um ihre Ehe mit Robert Schumann (siehe Seite 185)
zeugen die späteren Briefe, in denen Clara des Vaters Verständnis
und Liebe sucht.

CLARA WIECK, 8,
AN DIE MUTTER

Leipzig, d. 14. Sept. 1827

Lieber Mutter,
Du hast noch nichts von mir gelesen, da ich nun ein wenig
schreiben kann will ich Dir ein kleines Briefchen schreiben, worüber Du Dich freuen wirst. Zu meinem 8chten Geburtstag bin ich
auch beschenkt worden, von meiner guten Bertha und von meinen guten Vater, Von meinen guten Vater hab ich ein Wun-
derschönes Kleid bekommen, und von meiner Bertha hab ich ein
Aschkuchen ein Pflaumenkuchen und einen rechten schönen
S[t]rickbeutel bekommen. Auch spilte ich ein Concert aus Es dur
von Mozart, was Du auch gespielt hast. mit Orchesterbegleitung,
wo Herr Mathäi, Lange, Belka, und viele andre auch noch mit-
spielten. Es ging recht gut und ich hab garnicht gestockt. nur
meine Kadänz wollt nicht gleich gehen, wo ich eine chromatische
Tonleiter 3 mahl spielen mußte, Angst hatte ich garnicht, Das
Klatschen hat mich aber verdrossen. Emilie Reichhold und
M. Kupfer haben auch gespielt, Ein Tag vorher über meinen
Geburtstag bin ich mit meinen Vater nach Malgern gefahren. sei
so gut und sage der Groß Mutter einen Gruß und die Brüder
lassen Dich auch grüßen. Du wirst nun doch auch an mich
schreiben?
Ich bin

Deine gehorsame Tochter Clara Wieck

[1827]

Liebe Mutter,

ich werde Dich bald besuchen und da will ich recht Viel 4händig
mit Dir spielen. Auch habe ich schon Viele Opern durchgesungen
und gespielt z. B. den Oberon die Schweizerfamilie die Zauber-
flöte, welche ich auch im Theater gesen habe. Mein guter Vater
hat mir auch einen schönen Flügel bei H. Stein in Wien bestellt,
weil ich fleißig bin und die Lieder von Spohr zugleich singen und
spielen kann, und das Concert ohne fehler gegangen ist.

Lebewohl

C.

DIE NEUNZEHNJÄHRIGE
AN DEN VATER

Nürnberg, den 15. Oktober 1838
»Ei, ei, Klara, Du schreibst am Conzerttag, machst Dir steife
Finger! Hast Du das in 12 Jahren nicht gelernt von Deinem Vater,
daß Du am Conzerttage nicht schreiben darfst.« Ja, so wird es
heißen und der Papa wird außer sich sein über die unfolgsame
Tochter. Ja, siehst Du, lieber Vater, während ich nun so hier sitze,
können die meisten der Einwohner Nürnbergs nicht aus den
Häusern, der Fluß ist nach dem großen Schnee ausgetreten und
hat die ganze Stadt unter Wasser gesetzt. Vor unserer Thüre
fahren sie in Kähnen und schreien und laufen auf die höchsten
Berge in der Stadt um dem Wasser zu entgehen. [...] Heute
morgen habe ich Einigen 2 Stunden vorgespielt und sie in ein
ungeheures Entzücken versetzt – ich war aber auch begeistert
[...] Gestern waren wir in Gesellschaft, waren um 7 gebeten,
doch ging à la Liszt erst um ½8 Uhr hin und blieb bis zur Hälfte des
Soupers dann war ich weg. Die Instrumente sind alle unter aller
Kritik, die Leute verstehen die Musik nur oberflächlich. Die Tochter des Hauses sang gestern eine ungeheure Arie – so schlecht
habe ich noch *nie* singen hören. Ich sagte ihr auch kein Wort;
andere Damen der Gesellschaft waren entzückt, haben noch nie
so etwas Entzückendes gehört etc., ergossen sich in Lobeserhe-
bungen [...]

Freitag reise ich nach Stuttgart. Jede Stunde erwarte ich Brief
durch Mainberger von Dir, *das ist garnicht hübsch von Dir, daß*

Du gar nicht schreibst und das hätte ich nicht gedacht, ich dachte,
so lange könntest Du es nicht aushalten [...]

Nun, freust Du Dich nicht über Deine Tochter? Die ganze Stadt
hab' ich schon in Entzücken versetzt. Heute habe ich einigen
Herren drei Stunden (sage drei) hinter einander vorgespielt, mit
dem größten Feuer, dann haben wir im Sturm und Schneegestö-
ber eine Promenade von einer Stunde gemacht und jetzt vor
einer Stunde waren alle Musikliebhaber bei mir, haben mein
Album gesehen und seit einer Stunde packen wir ein auf Leben
und Tod. Jetzt komme ich nach und nach schon in das Concert-
feuer. *Ich denke jede Minute, Du mußt zur Thür' hereintreten,*
um mich zu überraschen. Hast Du noch keine Lust? Du böser
Papa! – Grüße an Alle, voraus. Bald mehr! Verzeih' diesen
schrecklichen Brief, aber es geht nicht anders! Gute, gute Nacht!
In Stuttgart sehen wir uns wieder.

Euer Aller
Clara

Paris, d. I./5. 39

Mein geliebter Vater,
Deine Briefe aus Dresden haben wir erhalten, und ich danke Dir
für Deine lieben Zeilen; große Sehnsucht hätte ich, Dich, mein
lieber Vater, wieder zu sehen und mit Dir so recht in aller Liebe
und Eintracht einmal zu reden; so laß es mich jetzt wenigstens
schriftlich thun. [...] Meine Liebe zu Schumann ist allerdings eine
leidenschaftliche, doch nicht *blos* aus Leidenschaft und Schwärmerei lieb ich ihn, sondern weil ich ihn für den besten Menschen
halte, weil ich glaube, daß kein Mann mich so rein, so edel lieben
und mich so verstehen würde als Er, und so glaub ich auf der
anderen Seite auch ihn mit meinem Besitz ganz beglücken zu
können, und gewiß keine andere Frau würde ihn so verstehen
wie ich. Du wirst mir verzeihen, lieber Vater, wenn ich Dir sage, Ihr
Alle kennt ihn doch gar nicht, und könnte ich Euch doch nur
überzeugen von seiner Herzensgüte! Jeder Mensch hat ja seine
Eigenheiten, muß man ihn nicht darnach nehmen? Ich weiß was
Schumann fehlt, das ist ein Freund, ein erfahrener Mann, der ihm
beisteht und hilfreiche Hand leistet; bedenke, daß Schumann nie
in die Welt gekommen war – kann es denn nun auf einmal gehen?
ach Vater wärest Du ihm ein Freund – Du solltest ihn *gewiß* nicht

undankbar finden und Du würdest ihn gewiß achten; glaubst Du denn daß ich Schumann so liebte, wenn ich ihn nicht achtete? glaubst Du nicht, daß ich wohl seine Fehler weiß? Aber auch seine Tugenden kenne ich. Uns würde zu unserem Glück nichts fehlen als ein, wenn auch kleines, doch sicheres Auskommen, und Deine Einwilligung; ohne letzteres wäre ich ganz unglücklich, ich könnte nie Ruhe haben und Schumann, der ja so viel Gemüth hat, würde das auch unglücklich machen; ich sollte verstoßen von Dir leben und Dich unglücklich wissen! Das hielt ich nicht aus. Lieber Vater versprichst Du mir Deine Einwilligung, wenn Dir Schumann ein Einkommen von 1000 Thaler ausweisen kann? 2000 Thaler wäre doch etwas zu viel verlangt, das kann sich nur nach und nach finden. Gieb uns die Hoffnung und wir werden glücklich sein, und Schumann wird noch mit ganz anderem Muth darauf hinarbeiten mich zu besitzen; ich verspreche Dir hingegen, Schumann nicht eher zu heirathen, als bis uns keine sorgenvollen Tage mehr erwarten. Gewinnt Schumann ein sicheres Auskommen, was ich sicher glaube, und wir haben alsdann Deine Einwilligung, so machst Du uns zu den glücklichsten Menschen – außerdem zu den Unglücklichsten. *Nie* kann ich von ihm lassen, und er nicht von mir – nie könnte ich einen andern Mann lieben – ich bitte Dich versprich es mir, sage mir aufrichtig was Du verlangst, was Du in Deinem Innern denkst, mache mir keine Hoffnung, wenn es Dir nicht Ernst damit ist. Ach wie glücklich kannst Du uns machen! mein Herz ist so voll Liebe – willst Du es brechen? Das hätte ich nicht verdient! Du hältst mich nicht für gut, Du sagst mein Charakter sei verdorben, ich wisse nicht, wie Du mich liebst, ich sei undankbar – ach Vater, da thust Du mir doch gar zu unrecht. [...] oft weinte ich schon im Stillen, von Dir getrennt zu sein, Dich auf Deinen Spaziergängen nicht begleiten zu können, mich von Dir undankbar genannt zu wissen und so vieles noch! Hing ich je an Dir, so ist es jetzt. Du zanktest mich in Leipzig, daß ich nie heiter war; bedenke doch einmal in welchem Zustande ich in Leipzig war und wie man überhaupt ist, wenn man liebt, daß man da liebevoller theilnehmender Umgebung bedarf, – hatte ich die? Durfte ich Dir je von meiner Liebe sprechen? mit wem möchte man wohl lieber darüber sprechen als mit den Eltern? und vollends ich mit Dir! wie oft versuchte ich es, Dich durch mein Vertrauen zu Dir theilnehmender zu machen, hingegen machte ich Dich immer zorniger; nichts durfte ich! im Gegentheil ich mußte meine Liebe in mich verschließen, und mußte, ach so oft! mich und den Gegenstand meiner Liebe verspottet sehen – das kann ein liebend Herz wie das meine nicht ertragen; [...] ach, mein lieber Vater, wie glücklich würden wir sein, wenn Du mich schonender behandeltest und einen Funken Liebe nur wieder in Dir erwachen ließest für Schumann, Du würdest ihn nicht undankbar finden – wir Alle wären glücklich! könnte ich Dir nur alles sagen was noch in mir spricht, hätte ich Dich nur da, Du ließest Dich rühren! – oder hältst Du mich für eine Lügnerin? für falsch heuchlerisch? glaub ich es doch fast! Du kennst mich wirklich nicht ganz! haben mich doch andere Menschen lieb, weil sie meinen ich sei gut, und Du hältst mich nicht dafür? oh ja doch! und darum gieb mir einen Kuß – so! Ich bitte Dich, schreib mir gleich wieder, ich kann nicht lange in der Unruhe bleiben; Du solltest sehen wie ich meiner Kunst leben würde; Du meinst ich liebe meine Kunst nicht? ach Gott, giebt es Augenblicke wo ich ganz allen Kummer vergesse, so ist es am Clavier. Du schaltest mich, daß ich Dir nicht dankte für Deine Briefe; denke Dich doch an meine Stelle, wie ich so ganz allein in dieser Weltstadt stehe! bedarf ich da nicht des Muthzusprechens? und Du hättest mir ihn eher benehmen können – Du kannst Dir doch denken, wie unglücklich mich das Alles machte. Du meintest also, ich solle nach Baden kommen? ich sprach gestern mit Meyerbeer, und der rieth mir nicht sehr dazu, indem die Kosten dort groß seien und ein Concert doch nichts einbrächte; [...] antworte mir doch das Alles und auch das Vorhergehende, was ich Dir schrieb; ich bitte Dich aber dringend, gieb mir keine Hoffnungen um mich zu vertrösten – Du würdest mich um desto trauriger dadurch machen. [...]

chlachter und Stadtkämmerer war der Vater, Carl Christian Siegfried Virchow, ein vielseitig interessierter und begabter, in finanziellen Dingen freilich recht leichtsinniger Mann, der seinem Sohn, Rudolf Virchow (1821 bis 1902), schon früh Liebe zur Natur beibrachte. Als er 1864 gestorben war, schrieb Rudolf aus dem Vaterhaus an seine Frau: »Es ist wieder Mitternacht geworden und ich bin mit Hund und Katzen allein, zum ersten Male in diesem Hause ganz allein. Selbst die Tiere können sich nicht in diese Einsamkeit finden. Und mich umdrängen tausend Erinnerungen. Das Leben des Vaters bis lange vor meiner Geburt schließt sich mir in zahlreichen Dokumenten auf, und ich lebe meine Jugend wie im Traum noch einmal durch. Und ich sage mir dabei, daß es wohl zum letzten Male geschieht. Ich komme mir mit diesem Tage alt und fremd vor.« Die Mutter, Johanna Maria Virchow (gestorben 1857), liebte den Sohn abgöttisch.

Mit achtzehn ging Rudolf nach Berlin, um Militärarzt zu werden. Die Briefe an die Eltern zeugen auch von Meinungsverschiedenheiten und vom Ringen des Studenten um die Inhalte seines Berufs. Später arbeitete Virchow an der Charité in Berlin, wo er seine bahnbrechenden Arbeiten zur Zellularpathologie entwickelte. Der weltberühmte Arzt und Forscher war überdies ein kämpferischer Politiker, der im preußischen Abgeordnetenhaus und später auch im Reichstag für soziale Reformen eintrat.

RUDOLF VIRCHOW, 18,
AN DEN VATER

Berlin, den 5ten December 1839

Lieber Vater,

[...] Wie ich Dir schon im vorigen Briefe geschrieben habe, so höre ich täglich von 2–3 Uhr Nachmittags Anatomie, und zwar zunächst den ersten Theil davon, die Lehre von den Muskeln (Myologie). Hierzu werden natürlich immer frische Präparate gebraucht, da die Muskeln (d. h. das Fleisch am menschlichen Körper) doch unmöglich an alten, entweder getrockneten oder in Weingeist aufbewahrten Cadavern gezeigt werden könnten. Da giebt es denn bald abgeschnittene Köpfe, bald Arme oder Beine, bald einen getrennten Rumpf, bald ein Stück vom Rücken mit einem Bein oder ein Stock von der Brust mit einem Arm — kurz alle möglichen Variationen. Nun aber sind die Leichen jetzt sehr selten; von 150 Studenten, die präparieren sollten, können wöchentlich immer nur 70 beschäftigt werden, und doch sind öfters an einem Cadaver 8 bis 15 angestellt. Aus diesem Grunde kann auch der Prof. Müller nicht zu oft mit den Präparaten wechseln, sondern muß sich an Einem so lange begnügen, als es irgend geht. Wir haben nun täglich von 7–8 Uhr morgens Repetition der Anatomie auf dem Institut, und erhalten dazu dieselben Präparate, an welchen der Professor am Tage vorher die Anatomie docirt hat; manchmal, wenn der größte Theil des Körpers nöthig wäre, der natürlich zu schwer zu transportieren ist, repetiren wir in der Anatomie selbst. Bei diesen Repetitionen ruft nun der repetirende Stabsarzt einen der Eleven auf, und dieser muß nun an dem Präparate demonstriren. Liegen nun vielleicht die Muskeln tief, unter zwei, drei Muskellagen, so muß er natürlich diese zurückschlagen und jene hervorholen. So docirte nun neulich Müller eine ganze Woche lang an Einem Kopf die Muskeln, und da gerade damals so mildes Wetter war, so stank das Ding abscheulich. Bei der Repetition rief nun der Stabsarzt mich einmal auf, um ihm Muskeln zu zeigen, die hinten in der Öffnung des Rachens liegen. Wie sich von selbst versteht, mußte ich nun den Kopf auf den Kopf, d. h. auf den Schädel stellen, und nun durch den Hals in den Schlund hineinfahren. Wie schön der Mann da aus dem Halse roch, kannst Du Dir garnicht vorstellen! Neulich indeß hatten wir einen noch schöneren Geruch. Müller nahm eben die Muskeln des Rückens und des Bauches, und gebrauchte dazu einen ganzen Cadaver, dem nur die Beine in der Mitte des Oberschenkels abgeschnitten waren. An diesem docirte er vom Dienstage bis zum Sonnabende, und am Montage hatten wir Repetition. Der Anblick des Präparats war nun sehr schön; der Hals ganz zerfetzt, die Brust blosgelegt, der Bauch in vielen Stükken herumhängend, die Gedärme hervortretend! Aber der Geruch war doch noch schöner. Selbst der Stabsarzt, der an dem halbverfaulten Bauche die Theorie der Brüche im allgemeinen auseinandersetzte, verlor ein Paar mal den Athem. Bei alledem könnte ich aber nicht sagen, daß ich bei den Sachen Schauer empfände; nur der Geruch ist es, der mich incommodirt, weil er zu scheußlich ist. Weil es aber einmal nicht ohne den abgeht, so finde ich mich schon darin. [...]

DER NEUNZEHNJÄHRIGE
AN DIE MUTTER

Greifswald, den 31ten August 1841

Liebe Mutter,

Gestern Abend von Puttbus hier angekommen, habe ich zuerst
jetzt Gelegenheit, Dir meine herzlichsten Glückwünsche zu Deinem Geburtstage darzubringen. Ich gedachte eigentlich, dies
mündlich zu thun, allein die Verhältnisse haben es mir möglich
gemacht, so lange zu bleiben. Wahrscheinlich werde ich nun erst
Ende dieser Woche oder Anfang der nächsten nach Hause kommen, und ich möchte doch nicht so lange zögern, da vielleicht
außer mir doch kaum jemand unaufgefordert Dein Fest begeht.
Einen großen Theil des gestrigen Tages brachte ich auf der See,
bei der Überfahrt zu, und hatte da Zeit genug, meinen Gedanken
in die Ferne nachzuhängen. Wenn es möglich ist, daß die Geister,
durch den Raum ungestört, gegenseitig und theilnehmend anklingen, so mußt Du es gefühlt haben, wie lange und innig ich
Deiner gedacht habe – wenigstens müssen Dir, wie man sagt, die
Ohren geklungen haben. Was ich alles Dir gewünscht habe, will
ich weiter nicht ausführen: es würde großentheils das oft Gesagte
sein müssen, da ja leider nicht Worte genug für unsere Gefühle da
sind. Das Eine aber war darunter, daß Du aufhören mögest, Dich
in Deiner tumultuarischen, aufgeregten Weise gegen die Fügun-
gen des Schicksals, welche doch immer durch Menschen zu Tage
gebracht werden, und dann als deren Werk erscheinen, zu beklagen. Sie sind einmal nicht zu ändern, und wenn man sich nicht
früh gewöhnt hat, seine Zufriedenheit in sich selbst zu suchen, so
bleibt allerdings nichts übrig, als sich Freunden zu vertrauen.
Fehlen die nun unter den Menschen, wie es bei Dir mehr oder
weniger der Fall ist, so bleibt allein die Religion. Und gerade sie
wird auch bei Dir am geeignetsten sein, eine gewisse Zufriedenheit herzustellen, da Du so frühe darauf hingeleitet bist. Dann wird
jedenfalls jenes Stürmische, das so oft Dich gegen Vater erheben
macht, und jene zu weit getriebene Vertraulichkeit, mit der Du
leider so oft unsere Angelegenheiten Fremden erzählst, wegfallen
und damit einer der Hauptpunkte der Zwistigkeiten unter Euch
gehoben sein. Das Schicksal läßt sich nicht forciren, und den
Platz, auf den man von demselben angewiesen ist, würdig einzu-
nehmen, d. h. sich nicht wegzuwerfen und auch nicht thörichte,

unerfüllbare Wünsche über denselben hinaus zu hegen, ist die Pflicht jedes Sterblich-Geborenen. Entschuldige, wenn ich Dir auf diese etwas herbe Art den Wunsch mitgetheilt habe, der beinahe der ist, dessen Erfüllung ich am innigsten erflehe, weil er auch in Krankheit und Unglücksfällen, ja im Tode selbst des Menschen Glück ausmacht; also mehr werth ist, als alle Wünsche für Gesundheit, Wohlhabenheit und langes Leben, welche so glühend in meine Seele gegraben sind.

Wenn ich bloß zu meiner Erholung reiste, so wäre ich schon zu Hause, denn ich finde das Fußreisen mit einem guten Ränzel auf die Länge doch etwas beschwerlich [. . .]

So aber werde ich erst langsam wandern, weil ich sehen und mich belehren will [. . .]

Lebe recht wohl.

Dein Dich herzlich liebender Sohn
Rudolf Virchow

DER ZWANZIGJÄHRIGE
AN DEN VATER

Berlin, den 22ten Febr. 1842

Mein lieber Vater,

Deinen Brief nebst den Sachen habe ich seinerzeit richtig empfangen. Ich danke recht herzlich für alles dabei Befindliche. Die Wurst habe ich großentheils allein verspeist; einen kleinen Theil überreichte ich Deinem Bruder, welcher dergleichen sehr hoch aufzunehmen scheint. Das Geld kam mir sehr gelegen; freilich werde ich damit nur bis zum April auskommen, wo die Stettiner Stipendien-Gelder fällig werden, allein ich konnte dafür meinem Schneider und Schuster gehörige Abschlagszahlungen machen. Dein Brief selbst hat mich recht sehr ergriffen, weniger wegen der schlimmen Nachricht über die Militär-Verpflegung, als weil ich Dich so tief um mich bekümmert sehe. Jenes ist freilich sehr schlimm, da ich unsere Zukunft immer zweifelhafter werden sehe, die nun beinahe von einem guten Winter oder guten Sommer, ja vielleicht von einem rechtzeitigen Regen abzuhängen scheint; allein, offen gesagt, ich hatte schon manchmal ähnliches befürchtet. Aber alles Unglück läßt sich bei einem freien Sinn tragen.

Leider verscheucht Dein Zweifeln an mir, Dein Mißtrauen gegen meinen guten Willen diesen so sehr, daß ich tief bekümmert kaum weiß, wie ich ihn Dir zurück geben soll. Wenn ich wirklich mit Absicht, und nicht vielmehr aus Ungeschick oder einer übel angebrachten Zurückgezogenheit Dich so zu betrüben vermöchte, wie werthlos müßten Dir dann alle Deine Mühen erscheinen! Lebt doch der Vater nur in dem Sohne fort, in dem sein ganzes Sein aufgeht!

Dir würde dann aber nicht dies glückliche Loos beschieden sein, Du würdest vergebens angekämpft haben gegen ein herbes Geschick, und der Sohn würde Dir vorenthalten sein. Du kannst die Hoffnung nicht aufgegeben haben, daß es anders mit uns sei, denn dann hättest Du alles aufgegeben. Nein, so bin ich nicht wie ich oft, ja immer, *scheinen* mag; mein Herz habe ich wenigstens bewahrt, wenn auch das andere sich sehr geändert haben mag. Du erklärst mich für einen Egoisten; möglich. Aber Du klagst mich der Selbstüberschätzung an; das kann in dem Maaße nicht der Fall sein. Ächtes Wissen ist sich des Nicht-Wissens bewußt; und wie sehr, wie schmerzlich fühle ich die großen Lücken meiner Kenntnisse. Darum stehe ich auch nie, und in keinem Theile des Wissens stille; ich lerne gerne, aber meine Meinungen vertheidige ich aus Überzeugung. – Du erklärst mich für einen Phantasten; das ist gewiß wahr. Ein großer Gedanke reißt mich über das Maaß fort, ich bin zu lebhaft; aber Deine Beispiele passen nicht. Freilich ließ ich den Situationsplan und die Experimente liegen; aber weniger aus Mangel an Kraft, als weil die Mittel, diese in Anwendung zu setzen, nicht ausreichten. Du hättest noch anführen können, daß ich Dich bat, ein thermometrisches und barometrisches Tagebuch zu führen, und daß ich nachher kaum darauf zurückkam. Ich habe recht oft daran gedacht, es war nicht ein Phantasma von einem Tage. Aber die kurze Zeit der Beobachtungen konnte nicht über ihre Bedeutung entscheiden, und ich verschob es, Schlüsse daraus zu ziehen. Nichts desto weniger will ich Dich nochmals bitten, sie nicht zu unterlassen, ja womöglich auch die jedesmalige Windesrichtung und eine Hygrometer-Beobachtung hinzuzufügen. Setze bei diesem an den Punkt, wo es normal steht, 0, an den entgegengesetzten 180, und zwischen beide nach der Richtung der Drehung 90 und 270. Willst Du hin und wieder, alle 4 oder 6 Wochen, einmal die Temperatur des Kellers beobachten, so werde ich Dir danken, und gewiß nicht

das Ding vergessen. – Ebenso kramte ich in den alten Urkunden;
Du wünschtest Aufschlüsse über unsere Geschichte und ich gab
sie nicht. Darum war ich aber unruhig genug, sie herauszubrin-
gen, und daß es mir weder an Geduld, noch Kraft fehlt, sie zu
verfolgen, hoffe ich Dir noch später zeigen zu können.

Es ist viel Schwankendes und Unstätes in mir. Ich gestehe, es
muß ziemlich schwer sein, über mich zum Klaren zu kommen.
Wir haben über meine Zukunft zu sprechen begonnen, allein *Du*
hast wahrscheinlich das Gespräch wieder nicht mit Befriedigung
geendet. Wie sollte es auch? Meine Zukunft ist zu schwankend.
Meine Verhältnisse, so sehr mich auch das Glück noch immer
begleitet zu haben scheint, sind mir doch für jetzt recht ungünstig.
Sie nöthigen mich zu dem, was ich nicht möchte, und was ich
wünsche, darf ich kaum zu erreichen hoffen. So war es von jeher.
Du wolltest einen feinen Gesellschaftsmann aus mir machen; mir
liegt noch heute sehr wenig daran – Du erklärtest mir in jeden
Ferien, all mein Wissen sei ohne das nichtig, und doch konnte ich
darauf stolz sein. Hättest Du dort weniger getadelt, hier mehr
gelobt, wenn auch nur wenig, so hätte das doch vielleicht zu einer
auch äußerlich innigeren Verbindung zwischen uns beigetragen.
Es thut mir zu weh, immer nur Tadel und böse Gesichter von Dir
zu sehen; ich konnte mich nicht entschließen, zu liebkosen, wenn
mein Theuerstes in den Staub gezogen wurde. Dennoch hegte
ich es warm in meinem Herzen. Jetzt ist es ähnlich. Alle meine Zeit
wird mit Hören, Lernen, Repetiren von theilweise ganz seichten
Sachen ausgefüllt, und meiner Neigung kann ich beinahe nur auf
Kosten meiner Gesundheit ein Stündchen aufheben. Dennoch
treibe ich eifrig auch das Unerfreuliche, nicht Gewünschte, denn
es kann ja leicht einst das einzige Mittel meiner Subsistenz werden. Ich werde mich darin finden, werde selbst meinen Lieblings-
beschäftigungen entsagen können – denn ich habe schon bitte-
rere Erfahrungen ruhig ertragen. Ihr haltet mich für ziemlich
gefühllos, weil ich ruhig aussehen gelernt habe, wenn mir das
Herz blutet. Nie hat mir der gute Wille gefehlt, das Gute zu thun;
Deine Ermahnungen waren nicht in den Wind gesprochen, selbst
wenn ich ihnen widersprochen hatte, und oft genug habe ich
mich heimlich bemüht, meine Stimme in die süße höfliche Form
zu pressen, die Du verlangtest. Öfter schmeichelte ich mir mit
Erfolgen, aber Du bestrittest sie mir und noch dazu den guten
Willen.

Ich werde bei diesen Erinnerungen immer etwas bitter. Ich weiß nicht, ob es gut ist, daß ich Dir das Blatt schicke, da es mein Geschick auch ist, mißverstanden zu werden. Doch wage ich es noch einmal. Deine trauervollen Briefe kann ich jetzt nicht vollständig beantworten. Das nur wollte ich sagen, daß allerdings in mir viel Stolz und Egoismus, selbst mehr als gut ist, viel Phantastisches und Träumerisches neben vielleicht wenig Gutem ist. Allein Du mißverstehst mich, wenn Du glaubst, daß mein Stolz auf meinen Kenntnissen beruhe, deren Lückenhaftigkeit ich am besten sehe; der liegt in dem Bewußtsein, daß ich Besseres und Größeres *will,* daß ich ein ernsteres *Streben* nach geistiger Durchbildung fühle, als die meisten andern Menschen. Das Schwankende und Ungewisse meines Auftretens aber liegt darin, daß ich einen andern Weg gehe, als ich sollte und wünschte. Allein es war der einzige, der mich dem Ziele näherte, welchem ich nachstrebte. Daß das eine allseitige Kenntniß der Natur von der Gottheit bis zum Stein ist, wird dir vielleicht der beiliegende Aufsatz zeigen. Gieb ihn auch nur Hendeß hin. [...]

Dein Sohn
Rudolf Virchow

DER EINUNDZWANZIGJÄHRIGE
AN DEN VATER

Berlin, am 26. Januar 1843

Lieber Vater,
Du entschuldigst, wenn ich für meinen Brief einmal die umgekehrte Form wähle, und den an Dich gerichteten in den für Mutter bestimmten einlege. In einer etwas dunkeln Stelle Deines letzten Schreibens vom 8. d. M. (Du hast freilich Dezember geschrieben) sagst Du nämlich: »in meinen und Mutterns Briefen, oder vielmehr die an mich und Mutter geschriebenen«, und ich vermute wohl nicht ohne Grund, daß Du argwöhnst, ich berechnete meine Briefe an Mutter so, daß sie auch auf Dich einen günstigen Eindruck machen könnten. Offenheit ist stets meine starke Seite gewesen, und ich habe es stets verschmäht, mich feige hinter Redensarten zu verstecken. Es möchte manches besser zwischen uns stehen, wenn ich politischer wäre. Sage mir also in Deinem

nächsten Briefe, den ich mit der Quartals-Zulage zum 1. Februar
erwarten soll, geradehin, ob meine Vermutung richtig ist, damit
ich eine andere Einrichtung treffe; billig sollte wenigstens kein
Zweifel unter uns sein. Offenheit und Öffentlichkeit werden immer meine Fahnen sein. Überdies lese ich aus Deinem letzten
Briefe viel Herzliches und Erfreuliches heraus, und ich habe ihn
förmlich darauf studiert; an mir soll's nicht fehlen, wenn das nicht
so fortgeht. Einen Satz, den Ruge [Arnold Ruge, ein linker Schrift-
steller] jüngst in den jetzt verbotenen deutschen Jahrbüchern
aufstellte, muß ich Dir dazu noch hersetzen: »Ist Dein Sohn brav,
so reißt er sich selbst von Deiner Autorität los; ist er ein Schwächling, so wird er nur Deine Zucht verlassen, um eines Andern
Knecht zu werden.« [...]

er nachmalige Mitschöpfer des Sozialismus war Sohn eines reichen jüdischen Tuchhändlers: Ferdinand Lassalle *(1825 bis 1864)*. *Der Vater, Heymann Lassal – Ferdinand französierte den Namen erst später –, war ihm lebenslang ein weichherziger, großzügiger Freund. Die Mutter wird als kränkelnd und zänkisch beschrieben, was der Sohn aber offenbar nicht sehen wollte.*

Begeisterter Mitorganisator des revolutionären Aufstands von 1848, wurde Lassalle verhaftet und zu sechs Monaten Gefängnis verurteilt, die er um die Jahreswende 1850/1851 absaß. Einige Monate später endete der zehnjährige gerichtliche Erbfolge- und Vermögensstreit zwischen der Gräfin Sophie Josepha von Hatzfeldt-Trachenberg und ihrem Gemahl, dem Grafen Edmund von Hatzfeldt-Wildenburg; die von Lassalle hingebungsvoll und erfolgreich vertretene Klägerin wurde ihrem Anwalt zur freundschaftlich verbundenen Gesinnungsgenossin.

Bei einem Duell um seine Jugendfreundin Helene von Dönniges wurde er von deren späterem Ehemann, Fürst Yanko Gehan Racowitza, in Genf erschossen.

FERDINAND LASSALLE, 23,
AN DEN VATER

Sommer 1848

Lieber Vater!

Wundre Dich nicht darüber, daß der Ton dieses Briefes sehr gereizt und heftig sein könnte. Ich bin hier im Gefängnis sehr reizbar geworden, was ganz natürlich ist, so daß ich über Deine Zeilen, die ich sonst bloß ignorieren würde, mich jetzt recht tüchtig ärgere. Ich sehe, Du beabsichtigst es mit mir zu machen, wie die Verwandten Mendelssohns es mit ihm gemacht haben, d. h. mich durch den unglaublichen Wahnsinn Eurer weisen Ratschläge hinzurichten. Aber es liegt mir viel zuviel an meiner Freiheit und an dem glücklichen Ausgang dieser Prozedur, als daß ich mich Euren Ratschlägen zu Gefallen verurteilen lassen sollte. Frage Mendelssohn, ob dieser sogenannte gute Rat, den er akzeptiert zu haben jetzt bitter bereut, nicht einzig und allein die Quelle seiner Verurteilung war.

Man hat es mir – nicht Du allein – auch schon so versucht. Ich

werde daher stets wütend, wenn man mir mit diesem »guten Rat«
kömmt. O Eure Weisheit! – Es ist ja auch ganz natürlich, daß all
dieser Rat ein Unsinn ist. Denn ein Rat, wenn er ein *guter* sein soll,
muß aus der Individualität des einzelnen vorliegenden Falls her-
genommen sein, nicht aber ein allgemeiner Erfahrungssatz. Das
sind nur Gemeinplätze, die man umkehren kann wie einen Hand-
schuh. Den individuellen Fall kennt aber außer mir und Schneider [Lassalles Anwalt] niemand genau genug, um einen wirklich
guten Rat geben zu können.

Soviel über Euren Rat im allgemeinen zu den wirklich empö-
renden Sätzen Deines Briefes:

»In keinem Falle sollst Du es Dir in den Sinn kommen lassen,
den Belastungszeugen Bestechung vorzuwerfen etc., sondern
dies dem Advokaten überlassen.«

Ich mußte mir die Augen reiben, als ich diesen unerhörten
Wahnsinn gelesen. Wer war der Tollhäusler, der diesen illumi-
nierten Rat gegeben? Wie denn? Ich soll nicht vorwerfen? Drei bis
vier Stunden werde ich bloß über diesen Punkt sprechen und
einen Meineid nach dem andern mit der Evidenz eines Mathema-
tikers nachweisen.

Ich wollte Dir manches andere noch schreiben aber für heute ist
es mir nicht möglich. Meine Aufregung ist zu groß. Habe ich denn
nicht genug mit meinen Gegnern zu tun, wollen auch noch meine
Freunde mich durch den Ballast ihrer Dummheit niederdrücken?
Macht einen denn das Gefängnis nicht mürbe genug, wollt Ihr
mich durchaus auch noch mit Eurem trostlosen Unverstand
mürbe machen? Wollt Ihr mir das letzte bißchen Kraft, das ich wie
durch ein Wunder noch in den Gliedern behalten habe, mir noch
herausmartern, mit Eurer Weisheit, Euren Gemeinplätzen und
Eurem Rate, mit Eurem Kleinmut und dem aufreibenden Ärger
über Eure Dummheiten? Es ist sehr schwer, hier den Verstand zu
behalten, aber wahrhaftig, wenn die Sache noch Monate dauerte,
ich würde ihn über Eure Ratschläge verloren haben.

Du erinnerst mich an die Opfer die Du mir gebracht und
verlangst dafür nur, daß ich mich auf drei Tage Eurer Meinung
akkomodiere. Aber in drei Teufels Namen, soll ich mich denn Dir
zulieb verurteilen lassen? Ist es Dir nicht lieber wenn ich frei-
komme? Weißt Du, wer Mendelssohns Schicksal auf der Seele
hat? Sein Bruder mit seinem Rate. Geht, geht, handelt und
wandelt, verkauft Pfefferkuchen und dreht Düten, werdet Stadt-

räte und was Ihr wollt, das versteht Ihr vortrefflich, aber wollt nicht
mir armen Menschen, der ohnehin fast unterliegt unter der Zahl
seiner Feinde und nur mühsam sich durchschlägt, wollt nicht mir
den Sieg unmöglich machen indem Ihr mit Eurer Liebe und
Eurem Unverstand mir die Hände haltet, die ich doch frei brauche, um das Schwert zu schwingen und meinen Feinden zu
entgehen! Gott schütze mich vor meinen Freunden. Ich soll nicht
so frech sein! So frech! Herr und Heiland! Wie frech? Wie ich
sonst bin. Ich bin nie frech. Ich verabscheue die Frechheit, denn
sie ist gemein. Aber den edlen Stolz liebe ich. Diesen soll ich
ablegen? Soll kleinmütig auf der Bank stehen, soll nicht mit dem
Blitze des Selbstbewußtseins auftreten? Mein Untergang wäre
dann gewiß.

Ich bitte Dich, wenn Du mir eine einzige Liebe erweisen willst,
gib mir keinen Rat mehr. Es macht mich müde, wütend, kraftlos.

Du willst ja doch meine Freisprechung. Warum rätst Du mir
also zu Dingen, die das Gegenteil notwendig herbeiführen müssen? Handle draußen, wirke auf die Jury, das ist Deine Aufgabe;
nicht mir raten.

DER DREIUNDZWANZIGJÄHRIGE
AN DIE MUTTER

[1849]

Vielgeliebte theure Mutter.
Deinen lieben Brief, der mich herzinnig erfreut hat, habe ich
schon vor längerer Zeit bekommen. Ich wartete nun täglich mit
der Beantwortung, weil ich glaubte, daß der liebe Vater, wenn er
von Breslau zurückgekehrt, nun mir auch eine Antwort zukom-
men lassen würde. Ich habe indeß vergeblich gewartet und sehe
wohl, daß Papa wirklich gesonnen ist, jenen so ungerechten
Vorsatz auszuführen, mir, zur Strafe, weil ich verhaftet worden,
nicht zu schreiben! Welche Logik! Nun, ich kann es natürlich, so
leid es mir thut, nicht ändern. Werde mich übrigens dadurch nicht
abhalten lassen, Euch von Zeit zu Zeit Nachricht zu geben, zumal
wenn irgend etwas vorfällt, welches meine Lage ändert. Im Laufe
März komme ich vor die Assisen; daß nicht das Geringste zu
fürchten ist, habe ich Euch schon von vornherein geschrieben
und brauche es daher nicht zu wiederholen. Ich will noch hinzufü-

gen, daß alle politischen Angeklagten, welche jetzt in Cöln vor
den Geschworenen gestanden, wiederum ohne Ausnahme frei-
gesprochen wurden (Marx, Schneider, Schapper, Engels, Korff,
Gottschalk, Kinkel, zwei Dutzend Arbeiter etc.). Was so vielen
möglich ist, wird doch mir um so eher möglich sein. Obwohl Ihr
also in solcher Hinsicht gewöhnlich vor lauter Angst zu gar keiner
ruhigen Betrachtung kommt, so hoffe ich doch, daß Ihr Euch
diesmal keine unnötigen Sorgen machen werdet. Ich freue mich
auf die Procedur wie ein Gott. Wie der fernhintreffende Apollo
will ich meine Lanze werfen, und ich habe im Voraus Mitleid mit
dem Ärmsten, der die klägliche Aufgabe haben wird, diese spaßhafte und verbrecherische Anklage mir gegenüber zu vertheidi-
gen. Die politischen Verhältnisse werden wohl gleichfalls bald zu
einer entscheidenden Lösung gelangen müssen. Entweder kehrt
Deutschland wirklich wieder und für immer in die Nacht der alten
Zustände zurück – und dann ist alle Wissenschaft eine Lüge, alle
Philosophie ein bloßes Spiel des Geistes, Hegel ein dem Irrenhaus entlaufener Narr, und es giebt keinen Gedanken in dem
Zufall der Geschichte – oder die Revolution wird bald einen
neuen und entscheidenden Triumph feiern.

Letzteres hat ungleich mehr Wahrscheinlichkeit. Bereits fangen
auch die Slawen an, sich dem Bunde der revolutionären Völker
anschließen zu wollen.

Daß wird ein Krachen geben! Diesen Frühling steht Europa in
Feuer und Flammen. Wer das nicht sieht, ist ein Thor. Gnade
Gott dann unserer preußischen Wirthschaft. Durch die Novem-
berereignisse sind jetzt auch dem Dümmsten die Augen geöffnet,
die Novemberverfolgungen sind der größte Hohn auf Recht und
Gesetz gewesen, und die Lehre wird keine verlorene sein.

Ich küsse Dich und den vielgeliebten Papa tausendmal und
sehe mit Ungeduld einigen Zeilen entgegen.

Euer Euch liebender
F. Lassalle

Düsseldorf, Gefängnis, 25. 2. 49

ebenslang gefährdet – als das bezeichnen Biographen den schweizerischen Lyriker, Novellisten und Versepiker Conrad Ferdinand Meyer (1825 bis 1898), dessen Vater früh starb und der zur Mutter, einer hochempfindsamen, fast manisch frommen Frau, ein äußerst kompliziertes Verhältnis hatte. Lange Jahre war er geistig wie gelähmt von ihr, nach Ansicht eines Zeitgenossen »seelisch gleichsam hautlos, reizbar und durch schwere Krisen geschüttelt«.

Mit neununddreißig veröffentlichte er dann seine ersten Dichtungen – und wurde berühmt. Bis zu seiner Heirat, 1875, betreute ihn seine Schwester aufopfernd. In der Folge erschienen seine wichtigsten Erzählungen und Novellen (»Der Heilige«, »Der Schuß von der Kanzel«, »Jürg Jenatsch«). Nach einer anhaltend schöpferischen Phase, während deren er Geselligkeit pflegte, Reisen unternahm und freundschaftliche Beziehungen etwa zu Richard Wagner, Franz Liszt und seinem Landsmann Gottfried Keller unterhielt, verdüsterte sich Meyers Gemüt von 1887 an zusehends. 1892 wurde er in eine Heilanstalt eingewiesen, wo er den Rest seines Lebens in seelischer Dunkelheit verbrachte.

CONRAD FERDINAND MEYER, 13,
AN DEN VATER

den 7ten Augstmond 1839

Lieber Vater!

Ich habe dein l. Schreiben empfangen & durch die Mittheilung desselben das ganze Haus in freudige Bewegung gesetzt. Herr Mallet klatschte, lachte & weinte so über die baldige Ankunft der l. Mama, daß ich mit dem Vorlesen innehalten mußte, Betsi jauchzte über die glückliche Ankunft seines Briefchens und über die freundliche Aufnahme desselben, und die liebe Großmama theilte die Freude ihres Freundes, Mallet, von Herzen, – kurz: dein Brief hat uns alle überglücklich gemacht.

Ich und Großmama können die unglückliche Frau Vögeli nicht genug bewundern, wie sie sich so ganz für ihren Gemal aufopfert, zu unsrer Bewunderung aber gesellt sich zugleich herzliches Bedauern.

Ich schätze die Vögeliknaben glücklich, daß sie, während der Krankheit ihres Vaters an dir einen Führer & Leiter haben.

Wir sind jetzt, Gott sey Dank, von den Schinznachtern befreit.
Nachdem sie Montags bei uns zu Mittag gespeißt hatten und Md.
Mallet das Blindeninstitut besucht hatte, verreisten sie Montags
früh nach Bern, Großmama freut sich, daß sie wahrscheinlich
dort noch die l. Mama finden wird. Weñ wir gewußt hätten,
l. Vater, daß du so ganz ohne Zeitung wärest, hätten wir dir den
Bürkli, den östlichen Beobachter und den Schweizerjüngling in
die Schachtel für die Mama gelegt.

Herr Fröbel [der Schriftsteller Julius Fröbel, damals Mineralo-
gieprofessor in Zürich] ist vorgestern heimgekoñen, und wir
haben von seiner hochzuverehrenden Mutter, Frau Fröbel, von
d. Reise unter andern folgende Nachrichten erhalten: nachdem
H. Fröbel über ein hohes Gebirge im Savoyschen gestiegen war,
traf er auf ein Gebirgsthal, ringsum von den höchsten Gebirgen
umschlossen, welches von Menschen bewohnt war, welche in
ihrer Bildung kaum oberhalb der Thiere stunden; halbnackt, die
Kinder ganz entblößt wohnten sie in Hütten, welche aus Baum-
stäñen, die an den Felsen angelehnt und durch große Steine vor
dem Winde geschützt waren; ihre einzige Speise war Milch &
Käse, was sie durch eine einzige Kuh erhielten, die dem ganzen
Dorfe angehörte. Die Mäñer sprachen ein ganz verdorbnes Französisch, die Sprache der Weiber köñte Herr Fröbel nicht verstehn.
Von Religion, Lesen & Schreiben hatten sie keinen Begriff & den
Herrn Fröbel staunten sie an wie ein Wesen höherer Gattung.
Jetzt wird, denk ich, Herr Fröbel diese Entdeckung dem König
von Sardinien kund thun, und sich dafür ein paar Orden umhän-
gen lassen oder in den Grafenstand erhoben werden.

Auch Herr Schott ist von seiner Reise zurückgekehrt, jedoch
ohne eine solche Entdeckung gemacht zu haben.

Indem ich tausend Grüße von unserem ganzen Hause dir für
die l. Mama übertrage, und deiner Genesung den glücklichen
Fortgang wünsche, bin ich, von dir sche[idend, dein (ergänzt, da
unleserlich)] dich liebender Konrad.

P.S.
Liebe Mama!
Wir bitten dich, bei deiner Ankunft ja recht um dich zu sehen, da
dir unser ganzes Haus, alles was lebt und athmet, entgegenko-
ñen wird.

Dein Konrad

ie man sich einen Beamten und Offizier jener Zeit vorzustellen hat, war wohl Philipp Jakob Scheffel, der Vater des 1876 geadelten Joseph Victor von Scheffel (1826 bis 1886). Doch der Sohn hing an seinem Vater trotz dessen Pedanterie und Engherzigkeit. Über ein gänzlich anderes Naturell verfügte die Mutter, Josefine geborene Krederer, eine musische, liebevolle und witzige Frau, die ihr Karlsruher Heim zu einem Treffpunkt gebildeter Zeitgenossen zu gestalten wußte. Im Gegensatz zu ihrem Mann begrüßte und förderte sie die künstlerischen Begabungen des Sohnes; immer wieder mußte sie zwischen diesem und dem Vater vermitteln.

Scheffel studierte ab 1843 Jura, zunächst in München, dann in Heidelberg, in Berlin und schließlich wieder in Heidelberg. 1852 ging er nach Italien, wo er Zeichenunterricht nahm und das Versepos »Der Trompeter von Säckingen« (1854) vollendete. Wieder in Deutschland, veröffentlichte er 1855 den Roman »Ekkehard«, der zum meistverkauften deutschen Roman des Jahrhunderts werden sollte. Nach eineinhalbjähriger Tätigkeit als fürstenbergischer Hofbibliothekar in Donaueschingen lebte er als freier Schriftsteller teils in Karlsruhe, teils am Bodensee. Zahlreiche Studenten- und Burschenschaftslieder (»Alt-Heidelberg, du feine«) machten ihn berühmt.

JOSEPH VICTOR SCHEFFEL, 19,
AN DIE MUTTER

Heidelberg, den 28. Februar 1845

Meine vielliebe Mutter!

[...] ich ergreife noch in später Nacht die Feder, um Dir schwarz auf weiß meinen Gruß in die Heimat zu senden, und ich hoffe, daß Du ihn willig aufnehmest und allen Groll gegen mich – Deinen sonderbar geratenen Sohn –, wenn noch ein solcher irgendwo in einer der Herzkammern sich versteckt hält, daraus hinausdirigierst und mir, wenn ich in 14 Tagen mit Sack und Pack angestiegen komme und um ein Quartier auf 4 Wochen bitte, liebreich die Hand entgegenstreckst, auf daß ich sie an die Lippen führen kann. Siehe! Das ist eben das Komische an uns, daß wir beide uns so liebhaben, aber auf so verschiedene Weise, daß immer eins von uns glaubt, das andere hätte eine Malice auf ihn; –

Du, indem Du – (weiblich) – zu viel von mir verlangst, z. B. alle 8
Tage einen sentimentalen Brief und ein Erscheinen in den Karlsruher Gesellschaften mit Hut und Frack; und ich – (männlich) – zu
wenig. [. . .] Ich reiche Dir in Gedanken die Hand – und weil ich
jetzt, wie des Königs Geist im Hamlet, schon die Morgenluft
wittre, d. h. weil ich mich mit meinem Briefschreiben auf einmal
vom Ende des 28. Februar in den Anfang des 1. März hineinver-
setzt sehe: so wünsche ich Dir und insonderheit auch mir aus
vollem Herzen eine gute Nacht! Die schwere Quaste an meinem
blauroten Fes mahnt mich zum Aufhören. Ich gehorche also dem
Schicksalswink und lege die Feder nieder.

Addio, carissima mia madre!

Il tuo figluolo ubbedientissimo, disotissimo

DER ZWANZIGJÄHRIGE
AN DEN VATER

Berlin, den 23. Juni 1846

Mein teurer Vater!
Wie ich heute die letzten Nummern der Augsburger Allgemeinen
durchblätterte, da las ich unter einer Eisenbahnmaterialverschrei-
bung der Wasser- und Straßenbaudirektion Karlsruhe großge-
druckt Deinen Namen, und da war mir's, als ob die schwarzen
Buchstaben des Namens allmählich Fleisch und Blut bekämen
und als ob Du leibhaftig aus ihnen herausschautest und ein
weniges den Kopf schüttelst und mich fragtest, warum ich so
lange Zeit Dir nichts mitgeteilt und nicht geschrieben habe? – Ja,
da hast Du ganz recht, aber es ist mir auch bald eine fatale Sache
ums Schreiben; meine äußern Berliner Lebensverhältnisse kennt
Ihr hinlänglich – und die sind auch kein guter Gegenstand zum
Beschreiben – Neues kommt mir nichts vor, und inneres Leben
und Denken mag ich nicht ausführlich aufs Papier bringen; wenn
der Gedanke, der frisch und lebendig innen herumfliegt, heraus-
geholt und niedergeschrieben ist, sieht er oft aus wie ein fremdes,
untergeschobenes totes Kind und nicht wie ein Stück des eigenen
Lebens. Gerade heut, wo ich so lebhaft an Dich erinnert worden
bin, da war mir's als müßt' ich hintreten in Deine bekannte
Bürostube und Dir um den Hals fallen und Dich herausholen zu

einem Gang ins Grüne und Dir mein ganzes Herz ausschütten mit allem, was frisch hineingekommen ist, seit ich von Hause weg bin; und es wär gewiß ein schöner Spaziergang, und ich ließe selbst den alten Hund Coco ungestört nebenher laufen: aber statt all dessen kann ich nur schreiben. [...] Doch wenn dies meinem Wunsche auch nicht entspricht, heut mach' ich doch davon Gebrauch.

Das Datum, um das ich mich sonst auch nicht viel kümmre, sagt mir, daß in wenig Tagen Dein Geburtstag ist, und es wäre ein sträflicher Leichtsinn, wenn da nicht ein paar Zeilen von mir vor Dich hinträten und Dir einen Gruß aus der Ferne zur Feier des Tages brächten und Dir zeigten, daß mein Herz hier oben nicht kälter geworden ist und überall die gleiche Liebe zu Dir bewahrt.

Über dies Thema könnt ich Dir allerdings einen umfangreichen Brief schreiben, aber alles ist nur Variation über denselben Hauptsatz, und nach römischem Recht bilden ohnedies Vater und Sohn zusammen eine Person, da hoff' ich, daß Du in mich hereinschaust und Dir selbst vorstellest, was ich jetzt alles an Dich denke und Dir als Wunsch zum Geburtstag sagen möchte. – Eines aber steht so fest in meinem Innern, daß ich auch hier es gegen Dich aussprechen will, daß ich alles, was ich bis jetzt bin an äußerer und sittlicher Lebensrichtung, Dir zu danken habe. Du hast mir in Beispiel und Rat gezeigt, wie sich in allen Verhältnissen des Lebens ein wahrer und biederer Sinn erhalten und durchführen läßt, Du hast mir bei wissenschaftlicher Entwicklung freie Wahl gelassen und mir den Weg nicht ängstlich vorgeschrieben, und wenn ich dabei auch hie und da seitwärts spaziert bin und in fremden Gebieten herumgestreift, so soll mein Hauptziel mir doch stets genau vorgezeichnet bleiben. Dir hab ich ein reiches Jugendleben zu danken, was ich seit 3 Jahren als deutscher Student und fahrender Schüler geführt, und das ist wahrhaftig kein Kleines. Und es bleibt mir nichts übrig als Dir mit Worten dafür zu danken, daß Du mir all diese Freuden bereitet hast, und ich kann nur den Wunsch hegen, daß ich den Dank auch bald durch die Tat zeigen könne.

Nach Tat sehne ich mich überhaupt gegenwärtig von Herzen. Ich sitze jetzt bald 3 Jahre auf den Kollegienbänken herum, vertrete getreulichst die schreibende Jugend, zu der wir in Deutschland mit Notwendigkeit gemacht werden und lebe eigentlich nur in einer theoretischen Welt, die von Natur, wirklichem Leben [...] sehr wenig weiß, so daß ich jetzt wünsche, baldigst so recht derb mitten ins Leben hineingeworfen zu werden. [...]

Doch weg mit diesen Gedanken! Ich will jetzt vielmehr Dir meinen Wunsch zum Geburtstag wiederholen und verspreche Dir, auch fortan Deinem Beispiel und Deinen Lehren getreu zu bleiben, so daß ich Dir zu jeder Zeit ohne Scheu ins Auge blicken kann. Ich bitte Dich, wenn Ihr am 28. in Peterstal festlich zusammen seid, auch meiner zu gedenken, wie ich es tun werde, und stets Deine Liebe zu bewahren

Deinem treuen Sohn
Joseph

urfürstlich-hessischer Bibliothekar in Kassel war der *große Sprach- und Literaturgelehrte, Märchen- und Sagenforscher Wilhelm Grimm (1786 bis 1859), der zu seinen Brüdern Ludwig und Jacob zeitlebens eine enge familiäre Bindung pflegte. Der älteste Sohn,* Hermann Grimm *(1828 bis 1901), empfindet besonders »Onkel Jacob« als eine Art »Doppelgänger meines Vaters«. Er tritt später als Kunst- und Literarhistoriker hervor und veröffentlicht bedeutende Biographien über Goethe, Raffael und Michelangelo.*

In dem Brief beschreibt der Vierzehnjährige mit ausgeprägtem Sinn für Situationskomik einen heftigen Zusammenstoß mit Bettina Brentanos und Achim von Arnims jüngster Tochter Gisela im Ostseebad Heringsdorf; zu diesem Zeitpunkt ist noch nicht abzusehen, daß die »Giesel« dereinst seine Frau werden sollte.

HERMANN GRIMM, 14,
AN DIE MUTTER

[Heringsdorf,] am 13ten July 1843

Liebe Mutter!

Gestern endlich brachte der H. Prediger *Jonas* aus Berlin die Zeichenbücher mit, wie er sie bekommen weiß ich nicht. Ich merkte gleich daß es nicht die rechten waren, denn diese sind mir unnütz. Die ich meine sind ungefähr so groß, als das weiße Papier was während ich dies schreibe noch weiß ist, auf diesem Blatte, in die Tasche zu stecken, und bei H. Sänger werden sie Skizenbichers for Malersch genannt, und kosten 4, 6, 8 gg [= gute Groschen]. Gestern hatten Klenzes große Kaffeegesellschaft. Wo die ganze hochgräflich Schwerinsche Grafenfamilie zugegen war, und alles war über die Schönheit einer Schwester des Grafen Grfn. Ida entzückt, die übrigens nachher bei einer Wasserpartie 2 St. ins Meer, 6 mal gezwungen über Bord offen herzig wurde, und sich in sehr devotem Zustande nach Hauße begeben mußte, hernach bekam man Thee und rothe Grütze zu essen, sehr müßig denn die hagere Minna Claußen besorgt das Hauswesen dergestalt, daß selbst Frau Klenze vor dieser Despotin die Segel streichen muß, sie schlafen da wo du sonst schliefest, und ich höre sie sich zanken bis sie einschlafen. Gestern war bei Arnim's der siebenunglückstag, 1. Ich stoße die Giesel, 2. sie will mich wieder

schlagen und schmeißt das Tuschnäpfchen mit Tusche um, so
daß auf dem Tische ein schwarzes Meer entstand, daß ich aber
mit ihrer Spritze aufsauge, und sie sagt ich solle den Alvensleben
mit Tusche bespritzen, er fast die Sprütze an und sie geht (3)
gegen die Gardinen u. Wand wo natürlich Flecken entstanden.
Die Thür wurde veriegelt und die Gardinen abgenommen um sie
zu waschen, Alvensleben diesen stolzen Componisten sah man
jetzt Gardinen waschen. Ich stoße mit meiner gewöhnlichen Un-
geschicklichkeit an den Stuhl worauf Giesel die Gardinen wieder
anneth, sie sticht sich in den Finger (4) wirft mich gegen die
Kammerthür, diese geht auf und wirft (5) einen Stuhl um, auf
dem, davorstehend, ein Waschbecken stand was nun eine Sünd-
fluth bereitete wohinein ich (6) fiel. Hernach bemerkte G. noch
einen Fleck an der Gardine als sie schon, naß wie sie war wieder
aufgesteckt war, will ihn ausribbeln und reißt (7) zu guter Lezt ein
Loch darein. Sonntag. Heute Morgen las Frau Klenze eine Predigt von Schleiermacher vor die sehr schön war, wohl die schönste die ich je hörte. Nachmittag's gingen wir in den Wald wo
Kartoffeln gebraten wurden, in der Asche vom großen Feuer.
Der Friedmund [Friedemund, Bruder von Gisela] hat sich
Stein's Communismus verschafft, ein Buch, in dem der furchtbar-
ste Unsinn den man sich dencken kann zusammengehäuft ist,
obgleich dem ganzen gewiß gute Gedanken zum Grunde liegen,
so in der Art wie der H. v. Hasberg in *Cassel* mit seiner gemeinschaftlichen Suppenküche etc. Das Hauptstück ist, das nur Arbeit
mit andern in Gemeinschaft glücklich machen kann. Er schwärmt
für das Buch, im wirklichen Sinne, denn wenn er im Walde geth
nimmt er es immer mit und ißt Heidelbeeren dazu. Der Alvensleben hat nun andere Grundsätze, und da geht das Gezanke oft so
los daß ich denke, nun kommen sie sich in die Haare. Heute
kommen ein paar Handwerksburschen, Friedmund schlägt ihnen
die Thür vor der Nase zu, auf einmal aber bedenkt er sich nimmt
seinen Geldbeutel geht hinaus, und versuchte sie zu bekehren,
und wirklich nehmen für baare 4 gg. diese Kerls seine Grundsätze
ohne Wiederrede an, und antworteten zu allem, wie wir andern 3
an der Thür hörten, zu allem, *en chor,* ja, ja. Bis endlich Beide
Theile vergnügt abzogen. Wir haben den Friedmund noch tüchtig damit aufgezogen. Er ist sehr sonderbar, und ich habe mir
einen ordentlichen Kalender gemacht, der zum Großen Lachen
nach der Uhr eintrifft. So zum Beispiel ist er punkt 9 Uhr Morgens

u. Früh und um 2 Uhr höchst brummig und dann wehe dem der einen schlechten Witz macht; wobei ich gewöhnlich sehr schlecht wegkomme. Ich zeichne sehr viel. Aber habe auch sonderbarer Weise oft Kopfweh, obgleich mich das Baden ungeheuer stärkt; Stunde habe ich nicht mit genommen, und der Doctor sagt, ich solle ja nicht arbeiten wenn ich nicht wolle oder Kopfweh habe, jedoch habe ich es auf 31 Verse im Ovid gebracht. Nächstesmal schreibe ich dem Papa, es ist mir wirklich auf's Herz gefallen daß ich ihn so vernachlässigte, aber ich habe ehrlich gesagt, nicht daran gedacht, denn ich habe ja doch eigentlich immer an Euch alle geschrieben. Ich gebe sehr wenig aus, höchstens ein paar Groschen für Zeichnen, denn wo sollte ich auch mit dem besten Willen mein Geld verbringen, denn ich habe weder Lust beim Bäcker alte Safrankringel [zu essen] noch beim Inspector Zuckerwasser zu trinken, (und doch vermindert sich mein Geld). Es giebt hier eine Unmasse Heidelbeeren. Dem Rudolf gönne ich seine Reise recht, er wird gewiß in Begleitung des andern großen Naturforschers sehr glücklich vielleicht kommt er über Göttingen, das macht ihm gewiß Freude. Wie gehts' Pertz (Karl)? W Kardorff, Ottobald, schreibe mir doch. Auch etwas von Berlin und dem Könige etc., denn wir leben hier ohne alle Nachricht, obgleich ich durch Frdmd. u. Alvensleben immer in der Politick lebe. Es sind hier 98 Badegäste. Prillwitz, dieser große Dichter, läßt eine Badezeitung drucken, er ging mit dem ersten Pakete herum, baarhäuptig und bot jedem ein Exemplar *praenumerando* an, ist aber nicht viel los geworden. Es ist hier noch immer sehr müßig und Arnim's meine Zuflucht. Ich möchte gern mit ihnen zurückreisen, per Dampf. Grüße alle, den Onkel die Ockel [?] den Papa, Ideke, besonders das gute Gustchen, sein Brief hat bei mir große Freude erregt, und die blaue Taube von

Hermann Grimm

ls ein an der 1848er Revolution Beteiligter wurde Carl Schurz (1829 bis 1906) bei der Einnahme von Rastatt gefangen. Unter abenteuerlichen Umständen floh er durch einen unterirdischen Gang oder Kanal und wurde in Abwesenheit zum Tod verurteilt. Ein Jahr darauf befreite er auf ebenso dramatische Weise seinen Freund, den Revolutionsdichter Gottfried Kinkel, aus dem Spandauer Gefängnis.

Mit seiner jungen Frau Margarethe ging er 1852 in die Vereinigten Staaten, wo er sich als Journalist und streitbarer Gegner der Sklaverei einen Namen machte. Im Bürgerkrieg kämpfte er auf der Seite der Nordstaaten, zuletzt als General. Während der sich anschließenden politischen Karriere brachte er es bis zum Senator von Missouri und zum US-Innenminister. Danach wirkte er als einflußreicher Publizist in New York.

Der rührige Deutschamerikaner Schurz, der in Wahrnehmung seiner mannigfaltigen Aufgaben und Vorhaben ein rastloses Leben führte und den halben Globus bereiste, holte später seine Familie in die Neue Welt. Besonders die von ihm glühend geliebte Mutter, Maria Anna Schurz, blühte hier auf; die streng katholische Frau ließ sich von der schwärmerischen Freigeisterei des Sohnes sogar ein wenig anstecken. Der Vater, Christian Schurz, ein kleines Dorfschulmeisterlein, später Eisenwarenhändler, blieb Carl ziemlich fremd.

CARL SCHURZ, 20,
AN DIE FAMILIE CHRISTIAN SCHURZ

Rastatt, 21. Juli 1849

Theure Eltern! Geliebte Geschwister! Umsonst würde ich versuchen, Euch die Bewegung meines Gemüths zu beschreiben, die mich ergreift, indem ich diesen Brief beginne; denn ich weiß nicht, ob es nicht die letzten Worte sind, die ich dem Papier anvertraue; ich weiß ja nicht, ob nicht der nächste Tag mein Leben abgrenzen wird oder meine Freiheit, was eins und dasselbe ist. In dieser Stunde, die ich die gewaltigste nennen möchte, die ich je gesehn, die vielleicht die letzte ist, die mir mit ruhiger Klarheit meine Vergangenheit und Zukunft zu überschauen erlaubt, bevor sich mein Schicksal für immer entscheidet, drängt sich eine solche Masse großer Fragen vor meine Seele, daß ich

sie nicht alle zu beantworten vermag, obgleich ich weiß, eine wie
ausgedehnte Rechenschaft ich Euch schuldig bin.

Ich weiß, wie schwer ich Euch verletzt habe; ich kenne die
Hoffnungen, die Ihr auf mich bautet, kenne den Schmerz der
Enttäuschung, der Euch zerreißen muß. Meine Theuren! ich
würde wie ein Sünder vor Euch stehn, wenn nicht das stolze
Bewußtsein, Euch, meine Zukunft, mein ganzes Leben meinen
Grundsätzen geopfert zu haben, mir verböte, meinen Nacken zu
beugen! Bin ich etwa ein Mensch gewesen, der zerstreuendem
Genuß nachjagte? Haben mich etwa niedere Beweggründe zu
übereilten Handlungen getrieben? Oder bin ich ein leichtsinniger
Junge gewesen, der ohne Überlegung und Vernunft einer Augen-
blicksregung oder einem kindischen Ehrgeiz folgte? Die letzte
Frage fällt mir schwer aufs Herz, und oft habe ich sie bedacht, als
mich traurige Einsamkeit während der Belagerung zu ruhigem
Nachdenken kommen ließ; aber seht! Ich stehe jetzt am Tage der
Entscheidung, jetzt ist ja die Zeit gekommen, wo ich für meine
Grundsätze werde sterben müssen, oder in eine endlose Gefangenschaft mich schmieden lasse. Dieser Augenblick trifft mich
ruhig und gefaßt wie ein Mann. In diesem Augenblick, welcher in
seiner derben Realität jede romantische Einbildung verscheucht,
geht mir doppelt klar das schöne Bewußtsein auf, daß ich meine
Pflicht gethan mit Muth und Ehre. Ich bin nie stolzer gewesen als
jetzt; denn ich weiß, daß ich niemals mehr dazu berechtigt war.

Ihr kennt mein Leben nicht von dem Tage an, wo ich Euch
verlassen mußte. Die Kürze der Stunden erlaubt mir nicht, Euch
meine Schicksale und Abentheuer zu erzählen, ich habe sie in
meinem Tagebuch verzeichnet, das ich für Euch bestimmte und
Tag für Tag regelmäßig geführt habe, selbst damals, als ich es
noch nicht zu führen verstand. Ihr werdet Euch damit begnügen
müssen. Wenn uns nur durch die Verwirrung der Dinge das mir
für immer entzogene Glück nicht geraubt wird, zu Euch zu gelangen. Ich habe nur Weniges hinzuzusetzen. Als die Gefahr eines
Angriffs durch die Preußen herannahete und ich einsah, daß alle
nicht militärische Thätigkeit meinerseits eine durchaus illusorische
und unnütze sein würde, so ward ich Soldat in der pfälzischen
Armee; glückliches Zusammentreffen der Umstände machte
mich zum Offizier, und meine Stellung war eine ebenso ange-
nehme als lehrreiche. Ich muß gestehn, daß ich mich schon lange
gesehnt habe, mit dem Säbel in der Hand für meine Ideen

einzustehn, und da der erste Versuch dazu in eine Lächerlichkeit
ausgeschlagen war, trieb's mich unwiderstehlich in den Kampf,
als hätte ich dort eine Schuld zu sühnen. Bei Bruchsal kam ich
zuerst ins Feuer. Ich ritt in der ersten Linie, umsaust von den
feindlichen Spitzkugeln, Kartätschen und Schrappnells. Ich
schwöre Euch, daß mir niemals in meinem Leben so wohl war
und daß ich mich nie so gereinigt fühlte, als durch diese Feuer-
taufe. Gleich in diesem ersten Gefechte wurde ich verwundet; es
war ein Streifschuß am Schienbein, der bald ausgeblutet hatte;
ich blieb noch den ganzen Tag zu Pferde. Bei den Kämpfen unter
den Wällen von Rastatt war ich noch häufig im blutigsten Gefechte, im mörderischsten Feuer, das könnt Ihr meinen Gegnern
sagen, wenn sie mich zu schmähen suchen, daß ich mein Blut
nicht geschont habe im Kampfe für meine heilige Sache, daß ich
vor dem feindlichen Kugelregen nie gewichen bin, weil ich ihn
gefürchtet oder weil er mich verjagt hätte; und wenn auch all diese
Kämpfe umsonst waren, ich, und mit mir viele andere, haben
doch unsre Ehre gerettet vor dem Hohn und der Schmähung
derer, die unsre Gegner sind.

Nun kann ich Euch all die Mühen, all die Sorgen, die Ihr um
meinetwegen erduldet, all die Thränen, die Ihr um mich vergossen habt, nimmermehr vergelten; das Schicksal hat schlimm mit
mir gespielt und die Meinung nicht unwahrscheinlich gemacht,
daß unsre Familie zum Unglück geboren sei. Aber all das sah ich
längst voraus, wenn auch nicht in allen Einzelheiten, so doch in
seinem Erfolge. Ich wußte, daß mein Leben voll von Stürmen
und Gefahren sein würde, weil ich zu stolz war, ihnen auszuweichen – nur hatte ich mir vorgestellt, daß ich untergehn werde als
ein Mann, dessen Erinnerung ein reiches Leben voll bedeutender
Thaten umschließt. Ich habe mich mit Resignation zu wappnen
vermocht gegen jedes Unglück; aber den Gedanken, mit meiner
Kraft nur wenig ausgerichtet zu haben, diesen Gedanken zu
überwinden, wird mir schwer. Ich würde, wenn mir ein längeres
Leben gegönnt gewesen wäre, ein unglücklicher Mensch geworden sein, aber mein Unglück zum Wohle Vieler ausgebeutet
haben, ich würde handelnd geduldet und duldend gehandelt
haben wie alle die Menschen, die aufopfernd genug sind, ihre
eigene Gegenwart und Zukunft über der Gegenwart und Zukunft
Andrer zu vergessen, und so setzt es Resignation genug voraus,
ungern auf meine Zukunft resigniren zu wollen.

Ich habe vergessen, Euch den Augenblick näher zu bezeichnen, in welchem ich diesen Brief schreibe. Heute Abend sind unsere Kundschafter zurückgekommen, sie berichten einfach, daß wir verloren sind; seit einigen Tagen ist unsre Armee vernichtet, die Preußen, versehn mit allem Belagerungswerkzeug, ziehen große Massen um die Stadt zusammen. Die Festung länger halten zu wollen, würde Wahnsinn sein. Nun ist uns die Wahl gelassen zwischen zwei Dingen: entweder uns durchzuschlagen zum Rhein, von da nach Frankreich, was kaum möglich ist, oder, und das ist fast zur Gewißheit wahrscheinlich, die Festung zu übergeben. Alle Preußen, welche gefangen werden, sind der standrechtlichen Behandlung unterworfen und verfallen, der überwiegenden Wahrscheinlichkeit nach, dem Tode. Unter diesen bin auch ich. Wenn Ihr diesen Brief lesen werdet, so zähle ich vielleicht zu den Toten, vielleicht bin ich in eine Gefangenschaft geschmiedet, die nur von großen Ereignissen wird gelöst werden können. Ich schreibe dies mit kaltem Blute, weil ich Herr bin über mich selbst; ich hoffe, Ihr werdet es auch sein, wenn Ihr die Worte leset. – Und doch, wenn ich bedenke, daß ich Euch, Ihr Lieben, nicht mehr sehen werde, Euch, die Ihr mir so viel Liebes gethan, von denen sich mein Herz nur blutend losreißen kann, wollen mir die Augen übergehn, und ich könnte weinen wie ein Kind; doch ich darf nicht mehr weinen, denn ich stehe ja vor dem Tode. – Ich kann keine Worte des Trostes an Euch richten; es würde überflüssig sein, denn ich hoffe, daß Euch die Gewißheit Trost genug bieten werde, daß ich im Leben wie im Tode werth war, Euer Sohn zu sein.

Diesen Brief habe ich dem Manne gegeben, bei dem ich im Quartier war, er ist ein braver Mann und gefällig. Er hat den Auftrag, diesen Brief erst dann abzusenden, wenn mein Schicksal entschieden ist.

Lebet wohl, meine Theuren, Ihr meine braven Eltern, Ihr meine geliebten Geschwister. Glaubt, daß niemand Euch treuer und mehr geliebt hat als Euer Bruder; bedenkt, daß er die Menschheit liebte mehr als sich selbst, daß er stark genug war, sie bis in den Tod zu lieben – und Ihr werdet getröstet sein.

Lebt wohl, lebt wohl. Wir sehn uns nie mehr, oder lange, lange nicht wieder! Lebt wohl!

Euer Carl

n seinen Erinnerungen beschreibt sich der Maler Anselm Feuerbach *(1829 bis 1880)* als »in der Schule fast immer der Erste in der Klasse«, in der Freizeit »einer der bekanntesten Gassenbuben«. Schon als Kind zeichnete und malte er viel, bewundert von der Familie, von den Lehrern indes als »talentlos« abgetan.

Seine Mutter starb kurz nach seiner Geburt. Die Stiefmutter, Henriette Feuerbach geborene Heydenreich, wurde ihm zur »Ersatzmutter«, ja mehr noch: zu verständnis- und liebevollen Freundin und Förderin fürs Leben. Der Vater, Joseph Anselm Feuerbach, später in Geisteskrankheit endend, wirkte als Archäologe in Speyer; der materialistische Philosoph Ludwig Feuerbach war sein Onkel, der Staatsrechtler Paul Johann Anselm Ritter von Feuerbach sein Großvater. *(Siehe auch Seite 106.)*

Zeit seines Lebens bedrängten Feuerbach ein Hang zu Schwermut, Melancholie und Depressionen sowie eine Neigung zu heftigen, kämpferisch geprägten Zerrissenheiten. In den nachfolgenden Briefen begegnen wir dem Sechzehnjährigen, der sich an der Düsseldorfer Akademie unter Anleitung der Maler Wilhelm von Schadow, Carl Friedrich Lessing und Johann Wilhelm Schirmer weiterbildet. *(Feuerbach besuchte die Akademie von 1845 bis 1848.)* In Gerresheim bei Düsseldorf verbringt er das Weihnachtsfest bei der befreundeten Familie von Woringen. Die Briefe aus dem Jahre 1846 dokumentieren seine inneren Kämpfe auf der Suche nach eigenständigem Künstlertum.

ANSELM FEUERBACH, 11,
AN DEN VATER

Tübingen, den 14. September [1840]

Lieber Vater!

Meine Heimat, wie Du siehst, ist nicht mehr Freiburg, sondern Tübingen. Fritz bekam die Erlaubnis nach Tübingen zu gehen, jedoch nur unter der Bedingung, daß ich mitgehe. Dies ließ ich mir nicht zweimal sagen und ging also durch die schönste Gegend des Schwarzwaldes in drei Tagen nach Tübingen; wo ich auch recht vergnügt bei Herrn v. Schilling bin. Ich werde wahrscheinlich in acht Tagen wieder nach Hause marschieren müssen, und wir nehmen dann einen andern Weg über Rippoldsau und Villingen, indem wir über Hornberg, Schramberg und Rottenburg gingen.

Der Eindruck, den diese alten Städte auf mich machten (besonders Hornberg, Rottenburg und Tübingen), läßt sich denken. Auch gibt es kein schöneres und anmutigeres Tal als das Neckartal, man sieht ordentlich, wenn man ihn zuerst als ganz kleines Flüßchen sieht, wie er wächst und größer wird; bei der Stadt Oberndorf ist er um die Hälfte schmäler als die Dreisam bei Tübingen [versehentlich für: Freiburg], und bei Rottenburg wird er schon mit Flößen und Schiffchen befahren.

Jetzt ist ja der Wunsch, Städte zu sehen und in die weite Welt hinauszugehen, erfüllt. Und kein Ort, um meinen Wunsch vollkommen zu befriedigen, ist mehr geeignet als Tübingen.

Ich mache täglich kleine Ausflüge mit Herrn v. Schilling und Fritz und kenne die Umgegend ganz genau; besonders freue ich mich, das neue Schloß Lichtenstein zu sehen, wohin wir am nächsten Sonntag fahren.

Auch in der Stadt bin ich ganz bekannt und habe die Anatomie, das Schloß, worin die Bibliothek ist, die vier Millionen Bände haben soll, gesehen. Am meisten ergötzten mich aber die antiken Statuen, aus Gips gegossen und in Lebensgröße, als der Apoll von Belvedere, Laokoon usw., die mit solcher Zartheit und Rundheit gemacht sind, daß man meint, sie atmeten. Ferner war ich auf der Sternwarte, wo ein Professor, der mir halb und halb wie Pr. Amann vorkommt, seine Beobachtungen anstellt.

Alles wimmelt, trotz der Ferien, von Studenten. Sehr schöne altlutherische Gebräuche finden sich in dieser Stadt, so ziehen alle Freitag Vormittag die sogenannten Pancer, deren Luther ja auch einer war, herum und singen geistliche Lieder in der Stadt. Auch werden alle Tage morgens in der Frühe und vormittags gegen 11 bis 12 auf dem Dom [der Stiftskirche], der sehr schön und alt ist, Choräle vorgetragen von Blechmusik.

Wenn Du und ich nach Hause kommen, dann will ich auch recht erzählen von den schönen Tälern, altertümlichen Städten, glänzenden Flüssen, die ich gesehen. Auch hab' ich alle bedeutende Punkte, Burgen und alle Städte, durch die wir kamen, mit vieler Mühe und Genauigkeit gezeichnet. Ganz Tübingen habe ich von verschiedenen Seiten aufgenommen und ausgeführt; ich hoffe, daß sie Dir Freude machen werden.

Grüße mir die liebe Großmutter, Onkel und Tanten recht

schön, und sag' ihnen, daß sie Hoffnung bekommen, mich zu sehen, auch bei ihnen mit einem Ränzelein zu sehen, wie ich tapfer marschiert, wie ich gut gehauset und gesparet (Du wirst es am Geld finden), und wie ich in anderthalb Tagen zwanzig Stunden gemacht.

Schreibe mir lieber nicht wieder, lieber Vater, so gern ich es auch hätte, denn ich könnte schon fort sein.

Den Rückweg wird uns Herr v. Schilling ein Stück begleiten, und dann legen wir ohne Hast das übrige zurück.

Der lieben Mutter schrieb ich bereits.

Verzeih', daß ich so schmiere, aber ich habe wirklich wenig Muße vor lauter Sehen und Hören.

Ich hoffe, Dich recht bald und wohl und gesund zu sehen. Wenn Du mich gern wiedersehen möchtest vor der Zeit, so kannst Du Dich damit trösten, daß ich unaussprechlich glücklich bin.

Dein dankbarer Anselm

(In der Schule bin ich, wie Du wissen wirst, der Erste und bekam als ersten Preis das lehrreiche und unterhaltende Buch »Die Götter und Heroen der Alten Welt« von Geppert. Herr Rauch sagte beim Abschiednehmen, sehr wahrscheinlich käme er nach Mannheim, was ihm sehr lieb wäre, aber er scheide ungern von uns ersten Schülern.)

DER SECHZEHNJÄHRIGE
AN DIE ELTERN

[Düsseldorf 1845]

Liebste Mutter!

Du hast mit Deinem lieben Briefe mir das Herz so voll gemacht, daß ich mich ordentlich zusammennehmen muß, Dir wieder vernünftig zu schreiben. – Ich nahm den Brief mit auf die Akademie, um ihn dort in Ruhe lesen zu können, aber als ich an die Stelle kam, meinte ich, ich müsse toll werden vor Freude, Euch, Ihr Lieben, wiederzusehen, ich konnte nimmer gleich wieder fort lesen; es wäre so mein heimlicher Wunsch, ohne daß ich es geahnt, plötzlich in Erfüllung gegangen, ich konnte den Gedanken kaum fassen, wieder Euch sprechen zu können, Euch zu zeigen, daß ich ganz anders geworden etc. – Aber nach reiflichem Nachdenken glaube ich, muß ich mein Gefühl, dem nach ich ohne Bedenken gleich heute abreisen würde, unterdrücken und der Pflicht, ja ich kann schon so sagen, der Pflicht, folgen. – Ihr seid so gut, so gut, daß Ihr gleich, da mein letzter Brief vielleicht nicht so heiter war, als er hätte sein sollen, Euer möglichstes tatet, daß Ihr gleich Euer Geld hingabt, das Ihr so nötig habt, es käme mir wirklich sündlich vor, davon Gebrauch zu machen, da die Hälfte davon hinreichend ist, mir mein Nötigstes in Farben anzuschaffen. –

Ich will lieber mich jetzt bezwingen und warten bis übers Jahr, daß, wenn ich nach Hause komme, ich statt Euch gut zeichnen, ich Euch gut malen kann. – Denn Herr Direktor sagte mir, wie er von Holland käme (er geht den Ersten fort und bleibt ungefähr acht bis zehn Tage aus) soll ich ans gründliche Malen kommen, besonders da ich bis dahin, zum Ersten, meinen Karton gut fertig bekomme. – Farben allein mit Pinsel und Palette kommen vielleicht auf acht bis neun Taler, auch müssen die Farben erneuert werden, jenachdem eine Blase gar ist oder nicht. – Ich will suchen, vorwärts zu kommen, weswegen ich auch hier bin, drum muß ich alles niederkämpfen, wenn auch manchmal ein bißchen Heimwehe sich einschleichen wird. – Ich will als vernünftiger Sohn handeln; vor zwei Jahren vielleicht hätte ich gleich mein Bündel geschnallt, aber jetzt bin ich entschlossen, hier auszuharren bis übers Jahr, aber dann will ich auch gehen, und wenn ich zu Fuß müßte den ganzen Weg machen.

[...] Ihr guten Eltern. – Mit dem Gelde will ich es dann so machen; und noch einmal tausend Dank für Eure große Liebe und Güte, nie werde ich es wieder gut machen können, was Ihr an mir tut.

Euer dankbarer Anselm

Gerresheim, Sonntag [Ende Dezember 1845]
[...] Mir ist's, als hätte ich Fortschritte gemacht, bloß durch das Lesen. – Am meisten freut mich das Zutrauen des lieben Vaters, der mir immer verbot, etwas von Goethe zu lesen, ich fühle mich glücklich, daß ich schon von Goethe einiges lesen kann und darf, das andere sei späteren Zeiten anheimgestellt; ich will recht vorsichtig sein in der Wahl, aber was ich lese, will ich mit Verstand

lesen. – Ich danke Dir, lieber Vater, Du hast hiermit, ohne daß ich es ahnte, meinen sehnlichsten Wunsch erfüllt, Goethe und Uhland sind jetzt meine Stütze, doch darf ich nicht Uhland und Goethe sagen; sie vertragen sich sehr gut, in Uhland rein Gemüt, in Goethe Verstand und Gemüt auf das wunderbarste zum Schönsten und Höchsten vereinigt. – Ich habe jetzt drei unschätzbare Bücher, die mir über alles gehen. Die Bibel, Goethe und Uhland, wer das hat, glaube ich, kommt durch die ganze Welt, der ist reich im Geist und wird stark und kräftig werden. Aber mein Barettchen, das steht ganz patent, ich glaube, ich kann es auch zum Ausgehen brauchen, mit dem komme ich einmal nach Freiburg, ich bin gewiß nicht eitel, aber es steht doch recht gut und flott, mein alter Filz hat zudem redlich gedient. – So poetisch mich Goethe gestimmt, so kann ich doch nicht sagen, daß mir das Barettchen nebst Stauchertchen nicht eine unbeschreibliche Freude gemacht, von Euren lieben Händen gearbeitet, hat es doppelten Wert. – Ich begreife noch nicht, wie Du, liebste Huma, auf die glückliche Idee kamst, wie Du mein Kopfmaß so genau trafst, ich wollte, ich stünde jetzt bei Euch, die Mütze auf dem Kopf, den Goethe in der einen und in der anderen Hand Leinwand und Pinceaux und die warmen Stauchertchen an, das wäre ganz prächtig.

Sonntag früh [1846]

Wenn ich so allein bin, dann fühle ich so innig, was Kunst ist, dann ist alles weniger Malerei, da stehen keine Töne, alles ist tiefe Seele, da meine ich, man könne Künstler sein, ohne nur einen Strich zu tun; da ist die Kunst so etwas beruhigendes, so was wohltuendes, Inniges und komme ich dann unter andere Maler oder zur Akademie, da sind alle Ideale eingesunken, da stehen die Professoren, denen man's am Gesicht ansieht, daß sie ganz anders denken, und das sind erfahrene Leute, da muß ich doch unrecht haben, da komme ich mir so erbärmlich vor, und riesengroß wachsen dann die Schwierigkeiten, die vorher so klein waren; ich muß eben fortstudieren, obgleich, das versichere ich Euch, es gehört viel, sehr viel dazu, so Komödie zu spielen, aber es muß sein, das ist eben das Muß, wodurch sich der Mensch dem Tiere nähert. Wenn ich so sprechen wollte, würde man mich auslachen; es tut mir weh, daß man einen so von der Seite ansieht, und man fühlt's doch da kochen, ein Feuer, woran alle krepieren könnten. – Diese Oberflächlichkeit! Ich glaube auch nie, daß ich verstanden werde, verstehe ich doch selbst so vieles nicht in mir, ich werde eben Bilder malen, werde meinen Geist unter Goldrahmen in Ausstellungen passen müssen, und zuletzt gewöhnt man sich daran und malt eben Bilder, die gut in Kontur und Farbe sind, so wie die anderen auch, man wird sich denn dieses Jugendfeuers mit Lächeln erinnern und zu sich selbst sagen, man war eben jung und wollte übersprudeln, aber jetzt haben wir das wahre, jetzt, da der Vulkan erloschen, haben wir das gediegene Silber, und jetzt weiß ich, daß sie dann die Schlakken haben oder eine versilberte Technik ohne Geist. Siehst Du, der Gedanke ist schrecklich und man kommt noch dazu, daß man über die goldene, liebe Jugend als über eine Torheit lächelt. Diese Prosa verbirgt unser großer Lessing in sich, er hat es so weit gebracht, daß an seinem Bild alles richtig ist, er malt im Gefühle: »Du kannst es, bist der Lessing, alles ist in Form und Farbe vollkommen«; er ist ein Maler; aber seine jugendliche Seele ist fort. – Aber so geht es, solange der Geist der Form noch nicht mächtig ist, steht er erhaben da, später beginnt die Form den Geist zu beherrschen. – Der Bauer, dieser geniale Mensch, ist vierunddreißig Jahre alt, ja, der kann noch wenig schaffen, ist aber so kindlich, so poetisch, so genial, der Mensch ist wie ein Glas Wein, was sich nach und nach ausfließt, wo zuletzt noch die Scherben bleiben; ich muß mir noch Poesie und poetisches Treiben schaffen, sonst gehe ich zugrunde, was kann ich dafür, so bin ich einmal und kann mich nie anders machen. Was ich da gesagt, ist das nicht, was ich will und fühle, aber man muß schweigen, denn man kann das nie sagen, nie, nie, was in mir lebt und brütet. Es hilft mir auch zu nichts, ich weiß alles, alles wie es geht und ist, viel zu früh, und das läßt eben manchmal diese Ideen aufkeimen.

Sonntag früh [o. D.]
Selig ist Mendelssohn zu preisen, dessen ganze Seele wogt die Welt hinauf und hernieder, all sein Sehnen, all sein Dichten liegt klar in der lieblichsten Form da; das ist mein Glaube an das ewige Leben, daß sich der Mensch in seinen Liedern auflöst, je geistiger der Mensch wird, desto mehr Körper fällt beiseite, der Geist

wächst und zieht den armen Körper zur Ruhe, da schwebt er auf und nieder, aller Hülle beraubt; selig all die großen Geister, deren Innerstes mit Riesengewalt und Zauberkraft aufs Papier gebracht ist; aber so ein armer Maler, welche rasende Technik gehörte da dazu, um dem Fluge des Geistes zu folgen! Wenn der Musiker komponiert, so denkt er in Tönen, und die Töne sind die Noten, aber so gedacht, so gemacht, der Dichter denkt in Worten, also schreibt er die gedachten hin, und da ist seine ganze Seele; der Maler denkt, und wenn er ans Machen geht, so kommen diese hundert Schwierigkeiten, da muß Kontur sein, da Farbe und Zeit, das ist die Hauptsache, und die Zeit schläfert ein, so malt er und malt sich hinein, wird immer kühler und kühler, und zuletzt kann er sich nicht mehr denken, wie er anfangs gedacht, und macht sich weis am Ende, er hätte so gedacht, wie sein Gemälde dasteht; ich wollte, es käme ein Engel vom Himmel, der malte mit Götterhand so, wie man denkt, doch das ist dummes Zeug, denn die jetzigen Maler machen es sogar schöner, als sie denken. Aber ich habe ja einen enormen Brief geschrieben. Ihr müßt ja müde werden ihn zu lesen, und dennoch kann ich Dich versichern, liebe Bloi, daß ich nie müde werde, Deinen Brief sechs- bis zehnmal zu lesen, bis ich ihn fast auswendig kann.

Aber jetzt bin ich schachmatt und will schließen, bin ich hie und da etwas konfus, so rechnet das meiner Aufgeregtheit zu und nehmt es eben nicht immer so, wie's dasteht.

Euer Anselm

DER SECHZEHNJÄHRIGE
AN DEN VATER

Düsseldorf, Juli 1846

Über antike Kunst, Mythologie, wozu ich mich ungeheuer hingezogen fühle, deren wahren Sinn ich aber noch gar nicht erfaßt und verstanden habe, wirst Du, lieber Vater, mich einmal recht belehren, und ich will auf Deine Worte lauschen wie auf Orpheus' Gesang. Ach Gott, war ich den vorigen Herbst ein Narr oder ein Kindskopf, daß ich auch keine vernünftige Silbe geredet habe. Ich möchte weinen, wenn ich an die schöne Zeit denke! Was hätte ich nicht alles erfahren können, worüber ich jetzt so unklar bin, lieber Vater, Du mußt mir leuchten, meine ganze Richtung erhellen und leiten, sonst, das fühle ich, tappe ich, wie so viele andere, ewig im Finstern herum. Ich kenne Deine Poesie und Deine Kenntnisse, – welch ein Glück habe ich doch vor sovielen, die keinen so prächtigen liebevollen Vater haben wie ich. Ha, eben sehe ich auf, und die Abendsonne bescheint in meinem Zimmerchen das ernste, finstere Angesicht meines polnischen Juden mit dem schwarzen, zottigen Haar und Bart, er schaut mich finster und durchdringend an, als wollte er sagen: »Du Nichtsnutziger, wie hast du deine schöne Zeit vergeudet, die nie wiederkehrt«, und jetzt steigt sie zu meinem Bacchus und mahnt mich recht an die alten Griechen, an die schöne Zeit, wo die Götter noch unter Menschen schritten; jetzt aber haben sie die Erde längst verlassen. – Doch was schwätze ich da; ja, lieber Vater, ich komme mit dem ernsten Vorsatze hin, gründlich zu studieren, all mein Denken und Trachten Dir zu vertrauen und mir Rats zu holen, den ich sehr bedarf; könntest Du meinem Wissensdrang eine bestimmte Richtung geben, daß ich nur aus dieser verfluchten Allgemeinheit der Ideen, an der außer Lessing, aus Mangel an gediegener Bildung, alle leiden, herauskomme; ich glühe vor Sehnsucht, das darzubringen, was ich fühle und will, ich möchte nicht bloß Nachäffer und Anstreicher nach der Natur werden, ich möchte gerne Seele, Poesie haben, es schlummert in mir, aber es muß geweckt werden, und jetzt ist der Zeitpunkt, jetzt bin ich feurig und jung, habe zwar noch mit Anfangsgründen zu tun, bin aber im Begriff, in die Seele der Malerei einzudringen; ich grüble und denke und irre hin und her, und könnte so mein ganzes Leben lang irren, wenn ich nicht jemand hätte, der mich beruhigt und weiterführt; ich vertraue mich Dir ganz an, denn ich weiß, Du hast dasselbe gefühlt wie ich, das sind Perioden, aber sie müssen geleitet und gelenkt werden. Es tauchen mir oft wunderliche Ideen auf, Träume, Phantasien, ich fürchte mich vor der Nüchternheit und Hohlheit, die die jetzige Welt regiert, man muß sich zurückflüchten zu den alten Göttern, die in seliger, kräftiger, naturwahrer Poesie den Menschen darstellen, wie er sein sollte. In die Zukunft flüchten geht auch nicht; denn welche Zukunft steht unsern Geld- und Maschinenmenschen bevor! Man könnte Heilige malen, allein die sind jetzt so fade wie faule Äpfel; man kann sie malen, aber nur keine schmachtenden Engel, keinen blondgelockten, gekräuselten Christus als Osterlamm, nein, einen Südländer mit schwarzem Haare, tiefliegenden, seelenvollen Augen, Ideal in allem aber nur nicht fade. Das Alte Testament, das hat noch Kraft, da lebt und webt noch der alte Gott mit seinen Menschen; auch das Neue Testament ist göttlich und begeisternd, aber es ist kein Feld für uns. Geschichtlich mittelalterliche Gegenstände, wie Lessing sie malt, ist auch ausgezeichnet, aber bis jetzt ist es mir noch nicht das, was ich will, es kann sein, daß das Gefühl aus Mangel an Geschichtskenntnis entspringt, darum eben soll sie ein Hauptstudium sein. — Man sagt, der echte Maler müsse alles können, das ist schon gut, aber eine echte Seelenrichtung tut doch not, denn nur um Gottes willen keine Gemeinplätze, es brauchen ja nicht gerade historische Momente zu sein, es können tiefe poetische Empfindungen sein, aber die Handlung muß ergreifend und klar sein, auch dürfen keine Modellgestalten umherwandeln, die ebensogut Griechen, Ägypter oder Mongolen vorstellen können.

DER ZWEIUNDZWANZIGJÄHRIGE
AN DIE MUTTER

Paris, den 7. Oktober [1851]

Meine liebe Mutter!

Wie leid ist mir's, daß Du Dich um mich geängstigt, ich bin gottlob ganz gesund, ich wollte warten, bis Du die Ausstellung in Freiburg gesehen hättest, ich hatte die kleine Hoffnung, Dir durch den Ankauf eines Bildes vielleicht Freude zu machen, also auch das ist vorbei. — Wenn Dir der Mönch gefällt, so sage, er wäre nicht zum Verkaufe und behalte ihn ja, er ist zu hundert Gulden angesetzt, also auch, wenn er angekauft ist, ein so kleiner Verdienst. — An ein Nachhausekommen vor Mai oder April denke ich ja nicht, das Öde und Traurige fühlt Ihr ja wie ich und ich weiß, wie ich hier lernen kann. Diese Anerkennung der Bilder tut mir so wohl, um so mehr, da ich nun selbst so klar weiß, was ihnen fehlt, in der Technik bin ich hier durch viel Malen und Sehen einen großen Schritt voraus, die besten meiner Antwerpener Künstler und Freunde sind nun hier und haben sich schon in Ateliers auf Jahre eingemietet. Ich stehe also nicht allein, sie waren überrascht über meine vielen Kopien; mein jetziges Bild ist in Farbenwirkung und Komposition im reinen, ich will es nicht allzugroß malen und alles aufbieten, es ganz durchzuführen. Mir wird versichert, daß die

Skizze bereits schon keinen Vergleich mehr zum alten Hexenpro-
zeß zulasse. – Paris hat großartige Einflüsse, ich empfinde all die
Ungeschicklichkeiten des vorigen – ich male jetzt mit ganz wenig,
aber mit transparenten Farben, wie ich es bei den besseren
Franzosen und Gallait gefunden. Mein Bild soll ganz einfach
werden – es ist ganz im spanischen Charakter komponiert, eine
öde Berggegend, Hitze und Staub, viel armes lumpiges Lazzaro-
nivolk in der Art wie Murillos Bettelknaben, schwarze ernste
Spanier, Landsknechte, die den Karren umgeben, der von sechs
Ochsen gezogen wird.

Mein Sinn, liebe Mutter, ist so ernst geworden, Du glaubst es
gar nicht, ich will eine ganz ernste tiefe Richtung verfolgen. Und
meine Malerei soll ganz einfach und dramatisch wirken. Ich halte
schon Modell und will die Aufzeichnung nächste Woche beginnen, ich nehme Rat und Tat an; mein lieber teurer Vater steht
hinter mir und gibt mir an, wie ich zu denken habe.

Mein Aussehen ist nicht das brillanteste, aber sei ganz ruhig
liebe Mutter, ich weiß, alle diejenigen, die ein ernstes Streben
haben, sind wie gefeit. – Ich war vor ein paar Tagen hier zum
ersten Male im Theater und zwar in des teuern Vaters Lieblings-
oper »Josef und seine Brüder«. Ich habe hier eine Aufführung
erlebt, so ergreifend, daß ich kaum die Tränen halten konnte und
ewige Schauer mich durchbebten. Am anderen Tage bemühte
ich mich, etwas von diesem Geiste meiner Komposition einzuver-
leiben, und Vaters und Dein Segen wird ja bei mir sein.

Ach, Du, liebe, liebe Mutter. Du arbeitest doch nicht über Deine
Kräfte, so viele böse Träume ängstigen mich, und doch, wie
erhebt mich der Gedanke, daß Du Vaters liebes Andenken so
verherrlichen willst, und wie rührt mich's, daß der Hettner als
Freund Dir zur Seite steht – wirklich, ich gewinne täglich die
Überzeugung, welcher Geist und welche Kraft doch in dem Menschen liegen. Im Frühling komme ich dann, wenn Dirs recht ist,
und dann wollen wir noch ein paar ruhige, stille Stunden beisammen sein.

Meine Bilder sind freilich nur erst schwache Versuche, ich muß
eben alle Erfahrungen erst an mir selbst machen, während andere
die Hand geführt bekommen durch eines Meisters Hand; mein
Weg ist viel gefährlicher, aber wenn ich meinen Zweck erreiche,
dann bin ich originell und ursprünglich wie ein frischer Wald.

Ich lebe hier unter vielen Bekannten, jungen frischen, glücklichen Menschen, die mich alle gern haben; Ich fühle mich oft sehr allein, doch stärkt mich der Gedanke an Deine Liebe und an Deine Kraft und Tätigkeit. – Liebste Mutter, nur strenge Dich nicht zu sehr an, kann ich gar nichts helfen? Ich bin ja so bereit. Ich danke Dir recht herzlich für den lieben Brief, Du schreibst so lieb und aufmunternd, und ich kann nicht sagen, wie innig ich Eurer gedenke. – Für die große Ausstellung in Hamburg, wo am meisten gekauft wird, bekomme ich durch einen Bekannten eine Einladung, ich will mein Bild zuerst hier ausstellen, dann dort und von da nach Hannover und Berlin schicken [...]

Wenn Du nur Vertrauen in mich setzt, daß ich etwas werde auf dem Wege, den Du in den Bildern siehst, und wenn Du nur die Überzeugung hast, daß ich fleißig war und bin. Sei ja ganz offen und betreffs des Geldes – der arme Roux hat wohl auch nichts verkauft, es schmerzt mich, es ist großes Unrecht, die Jugend im Lande so gar nicht zu unterstützen.

Hier ist es so winterlich, die Blätter fallen, mein täglicher Weg führt mich durch den schönen Luxembourgpark, und da ist es immer bei dem kurzen Durchgehen und abends, wo mich ein namenloses Sehnen, nicht Heimweh, packt, was im Atelier vor meiner Arbeit verschwindet.

Die Blümchen bei Vaters Haaren duften noch so stark, ich küsse sie, die lieben Haare. – Alle Gärten stehen voll Astern, die sind mir so lieb geworden, meine liebste Blume [...]

Möge das Briefchen recht bald zu Dir gelangen und meine herzlichsten Grüße, ängstige Dich nicht um mich, ich bleibe frisch und gesund, und, liebe Mutter, strenge Dich nicht zu sehr an, ich bitte Dich flehentlich.

Adieu, liebes Emilchen.

Dein treuer Anselm

Ich danke Dir nochmals für Deinen lieben Brief und daß Du so treulich für mich sorgst. – Ich habe noch so viel zu lernen.

ine für jene Zeit typische Künstlernatur war schon der Vater, Eduard von Bülow (1803 bis 1853), der seinen Bankierberuf bald an den Nagel hängte, um sich der Schriftstellerei zu widmen (»Das Novellenbuch«). Der widersprüchliche Mann, Choleriker und zugleich zu Passivität neigend, wie er von Zeitgenossen beschrieben wird, war ein Feind allen Spießbürgertums, der sich als Weltbürger verstand und im Revolutionsjahr 1848 den Adelstitel ablegte. Seine Frau, Franziska Elisabeth geborene Stoll (geboren 1800), ließ sich, wiewohl tiefernste, überzeugte Katholikin, 1849 von ihm scheiden.

Der Sohn, Hans Guido Freiherr von Bülow (1830 bis 1894), von den Eltern als »eminentes, auch dämonisches Talent« erkannt, kränkelte als Kind und überstand sogar mehrere Hirnhautentzündungen. Die Eltern traktierten ihn mit einer überzogenen Pädagogik. Erst nach langen Kämpfen durfte er Musiker werden. Als Schüler Franz Liszts und Jünger Richard Wagners entwickelte er sich zu einem begnadeten Pianisten und Dirigenten. Er heiratete Liszts Tochter Cosima, die ihn jedoch später mit Wagner verließ.

HANS VON BÜLOW, 20, AN DEN VATER

Zürich, 9. Dez. 1850

Lieber Vater!

Dein Schreiben hat mich schmerzlichst berührt und ich tröste mich einzig damit, daß Du meinen letzten Brief in manchen Punkten, wo auch vielleicht meine Kürze und Unausführlichkeit Gelegenheit dazu gegeben hatten, mißverstanden hast. Vielleicht sehen wir uns bald, und die mündliche Unterhaltung löst den trüben Schleier, den namentlich Deine Drohung: Dich in dem Falle, daß ich ohne rein praktische Thätigkeit bei Wagner in Zürich verbleiben sollte, ganz von mir losreißen zu wollen, um meine Liebe zu Dir gezogen hat. Ich bin durch meine energische That zum Mann geworden; ich habe ein Gewissen und eine Überzeugung, nach der ich fest handle, und ich glaube, die sind von Jedermann zu achten. Ich bin Musiker und werde es bleiben; ich bin ein Anhänger – jetzt Schüler – Wagner's und werde dies durch mein Wirken beweisen. Es ist unumstößlich beschlossen. Warum also Dein sich fast bis zum ernsten Verbot erhebendes Zweifeln – warum nicht sagen: – »fahre fort, wo Du angefangen; meine herzlichsten Glückwünsche begleiten Dich; Du hast Dich bis jetzt noch nicht so schlecht bewährt, daß ich Dir gar kein Vertrauen schenken dürfte.« Warum nicht ein herzliches Verhältniß – so daß, wenn ich Deine Hand auf der Briefadresse erkenne, ich freudig bewegt das Siegel breche und ausrufe: es ist von meinem guten Vater! Spare Dir die Vorwürfe, bis ich einen ernsten Fehl begangen! Ich bitte Dich dringend darum. Willst Du mir deshalb Deine Liebe entziehen, daß ich Wagner, den ich mit jeder Stunde mehr liebe und verehre, über Alles stelle, so muß ich Dir mit Thränen sagen: nun da thue es und füge sie Deinem Willi hinzu, dem ich die Kindesliebe meinerseits gewiß in Bruderliebe verwandeln will. Aber glaube mir, ich bin so *fest,* daß ich nichts scheue und alle Consequenzen meines Thuns vollbewußt auf mich nehme.

Die Rückkehr zu meiner Mutter ist unmöglich. Ich habe oft heiße Thränen vergossen in der Erinnerung an sie, aber ich sehe, daß ihr Fanatismus stärker ist als die Mutterliebe. Das erleichtert mir das Herz. Was meine nächste Zukunft betrifft, so hat sich der Zufall so günstig in's Mittel geschlagen, daß ich fast abergläubisch werden könnte. Ich habe gestern von dem Direktor des Theaters in St. Gallen, Herbart ein Engagementsanerbieten als Musikdirektor erhalten, da er gehört, daß ich mit Zürich gebrochen.

Die Bedingungen sind annehmbar. Hauptconditio ist baldiges Eintreffen. Wagner war anfangs gegen, nach einiger Überlegung für die Annahme, die bereits geschehen ist. [...]

Ich bin nun also von Wagner vorläufig entfernt und in Deiner Nähe; nach Ablauf des Winters gehe ich wahrscheinlich zu Wagner zurück, um unter seiner Anleitung, mit seinem Beistande eine Oper zu schreiben. Zum Christus habe ich ungeheure Lust. W. meint aber, ich solle etwas Praktischeres für den Augenblick machen. Eine Möglichkeit wäre es, daß ich durch Wagner auch bei Liszt in Weimar eine Thätigkeit fände – vielleicht – es ist dies aber nur eine Idee von mir – schlage ich meiner Mutter den Ausweg vor, daß ich den Sommer in Paris zubringen werde, wo ich, wenn ein wenig unterstützt, mir mein Brot schon verdienen könnte.

Vielleicht sehen wir uns also bald.

Grüße Louise und danke ihr für die wollenen Socken. Ich brauche sie nicht, daß ich bei der ziemlich starken Kälte dennoch in meinen baumwollenen nicht friere. Übrigens härte ich mich systematisch ab.

Dein Dich liebender
Hans v. Bülow

DER ZWANZIGJÄHRIGE
AN DIE MUTTER

Ötlishausen 30. April 1851

Geliebte Mutter!

Der innerste Herzensdrang, das traurige und so unnatürliche Verhältniß, welches seit einem halben Jahre durch mein Verschulden zwischen Mutter und Sohn besteht, wieder aufgehoben zu sehen, veranlaßte mich, in einem Briefe an meine Schwester bei dieser anzufragen, ob Du es wohl in Deinem Unwillen über die von mir erlittene herbe Kränkung erlauben würdest, daß ich wieder eine Annäherung wage. Isidorens Antwort lautete bejahend – ich solle, ich dürfe Dir schreiben [...]. Du kennst meine alte Abneigung gegen große Ostentation und Demonstration – laß mich Dir daher nur mit einfachen Worten sagen: *es thut mir unendlich leid, Dich so betrübt zu haben, als es von mir geschehen ist*. Ich kann mir zwar noch nicht Rechenschaft darüber ablegen, da dies erst der Zukunft zu richten zukommt, ob ich ein Unrecht gegen mich selbst begangen, indem ich so gehandelt, aber ich bekenne es Dir gern: ich habe in der Art und Weise jedenfalls unrecht gegen Dich gehandelt, undankbar, pflichtwidrig. Die Kränkung, die ich Dir dadurch zugefügt, bereue ich herzlich und bitte Dich, sie mir verzeihen zu wollen.

In dieser Hoffnung halte ich mich nun auch für verpflichtet, Dir wenigstens in gedrängter Übersicht den Gang meines Lebens und meiner praktisch musikalischen Ausbildung in der Dirigentencarrière darzulegen. [...] Ich bin jetzt im Stande, einem ganz fremden Orchester z. B. meine Compositionen einzustudieren – das können sehr bedeutende Komponisten nicht (Meyerbeer, Schumann, u. a.), wenn sie nicht bei Zeiten den Mechanismus erlernt haben. [...]

Von Wagner, den Du für meinen Verderber hältst, war ich da

fern, unser Briefwechsel sehr unbedeutend, und als W. nach St. Gallen zum Besuch kam, war ich so beschäftigt, daß ich ihn kaum ein paar Stunden sehen konnte. Ich hatte damals 10 Stunden durchschnittlich des Tages in meinem Berufe zu arbeiten. Ein einziges Mal bin ich seit dem Anfang December, wo ich Zürich verließ, bei Wagner gewesen, am 24. und 25. Februar zu einem Abonnementconcert, in welchem ich die Liszt'sche Paraphrase der Tannhäuserouvertüre mit Beifall spielte.

Du magst nun denken über W., wie Du es für recht und billig glaubst; aber jedenfalls darfst Du die Scheidung des Künstlers vom Menschen nicht unberücksichtigt lassen. Seinem Künstlerverdienste kann nun niemand etwas anhaben; würde sonst Liszt, eine der genialsten und bedeutendsten Künstlernaturen, als reifer Mann, jedes Streben, das auf eigenen Ehrgeiz gerichtet und des Erfolges gewiß wäre, fahren lassen, weil er es für würdiger erkannt hat, für Wagner und seine Werke Propaganda zu machen und sich diesem Zwecke ganz unterzuordnen? Irre ich mich in W. so wird mich ja spätere Einsicht belehren. Ich bin ihm aber musikalisch von Zürich her viel Dank schuldig [...]

Was meine Pläne für die Zukunft betrifft, so will ich zuvörderst noch etwa drei Wochen hier bleiben und dann nach Weimar reisen, wo Liszt, wie er an Wagner noch kürzlich geschrieben hat, mich bei sich aufnehmen wird, und wo ich in Composition und Klavierspiel mich vervollkommnen werde. Liszt's Einfluß wird mich später wohl an den einen oder andern Ort hin empfehlen können.

Ich möchte so gern wieder von Dir hören, wie Du lebst, ob Du gesund, wie Du mir gesinnt bist. Lasse doch Isidoren darüber schreiben. Nochmals – mein Unrecht gegen Dich, so wie ich es erkenne, bitte ich Dir von ganzem Herzen ab.

                        Dein Dich liebender, dankbarer Sohn

echt klare Vorstellungen entwickelte der spätere Philosoph Wilhelm Dilthey (1833 bis 1911) von seiner eigenen Ausbildung. Der Vater, Maximilian Dilthey (1804 bis 1867), war Pfarrer und Dekan in Mosbach-Biebrich und wollte aus dem Sohn unbedingt einen Theologen machen, fürchtete aber, daß die Lebensumstände einer Großstadt den Jungen in Versuchungen bringen könnten.

Nach einem Studium in Heidelberg ging Wilhelm 1856 als Lehrer nach Berlin. 1864 habilitierte er sich als Philosophieprofessor; in der Folge lehrte er nacheinander in Basel, Kiel, Breslau und Berlin. Er machte sich als Begründer der Erkenntnistheorie der Geisteswissenschaften sowie unter anderem als Biograph Schleiermachers einen Namen; zu seinen bedeutendsten Schriften zählt das Werk »Das Erlebnis und die Dichtung« (1906).

WILHELM DILTHEY, 25,
AN DEN VATER

Berlin, Anfang Juni 1859

[...] Immer stärker, je älter man wird, bekommt man doch das alte Kindergefühl, daß man nichts durch sich ist und hat. Wenn ich jetzt durch die Fülle inneren Lebens ein wahrhaft glücklicher Mensch bin, sodaß ich für das Ganze meines Lebens kein andres Gefühl weiß als Dank gegen Gott und Euch – so fühle ich es tief und kann es bis ins Einzelste betrachten und verfolgen, wie ganz ich es Eurer Erziehung und Eurem Vorbilde, das mich immer wieder auf das Wesentliche des Lebens hinwies, mich zwischen Schwärmerei und phantastischem Unglauben zu der Religion freudigen Rechttuns und inniger Gemeinschaft mit dem uns alle tragenden Schöpfer der Dinge hindurchführte – wie ich alles Eurem Beispiel allein verdanke. Wenn ich es im Innersten spüre, daß im Gefühl der Unsterblichkeit und der uns ewig umfassenden Nähe Gottes zu leben unser höchster Gut ist, so tönt unwillkürlich der kräftige Ton Deiner Predigten in mir nach, die das so ganz ohne Firlefanz sagten und ohne Sentimentalität.

iebe zur Naturwissenschaft trieb den jungen Ernst Haeckel *(1834 bis 1919) schon früh um. Doch der Vater, Oberregierungsrat in Merseburg, bestand auf einem Studium der praktischen Medizin. Nebenbei, fast heimlich, studierte Ernst in Jena, Würzburg, Berlin und Wien indes Zoologie und Biologie, Fächer, in denen er später, Charles Darwins Werke weiterführend, als Schöpfer der monistischen Weltanschauung (»Der Monismus als Band zwischen Religion und Wissenschaft«) und als Verfasser von Werken wie »Natürliche Schöpfungsgeschichte«, »Anthropogenie« und »Systematische Phylogenie« Wissenschaftsgeschichte schreiben sollte.*

Nach beendetem Studium und einer Assistenzzeit bei Rudolf Virchow ließ er sich auf Wunsch des Vaters sogar als Arzt in Berlin nieder; allerdings setzte er die Sprechstunde auf fünf bis sechs Uhr morgens an, damit nur ja keine Patienten kämen. Erst später entzog er sich dem elterlichen Druck und folgte seinen entwicklungsbiologischen und forscherischen Interessen.

ERNST HAECKEL, 19,
AN DEN VATER

Würzburg, Mittwoch, 16. November 1853

Mein liebster Vater!

Dem Wunsche Mutters gemäß, die gern alles liest, was ich schreibe, und die mir schrieb, ich möchte alle nach Berlin an Dich gehenden Briefe über Ziegenrück schicken, erhältst Du auch Deinen Geburtstagsbrief diesmal nicht direkt von hier aus. Es ist nun schon das drittemal, daß ich an diesem Hauptfeste der Haeckelschen Familie persönlich nicht teilnehmen kann, Dir selbst, mein liebster Vater, nicht mit einem Kuß und einem Händedruck das alles sagen kann, was ich für Dich in Herz und Sinn trage und was noch so viele Worte doch nicht hinlänglich ausdrücken können. Aber auch so, denke ich, brauche ich nicht viel Worte zu machen über die innigen und treuen kindlichen Gesinnungen der herzlichsten Kindesliebe, die ich für Dich hege, und die grade an Deinem Geburtstage, als unserm höchsten Freudenfeste sich zu besonderer Innigkeit steigern. [...]

Ich hatte nun gehofft, das Heimweh würde sich allmählich ganz geben. Aber immer und immer wieder, wenn ich diesen engen und heimlichen Familienkreis verlassen habe, wird mir so weh ums Herz, ich bekomme eine so kindische und unnütze Furcht und Scheu vor der Außenwelt, daß ich mich oft selbst darüber schämen muß. So muß ich auch jetzt, nach diesen seligen ungetrübten Tagen der Freude, die ich in seliger Stille mit Euch verlebte, gar so sehnsüchtig nach diesem Elysium zurückdenken, obwohl mich der Trubel und die Ruhelosigkeit meiner neuen Zeiteinteilung auch kaum einen Augenblick zum Bewußtsein meiner Einsamkeit kommen lassen. O, wie schön ist doch das Familienleben, durch nichts zu ersetzen [...]

Das einzige schmerzliche Gefühl (was mir aber auch oft sehr bittere und schmerzliche Gedanken macht), das ich [...] empfinde, ist das, daß ich selbst, mein lieber Vater, Dir bis jetzt noch so wenig Hoffnung und Freude verursacht habe, und daß mir dies wirklich um so weniger zu gelingen scheint, je mehr ich mir dazu alle mögliche Mühe und nun Sorge mache. Dessen kannst Du versichert sein und weißt es auch, daß es mein aufrichtiges und beständiges Bestreben ist, ein recht tüchtiger und braver Mann zu werden. [...]

Grade in dem wichtigsten Punkte, in der Einrichtung und Ausführung meines ganzen Lebensplans, stehe ich jetzt noch so ratlos und tatlos da wie nur je. Es wird jetzt, wie Du Dich vielleicht erinnerst, grade ein Jahr sein, daß ich Dir in der ersten Abneigung, die mir die Einsicht in das Studium der Medizin einflößte, in einem langen Briefe die Unmöglichkeit, Arzt zu werden und Medizin zu studieren, auseinandersetzte. Du suchtest mich damals mit mancherlei, zum Teil auch wohl ganz richtigen Gründen zu beschwichtigen, und diese hielten auch den Sommer über, wo ich mich mehr mit der reinen Naturwissenschaft beschäftigte, vollkommen vor. Ich hatte den bestimmten Vorsatz, das Studium, so schwer es mir auch werden möchte, durchzusetzen. Jetzt aber, lieber Vater, stehe ich wieder auf demselben Standpunkt wie vor einem Jahr, wenn auch aus andern Gründen. Es liegt dies einfach daran, daß ich jetzt, wo ich einen tiefen Einblick in das Wissen und Treiben der praktischen Medizin zu tun anfange, die wahre Natur dieser edlen Kunst zu begreifen anfange. Früher war es, ich gestehe es gern zu, mehr ein äußerer, von reizbarer Nervenschwäche herrührender Ekel, der mir diese Seite des ärztlichen Lebens so traurig erscheinen ließ. Jetzt ist dieser zum größten Teil überwunden und würde sich vielleicht mit der Zeit noch mehr geben, wenngleich ich glaube, daß ich eine unbesiegbare Scheu vor vielen Krankheitsäußerungen nie überwinden werde. –

Aber eine ganz andere Ursache ist es, die mir jetzt mit voller Gewißheit die Unmöglichkeit, als Arzt zu wirken, vor Augen stellt. Dies ist nämlich die ungeheure Unvollkommenheit, Unzuverlässigkeit und Ungewißheit der ganzen Heilkunst, die es mir diesen Augenblick (es mag allerdings zu einseitig sein) fast unglaublich erscheinen läßt, daß ein gewissenhafter, sich selbst überall zur strengsten Rechenschaft ziehender Mann mit dieser »Kunst«, die in hundert Fällen diese Wirkung, in hundert gleichen die grade entgegengesetzte hervorbringt, seine Nebenmenschen quälen und mit ihnen gleichsam ins Blaue hinein experimentieren könne. In dieser Beziehung verhält sich die Medizin extrem entgegengesetzt der Mathematik. Hier ist alles in bestimmte, unveränderliche, ausnahmlose Formeln gebannt, dort ist von alledem nichts; jeder handelt nach seinem eignen Gutdünken; dem einen fällt dies, dem andern jenes ein; dort stirbt vielleicht ein Patient einem wissenschaftlich höchst ausgebildeten Arzte unter der Hand, während er hier von einem Quacksalber kuriert wird. Ich frage Dich selbst: Muß so nicht jeder Arzt in jedem Augenblick, wenn er an seine Pflicht und an sein Tun denkt, mit sich selbst in schweren Konflikt, in traurigen Zweifel geraten? –

Wenn ich meinen Bekannten dies exponiere, so lachen sie mich aus! Frage ich sie, was sie dagegen meinten, so sagen sie, ich sei nur tauglich, um natürliche Pflanzenfamilien zu schaffen und Moose zu mikroskopieren, oder Infusorienkrankheiten zu behandeln u. s. w. Überhaupt scheinen auch sie sämtlich darüber einig zu sein, daß ich zu nichts weniger als zum Arzt passe. Schon das ist ein großer Nachteil für mich, daß ich nicht von Jugend auf medizinische Gespräche mitangehört, mit einem Worte, mich in diese ganze Sphäre etwas hineingelebt habe, in welchem Falle sich meine meisten andern Bekannten, überhaupt fast alle Studenten der Medizin befinden, sollten sie sich dies medizinische Begriffs- und Denkvermögen auch erst in den Kneipen erworben haben. Dadurch, daß ich viele Ausdrücke, die hier gang und gäbe sind und die andern verstehen, ohne noch Pathologie gehört zu haben, ganz und gar nicht kenne und mit den gewöhnlichsten medizinischen Redensarten u. s. w. noch gar nicht vertraut bin, geht mir zum Beispiel ein großer Teil des Virchowschen Kollegs verloren. Frage ich über so etwas andere, um mir Auskunft zu holen, so meinen sie, daß mir das doch nichts helfe; ich könnte doch höchstens Professor werden; zu was Ordentlichem tauge ich gar nicht u. s. w. Andere sind dabei wenigstens aufrichtiger und meinen: »Wenn Du Professor werden willst, ist das grade, wie wenn ein kleiner Junge König werden will.« Dabei spreche ich gar nicht von »Professorwerden« und denke auch nicht daran. Nur kein Arzt! Lieber will ich die kleinen Jungens in der Klippschule das Einmaleins lehren. [...] Wenn ich ganz frei über mich selbst jetzt zu disponieren hätte, würde ich doch [...] noch lieber mich mit allen mir zu Gebote stehenden Kräften einzig und allein auf das Studium der reinen Naturwissenschaft werfen, alle Zeit, die mir außer Essen, Trinken, Schlafen und Denken an Euch noch übrig bleibt, einzig und allein darauf verwenden, mich ganz ex fundamento in ihr heimisch zu machen; und dann, denke ich, müßte ich, bei der größten Liebe und Lust und der mir möglichsten (was freilich nicht viel sagt) Ausdauer es doch zu etwas Tüchtigem bringen. Die einzige Frage, und zwar die sehr schwere, wäre freilich, ob meine Kräfte dazu ausreichten. Nun bedenke [...] aber den fabelhaften Wust von barbarischen Mitteln, Formen u. s. w., die an sich schon fast ein Gedächtnis nehmenden Massen rohen, halb unnützen, halb zweifelhaften, empirischen Materials – mir nebeln die Sinne, wenn ich daran denke, daß ich diesen ganzen ungeheuern wüsten Kram, der noch dazu für mich speziell so manches Ekelhafte und Widerliche besitzt, zu dessen Aneignung ein halbes Leben gehört, wenn ich bedenke, daß ich dieses ganze ungeordnete Chaos mir ganz zu eigen machen soll – und zwar wozu? Um nichts und wieder nichts!! Denn was wird mir das jemals helfen! Wenn ich noch irgend Aussicht hätte, einmal als Naturforscher große Reisen zu machen, hätte die Sache noch einigen Sinn. Aber so!? – Schade, schade, daß ich Dir nicht mündlich dies und vieles andere explizieren kann, und schriftlich läßt sich die Sache nur so halb und unvollkommen darstellen! –

Nun vor allem eine herzliche Bitte, liebster Vater. Sei nicht im geringsten unwillig oder betrübt darüber, daß ich Dir so ganz offen und unverhohlen meine ganzen Empfindungen und Gedanken über diesen höchst wichtigen Gegenstand offenbart habe. Ich denke doch, es ist besser, ich spreche die Gesinnungen ganz offen aus, wenn sie Dich auch eben nicht erfreuen können (was mir herzlich leid und wehe tut), als daß ich sie Dir von Anfang an verberge und nachher Dir plötzlich andere zeige.

Wenn Du es für das beste hältst, will ich ja gerne mit allem mir
möglichen Fleiße (wenn auch ohne Lust und Aussicht auf Erfolg)
das Studium der Medizin weiter forttreiben. Nur muß ich mich
dann später, wenn es zu meinem entschiedenen Nachteil ausschlägt, vor jeder Verantwortung und jedem Vorwurf verwahren.
[...]

21. Dezember 1853

[...] Nimm aber diese Worte für das, was sie sind, lieber Vater, für
den Hauch einer vielleicht übertriebenen Begeisterung, welche
mir von Zeit zu Zeit alle Glieder wie verzehrendes Feuer der
Leidenschaft durchzieht, daß unwillkürlich meine Muskeln in
tonische Kontraktionen geraten und ich in jauchzende Freuden-
rufe ausbreche [...] Wie traurig und dunkel erscheint mir dagegen wieder am andern Tage das medizinische, praktische Treiben, die Behandlung der Menschen in den Kliniken u. s. w. und
wie sinkt mir da wieder aller und jeder Mut, und ich sehe mit nichts
als mit verzweifelten Aussichten die Zukunft herannahen. Der
einzige Trost ist dann der verrückte Gedanke, mich schlimmsten-
falls mit meinem Mikroskop, das ich jetzt nicht mehr von der Seite
lasse, in einen beliebigen Urwald von Guayana zurückzuziehen
und dort nach Herzenslust Natur zu studieren. [...] Nein, noch
einmal! Es geht mir doch nichts über die Zellentheorie und ihr
Studium! Vivant cellulae! Vivat Microscopia! – [...]

Lebe recht wohl, mein lieber Papa, nunmehr auch Großpapa,
feire recht vergnügte und frohe Weihnachten mit den Lieben in
Nr. 8 und vergiß dabei neben den Ziegenrücker Lieben auch
nicht

Deinen Dich herzlich liebenden, alten Jungen
Ernst H.

ffizier sächsischer Herkunft war der Vater Heinrich
von Treitschkes (1834 bis 1896), ein gestrenger Erzieher, pflichtbewußt, doch geistig wendig und fein-
fühlig, wie Goethe ihm bestätigte; gelegentlich versuchte er sich nicht ohne Geschick als Gedichtschreiber. Der
»Kummer«, den der Vierzehnjährige in seinem ersten Brief bedau-
ert, hing mit seiner jugendlichen Sympathie für die demokratische
Einigung Deutschlands zusammen, von welcher der Vater überhaupt nichts hielt.

Schon als Neunjähriger schrieb der spätere bedeutende Histo-
riker (»Deutsche Geschichte im 19. Jahrhundert«) seinem Herrn
Papa das folgende Geburtstagsgedicht:

>>Und wenn die unheilvolle Kraft des Zweifels
Sich meinem Geiste naht mit leichtem Tritt
Und fessellos und rastlos die Gedanken
Mich treiben hier und dorthin – nur zu DIR
Bei Dir find ich die Ruhe, und ich schütte
Mein Herz das ruhelose aus vor Dir.
So ist kein Schicksalssturm, kein Spötterlachen
Imstande, meine Lieb' Dir zu entreißen
Und – was das Schicksal über mich verhange
Mein schönster Name sei, Dein Sohn zu heißen.«

HEINRICH VON TREITSCHKE, 14,
AN DEN VATER

Dresden, am 15. Decbr. 1848

Mein lieber Vater!
Mit dem tiefsten Schmerze, mit wahrer Zerknirschung habe ich
den Brief gelesen, der mir ein neues großes Zeichen Deiner
väterlichen Liebe und Langmuth ist. Habe ich durch mein Benehmen gegen meine liebe Mutter, durch mein immerwährendes
Zurückfallen in die alten Fehler solche Güte verdient? Statt mir die
strengsten Vorwürfe zu machen, wie ich undankbarer Sohn es
eigentlich verdient habe, ermahnst Du mich wieder in Deiner
eindringlichen Weise mich zu bessern, mich, der ich so oft diese
Deine väterlichen Warnungen überhört habe! O! mir graut es nur
daran zu denken, daß solch' ein gütiger Vater zu einem zürnen-
den werde und mich bei seiner Rückkehr von sich weise! O! wie

beschämt stehe ich vor mir selbst da, weil mir alle diese Fehler schon so oft und so eindringlich verwiesen worden sind, weil ich meinen Vater und meiner Mutter solchen Kummer gemacht habe! [. . .] Ja! ich habe geweint, bitterlich geweint, als ich Deinen Brief las; aber sei versichert es waren keine leeren Thränen! Ich habe den festen Entschluß gefaßt mich zu bessern, ehe es zu spät wird, und Gott um seinen Beistand angefleh't! Dieser Dein Brief, ich will ihn, wenn ich strauchle, lesen, und er soll mich stärken auf dem rechten Wege, wie jenes Gedicht, das Du mir zu meinem Geburtstage vor 2 Jahren aus Plankenstein schicktest.

Dein reuiger Sohn
Heinrich

Dresden, am 31. Decbr. 1848

Lieber Vater!

Schon wieder stehe ich am Schlusse eines Jahres, und zwar am Schlusse des größten und merkwürdigsten meines Lebens. Die gewaltigen Stürme, die ganze Staaten aus ihren Fugen gehoben, ganze Völker unglücklich gemacht haben, sie haben auch in unsern stillen und bisher so glücklichen Familienkreis störend eingewirkt: sie haben den Vater, unsern theuren, lieben Vater aus unserer Mitte gerissen und halten ihn schon lange, ach gar so lange, von uns entfernt. – Ich selbst bin zwar in den Wissenschaften – das kann ich mir zugestehen – fortgeschritten; in sittlicher Hinsicht aber habe ich durchaus keine Fortschritte gemacht und meinen Aeltern oft Kummer bereitet. – Und ein bedeutender Grund davon ist eben die Abwesenheit meines Vaters. Das sehe ich klar und offen; denn Du würdest mich durch Deine Ermahnungen, ja durch Deine Blicke schon von manchem Unrecht, das ich in dem letzten Halbjahre gethan, abgehalten haben. – Der Geburtstag meines theuren Vaters naht heran. Es ist der erste, den wir ohne den Vater, d. h. fast gar nicht, feiern müssen. Wie oft wir Deiner an diesem Tage gedenken werden, brauche ich Dir wohl nicht zu versichern. Unsre Gedanken werden bei Dir sein, mögen wir auch noch so lange von Dir entfernt bleiben müssen. – Innig flehe ich zu Gott, daß er Dich uns noch recht lange glücklich und rüstig erhalten und uns in dem neuen Jahre mehr mit Dir vereint leben lassen möge, als in den verflossenen. Aber auch

Dank, brünstigen Dank bringe ich Gott, daß er uns Dich bis jetzt
gesund und rüstig erhalten und uns die Hoffnung auf ein baldiges
Wiedersehen gegeben hat. – O! Dir auch, dem lieben Vater, den
innigsten Dank für die väterliche Liebe, für die unzähligen Wohltaten, die Du mir seit meiner Geburt so reichlich erwiesen hast!
Mit allen Kräften will ich suchen mich dankbar zu erweisen meinem größten Wohltäter durch ein gutes sittliches Betragen und
durch das Streben einst ein der Menschheit nützlicher braver
Mann zu werden.

Dein dankbarer, treuer Sohn
Heinrich

DER EINUNDZWANZIGJÄHRIGE
AN DEN VATER

Göttingen 20/1 56

Mein lieber Vater!

[...] Für Deine väterlichen Rathschläge sage ich Dir meinen
herzlichsten Dank. Du hast mit Deiner Warnung, ich solle nicht zu
Viel auf einmal beginnen, gerade den Punkt getroffen, der nicht
nur für mich, sondern für Jeden, dem es mit seiner Bildung Ernst
ist, heutzutage am Gefährlichsten ist. Wenn ich jetzt täglich eine
Stunde auf dem Museum die leichte Waare von tausenderlei
Zeitschriften gelesen, die doch der handgreiflichste Ausdruck unserer modernen Bildung sind: dann überkommt mich oft eine
Verwirrung, eine Beschämung über meine Unwissenheit, die
doch zugleich eine unendliche Verachtung gegen die seichte
phrasenhafte Weise, womit ich die größten und tiefsten Dinge
behandle sehe. Und diese beiden Empfindungen stärken nur die
Wißbegierde, den beinahe krankhaften Ehrgeiz, daß ich nie zu
dem geistigen Pöbel gehören möge, dem die Welt nur ein Gegenstand halber Theilnahme, halben Verständnisses ist. Ich war noch
so jung als ich Euch verließ und hatte – was gewiß recht gut war –
außer der Schulbildung so gar keine Kenntniß von der Welt, daß
ich seitdem des Lernens und Schauens kein Ende gefunden
habe. Noch in der jüngsten Zeit sind mir große Gebiete des
Wissens nahe getreten, von denen ich gar keine Ahnung hatte –
und immer und immer wieder kam ich auf den Stoßseufzer
zurück: Warum führen wir nicht ein zwiefaches Leben, da das

eine, das uns vergönnt ist, kaum hinreicht um uns nur zu erziehen. Aber ich bin auch nüchtern genug, um zu wissen, daß sich mit Seufzern Nichts ändern läßt. Ich fühle, daß nur das Schaffen dem Leben Werth giebt, und daß ein übertriebener Bildungseifer zu einem ohnmächtigen Raffinement führt, das mit der Barbarei sehr viel Ähnlichkeit hat. So beschränke ich mich jetzt nach Kräften in der Ausdehnung meiner Thätigkeit. Den Widerspruch dieser Einseitigkeit fühle ich freilich lebhaft; lösen läßt er sich nur durch Resignation – und das ist mir die verhaßteste aller Stimmungen. [...] Die zweite Gedichtsammlung liegt mir sehr am Herzen; ich bin aber damit fertig bis auf zwei Gedichte, für deren Umschaffung ich einen günstigen Tag abwarte. Ist Alles in Ordnung, so werde ich sie an eine große Firma schicken [...]. Die Nürnberger Sache verzögert sich so sehr, daß ich den Glauben daran verliere. Ich werde deßhalb den sichersten Weg wählen, um an einem Journal angestellt zu werden, und unaufgefordert einen Artikel einschicken. Ist man zufrieden damit, so wird das Weitere schon erfolgen. Natürlich geht das nicht so schnell, und bis gegen Ostern werde ich wohl noch hier bleiben müssen. Die Einzelheiten der Versuche können Dich kaum interessieren, ich werde mich also darauf beschränken müssen, Dir das Resultat mitzutheilen. Die Bedenklichkeiten bei der Sache erkenne ich recht wohl, und habe mich schon früher darüber ausgesprochen. Aber es ist eine Thatsache, daß fast alle bedeutenden Professoren mehrere Jahre vor ihrer Habilitation gewartet und erst im reiferen Alter die akademische Laufbahn begonnen haben. [...] Dazu kommt noch das Dilemma zwischen Poesie und Wissenschaft. Eine der Haupteigenschaften des Künstlers glaube ich sicher zu besitzen: die rege Lust am Leben, das offne Auge für seine Erscheinungen und die Neigung, nicht durch Theorien ihre Gesetzmäßigkeit zu begreifen, sondern jede Erscheinung in ihrer Lebendigkeit, in ihrer Schönheit zu erfassen. Ob ich die schöpferische Fähigkeit habe, die Gestalten, die mir im Innern leben, ans Licht des Tages zu bringen, darüber kann ich mich und Andere nur durch künstlerische Arbeiten belehren. Dazu brauche ich Zeit und Bildung; darum muß ich mir für diese Schülerzeit einen Beruf wählen, indem ich Muße genug habe meine poetischen Arbeiten fortzusetzen. Das ist klar wie der Tag; es ist unleugbar, daß die Kunst im Anfange ihren Jünger nicht ernährt, aber es wäre Kleinmuth und Sünde, wollte ich sie deshalb aufgeben. [...]

Damit, mein lieber Vater, hab ich Dir mein Herz offen ausge-
schüttet; ich denke ich werde diesen Gegenstand nicht eher
wieder zu berühren brauchen, als bis ich Dir etwas über das
Resultat meiner journalistischen Versuche melden kann. Was ich
sonst noch zu erzählen habe, schreib' ich diesmal an Mama,
deren freundliche Zeilen mich natürlich zur Antwort drängen.

Heinrich

DER ZWEIUNDZWANZIGJÄHRIGE
AN DEN VATER

Göttingen, Oct. 11.56

Mein lieber Vater!

[...] Du hast mir eine sehr ernste Frage vorgelegt, mein lieber
Vater. Ich muß gestehen, sie hätte zu keiner ungelegneren Zeit
kommen können, denn nie bin ich mir über religiöse Dinge
weniger klar gewesen als gerade jetzt. Das ist auch der Grund,
warum ich Dir noch nicht im Zusammenhange darüber gesprochen. Nur aus einzelnen Äußerungen wirst Du geschlossen haben, daß ich in manchen und wesentlichen Punkten an der
christlichen Offenbarung zweifle. Ich hab' im väterlichen Hause
immer das Beispiel aufrichtiger und prunkloser Frömmigkeit vor
mir gehabt. Das allein reichte hin um mich von jedem muthwilli-
gen Zweifel zurückzuhalten. Aber wo Vernunft und Sinne in mir
gar zu laut widersprechen, da kann ich nicht glauben. Ich habe die
Geschichte des Christentums angesehen und gelernt, daß es in
keinem Jahrhundert sich gleich geblieben ist; ich sehe, wie noch
jetzt die Theologen selbst im Schooße *einer* Confession im erbit-
tertsten Hader liegen gerade über die wesentlichsten Glaubens-
punkte. Fremden Menschen aufs Wort glauben kann ich nicht;
was bleibt mir da für ein Maßstab als meine eigne Vernunft? So
hab' ich Manches gedacht, manche Philosophen, gläubige und
ungläubige, gelesen und bin schließlich doch nicht weiter gekommen. Ich würde vielleicht glücklicher und einiger mit mir selbst
sein, wenn ich den Glauben meiner Kindheit wieder hätte. Aber
es ist nutzlos sich das Mögliche auszumalen, wo die Unmöglichkeit so klar vor Augen liegt. Naiv glauben kann Niemand wieder
der einmal zu zweifeln begonnen. Vielleicht, daß ich einst noch

zum Glauben aus Überzeugung komme – und offen gestanden, es scheint mir nicht wahrscheinlich: – für jetzt halte ichs mit Lessing, mir ist das Streben nach Wahrheit lieber als die Wahrheit selbst. So will ich weiter denken und an der Meinung festhalten, daß ein tüchtiger Mensch sich Alles, auch seinen Glauben erkämpfen muß. Davon kann mich kein geistlicher Zuspruch abbringen nicht einmal die Mahnung meiner Eltern; denn ein Glaube ohne Überzeugung ist werthlos, nein, er ist unmöglich. – Die hassenwürdigste der Sünden ist mir die Heuchelei. Sie wuchert heute auf religiösem Gebiete in furchtbarer Weise; die unsittlichsten Menschen bekehren sich plötzlich weil die Orthodoxie von oben her beschützt wird. Man mißbraucht die Religion der Liebe um jeden Andersgläubigen zu verdammen. Das sind Erscheinungen, die mir das Blut zu Kopfe treiben; sie machen mich mißtrauisch selbst gegen die guten Seiten der Orthodoxie. Ihnen gegenüber scheint mir selbst der Spott minder verwerflich. Der Spötter macht sich schlechter als er ist, der Heuchler belügt zu seinem Vortheile die Welt und seinen Gott [...] Was mir das Christenthum so ehrwürdig macht, so hoch über alle andern Religionen stellt, besonders über das von unsern »Gläubigen« heute wieder so gepriesene Alte Testament – das sind die Ideen der Liebe, die keinen Unterschied des Volkes, des Standes und des Glaubens kennt; die Verwerfung des bloß sinnlichen Genusses und die Verweisung an den sittlichen Beruf des Menschen – gewiß eine großartige Wahrheit trotz aller Verirrungen der Ascese. Der Protestantismus ist mir heilig durch die Idee der Pflicht, die er so herrlich ausgesprochen hat, durch den Glauben, daß keine äußere, keine kirchliche Macht den Menschen seiner Schuld entbindet, daß er auf seine innere Reinigung angewiesen ist. So bin ich kein gläubiger Protestant, aber die evangelische Confession steht mir höher als alle andern, insbesondere als der nüchterne trostlose Unsinn der sogenannten freien Gemeinden. Außer jenen und einigen andern Grundwahrheiten des Protestantismus erscheinen mir die andern Dogmen als ganz gleichgültig. Sie sind entweder historischer Natur, da ist es Sache der Wissenschaft darüber ins Klare zu kommen; oder sind theologische Spitzfindigkeit. Die Religion hat mir nur insofern Werth als sie dem Denken und der Sittlichkeit Schwung und Adel giebt. Ich kann gleich andächtig sein in der Kirche, in der Natur oder vor einem Kunstwerke; da verschwindet jedes persönliche Begehren, des Menschen bestes Theil wird aufgeregt, und wir fühlen die Nähe jener ungeheuren Macht, für die alle Weisen und alle Religionen vergeblich nach dem Namen suchten. – Auch der Glaube an die Unsterblichkeit steht mir nicht fest. Ich bin sicher, daß es eine sehr reine Sittlichkeit, ein sehr energisches Streben nach Wahrheit geben kann ohne die Hoffnung auf Vergeltung und Erkenntnis. Du siehst, mein lieber Vater, ich verhehle Dir nicht, daß sich mein Zweifel weit, sehr weit erstreckt. Nur vor dem Einen, was Du besonders betonst, kannst Du sicher sein. Ich werde mich nie jener rohen Selbstvergötterung hingeben, die nur den Menschen kennt und sein Verdienst. Das ist mir der wahre Atheismus. Das Glücklichste, was mir widerfahren, das Beste was ich gethan und gedacht, hab' ich immer als ein unbegreifliches Geschenk einer höheren Macht dankbar hingenommen, und wenn ich auch nicht Worte finde sie zu nennen. Die Vernunft mag an diesem Glauben Vieles zu mäkeln finden; ich werde ihn mir nicht entreißen lassen; davor schützt mich nicht mein Verdienst, sondern meine Erziehung und jenes unbestimmte und doch unbesiegbare Gefühl, in dem wohl das Wesen des Menschen liegt. – So weit, mein lieber Vater, was ich Dir zu sagen habe. Ich kann nicht hoffen, daß es Dich befriedigt hat: – wenn Du nur so Viel daraus siehst, daß es mir Ernst ist mit meinem Zweifel, daß ich nicht aus Leichtsinn vom Glauben abgewichen, also auch nur durch Überzeugung dazu zurückkehren kann [. . .] Es ist mir sehr schmerzlich, mein lieber Vater, daß ich Euch dadurch vielleicht Kummer mache, aber ich kann nicht anders. Es ist mir lieb, daß Du mir selbst die Gelegenheit geboten, mich offen darüber auszusprechen. – Der Brief ist zu ernst geworden um noch mehr hinzuzufügen. – Ich grüße Euch Alle in herzlicher Liebe und bin

Dein treuer Sohn Heinrich

u seiner Mutter, der Pfarrerstochter Franziska Nietzsche geborene Oehler, hatte Friedrich Wilhelm Nietzsche (1844 bis 1900) zeitlebens eine enge Beziehung.
*Der Vater starb bereits 1849. »Aus meinem Leben«
nannte 1858 der Vierzehnjährige eine frühe Rückschau, in der er
schrieb: »Von Kindheit an suchte ich die Einsamkeit und fand mich
da am wohlsten, wo ich mich ungestört mir selbst überlassen
konnte.« Von 1854 bis 1864 war Mutters »Fritz« Zögling der
berühmten Fürstenschule Schulpforta. Noch vor Abschluß seines
Studiums wurde er 1869 Ordinarius in Basel und blieb es bis 1879.
Es folgten Aufenthalte in Venedig, Genua, Rapallo, Nizza, Sils
Maria, auf Sizilien, in Mentone, Turin. Anfang 1889 brach nach
jahrelanger Syphilis die Geisteskrankheit aus. Die Mutter pflegte
Nietzsche rührend bis zu ihrem Tod. Danach lebte er in Weimar bei
seiner Schwester, Elisabeth Förster-Nietzsche, Lisbeth genannt,
die später auch den Nachlaß herausgeberisch betreute.*

FRIEDRICH NIETZSCHE, 13,
AN DIE MUTTER

                                    Pforta den 6 October 1858

Liebe Mutter!

Gleich heute am ersten Tage meines Pförtnerlebens, schreibe ich
an Dich und ich hätte Dir auch mancherlei mitzutheilen, was ich
aber, da mir die Zeit fehlt auf den Sonntag in Almrich versparen
will. Bis jetzt befinde ich mich recht wohl, aber was ist an einem
fremden Orte recht wohl?! Ich habe auch schon manche kennen
gelernt wie Braune, Thränhart, Neidhardt. Überhaupt werde ich
mit der Zeit schon heimischer werden, aber lange wird's sicher
dauern. –

Ich habe nun meinen Schrank eingeräumt, aber fand vieles
nicht in den Koffer, wie Tintenfaß, Stahlfedern, Seife und manche Kleinigkeiten. Schicke mir diese Sachen und eine Tüte Cho-
koladenpulver mit. Dann auch ein Buch: Voigt, Geographie.
Wenn es nicht unter meinen Büchern ist, so besorge es so schnell
als möglich von Domrich zu mir. Einige Bücher habe ich mir hier
schon kaufen müssen, ebenso ein Glas und Tasse. Hast Du mit
Hr. Professor Budensieg schon die Geldangelegenheiten abge-
macht, da er doch alles Gekaufte bezahlen muß!

Was sagt Lisbeth dazu?! Will sie nicht einmal schreiben, da sie mehr Zeit als ich hat? Ihr seid gewiß alle sehr beschäftigt mit dem Auszug, und [werdet] deshalb wohl nicht viel an mich denken können. Nun dann, wenn ihr und ich, eingewohnt sind, dann wollen wir uns öfters besuchen. Meine Hosen habe ich von Schn[eider] Steinkopf erhalten, Weste und Rock erwarte ich sehnlich. Ebenso hat Steinkopf mir Maß zu einer Turnjacke genommen, die sehr bald besorgt sein muß. –

Viele Grüße an Lisbeth, Tante Rosalien, Rieckchen und Lina, an Wilhelm und Gustav und an alle, die sich meiner erinnern. Ein andermal mehr.

Dein Fr. W. Nietzsche.
Alumnus portensis etc.

DER VIERZEHNJÄHRIGE
AN DIE MUTTER

[Pforta, 17.–22. Januar 1859]

Liebe Mamma!

Ich schreibe Dir lieber noch einmal, da mein voriger Brief doch zu kurz war. Dieses hat auch das Abschiken verzögert. Ich sende dir also 1. Die schwarzen Hosen die sehr zerissen sind 2. Hoffmanns Novellen 3. Ein Hemd 4. ein paar Strümpfe ein Schnupftuch. Schike mir deßhalb doch sobald als nur irgend möglich 1. Die Hosen. 2. ein paar Schnupftücher 3. vielleicht auch gute Nüsse, an denen es mir sehr mangelt. 4. den andern Band von Hoffmann 5. die Schöpfung (uneingebunden oder eingebunden;) – Am Sonntag hat es mir sehr gefallen. Es dauerte mich nur, daß wir nicht länger bei der Tante blieben. Danke der lieben Tante in meinem Namen recht viel mal. Nächsten Sonntag sehen wir uns hoffentlich bei den lieben Tanten und ihr begleitet mich dann wieder. Das ist mir allemal sehr gemüthlich. – Übrigens habe ich euch nicht erzählt, daß wir Sonntag Hasenbraten gegessen haben, der ganz leidlich schmekte. Dies soll sich noch drei mal wiederholen. – Schikt mir doch auch ein Paquet Streichhölzer zum Lichtanzünden und dann strikt mir vielleicht Lisbeth ein Waschläppchen, da der meinige schon länger fort ist. Auch Servietten vermisse ich sehr. Die ich habe ist sehr schmutzig. – Hat der Onkel nicht Zeit, mich einmal zu besuchen? Nun, grüße ihn

vielemal. Auch Müller und Fritsch grüßen ihn. – Nun lebe wohl,
meine liebe Mamma, grüße Lisbeth und die Tante vielmal von

Deinem Fritz

N.B. Schreibe und schike sehr bald da ich alles sehr nöthig
brauche.
Fehlende Sachen
1. Hoffmann   5. Schnupftücher
2. Streichhölzer 6. Hosen
3. Waschlappen 7. Nüsse
4. Servietten   8. Schöpfung...

Schickt recht bald!

DER FÜNFUNDZWANZIGJÄHRIGE
AN DIE MUTTER

Basel, 1 Februar 1870

Hier, liebe Geburtstägerin und Mutter, ein sehr schnell zu schrei-
bender Geburtstagsbrief! Denn das Handwerk drängt, die
Schule; noch mehr aber ein öffentlicher Vortrag, der heute Abend
zu halten ist und mit dem ich noch sehr im Rückstande bin. Dies
thut nun aber der Herzlichkeit meiner Wünsche keinen Eintrag!
und morgen will ich, auf unsre altgewohnte Weise, den Tag selbst
feiern, indem ich mir eine Hyacinthe kommen lasse – nicht wahr
so heißt doch Deine Geburtstagsblume? Ich bin mit der Botanik
in der »Bredouille« (sächsisches französisch). Dann werde ich mir
Pfannkuchen kommen lassen (auch habe ich einen Bäcker entdeckt, den einzigen in Basel, der Weihnachtsstollen zu backen
versteht). Und Mittags werde ich zwei Gläser auf den Tisch stellen
und durch gegenseitiges Zusammenstoßen einen großen Ge-
burtstagslärm machen. Dies meine projektierte Feierlichkeit, in
Begleitung der allerschönsten Wünsche für Dein und Deiner
Kinder Wohl.

(1ster Kanonenschuß! Bum!)

Zu erzählen habe ich wenig. Die Einladungen nach Weihnachten
sind recht häufig und ich nehme sie mit Pflichtbewußtsein an, um
hier meinen guten Willen kundzugeben. Sonntag haben wir bei
Director Gerkrats Geburtstag gefeiert. Von Tribschen bekomme

ich immer die rührendsten Aufmerksamkeiten: an allen Tagen, wo ich etwas Besonderes vorhabe, ist auch gewiß ein Brief da: es sind die besten Menschen von der Welt. [...] Deussen schrieb mir heute einen langen Brief: er hat sich vollständig zum Schopenhauer bekehrt und lobt meinen Homer-Aufsatz überschwänglich, was Lisbeth mehr freuen wird als mich.

Meine Zeit ist vorbei: lösen wir schnell noch zweimal als alter Artillerist das Geschütz

Bum!

Bum!

rufen Hurrah! und empfehlen uns glückwünschend

Fr.

DER DREISSIGJÄHRIGE
AN DIE MUTTER

Basel, Sonntag, den 31. Januar 1875

Meine liebe, gute Mutter,

Wenn Du nächsten Dienstag 49 Jahre werden solltest – ich weiß es wirklich nicht genau –, so will ich erzählen, was die alten Griechen von diesem Jahr hielten; sie meinten, man sei in diesem Jahr auf der Höhe und befinde sich geistig und leiblich recht gut, weshalb ich Dir zu diesem Jahr besonders gratulieren will. Ich nehme ungefähr an, Du habest damit das erste Halbteil Deines Lebens abgeschlossen: Doch steht einer anderen Auffassung nichts entgegen, wenn Du zum Beispiel vorziehen solltest, damit erst das erste Drittel des Lebens absolviert zu haben. In letzterem Falle würdest Du auf dieser Erde noch Zeit haben bis 1973, im ersteren bloß bis 1924. Da ich mir selber vorgenommen habe, leidlich alt zu werden, so wollen wir uns nur daran gewöhnen, uns ungefähr als gleichaltrig anzusehen; und wer weiß, ob Du nicht in zehn Jahren jünger aussiehst als ich in den zehn Jahren! Ich glaube es beinah, und ich will mich nicht wundern. Irgendwann wird mich jeder, der es nicht besser weiß, für den älteren Bruder halten. Das wird eine schöne verkehrte Welt abgeben! Und woher kommt's? Daher, daß die Frau Mutter partout nicht alt werden will. Wozu ich heute aber von ganzem Herzen gratuliere.

Behalte lieb Deinen Fritz

ührende kleine Texte fabrizierten die beiden »Goldmädchen« des Vaters, Eduard Mörikes (siehe auch Seite 167f.): Fanny Mörike (1855 bis 1930) und Marie Mörike (1857 bis 1876), die »Blondine« und die »Mohrin«, wie der in das Schwesternpärchen vernarrte Papa sie nannte. Der aus gesundheitlichen Gründen vorzeitig pensionierte Pfarrer war als Dichter schon berühmt (»Peregrina«-Gedichte, Versepos »Idylle vom Bodensee«), wollte aber erst als fest angestellter Lehrer für deutsche Literatur eine Familie gründen. So war er, nachdem er 1851 Margarethe von Speeth geheiratet hatte, bereits über Fünfzig, für damals ein recht bejahrter Vater, als die Kinder zur Welt kamen. Unermüdlich spielte und bastelte er mit den Töchtern und erzählte ihnen Geschichten.

Die Briefe schrieben die Mädchen von Aufenthalten bei Verwandten.

FANNY MÖRIKE, 13, UND MARIE MÖRIKE, 10, AN DIE ELTERN

Stuttg. den 29. Jan. 69
Abends

Liebe Eltern.

Es bleibt mir nicht viel zum schreiben übrig, da die l. Tante schon das nähere von gestern schrieb; als allein mein großer Dank für das viele Gute das die Schachtel enthielt u. für der lieben Mutter Brief der mich arg freute, ich wünsche nur daß von dem lieben Vater auch einer folgen wird. Die Mühle von Mariele ist wunderschön, ach wenn ich nur auch eine hätte, man kann ja sein ganzes Leben damit spielen; ich wünsche mir daher auch eine zum Geburtstag, heißt es wenn dem l. Papa keine so große Mühe ist, denn es ist mein höchster Wunsch, daß ich auch eine eigene habe. Nun aber genug davon.

Denket jetzt darf ich ein sehr schönes Stück lernen »Les bijoux du salon« eine Romanze, wenn ich es Euch nur vorspielen könnte es würde Euch gewiß auch gefallen, ich lerne es sehr gern.

Das Büchsen das Mariele von Kamilla bekam, ist sehr nett, wenn sie mir nur auch zu meinem Geburtstag etwas geben würde, doch bin ich nicht darauf versessen. Aber geltet ich schreibe recht langweiliges Zeug aber ich weiß eben gar keine

Neuigkeit. Vielleicht ein anderesmal mehr. Ich danke eben noch vielmal für die vielen Guten Sachen.

Jetzt muß ich an mein Spinnrädchen.

Eure gehorsame, dankbare
Fanny

Gedicht vom 24ten August 1867 Abends
Die Verfasserin M. Mörike

Es war einmal ein Abend still,
Man mag ihn heisen wie mañ will,
Kurtz man war fro,
Beisamen so,
Die Eltern waren nicht dahier
Man saß zusamen bloß zu vier
Ich weiß nicht was ich dichten soll
Es ist das Herz mir gar zu voll
Drum sag ich jetzt bald gute Nacht
Weil auf mich schon das Bette wacht
Noch ein paar Worte liebe Leut
Last mich doch sagen jetzt noch heut.
Jetzt kommt Herr Recktor rein zur Thür
Ihr Kinder seht nur hier nur hier
Von eurer lieblichen Mama
Bring ich euch eine Schachtel da
Mit Brombeern war sie voll biß oben
Das war ein jauchzen und ein loben
Nun beschließ ich mein Gedicht
Weil es Abend worden ist
Meinen Dank für eure Güte
Aber jetzt bin ich recht müde
Das ich nicht mehr dichten kann
Denn ich bin sehr speth daran.

Liebe Eltern!
Vor allem will ich euch danken für eure Schachtel mit dem guten Monsamen und den guten Biren von der Fau Biler sie schmeckten uns sehr es freud mich sehr das es euch so gut geht. Wie geht

es dem lieben Weihugebei geht er immer noch in den Garten.
Lieber Papa die liebe Agnes liest sehr oft und spricht oft mit uns
Fransosisch. Lachet mich nur nicht aus über das Gedicht und
über mein geschreib ich habe eben geschrieben wie es mir geko-
men ist ich dancke auch noch vür die guten Brombeeren die uns
der Herr Rechtor [Rektor?] noch am gleichen Abend gebracht hat
Auch viele Grüße von der lieben Tante der lieben Agnes und der
lieben Fany sie kann nicht schreiben weil sie so viel lernen muß.
Nun muß ich schließe es grüßt euch herzlich eure treue Tochter
Marie Mörike [. . .]

1867 Stuttgart den 29. Aug. Abend

er spätere Radierer, Maler und Bildhauer Max Klinger (1857 bis 1920) war Sohn eines reichen Leipziger Seidenfabrikanten. Die Eltern förderten das musisch vielseitig begabte, auch sehr musikalische Kind, wo sie nur konnten. Schon mit sechzehn kam der junge, voll künstlerischen Tatendrangs steckende Max an die Kunstakademie in Karlsruhe; aus dieser seiner Karlsruher Zeit stammen die folgenden Briefe.

Klinger schuf unter anderem das berühmte Beethoven-Denkmal in Leipzig, eine Anzahl ausdrucksstarker Gemälde (»Das Urteil des Paris«, »Cäsars Tod«) sowie viele meisterhafte graphische Blätter und originelle Exlibris.

MAX KLINGER, 17,
AN DIE MUTTER

Karlsruhe 22. 5. 74

Liebe Mutter!

Du schriebst mir in Deinem letzten Brief von der Frau Reiher, daß ich dieselbe vom Bahnhof abholen sollte etc. Das ist mir sehr unangenehm, erstens kenne ist sie *gar nicht,* zweitens wird mit demselben Zuge Heinrich ankommen, drittens kennst da ja meine Bockbeinigkeit, Unbeholfenheit, Steifheit und was der schönen gesellschaftlichen Tugenden mehr sind selbst. Dann fürchte ich auch von ihr bei Präsendin's eingeführt zu werden. Ich kann Dir versichern, daß ich keine, gar keine Zeit zu Visiten habe, und zweitens wüßte ich nicht, warum ich die Leute belästigen sollte. Gott im Himmel mir grauts schon davor. Ich bitte Dich also recht herzlich darum, der Frau Reiher das alles gleich zu sagen, denn ich habe wirklich keine Zeit dazu. Wenn man den ganzen Tag gearbeitet hat, so ist man Abends froh wenn man auf seiner Bude sitzen kann und Sonntags muß ich mir die Gegend ansehen oder für mich arbeiten.

Was soll ich 17. jähriger Mensch auch bei den Leuten! Etwa wie ein verunglückter Pfannkuchen dasitzen und zusehen was die machen, das ist doch zu viel!!

Dann habe ich hier schon Gesellschaft Großemutters. So habe ich jetzt in meinem Collegen Schirm einen ganz meisterhaften Violinspieler entdeckt, wir sind jetzt öfters Abends zusammen und spielen in meinem Zimmer. Dann bin ich [mit] meinem Andern Collegen Slevogt zusammen derselbe kann Tagelang aus dem Kopfe spielen. Dann bin ich Mittags mit 4 jungen Malern zusammen, Sonntags auch oft. Da kannst Du Dir wohl denken, daß ich beschäftigt genug u. nicht allein bin. [...]

Wegen der Sachen die Du mir schicken wolltest will ich dir sagen daß ich ein Messer, Gabel Kaffee u. Suppenlöffel und eine Scheere brauche. Seife habe ich noch genug.

Der Papa wollte meine erste Zeichnung haben, die habe ich noch nicht fertig will sie später noch machen, und kann daher noch nicht fortschicken. Ich will ihm daher die zweite schicken. [...]

                                                          Dein Max

                                          Carlsruhe 9. Dezember 1874
Liebe Mutter
Vor allem meinen besten Dank für Deine reichliche Sendung. Den Schlafrock benutze ich jetzt stark, ebenso die Fressalien. Nunmehr die Entschuldigung für mein langes Nichtschreiben. Im letzten Brief schrieb ich Dir, daß Mittwoch Stiftungsfest sein würde. Dem war aber nicht so. Trotz unsrer Anstrengungen konnten wir nicht recht in Stand kommen mit unserm Lokal. Wir hatten nicht weniger als 14 Fenstervorhänge und einen großen Wandteppich zu schablonieren. Außerdem noch Fenstergesimse Thürbogen etc. anzustreichen wir arbeiteten jeden Tag von c. 7–11 und 12 des Abends. Solche schablonirte Vorhänge würde ich Dir auf die Veranda empfehlen sie sind sehr billig und sehen sehr fein aus.

Die Einweihung wurde also auf nächsten Montag, das war gestern verschoben. Bis dahin wurden in jeder freien Stunde Proben und Übungen abgehalten. Ich trat viel Mal auf. Erst. zum Eingang vor dem Essen spielte ich mit Voltz Brahmssche Walzer. Es war wirklich ein eigenes Gefühl sich als Jüngster vor eine Versammlung von 70 Personen hinzusetzen. Ich habe aber noch nie so sicher gespielt. Dann einer ½ Stunde später den 2ten Theil der Walzer. Als dann in Kostüm als Dame mit Voltz einen Walzer 4händig. Der Erfolg war riesig. Wahrscheinlich schicke ich Euch eine Photographie von meinem Kostüm. Ein rothseidenes Kleid mit blauseidenem Überwurf. Lockenperücke aus Hobelspänen, decolletirt und in bloßen Armen. Dabei fein geschminkt. Trotzdem ich keine Gesichtsverstellung, wie eine falsche Nase etc. angebracht hatte erkannte man mich zuerst nicht Wir machten den Anfang in Kostüm. Es war wirklich das heiterste was ich je erlebt habe. Das Kostüm hatte mir Frau Voltz geborgt.

Zum vierten ein Tanz in Schablonenkostüm das selbe ebenfalls selbst aus Papier gemacht der Erfolg war auch famos. Die Gesellschaft blieb bis ½ 3 Uhr beisammen und zwar in der heitersten Laune. Außerdem geschahen noch einzelne andre Vorstellungen mit und ohne Kostüm. Indeß von früh 8 bis Nacht um 1 Uhr in einem Strich an meinen Kostümen gearbeitet und Musikproben gehalten. Gestern den ganzen Tag in unserm Lokal gearbeitet und außerdem nun den Abend, da wird man müde.

Wäre der Papa nicht so freundlich und schickte mir etwas Geld. Ich habe wegen der ewigen Arbeiten die Rechnung noch nicht geschickt werde sie aber morgen abschicken, ich bin ziemlich ausgebrannt. Ich hatte mir aus meinen Hausschuhen Hackenstiefelchen gemacht und bin darin 4 Stunden herumgehüpft. Das hat mir furchtbar ermüdet. Ich bin heut so abgespannt, daß ich nur schlecht schreiben kann. Indeß bin gesund wie ein Fisch.

Also nochmals besten Dank.

Viele Grüße an Alle. Morgen Fortsetzung

Dein Max

ls *ungeschickt und zerstreut galt den Lehrern der kleine Karl Stauffer aus Trubschachen im Kanton Bern,* Karl Stauffer-Bern *(1857 bis 1891), wie er sich später nannte. Die Mutter gab ihm ersten Zeichenunterricht; sie war es auch, die ihm immer wieder voll Geduld und Güte den Weg wies, die ausgleichend wirkte gegenüber dem strengen Vater, einem mal jähzornigen, mal schwermütigen, unberechenbaren Mann.*

Der hochbegabte Maler, Graphiker und Dichter lebte nach seiner Ausbildung in Berlin, wo er als Porträtist sehr gefragt war. Er endete in einer Geisteskrankheit, die nach Ansicht von Zeitgenossen durch die unglückliche Liebe zu Lydia Escher ausgelöst wurde, der Frau seines gleichfalls malenden Schulfreundes Albert Welti. Mit ihr hatte er sich nach Rom abgesetzt, woraufhin Welti ihn verhaften und einkerkern ließ.

Den abgedruckten Brief schrieb der angehende Künstler während seines Studienaufenthalts, 1875 bis 1880, in München.

KARL STAUFFER(-BERN), 18,
AN DEN VATER

München, 2 März [1876?], abends

Lieber Vater!

[...] Ich habe beim Durchlesen des Briefes mit Valentin im Faust gedacht: »Könnt ich dir an den dürren Leib, verfluchtes hundsgemeines Weib, ich hoffte aller meiner Sünden Vergebung reiches Maß zu finden«, so hat mich das Zeug geärgert. [Stauffers Zimmerwirtin hatte ihren jungen Logisherrn bei den Eltern als Säufer und Nachtschwärmer angeschwärzt, nachdem Freunde von ihm eines Nachts auf seinem Zimmer gesungen hatten] Bei einem Glase Bier und einem Stück Limburger Käse habe ich die Ruhe wieder erlangt und fand, daß man einem alten zornigen Weibe etwas zugute halten müsse, da es nichts Taktloseres, Gemeineres und Zähnefletschenderes gibt als so ein alter rachedürstender Drache. Denn gemein und zähnefletschend ist ihr Betragen gegen mich und Euch. [...] Ich werde jetzt lange sagen können, wie mich der Professor lobt, in der Ferne ist gut reden. Wohl aber werden die Versuchungen einer Großstadt, als da sind Bordelle, Cafehäuser, Bierkneipen, Spielbänke, Weinhallen, schlechte Gesellschaft usw. usw. wie Gespenster jeden Erfolg mir verkleinern, und es wird Euch keine Ruhe lassen. Denn wie wird so ein Grünschnabel wie ich dem Zeug allem widerstehen können, an allen Haaren wird es ihn aus der Schule ziehn, und durch alle Staffeln des Lasters hinabsteigend wird er endlich beim Selbstmord anlangen, eine grauliche Zuversicht und ein seltsamer Kontrast, der den Vorsätzen, die ich kundgegeben, nämlich Künstler zu werden, respektive bis nächsten Herbst die Medaille für Zeichnung nach der Antike zu kriegen, schnurstracks entgegenläuft. Das macht auf mich alles gar keinen Eindruck. Ich arbeite trotz aller Verleumdung nach wie vor im gleichen Tempo nach bestem Wissen und Gewissen fort, und das Ende wird zeigen, ob ich recht getan. Wenn einer in Sachen der Kunst, wie mir Herr Professor Straehuber gesagt, immer ein richtig zutreffendes Urteil hat, warum sollte der immer wie ein Rohr im Winde schwanken, wo es seine eigenen Angelegenheiten anbetrifft? Ich gehe schon den rechten Weg, das wird sich bis Ostern gehörig zeigen [...]

[...] Zum Schluß, denke ich, werden die Konkurrenzarbeiten am besten weisen, was an meiner Liederlichkeit ist. Meint Ihr, es sei so leicht zu konkurrieren und brauche nur einen Abend, um das Zeug aufs Papier zu bringen? O nein, es braucht ein schweres Stück Arbeit, und man hat dabei nicht viel Zeit zu verliederlichen, besonders wenn man, wie ich diesmal, zwei Arbeiten gemacht hat. Herr Professor Straehuber hat mir nicht umsonst gesagt, wie ich ihm meine Nische gezeigt: »Sie müssen eine kolossale Mühe gehabt haben.« [...]

odolphe Chrétien Charles lautet der eigentliche Vorname von Rudolf Diesel (1858 bis 1913). Doch so wohlklingend der Name, so ärmlich und hart ist die Kindheit. Der Vater, Buchbinder seines Zeichens, war nach Paris ausgewandert und hatte dort die Deutsche Elise Strobel geheiratet, die wie er aus dem Bayerischen kam. In dem kleinen elterlichen Lederwarenbetrieb muß Rudolf schon früh mithelfen. Nach dem Ausbruch des Deutsch-Französischen Kriegs 1870 des Landes verwiesen, zieht die Familie nach London. Der Sohn wird zu Verwandten nach Augsburg gegeben. Gegen den erbitterten Widerstand der Eltern studiert er in München Maschinenbau und befaßt sich in der Folge mit Wärme- und Kältetechnik. In den Jahren 1893 bis 1897 entwickelt er in Zusammenarbeit mit den Firmen MAN und Krupp den schon 1892 patentierten, später nach ihm benannten Motor, dessen Erfindung eine Serie neuer Techniken, namentlich im Fahrzeugbau, auslöst.

Zermürbt von gerichtlichen Auseinandersetzungen, auch im Zusammenhang mit seinen Patenten, stürzt er sich am 29. September 1913 auf der Schiffsfahrt von Antwerpen nach Harwich in den Ärmelkanal und ertrinkt.

RUDOLF DIESEL, 12,
AN DIE ELTERN

[Augsburg,] Mittwoch der 9. November 1870

Liebe liebe Eltern

Ihr habet wahrscheinlich den Brief vom Onkel Rudolf erhalten, in welchem er sagt, daß ich gesund angekommen bin, ich hätte gerne auch ein paar Zeilen einlegen wollen, aber ich war zu müde und habe die Zeit verschlafen in welcher er den Brief geschrieben hat. Ich will Euch einmal erzählen wie es mir auf meiner Reiße gegangen ist.

Ich ging also am Dienstag Abend fort, um halb neun kam ich in Harwick [Harwich] an, die Leute mit welchen Du gesprochen hast, lieber Papa, nahmen sich gar nicht um mich an und gingen auf dem Schiff in erste Classe für 10 shillings mehr. Ich sugte mir sogleich ein Bett und bekam eines, ich legte mich darauf nachdem ich ein bischen gegessen hatte; um 10 uhr ging das Schiff ab.

Es sollte, wie mir der Capitain sagte, um 10 Uhr vom anderen früh ankommen; aber wir hatten kein gutes Wetter und einen sehr starken Gegenwind, welcher uns um 7 Stunden verspätete. Ich konnte auf dem Schiff gar nicht schlafen, erstens, wegen dem immerwährenden schütteln, und zweitens weil ich neben dem Fenster lag und da kam das Wasser herein. Um 8 uhr stand ich auf und ging hinauf, da war es sehr windig aber es war besser wie unten, wo ein Geruch und eine Luft waren, welche gar nicht auszuhalten waren, ich setzte mich neben die Maschine, da war es gut warm; im vorbeigehen sahen wir die Fransösische Flotte. als wir am Land ankamen war es 12 uhr aber es war nicht genug Wasser da, es kam ein anderer Capitain welcher das Land besser kannte, der führte das Schiff weit zurück, am End gingen wir den Rhein hinauf und um 5 uhr kamen wir in Rotterdam an. Ich machte mich gleich darüber zum Consul zu gehen, da kam mir ein Mann entgegen welcher vom Consul bezahlt ist und sagte mir er wolle mich hinführen, er hatte schon 8 andere Herren und zwei Damen versammelt und wir gingen alle mit einander hin. Als wir dort ankamen verlangte man uns unsere Papiere wir hatten alle ein Papier, nur die Eine Frau hatte keine; die war so dumm daß, wenn man sie fragte wo sie hinginge, sagte sie: »nach haus«, oder »oui oui« oder noch »oh, ben, non alors«, sie konnte nicht deutsch und nicht Fransösisch, als sie der Consul fragte wo sie her war, sagte sie: »Metz« dann sagte er: »ich kann sie dann nicht unterstüzen, weil sie eine Fransösinn sinnd«, dann sagte sie »mais non, en Prusse«. Der Consul gab uns jedem einen Gulden und eine Freikarte bis Emerich, und schikte uns zu einem Restauranten wo wir zu essen und ein bett bekamen. Am anderen Morgen habe ich Euch geschrieben, wir bekamen Kaffe und um 10½ uhr gingen wir fort. Meine Kiste hatte man mir auf dem Schiff zerbrochen eine Leiste war weg und ein gutes Stück vom Deckel, ich habe sie aber doch nach Augsburg gebracht. Um 4 uhr kamen wir in Emerich an. Einer von den Männern hatte zwei Flaschen Schnaps ausgetrunken und da war er betrunken. Wie wir zum Bürgermeister kamen, fing er an zu singen, da zankte ihn der Bürgermeister aus und sagte »Warum kommen Sie hirher? um zu singen?« – »Nein um unsere Geschenke zu hohlen.« Da wäre er eingesteckt worden wenn die anderen Herren nicht für ihn gesprochen hätten. In Emerich bekamen wir wieder zu essen und ein Bett, und ein Billet bis Köln; in Köln gingen die Herren nach einer anderen

Direction und es blieb nur noch ein Herr mit mir welcher bis
Frankfurt ging wo ich einen Gulden bekam; von Emerich aus
bekam ich nichts mehr zu essen und auch kein Nachtlager. In
Frankfurt kam ich um 4 uhr früh an ich blieb im Banhof bis 7 uhr
dann ging ich in eine Herberge und Trank eine Tasse Kaffee; da
hielt mich ein Geistlicher an und sagte mir ich wäre fortgelaufen
von zuhaus. Ich zeigte ihm aber meinen Paß und da war er
zufrieden. Das Comité für die Ausgewiesenen war erst um 3 uhr
auf, derweil schaute ich mir die Stadt an. [...]

Donnerstag der 10. November 1870
Gestern hätte ich Euch gerne den Brief schicken wollen, aber ich
hatte ein so heftiges Zanweh daß ich aufhören mußte. Ich hatte
schon die ganze Nacht daran gelitten, und hatte gar nicht schlafen
können; da dachte ich an Euch, und weinte gar arg. Mittach
konnte ich gar nichts essen, ich legte mich auf das Sofa, und
schlief ein Paar Stunden; da wurde es besser, aber heute bin ich
doch nicht besser daran als gestern; ich sollte zur Tante Louise
gehen, um mit den Kindern ein bischen zu spielen, konnte aber
nicht. Jetzt will ich Euch meine Reiße gar beschreiben. In Frankfurt war es: um 3 uhr ging ich in das Comité, da gab man mir eine
Freikarte bis Würzburg und einen Gulden. Um 3 uhr 13 sollte der
Zug gehen, ich ging hin und da hieß es: es gehet keinr mehr heute
abend wegen dem Militair, erst Morgen früh um 7 uhr. Da ging ich
fort und fragte einen Kutscher ob er kein billiges Hotel wüßte; da
setzte er mich auf seinen Bock und führte mich in ein Hotel wo ich
8 Kr. für mein Nachtlager bezahlte. Am anderen Morgen als ich
zum Bahnhof-Inspector kam um mein Billet stempeln zu lassen
fragte er mich nach meinem Nahmen ich antwortete: Rudolf
Diesel. dann sagte er: ist dis der Buchbinder Diesel aus Augsburg?
– Ja, sagte ich. Dann gab er mir eine Karte direct nach Augsburg,
und bis Würzburg durfte ich mit dem Schnellzug und zweite
Classe fahren. Um 10 uhr kam ich in Würzburg an, um 2 uhr sollte
erst der Zug gehen, ich schaute mir die Stadt an. Ich kann nicht
über jede Stadt welche ich gesehen habe etwas sagen das wär zu
lang und ich bin noch ganz matt von der Reiße; mein Kopf
brummt mir; ich habe arge Zahnschmerzen; Ohrweh und Hals-
weh. Um 2 uhr kam ich in den Güterzug; das ist sehr langweilig
weil er an jeder Station wenigstens eine halbe Stunde hält um die
Güter aus und einzupacken. Ich mußte die ganze Nacht durch

fahren und immerwährend aussteigen, warten und Zug wächseln sodas ich gar nicht schlafen konnte. Es ist auch sehr schwer in der dritten Klasse zu schlafen. Ich trank in der Nach um einen Kreuzer Schnabs, um mir den Bauch zu wärmen denn es war Eis an den Fenstern des Wagens. Ich fuhr noch über Oberhausen Nördlingen und kam in der früh um 7 uhr in Augsburg an. Ich wärmte mich ein bischen in dem Wartesal und dann ging ich zum Onkel. Als ich in die Stube hinein kam saßen die Kinder am Tisch und Tranken Kaffe, ich küßte sie alle dann ging der Christian in die andere Stube und sagte: Papa, der Rudolf ist da. Alle Leute empfingen mich sehr herzlich. Ich wusch mich, den ich konnte es gut gebrauchen, das Wasser wurde ganz schwarz. Dann Trank ich Kaffe und legte mich in das Bett, da schlief ich bis 4 uhr dann aß ich beim Onkel Rudolf dann ging ich hinüber zur Tante Betty und zum Onkel Barnickel; um 7 uhr aß ich noch ein bischen und legte mich bald zu Bette. Bei der Tante Christianne ist ein Piano, so daß ich mich üben kann. Ich schlafe mit drei anderen jungen Leuten welche hier beim Onkel essen und schlafen. Ich schreibe heute noch nichts über das Leben hier Denn ich kann nicht mehr. Jedermann hier ist sehr gut und lieb. Der Onkel hat mir schon einen ganzen Winteranzug anmessen lassen, aber die Elter konnen sie mir doch nicht ersetzen. Ich habe schon Heimweh und weine oft, dann denke ich aber, es ist doch für unser bestes und wir müssen uns alle dreinfügen. Wie gehet es dir liebe Emma mit dem Schuhwichsen und dem Feuer machen. Schreibe mir das selbst sei so gut; ich bedauere dich oft.

Seid Ihr alle gesund, wie gehet es der Luise; hast du lieber Papa noch Arbeit und Verdienst Du jetzt mehr?

Entschuldiget meine schlegte Schrift, wenn ich wieder gesund bin schreibe ich besser.

Seid alle tausend mal geküßt von euerem euch Innichliebender Sohn und Bruder

Rudolf

heater vieler Städte bildeten die Stationen seiner au-
ßergewöhnlichen Laufbahn vom halbwüchsigen
Provinzschauspieler bis hin zum Idol einer Epoche, in
Rollen wie Hamlet, Mephisto, Don Carlos und Ro-
meo, am Deutschen Theater in Berlin und am Wiener Burgthea-
ter: Josef Kainz (1858 bis 1910).

*Auch der Vater, Maler, Uhrmacher, später Eisenbahner, hatte
Theaterträume, die sich jedoch nicht erfüllten; daß er gern das
große Wort führte, hing vielleicht damit zusammen. Er starb
1878. Die Mutter, Mathilde geborene Bernhard (1835 bis 1884),
eine Bauerntochter, war »Glucke und Löwe für ihr Junges«, wie
der Sohn einmal sagte. Die beiden entwickelten eine etwas über-
spannte Liebe zueinander. Die Mutter lebte ganz für ihren »Seppel« und seinen Erfolg. Josefs Durchbruch als Charakterdarsteller
1883 in Berlin durfte sie noch erleben.*

JOSEF KAINZ, 14,
AN DEN VATER

Halberstadt am 9/8. 1872

Lieber Vater.

Gestern kamen wir in Halberstadt an. Halberstadt ist eine sehr
gemüthliche Stadt. Wenn man aus dem Waggon steigt, so erblickt
man hinter sich Gegend und vor sich das Stationsgebäude. Mann
betritt nun das Stationsgebäude, da erblickt man sich im Stationsgebäude drinnen. Tritt man aus dem Stationsgebäude hinaus, so
erblickt man vor sich Gegend und hinter sich Stationsgebäude.
Wenn man sich dann gegen die Stadt wendet, so hat man vor sich
die Stadt und hinter sich Gegend, rechts das Stationsgebäude,
links wieder Gegend. (An Gegend ist die ganze Gegend überhaupt sehr reich.)

Unter Anderem, Herr Inspector, werden Sie morgen einen
Brief, über die communistisch congressiven Eigenschaften der
Stadt erhalten. Halberstadt gewährt, übrigens, von der commu-
nalistischen, geografischen Tentenz des spezifisch dreckigen
Standpunkts, einen sehr traurigen Anblick.

Jos. Kainz

DER SIEBZEHNJÄHRIGE
AN DEN VATER

Cassel am 10. 8. 75

Schreibe Fauler!

Mordkreuztausendbombengranatensternelement! Alle olympi-
schen Götter *über* Dich alle Erynnien und Rachegeister der Hölle
unter Dich. Der finstere Tartarus samt seinen ewigen Quargeln
[Handkäs] *neben* Dich und der neunfach fließende Strom der
Unterwelt *in* Dich! Warum schreibst Du nicht? Oder warum
kommst nicht? Von Stunde zu Stunde gewartet er mit hoffender
Seele der Wattons [Watteeinlagen, um die Waden zu verschö-
nern]. Dein Sohn nämlich! Ich kann ja ohne Wattons nicht spielen, alle neunundneunzig Donnerwetter! Schicke mir meine Wattons! Das Repertoire wurde geändert in 3 Tagen soll ich neben
dem Lorle stehen. Um aller Heiligen willen. Schicke mir die
verfluchten Wattons, oder gehe zu dem siebenfach gedrehten
Galgenstrick dem Wattonsmacher und schlag einen Krawall daß
das Opernhaus versinkt! Ich kann ja nicht auftreten! Begreift man
denn das nicht? Heiliger Macaroni von Sankt Blöden! Ich brauch'
meine Wattons! Schick sie mir gleich auf der Stelle! – Heute hab'
ich meine Rolle bekommen. Den Fürsten in Dorf und Stadt. Der
Dreck hat nicht mehr als einen halben Bogen und bloß in *einer*
kurzen Scene zu thun. Das ist meine Antrittsrolle auf die soll ich
gefallen u. Applaus kriegen! S ist zum Lachen! – Solche Rollen
hätt' ich im Stadttheater auch kriegt! Um die brauchte ich nicht
nach Cassel zu fahren. Schick' mir meine Wattons! Komme bald.
So. jetzt pfirt di Gott.

Dein unglücklicher verzweifelter
Josef

Schick' net immer solche Kaszetteln wenn Du schreibst.
Meine Wattons!
Cassel im Hotel »Ritter«, Mittelstr. 42

DER ZWANZIGJÄHRIGE
AN DIE MUTTER

Breslau, am 13. 12. 78

Mein herzallerliebstes einziges Mütterchen!

Dein Brief von heute Morgen hat mich gar nicht erfreut! Wie kannst Du Dich in das Sterbebett Vaters legen. Abgesehen davon daß es unmittelbar ungesund für Deinen Körper sein konnte so greift Dich der Gedanke der alle Abend neuerdings wachgerufen wird, »in diesem Bett ist mein Liebstes gestorben« geistig furchtbar an [...] Ich möchte Dich bitten daß Du Dich ein bißchen um meinetwillen erhältst, Dich nicht mit quälenden Gedanken zu sehr abmarterst. Daß das geschehen muß wenn Du mit Dir und den Gedanken an ihn allein bist versteht sich von selbst; deßhalb war es mein und Deiner Bekannten Rath, Gesellschaft zu suchen. Kannst Du denn nicht nach Klosterneuburg? Mußt Du denn in der großen jetzt öden Wohnung bleiben? Was todt ist todt! Du gehörst zu den Lebendigen! also lebe mit ihnen. Es ist unvernünftig sich dem Schmerze so hinzugeben, daß er Geist und Körper noch mehr angreift. Du warst viel gefaßter als ich noch in Wien war, aber aus Deinen Briefen geht hervor, daß Du es gar nicht mehr bist. Ich werde Dir ein Buch mitbringen, daß Dir mehr Trost geben wird als sämmtliche Gebetbücher der Welt, mit ihrem stylistischen Unsinn, die darauf angelegt sind alle Lebenslust im Menschen zu ersticken! Also frisch auf! Dein Seppel wird dafür sorgen, daß Du noch recht viel Freude erleben sollst. Na es soll besser werden wenn ich nach Wien komme ––.

Liebes einziges goldenes Mütterchen! Denk an Deinen lebenden Seppel! und erhalte Dich für ihn. Wenn ich mir auch mein Brot verdiene u. eine Stellung inne habe wie ein *Mann* so bin ich doch erst 21 Jahre [Kainz vollendete sein 21. Lebensjahr knapp drei Wochen später] u. denke auch wie ein junger Mensch von 21. Ich könnte jetzt einen zweiten ähnlichen Schlag *nicht* ertragen! also sei gescheidt erheitere Dich! Suche Menschen auf – Gesellschaft! – Um dies bittet Dich unter Millionen Küssen u. Grüßen Dein nur für Dich lebender   Seppel

Schreibe sogleich! in acht Tagen bin ich bei Dir! Morgen spiele ich hier den Melchthal! Wir haben noch 3mal Tell dann noch 3mal Fiesko dann Schluß.

wischen Bohemien und Bürger schwankte schon der Vater, Philipp Wolf. Die Mutter, Katharina Wolf, war eine bodenständige Frau, die daheim die Hosen anhatte und Mann und Kindern manchmal gehörig den Kopf zurechtrücken mußte. Der Sohn, Hugo Wolf (1860 bis 1903), war zunächst ein miserabler Schüler. 1875 kam er ans Wiener Konservatorium, überwarf sich jedoch nach knapp zwei Jahren mit dem Direktor und wurde von der Anstalt verwiesen. Fortan fristete er ein unruhiges, ärmliches Leben als Musiklehrer. Nach frühen Kompositionen, so einem Streichquartett und der sinfonischen Dichtung »Penthesilea«, erregte er Aufsehen mit drei Liederzyklen nach Gedichten von Mörike, Eichendorff und Goethe, die in den Jahren 1888 bis 1890 erschienen; sein Ruhm als einer der großen Meister des deutschen Liedes war damit begründet. Sein weiteres musikalisches Schaffen unterbrachen wiederholt qualvolle Pausen; erste geistige Störungen und Ausfälle zeigten sich. 1887 in eine Heilanstalt eingewiesen, fiel er nach und nach in völlige geistige Umnachtung.

HUGO WOLF, 21,
AN DEN VATER

Wien, 14. Mai 1881

Liebster Vater!

Mir ist ordentlich ein Stein vom Herzen gefallen bei der Stelle wo Sie vom Klavier kaufen sprechen. Ich habe alle Zerstreuung heuer nötig [Anspielung auf das Zerwürfnis mit der Geliebten], und ich denke, ein gutes Instrument wird meine Schmerzen wohl verstehen und mir auch teilnehmend entgegenkommen.

Lieber Vater! Nicht wahr! wir wollen uns diesmal nur durch die Musik verständigen – die Töne kommen und gehen so unmittelbar zum Herzen, daß ihr Sinn nie mißzuverstehen ist; jede Dissonanz muß sich auflösen in Liebe, Leid und Lust, und alles, was die Brust des Menschen durchzieht, löst sich in milder Versöhnung auf. Beim Ausklingen einer reinen Harmonie ist es mir, als regten sich die Schwingen der Seele in der Vibration der Tonwellen, und wie sie sich immer mehr verlieren und endlich gar nicht mehr erklingen und sich in die Unendlichkeit verirren – so bleibe ich, der Körper, welcher der elende Klavierkasten, wohl scheinbar am Leben aber das belebende Prinzip: die Seele, ist gleich den verklungenen Harmonien entwichen und hat sich in dem All verloren; dieses seligste Gefühl mir im wachen Zustande recht klar meinen Sinnen einzuprägen sind, wenn dies mir gelingt, die einzig glücklichen Stunden meines Daseins. Mein Leben wird mir nur dadurch, daß es mir vergönnt ist, das höchste, süßeste Gefühl, das des gänzlichen Aufgehens im Weltenraum, in Tönen zu empfinden, erträglich; daß ich so glücklich bin, der Wonnen der gänzlichen Auflösung (wenn der Körper auch inbegriffen, nennt man es: Tod) schon bei Lebzeiten teilhaftig zu werden, hat mich milder gestimmt, da doch die meisten Menschen so lange leben müssen, bis sie wirklich tot sind. Man sagt zwar, daß man in der Liebe zu einem Weibe, im innigsten Verein des Herzens und der Seele, diese Vorahnungen des Todes empfinden soll, indem jedes aus sich heraus tritt und, da eines im andern seine Welt sieht, gleichsam in dieser Welt aufgeht. Das wird wohl so sein – mir muß die Kunst die untreue Geliebte ersetzen. Doch ich bin's zufrieden. Der Künstler muß sich erst zum höchsten Inbegriff des Göttlichen aufschwingen, der gewöhnliche Mensch zur tiefsten Erkenntnis seiner tierischen Natur gelangen, – ehe beide dieselben Wonnen empfinden können, nur mit dem Unterschiede, daß die des Künstlers durch den Affekt der Seele den Sinnen, bei den anderen durch den der Sinne der Seele appliziert wird.

Es ist gut, liebster Vater, daß ich schon auf der letzten Seite angekommen bin, sonst wär' ich in meinen Meditationen noch lange fortgefahren; diese kleine Exkursion auf so ungepflasterten, holprigen Wegen, wohin ich Ihren praktischen Sinn gelockt, müssen Sie mir verzeihen. Ich stehe schon wieder auf ehrlichem Grund und Boden, und wenn ich z. B. sage, daß ich am 1. Juni vielleicht schon zu Hause bin, so ist das doch schon recht vernünftig gesprochen. Auch werden Sie das vernünftig finden, daß dem A. sein Klavier mit seiner niedern Stimmung und seinem blechernen Ton keine 260 fl. wert ist. Um 300 fl. bring ich eines von hier aus mit, wenn Sie damit einverstanden sind. Bitte um baldige Antwort. Alle herzlich grüßend bleibe in Liebe und Verehrung Ihr dankbarer Sohn

                                              Hugo

DER SIEBENUNDZWANZIGJÄHRIGE
AN DIE MUTTER

[um 1886/1887]

Liebe, liebe Mutter

Soeben übergibt mir Gilbert einen Brief von Ihnen, und ein Brief von Ihnen liebste Mutter ist für mich, wie Sie wohl denken können, immer ein Fest- und Freudentag. Ich darf nur die altmodischen, zittrigen Buchstaben ansehen, so füllen sich schon mit Tränen die Augen, und jedes liebe Wort zerreißt mir das Herz. Dann weiß ich mich vor Glück gar nicht zu fassen, und nur ein Gedanke, ein Gefühl beherrscht und durchdringt mich, und ich möchte es aller Welt jubelnd zurufen: »Ich hab noch eine Mutter.« — Wie schmerzlich mußten mich nun Ihre Worte berühren, die mich überreden sollen, den Sommer zu Hause zu verbringen. Ach liebe Mutter, wer wie ich so lange in der Fremde gelebt, den drängt es wie mit Zaubergewalt in die Heimat, in die Arme seiner Lieben, an das Mutterherz, ach! und an das Grab des Vaters — —

Nein, liebe Mutter! wir wollen noch lange uns des Lebens freuen, wir wollen einholen, was uns so spärlich zugemessen worden, wir wollen einander leben und lieben und nichts anderes im Sinne haben, als uns das Leben nach Kräften angenehm zu gestalten. Ob ich nach Hause komme? Natürlich! und wie ich mich darauf schon freue! wie! Daß Sie sich nur gut pflegen, schonen, nicht aufregen, nicht verkühlen. Ach, ich könnte vor Freude gleich weinen über alle diese prächtigen Aussichten. Was nun, liebe Mutter, meine Kompositionen anbelangt so werden einige derselben noch in diesem Monat erscheinen und — diesen Trost kann ich Ihnen geben — gut kritisiert werden. [Die ersten Lieder sollten bald darauf erscheinen]

Wenn mir auch schon das Glück nicht in den Schoß fällt, bin ich jetzt doch schon so schlau, dasselbe, wenn es meine Bahn streift, sogleich beim Schopf zu fassen und an meine Fahne zu fesseln. — Noch, liebste Mutter, muß ich Ihnen herzlichst danken, daß Sie genau meinem Wunsche nachgekommen und die bordeaurote Decke geschickt. Auch für den Polster danke ich schönstens. Er kam mir sehr gelegen. Bettzeug benötige ich heuer nicht. Im nächsten Jahre gedenke ich eine unmöblierte Wohnung zu mieten. [Schluß fehlt]

DER ACHTUNDZWANZIGJÄHRIGE
AN DIE MUTTER

Döbling 30. Dezember 1888

Liebe, gute Mutter!

Die herzlichsten Segenswünsche zum neuen Jahr. Wenn Ihnen meine Erfolge Freude machen, so dürfen Sie, wie auch ich, nur eines unerhörten Wunders des zur Neige gehenden Jahres gedenken. Es war das fruchtbarste und deshalb auch glücklichste Jahr meines Lebens. In diesem Jahre komponierte ich bis auf den heutigen Tag nicht weniger als 92 Lieder und Balladen, u. z. ist mir unter diesen 92 Liedern nicht ein einziges mißlungen. Ich denke, ich darf mit dem Jahr 1888 zufrieden sein. Was wird das Jahr 1889 bringen? In diesem Jahre muß die Oper, an deren Ausführung ich in den nächsten Tagen zu schreiten gedenke, fertig sein.

Gott gebe seinen Segen dazu.

Liebe Mutter! Wenn meine Erfolge Ihrem Leben nur irgendeine freundliche Färbung verleihen können, so sollen Sie alles nur mehr im rosigsten Schimmer erblicken, denn mein junger Ruhm ist jetzt mächtig im Aufsteigen und in kürzester Zeit werde ich vielleicht die erste Rolle in der Musikwelt spielen. Die Rezensenten kommen zwar noch lange nicht auf den Grund meiner Gedanken und Formengebung, weil ihnen meine Kunst zu neu ist, und weil alle Rezensenten vertrocknete Köpfe sind. Aber schon habe ich das unbefangene Publikum gewonnen, und immer lebhafter wird das Verlangen unter den Leuten, meine Sachen kennen zu lernen. Am 10. Jänner werden wiederum Lieder von mir im Konzert Thern (Bösendorfersaal) gesungen. Vielleicht komme ich noch nächsten Monat nach Graz, dort ein Konzert zu geben. Dann steht einem baldigen Wiedersehen nichts mehr im Wege, und ich habe alle Ursache, das Jahr 1889 ein glückverheißendes zu nennen. Mit vielen Grüßen an die Mädeln und Ihnen dankbarst die Hände küssend

Ihr Sohn
Hugo

Beiligende Rezensionen bitte ich Modesta [der Schwester] zu schicken.

röhliche Munterkeit, ja geradezu Ausgelassenheit kennzeichnet den Brief des zwölfjährigen Otto Erich Hartleben (1864 bis 1905). Der spätere gesellschafts- kritische Dramatiker, Lyriker, Erzähler und geistrei- che Spötter stammte aus der alten Bergbaustadt Clausthal im Harz. Die Eltern, die ihm Geborgenheit und eine großzügige Erziehung vermittelten, ließen den vielen Begabungen des Soh- nes weiten Raum. Er studierte zunächst Jura und trat in den Staatsdienst ein, verließ diesen jedoch bald, um sich ganz der Literatur zu widmen. Am Gardasee kam der schreibende Bohe- mien (»Die Geschichte vom abgerissenen Knopfe«, »Hanna Ja- gert«, »Rosenmontag«) schließlich zur Ruhe. Seßhaft geworden bei Salò, in seiner Villa »Halkyone«, starb der lebensfrohe und gastfreundliche, überaus schaffensfreudige Schriftsteller im Alter von nur vierzig Jahren.

OTTO ERICH HARTLEBEN, 12, AN DEN VATER

Hannover, 20. Mai 1877

Lieber Vater!

Sintemal ich Schule hatte, habe ich dir noch nicht geschrieben, sintemal ich jetzt Ferien habe, schreibe ich dir.

Tante Mariechen sagt: »Sintemal ich ein dummer Junge bin, schreib ich dir einen dummen Brief.«

Um diese Behauptung zu widerlegen, will ich dir verkünden, daß am heutigen Tage 1. Tivoli pünktlich erstanden ist, 2. wir am Warmbüchencamp zu essen gedenken, 3. Onkel Ernst nicht vor- handen ist.

Folgendes ist in letztvergangener Woche passirt: 1. haben wir zwei Mann Einquartierung aus der Garnison der Tanten Göttin- gens, bestehend aus Tante Julchen und Tante Staken, am 17. Mai 1877 empfangen. 2. ist niemand krank geworden und 3. hat sich weiter nichts besonderes zugetragen als daß 1. am Diens- tag unsere neue Schleuder angekommen ist und daß 2. schon vorher die Terrasse und die Laube unter der Traueresche ange- strichen sind.

Auch bei uns ist das Eßzimmer und anderes angestrichen und das erstere ist sogar tapeziert, morgen werden wir alle dort essen.

Otto, Leo und Else, womöglich auch Gertrud, werden dir zugleich mit mir schreiben. Anna rutscht jetzt schon mit Stühlen im Zimmer umher und jauchzt dabei aus vollem Halse.

Tante Julchen meint, Gertrud wäre am meisten gewachsen und sehe sehr gesund aus, welches letztere man auch ohne jegliche Übertreibung behaupten kann.

Gestern am Sonnabend war Else zum Essen hier, um unserer Einquartierung vorzulesen oder sich von denselben vorlesen zu lassen. Letztere scheint wie ich eine rechte Leseratte werden zu wollen.

Leo war heute morgen hier, um mit Großpapa und Tante Staken auszugehen, jedoch war ich zu faul aufzustehen, da sie schon 6½ Uhr fortgingen.

Otto hat täglich bei Tante Julchen lateinische Stunde, da Tante meint, er könne zwar die lateinische Deklination, aber er könne sich im Deutschen die Casus nicht recht klar machen. Auch ich übersetze bei Tante Julchen zuweilen Caesar, und sie meint, es ginge ungleich besser als das letzte Mal. Heute, morgen Dienstag und Mittwoch ist das große Musikfest zu Ehren Marschners, dessen Denkmal vor dem Theater aufgerichtet wird. Großpapa hat zwei Billets gekauft für unsere Einquartierung. Auch in Bellavista und Odeon sind heute Abend die ersten Conzerte, obgleich das Wetter nicht brillant ist. Es sind jetzt (um 11 Uhr) 9 Grad Wärme.

Großpapa, Tante Julchen, Tante Staken, Tante Elise, Tante Lili, Tante Ida, und was sonst noch an Tanten vorhanden ist, grüßt dich.

Dein Sohn Erich

chon der Vater von Frank Wedekind *(1864 bis 1918)* *wird als »eine reine Romanfigur« beschrieben, von* *dem jungen Benjamin Franklin – so der eigentliche* *Vorname – bewundert und noch mehr kritisiert. Der* *Mediziner und Abenteurer Friedrich Wilhelm Wedekind reiste viel* *herum, schrieb für linksliberale Zeitungen und ging nach dem* *Scheitern der 1848er Revolution als Arzt in die Vereinigten Staaten, wo er Vermögen erwarb. Das Unbürgerliche, das er an Sohn* *Frank früh entdeckte, lehnte er allerdings heftig ab.*

Die Mutter, Emilie Wedekind geborene Kammerer, fast ein *Vierteljahrhundert jünger als ihr Mann, hatte sich bis zur Heirat als* *Sängerin durchgeschlagen. Die weitherzige, weltoffene Frau* *brachte für ihren »Bebi« immer Verständnis auf.*

Frank sollte studieren, fing auch ein Jurastudium an. Er wollte *aber lieber Schriftsteller werden. Ein unstetes Leben begann.* *1887 kam es zu Tätlichkeiten und zum Bruch mit seinem Vater,* *der ihn später jedoch weiter unterstützte. Frank arbeitete zunächst* *als Journalist und dichtete Werbetexte für die Firma Maggi, so den* *folgenden Vers: »Vater, mein Vater, ich werde nicht Soldat,/* *dieweil man bei der Infanterie nicht Maggi-Suppe hat.« In der* *Folge schrieb er für den »Simplicissimus«, wurde wegen Majestätsbeleidigung angeklagt, floh, saß dann aber die Strafe 1899/* *1900 ab. 1901 stieß er zum Münchener Kabarett »Die elf Scharfrichter« als Texter und Sänger. In seinen Stücken trat er selber auf* *– und hatte Erfolg.*

FRANK WEDEKIND, 23,
AN DEN VATER

Zürich 19. IX. 1887

Herrn Dr Wedekind auf Schloß Lenzburg
in Hochachtung und Ehrerbietung

Für den Anzug und die Stiefel bitte ich Dich, meinen Dank hinzunehmen. Ich brauchte beides sehr nothwendig; aber die Mittel fehlten mir, um es mir selber anzuschaffen. Dein Mitleid gibt mir den Muth, Dir zu schreiben. Ob dieser Schluß nicht dennoch voreilig ist, kann ich nicht wissen. Trotzdem will ich es wagen. Wenn Du mir diese Zeilen zurückschickst, so werde ich Dein

Geschenk als ein Almosen hinnehmen müssen und habe dabei nicht das Recht, mich über irgend etwas zu beklagen.

Seit drei Tagen denke ich über diesen Brief nach. Ich darf Dich nicht Vater nennen; ich habe jeden Anspruch darauf verloren. Ich hätte auch niemals gehofft, daß Du mir verzeihen würdest. Solltest Du es nun trotz allem thun, so glaube mir, daß ich Deine unendliche Güte heilig zu halten weiß.

Bevor ich mir Deine theure Verzeihung erbitte, sollte ich etwas zu meiner Entschuldigung anführen. Aber was kann mich entschuldigen? – das einzige wäre der Umstand, daß sich meine Aufregung damals von Tag zu Tag gesteigert hatte, daß ich alles in mir verschloß, bis ich meiner selbst nicht mehr mächtig war. Ich ersuche Dich inständig, mein Verbrechen von dieser Seite zu betrachten. Du mußt mich sonst für so entsetzlich schlecht halten, daß Du Dich nie anders als mit dem größten Abscheu meiner erinnern könntest.

Und nun laß mich bitten, daß Du mir verzeihen mögest, daß Du Dir Mühe geben werdest, meiner gräulichen Unthat nicht mehr zu gedenken. Es ist eine übermenschliche Wohltat, die Du mir dadurch erweisen würdest [...] Ich habe im verflossenen Jahr Zeit genug zur Reue gehabt und werde auch mein ganzes Leben Zeit dazu haben. Vielleicht würde es Dir leichter mir zu vergeben, wenn Du wüßtest, was ich im letzten Herbst und diesen Sommer darunter gelitten habe. Möglich auch, daß ich mich indessen zum Guten geändert habe.

Wenn Du mir verzeihen willst, so bitte ich Dich noch darum, Dich in nächster Zeit hier oder in Lenzburg sehen und dann, meine Bitte mündlich wiederholen zu dürfen. Ich weiß zwar noch nicht, woher ich, trotz einer Erlaubnis von Deiner Seite, den Muth dazu nehmen soll. [...] Ich werde Dir nicht in's Auge sehen können [...]. Wenn Du meinst, Du könntest mich nicht sehen, dann bitte, laß es mich wissen. Ich muß mit allem zufrieden sein.

Und nun noch einmal, bitte, verzeih mir. Ich wußte nicht, was ich that; ich war verblendet und aufs äußerste aufgeregt. Wenn Du mich von Dir stößt, so hab ich nichts mehr zu verlieren. [...] Mein ganzes Leben wäre in scheußlichster Weise besudelt und verflucht. Nimm im Voraus meinen innigsten herzlichsten Dank dafür hin und verzeih Deinem in Ergebenheit und Ehrfurcht harrenden Sohn

Franklin

Zürich, 26. IX. 1887

Herrn Dr. Wedekind auf Schloß Lenzburg.

Unterzeichneter gibt sich die Ehre, ganz ergebenst anfragen zu
dürfen, ob seine am 19. ds. geschriebenen und unter gleichem
Datum von hier abgegangenen Zeilen indessen in Lenzburg ein-
getroffen und an die ihnen bestimmte Adresse gelangt sind, um,
nichtigen Falls, eine Copie nachschicken oder dann anderweitige
Vorkehrungen zur Sicherung seiner miserabeln Existenz treffen
zu können.

Fr. Wedekind

DER FÜNFUNDZWANZIGJÄHRIGE
AN DIE MUTTER

München 12. X. 1889

Liebe Mama!
Womit soll ich meine Socken
Aus des Schlosses Mauern locken?
Soll ich laute Klagen führen,
Daß mich meine Füße frieren?
Hat denn Mieze* meinen Brief
Letzte Woche nicht bekommen,
Drin ich schmerzlich und beklommen
Nach den wollnen Socken rief?
Jammer Jammer ohne Ende
Wenn wir frieren an die Hände,
Weil wir mit dem besten Willen
Nicht den Trieb zur Arbeit stillen!
Aber namenlose Pein,
Wenn vereisen unsere Wadel;
Menschenliebe, Seelenadel,
Alles friert mit ihnen ein.
Hiemit send' ich tausend Grüße
Denkt in Liebe meiner Füße,
So wie liebevoll auch ich
Euer denke ewiglich

Franklin

* Mieze ist Frieda Marianne Erika Wedekind, Franks Schwester

roßbürgerliche Atmosphäre herrschte im Elternhaus von Walther Rathenau *(1867 bis 1922). Der Vater, Emil Rathenau, war Gründer der Deutschen Edison-Gesellschaft, der späteren AEG, Ingenieur und bedeutender Erfinder, hatte dabei aber auch musische Interessen. Die Mutter, Mathilde Rathenau, eine großzügige, reichbegabte Frau voller Herz und Verstand, hatte lebenslang eine innige Beziehung zu ihrem Sohn. Sie besaß sogar die Größe, seinen rechtsextremistischen Mördern zu verzeihen, wie aus einem Brief an die Mutter eines der Missetäter hervorgeht.*

Der junge Rathenau hatte ursprünglich zwischen künstlerischer und naturwissenschaftlicher Ausbildung geschwankt, entschied sich dann aber für Physik, Chemie, Technik und Philosophie. In einer Anzahl von Büchern beschäftigte er sich engagiert mit Wirtschaftsfragen, gesellschaftspolitischen Problemen und philosophischen Themen. In der Nachfolge seines Vaters leitete er ab 1915 die AEG. Nach dem Ersten Weltkrieg und der Ausrufung der Republik betrat er die politische Bühne, nahm für Deutschland an verschiedenen internationalen Konferenzen teil und wurde schließlich am 1. Februar 1922 Reichsaußenminister. Als solcher schloß er den Rapallo-Vertrag ab, was ihn aus der Sicht reaktionärer Kreise zum vaterlandsverräterischen »Erfüllungspolitiker« stempelte. Knapp fünf Monate nach seinem Amtsantritt wurde er in Berlin erschossen, als er ins Auswärtige Amt fuhr.

WALTHER RATHENAU, 19,
AN DIE MUTTER

Straßburg, 30. 1. 1887. 12½ Uhr

Liebe Mama!

Es war recht langweilig bei der Kneipe; wir waren ca. sechzehn, und es wurde viel getrunken. Ich habe aber, wie Du weißt, nicht die Fähigkeit, mich zu betrinken, daher habe ich allerdings am folgenden Tage einen klaren Kopf, aber am Abend selbst habe ich nicht die rechte naive Freude und kann mich bestenfalls über die andern amüsieren.

Das interessanteste bei solcher Gelegenheit ist der häufige Wechsel der Gesamtstimmung, der meist ganz plötzlich und unmotiviert vor sich geht. Es gibt gegen fünf verschiedene Phasen in der Betrunkenheit, von denen man meist nur die kennt die auf dem Nachhauseweg, d. h. in freier Luft, zur Geltung kommt. Am merkwürdigsten ist jedenfalls der Zustand in dem die Leute schon nicht mehr ganz bei Besinnung sind, aber doch den Schein erwecken wollen, als wären sie vollkommen nüchtern. Sie setzen sich dann zu Gruppen zusammen, schreien sich in die Ohren, gebrauchen möglichst viele und schwer auszusprechende Fremdwörter, bei denen sie meist in der Mitte stecken bleiben, und reden mit Vorliebe über politische oder philosophische Themata. Dabei hören sie nur die Worte die der andere sagt, und gehen auf diese ein, den Sinn verstehen sie schon längst nicht mehr, zumal meist nicht viel dabei zu verstehen ist. Zu welch blühendem Unsinn gestern solche Konversationen führten, kannst Du Dir vorstellen. Es wurde natürlich nur die Kriegsfrage behandelt, wobei jeder sich piquirte, mindestens drei widersprechende Ansichten zu haben. Wer am meisten eingezogene Reservisten aufbot, war obenan; die Zahl stieg wie bei einer Auktion, aus den 71 000 Mann wurden 180 000 innerhalb einer Viertelstunde. – Was denkt man bei Euch davon? Mir erscheint die Sache als eine Spielerei, die böse Folgen haben kann. Unschuldig ist die Reservisteneinziehung in dieser Zeit nicht. Aber gewünscht wird der Krieg ebensowenig auf irgend einer Seite. Daß die Manövrierung auf militärischem Gebiet unserseits zu Wahlzwecken ausgenutzt wird, ist klar; es wäre aber Optimismus in übertriebener Weise, wenn man annehmen wollte, daß die Sache ausschließlich in diesem Sinne inszenirt worden sei. Darin zeigt sich wieder einmal die Superiorität dieses Bismarck über die Ereignisse, daß er sie, wie sie auch fallen, und wie gefährlich sie auch sind, zunächst bis zum Grunde ausnutzt und erst in zweiter Linie zu Gegenmaßregeln schreitet. Bis jetzt ist, wie gesagt, alles noch Übermut und Spiegelfechterei; erst wenn Frankreich einen Schritt weiter geht, fängt die Gefahr an. Bismarck wird nicht zu dem Pferdeausfuhrverbot und der Reservisteneinziehung eine dritte Harmlosigkeit hinzufügen, sondern das Ultimatum entweder selbst stellen, oder Frankreich zwingen, es zu tun. Dann ist es soweit. Es wäre jetzt lächerlich, irgend einen Ausgang zu praesumieren; es hat daher ebensowenig Sinn, allzu besorgt wie allzu zuversichtlich zu sein.

Mit vielen Grüßen
Dein W.

DER FÜNFUNDZWANZIGJÄHRIGE
AN DIE MUTTER

Neuhausen, 1. 1. 1893

Liebe Mama!

Du meinst es fehlt mir an Energie. Freilich, die Dinge lauten geschrieben nicht gar so schlimm, besonders wenn man nicht übertreibt und keine Superlative gebraucht. Du weißt auch nicht, was es heißt, Wochen und Monate, selbst wenn man sprechen will, wenn man sprechen muß, keinen Menschen zu haben der hört und antwortet. Du weißt nicht, was Melancholie ist, außer aus Büchern, und Du weißt nicht, wie nach einer durchwachten Nacht eine Tretmühlenarbeit unter lauter feisten grinsenden Beamtengesichtern aufreibt. Aber alles das ist es nicht, was mich hier zugrunde richtet. Wahrhaftig nicht. Dafür entschädigt mich, daß ich etwas fertig kriege, daß die Leute Respekt vor meiner Arbeit haben, und daß ich, nur durch Energie, auf einem Gebiete etwas leiste, auf dem ich talentlos bin wie eine Kuh. — Mich bringt es zur Verzweiflung, daß ich abhängig bin, und daß ich niemals einen Ausweg, niemals ein Ende sehe. Jeden Tag kontrolliert werden, Arbeiten bekommen, sich ausfragen lassen müssen, sich zu Bitten erniedrigen müssen, wo man glaubt Rechte zu haben, bisweilen zu Entschuldigungen; mit inferioren Menschen kollegial stehen — und bei allem seine Vorgesetzten zum Teil schätzen, aber nicht respektieren, zum Teil vollständig dedaignieren müssen — das macht nach Jahr und Tag verrückt, wenn man seine Freiheit höher stellt als den Rest. Vielleicht wird das einmal anders. Vielleicht beruhige ich mich wieder wenn ich unabhängig bin und nach meinen Ideen handeln kann. Wenn ich nicht mehr Sachen betreiben muß, weil man mir sie aufgibt und obwohl ich sie für komplette Dummheiten ansehe.

Jedenfalls steht mir der Entschluß fest: Ich habe es übernommen, dieses Verfahren fertig zu machen, und ich werde es trotz jeder Schwierigkeit fertig bringen. Denn ich will, gleichviel was ich hinterdrein anfange, keine Halbheit auf meinem Wege liegen lassen. Darin liegt das, was ich Energie nenne.

Bin ich hiermit zu Ende, so will ich sehen, was sich mir bietet. Kann ich dann für andere Fabriken einrichten oder selbst eine leiten, so will ich versuchen, ob ich bei dieser Tätigkeit Unabhängigkeit und Gewissensruhe finde. Beamter bleibe ich nicht, und

wenn mein Leben daran hängt. Aber wenn sich für meine Ergeb-
nisse keine Verwendung findet – und ich fange an, daran zu
zweifeln –, was dann? Ja, was dann? Ich weiß es nicht. So sehr ich
grüble, ich weiß es nicht. Ein anderer Beruf? Ohne neues Studium kann ich nur Lehrer werden. Aber das Professorentum mit
seiner Kleinigkeitskrämerei, seiner Menschenanbeterei, seiner
Klatschsucht ist mir, so oft ich es gegen Papas ungerechte Angriffe
verteidigt habe, auf den Tod zuwider. Vor allem aber das Poly-
technische, zu dem ich kommen müßte; das ist außerdem noch
unwissend, ungebildet und unfähig. Und wie gesagt, für dieses
Fach habe ich nun einmal kein Talent, das weißt Du so gut wie
ich, während mir im technisch-geschäftlichen Leben einige Eigenschaften zustatten kommen: meine Fähigkeit, Menschen zu
erkennen und zu durchschauen, mit Menschen zu verkehren, zu
sprechen, zu schreiben und zu kombinieren.

Und ein neues Studium? Nein, solange ich nicht genug Geld
habe, um es unabhängig zu treiben, nie und nimmermehr. [...]

Aber, wie gesagt, das ist die ungünstigere Eventualität. Vielleicht findet sich in Amerika etwas. – Gerne gehe ich, wie Du
weißt, nicht hinüber, aber das ist gleich, denn das vergiß nicht:
des besseren oder schlechteren Lebens willen werde ich niemals
einen Entschluß fassen oder ändern. Was mich treibt, ist mein
Freiheitssinn und mein Gewissen mir selbst gegenüber.

Ich werde nun auch über diesen Gegenstand nichts mehr
schreiben, denn Du weißt jetzt alles, was ich Dir sagen kann.

Heute morgen versuchte ich in Radolfzell auf dem Untersee
Schlittschuh laufen. Ich konnte fast nichts mehr. Bei dem duck-
mäuserigen Leben wird man friedlich wie Stubenluft und verlernt
jeden Sport. Was ist aus mir geworden!

Viele Grüße
Dein W.

ater Morgenstern, Landschaftsmaler und ein »gestrenger Filou«, wie ein Zeitgenosse sagte, heiratete
mehrmals; die Mutter starb, als der Sohn, Christian
Morgenstern (1871 bis 1914), gerade zehn war. Er
kam für ein paar Jahre aufs Internat in Landshut und wollte später
(erfolglos) Offizier werden; 1892 schloß er die Schulausbildung
ab und studierte Nationalökonomie in Breslau. Nach den ersten
Veröffentlichungen entfremdete er sich langsam dem Vater, der
ihn für völlig unbegabt und schlampig hielt. Der Sprachwitz seiner
Nonsens-Gedichte (»Galgenlieder«, »Palmström«, »Palma Kun-
kel«, »Der Gingganz«) ist frisch geblieben bis auf den heutigen
Tag. Der Übersetzer Morgenstern übertrug Werke von Ibsen und
dessen norwegischem Landsmann Björnson, Träger des Litera-
turnobelpreises 1903, ins Deutsche.

CHRISTIAN MORGENSTERN, 36,
AN DIE ELTERN

Obermais, 19. Januar 1908

Lieber Vater, liebe Stiefmutter,

ein wahrhaft »friedliches freundschaftliches« Verhältnis ist für
mich nur denkbar, wenn wir uns in voller Aufrichtigkeit begegnen.

Dann allein wird es fruchtbar werden können, wird es positiven
Wert haben, und nicht nur scheinbaren.

Dir, mein lieber Vater, schulde ich, was auch geschehen ist oder
geschehen mag, die völlig unerschütterliche Dankbarkeit, Ehrfurcht und Liebe des Sohnes. Ich habe von diesem Verhältnis des
leiblichen Sohnes zum leiblichen Vater den höchsten Begriff und
das reinste Gefühl, das ein Mensch nur überhaupt haben kann.

Dich nun, liebe Liese, begreife ich bis zu einem sehr hohen
Grade in dieses ehrfurchtvolle Verhältnis ein. Und so habe ich
denn auch Deinen einliegenden Brief mit vollkommener Ruhe
und mit einer Wärme beantwortet, in der ich die Bitternis, die ein
Schweigen von vierzehn Jahren in mir nähren mußte, fast restlos
habe aufgehen heißen.

Sie ganz und gar zu unterdrücken, dazu hatte ich weder die
Leichtigkeit noch den Willen. Ja, ich würde jene Zeit als für unser
inneres Leben einfach verloren ansehen, wollten wir sie nur als

einen Traum vergessen, uns nicht auch zugleich ihrer als eines Schicksals bewußt bleiben. Es stände schlimm um uns alle drei, hätten wir uns *ungestraft* vierzehn Jahre lang trennen dürfen, es hieße uns selbst zu gering einschätzen, empfänden wir nicht, daß damit jeder von uns Unwiederbringliches verloren hat. Und daß wir darum mit verdoppelter Innerlichkeit auf einander eingehen müssen, nun, da es durch unser aller Altern vielleicht noch schwerer geworden ist, uns gegenseitig zu verstehen.

Ich glaube Dir also durchaus nicht vorenthalten zu haben, liebe Liese, was Dir als der lieben Frau meines lieben Vaters gebührte, die aufrichtige Ehrerbietung eines Sohnes, der sagt: Wohlan, lassen wir alle Einzelheiten ruhen, ich danke Euch, daß Ihr mich aufgefordert habt, bei Euch wieder einzutreten. Aber der sich nun nicht einfach in den Lehnstuhl am Ofen setzt und alles Weitere gehen läßt, wie es geht, sondern der, gleichfalls in aller Ehrerbietung, hinzufügt: Als Bedingung freilich eines wahrhaft ersprießlichen neuen Verhältnisses zwischen uns und im besonderen, liebe Stiefmutter, zwischen Dir und mir kann ich mir nur das Eine denken: Wir nehmen dies neue Verhältnis so ernst und schwer wie nur möglich. Ich habe den besten Willen, Dich als Menschen für mich zu erobern. Habe nun auch Du denselben Willen mir gegenüber. Du hast mich Ein Mal im Leben verkannt, es hat sich Ein Mal im Leben etwas in uns durchaus nicht vertragen wollen, ja, sich sogar schroff abgestoßen. Nun gut, wir sind, ein jeder, unsres Wegs gegangen. Jetzt kreuzt sich unser Weg zum zweiten Male. Jetzt kommt es endgültig darauf an, ob Du Dich zu einem klaren und starken Ja zu mir, zu einem Ja aus tiefstem Gefühl heraus wirst entscheiden können – oder nicht. Ein freundlicher Brief, nicht wahr, so wie Dein erster, ist eben zunächst ein freundlicher Brief und als solcher ein guter Anfang. Ich küsse Dir die Hand dafür. Aber meine Gefühle hätten wenig Wert, wenn ein Briefseitlein genügte, so schwere Dinge mit einem Schlage aus der Welt zu schaffen, wie die, welche zwischen uns liegen.

Und sollte es auch lange währen, bis Dir eines Tages in der Seele aufginge: Hier habe ich ja einen *Menschen* so und so viele Jahre nicht sehen und nicht erkennen wollen, ich, der zweitnächste zu ihm! Hier ist ja Kraft, Leben, Freude auch für mich! – so muß Dir das doch einmal aufgehen, und dann, aber auch erst dann kann und werde ich das sichere Gefühl haben: Jetzt wächst der tiefe Zwiespalt zu, jetzt kann und darf er zuwachsen. –

Lieber Vater, verzeih auch Du solcher sehr freien, sehr unbe-
kümmerten Rede – aber ich halte sie für respektvoller, für weitaus
mehr Ehre gebend, als wenn ich Euch mit leichteren Worten
jemanden vortäuschen wollte, der ich nicht bin. Es handelt sich
mir darum, daß Ihr mich ganz neu kennen lernt. Eure beiden
Briefe setzen im wesentlichen voraus, daß wir alle dieselben
geblieben sind. Das glaube ich von Euch nicht, und das ist bei mir
nicht der Fall. Zwar die Grundlinien sind geblieben, aber der
junge unreife Bursch von damals, an den, lieber Vater, auch Dein
heutiger Brief noch ein bißchen gerichtet war, hat doch inzwischen schon Zeit gehabt, graue Haare anzusetzen, und das auch
geistig genommen. Du hast eine vermeintliche Unbedachtheit
ritterlich parieren zu müssen geglaubt – wie sehr gleichen wir uns
doch in derlei Temperamentsdingen – aber vertraue mir, vertraut
mir, ich weiß, was ich sage und was ich will. Und ich will, daß wir
uns wirklich, im wahrsten und schönsten Sinne des Worts, wieder
finden, nicht von heute auf morgen vielleicht, aber nach und
nach, aber auf Nimmerwiederverkennung. –

Mit den herzlichsten Grüßen und Wünschen

Euer
Christian

Noch eine Nachschrift für Dich allein, liebe Liese.

Der Zweck meiner Ausführungen wäre gänzlich verfehlt, wenn
sie Dir, wie ich fürchte, Aufregungen bereiten würden. Nichts liegt
mir ferner, als Dich aufregen zu wollen. Ich sage nur: Lassen wir
uns durch das Geschehene vertiefen. Fühlen wir es als einen
Schmerz, schon allein um der Vertiefung willen, die ein solcher
Schmerz mit sich bringt. Siehst Du, ich habe einmal ein Gedicht
gemacht, in dem ich mit Inbrunst noch nach mehr Schmerz
verlange, weil er doch schließlich das ist, was uns am stärksten
erzieht, reift, adelt. So also meine ich es, wenn ich Dich bitte, jene
Zeit mit mir als ein Schicksal aufzufassen, als eine Bitterkeit, die
uns jetzt doch noch ein Tröpflein Süßigkeit geben kann und soll,
wenn wir sie nur auch als etwas Großes – und nicht etwa nur als
etwas Lästiges oder Sinnloses – empfinden. Und dann nochmals:
Glaube nicht, daß ich Dein Brieflein geringschätze. Ich will es
einem Blümchen vergleichen, das Du mir über den Abgrund
geworfen hast. Aber ich mußte Dir zu erkennen geben, daß
dieses Blümchen nur erst ein erster Gruß für mich sein kann,
noch nichts dauernd Entscheidendes. Daß es für mich bloß

bedeuten konnte: »Schließen wir nun zunächst einmal Frieden. Sprechen wir wieder miteinander; wir wollen zusehen, daß wir einander so nahe kommen, wie es doch eigentlich von jeher hätte sein sollen.« Ja, daß ich gar nicht möchte, daß es zunächst mehr bedeutet hätte. Denn alles Gute braucht Zeit, lange Zeit. [...]

Und dann das Wort »Freund«. Ja ja, das hatte einmal so etwas wie einen »romantischen« Klang. Aber das wollte ich wahrlich nicht aufwecken. Der hatte seine Zeit. Heute verstehe ich unter Freund-sein etwas weit Männlicheres. Wenn ich sage, ich möchte es jedem Menschen sein, so heißt das, ich möchte jedem etwas von meiner Sonne, meiner Freiheit, meiner Liebe mitteilen, ich möchte jeden aus seinen Eintagsorgen herauslösen.

Da liegt ein Brief des alten Björnson vor mir, den ich dieser Tage aus Rom bekam. Ich habe ihn nie persönlich kennen gelernt, nie gewußt, daß er Näheres von mir weiß, ich habe nur Einiges von ihm übersetzt. Und nun dankt er mir gelegentlich einer Geburtstagsdepesche in seiner überströmenden Weise »für so viele Beiträge zu Lebensfreude und -kraft«. Ich erzähle Dir das nicht aus Eitelkeit, ich wohne viel zu tief im Maulwurfshügel, um Menschenmeinungen viel anders hinzunehmen als wie Sonne oder Regen, sondern weil mich diese Worte doch einen Augenblick lang wunderlich ergriffen haben. Und weil ich, der ich zu allem Talent habe, nur nicht zum Normalen und Allgemeinüblichen, doch auch Euch mehr werden möchte, als nur ein verlorener und wiedergefundener Sohn normaler Observanz. –

iner wohlhabenden Familie entstammte Hugo von Hofmannsthal *(1874 bis 1929); der Vater war Jurist. 1890 erschienen in verschiedenen Wiener Literaturzeitschriften erste Gedichte eines »Theophil Morren« und eines »Loris«, wie sich der Gymnasiast Hugo nannte, Gedichte, deren sprachliche Kunstfertigkeit alsbald beachtet wurde. Der »frühreife und hochbegabte« Hofmannsthal, wie ein Biograph urteilt, geriet früh unter den Einfluß Stefan Georges; Hermann Bahr und Arthur Schnitzler wurden ihm mehr als nur Stammtischfreunde im Wiener Literatencafé Griensteidl. Sein »Jedermann« erlangte Weltruhm, desgleichen seine Libretti, dank dem Komponisten, für die er sie schrieb: Richard Strauss (»Arabella«, »Der Rosenkavalier«, »Ariadne auf Naxos«, »Elektra«). Den Selbstmord seines Sohnes Franz überlebte er nur um zwei Tage.*

HUGO VON HOFMANNSTHAL, 6,
AN DIE ELTERN

Liebe Mama!
Mein Schnupfen ist ganz gut. Nur noch kleine Beschäftigung mit der Nase. Gestern habe ich 7 Schmetterlinge gefangen. Ich wa[r] von ½ 10 Uhr früh bis ½ 8 Uhr Abends im Garten. Poldi hat einen Hund bekommen der etwa 1 Zoll lang, und ½ Zoll hoch ist. Das Wetter ist sehr schön, die Gegend ist prachtvoll. Puffi und ich sind sehr schlimm. Es küßt Dich

Mödling den 3. Juni 1880   Dein Hugerl

Lieber Papa!
Für Deine liebe Karte danke ich sehr. Die Therner-Reise war sehr heiter. Ich habe das ganze Dorf eingesäumt. Acht winzige Schweinchen bei Schwecherl haben mich entzückt. Wir haben Eyer, Butter, Honig, 1 Hasen und 4 Rebhühner geschmugelt. In meines Großpapa's Geburtshaus mein unteres linkes Zahnerl wurde wakelig und empfahl sich am nächsten Morgen, verdrängt vom Nachfolger.

                              Es küßt Euch Euer Zahnluckiger
Mödling, den 31. August 1880

DER NEUNJÄHRIGE
AN DIE ELTERN
[zu deren zehntem Hochzeitstag]

1873. 5. Mai 1883

Liebe Maman!
Als im dreiund siebz'ger Jahr
Papa dich führte zum Altar
Da zierte schon dein Fingerlein
Ein Ring mit einem roten Stein
Der deutet wie ein jeder weiß
Auf die Liebe glühend heiß.
Zehn der Jahre sind verstrichen
Doch die Lieb ist nicht verblichen,
Ja vielleicht ist tiefer heut
Als sie war zu jener Zeit!
Und wieder stellt Papa sich ein
Mit einem zarten Ringelein
Drin der Stein von reinster Bläue
Diene als Symbol der Treue.

DER ZWÖLFJÄHRIGE
AN DIE ELTERN

Ostern am Sonntag-Abend [um 1886]

Zu eigenen Handen
der hochedelgeborenen und wohlehrsamben
Gattensleut
Hugonus Annáque Courtisani.
Auf Schloß Fürchtezwist
im Lande Friedenhold.

Habe mich bemühet in nachstehenden
litteris alle respectswidrigen und
unannehmlichen *expressiones* zu
evitiren, sowie auch nur solche *Tournuren*
anzuwenden, als bei sämmtlich Herrn

diplomaticis wohl accreditieret sint.
Item thue ich den vorerwähnt'
zu wissen, was ich heutigen abends
getrieben:
Primo: Habe mein Nachtmahl auf gut
Meißnerisch Geschirre eingenommen,
item auch Hochquellner *anni* 1649 getrunken,
ohne mit der Hand in die Vorlegschüssel
zu fahren, an den Fingern zu schlecken,
die Knochen unter den Tisch zu werfen,
oder mich am klaren Wasser auf viehische
weise zu besaufen.
Secundo: Habe in dem lehrsamen Büchlein:
»Fabulae electae – Joanni Caroli Musaei«
etlich Seiten gelesen und
                    bin hierauf
Tertio: sittsamlich zu Bett gegangen,
wo ich nach berühmter *medici* Vorschrift,
was ich gelesen und gegessen wohl
überlegt habe, sodann aber eingeschlafen,
Ohne nach Art wilder *studiosi* die
Nacht mit gräulichem Stöhnen und
Schnarchen oder gar mit *sonnambulem*
Getreibe zu zubringen, wie solches
in dem Büchlein *»Almontade«* beschrieben
zu männiglich ergötzung zu lesen ist.

Gezeichnet:
Hugonus II. Courtisanus
artium stultarum magister

Manu propria.
im Saeculum der böslichen Schalkheit.
Auf Schloß Frechenberg
Sigillum beigedruckt.

er sich mit dem lexikalischen, kunsthistorisch ausgerichteten Wissen über sie begnügt, wird das innere Universum von Paula Modersohn-Becker (1876 bis 1907) leicht verkennen. Vater Becker, von Beruf Eisenbahningenieur, ein strenger, rechtlich denkender Mann, stellte an sich selbst große Ansprüche, ein Wesenszug, dem wir auch bei der Tochter begegnen. Demgegenüber waren die Bützingslöwen, denen Paula mütterlicherseits entstammte, in aller Regel frohgemute, selbstbewußte Tatmenschen; diesem Erbe verdankte sie wohl auch das Künstlertum.

Ihre Jungmädchenzeit endete mit einem längeren Aufenthalt in London. Zum erstenmal war sie entfernt vom Elternhaus, wenn auch bei Verwandten, bei ihrer Tante Maria. Das Wichtigste aber: Hier konnte sie Malstunden nehmen und ihre Bremer Studien vervollkommnen. Nach der Rückkehr wurde ihr Wunsch laut, Malerin zu werden. Doch der Vater widersprach; ihre Konstitution sei zu schwächlich dafür, hieß es. Statt dessen wurde beschlossen, daß sie das Lehrerinnenseminar in Bremen besuchen solle.

Nach zwei harten Jahren der Pflichterfüllung stand sie wieder vor den Eltern, um ihren Wunsch vorzubringen; der Beweis für ihr Stehvermögen war schließlich erbracht. Diesmal gab man ihrer Bitte statt. 1896 ging sie zur Ausbildung nach Berlin; eine Zeitlang lebte sie bei Verwandten in Berlin-Schlachtensee. Von 1900 an war sie wiederholt in Paris; um diese Zeit schrieb sie an ihre Schwester Milly: »Ich werde etwas – ich verlebe die intensiv glücklichste Zeit meines Lebens.« Im Todesjahr des Vaters, 1901, heiratete sie den Maler Otto Modersohn. Zwar trennte sie sich zeitweise von ihm, ließ ihn dann aber doch nach Paris kommen – und wurde schwanger. Die heißersehnte Mutterschaft besiegelte ihr Schicksal: Wenige Tage nach der Geburt des Kindes starb sie in Worpswede.

PAULA (MODERSOHN-)BECKER, 20, AN DEN VATER

Berlin, den 18. Mai 1896

Mein lieber Vater!
Jetzt weiß ich mein Glück schon drei Tage! Ich trage es stündlich in meinen Gedanken herum und kann es doch nicht fassen. Ich

darf also wirklich meine Zeichenstunde fortsetzen! Ich werde alle meine Kräfte anspannen und soviel aus mir machen wie nur möglich. Ich sehe ein prachtvolles Jahr vor mir voll Schaffen und Ringen, voll augenblicklicher Befriedigung und erfüllt vom Streben nach dem Vollkommenen.

Ich zeichne täglich soviel wie möglich. In meinen Porträts ist manches gelungen, aber auch viel fremdes Übertriebenes.

Wenn ich kein Modell habe, gehe ich in den Garten und versuche den Rohbau in Aquarellfarben zu skizzieren. Oder die große Akanthusstaude. Der Rohbau mit seinen rötlichen und bläulichen Tönen erweckt mir eine riesige Lust zu den Farben.

Dich muß ich auch zeichnen, aber erst, wenn die Tolle wieder gewachsen ist. Hast Du Deinen Friseur schon gerüffelt? Tue es, bitte, bitte. Oder gib Dein liebes Haupt einem Besseren, Würdigeren in die Hände. Bei unserem nächsten Zusammensein zeichne ich Dein Porträt, das geht aber ganz gewiß nicht ohne Tolle.

[...] Weißt Du, daß wir in Hamburg waren, ich Glückskind auch? Daß wir Bismarck sahen, unsern alten großen Bismarck? Aber alt ist er geworden, ganz alt. Der Jubelruf des Volkes, den seine Ohren jahrzehntelang freudig aufgenommen haben, wird ihm jetzt lästig. Er winkte leise ab. Sein Auge flog über die Menge, ohne doch zu sehen. Ich reichte ihm eine Rose in den Wagen, er nahm sie und roch daran. Ich war erschüttert. Zum ersten Male sah ich unsern großen, großen Kanzler, aber Schicksal und Alter haben seine Kräfte gebrochen. [...]

Schlachtensee, den 27. Januar 1897

Mein Vater!

Ich bin wieder heimgekehrt aus dem lauten Berlin in unser liebes einsames, beschneites Schlachtensee.

Meine Gedanken sind dicht neben Dir, Du mußt sie merken. Sie sehen Dich an und versuchen mit den andern fünf Geschwistern die Falten Dir von der Stirn zu glätten. Es ist ein trauriger Gedanke, daß eigentlich alle erst durch uns dahin gekommen sind. Werden sie durch die frohen Momente, die wir Dir gebracht haben, ausgeglichen? Hoffen wir wenigstens, daß in Deinem neuen Jahre deren soviel sein werden, daß sich keine neuen Falten zu den alten gesellen. Punkt acht Uhr morgens an Deinem Geburtstag mußt Du an mich denken. Ich will zu derselben Zeit

mit meinen Gedanken fest bei Dir sein. Paß dann mal ganz genau
auf, ob Du da nicht den Hauch eines Kusses auf deiner rechten
Backe verspürst. [...]

DIE EINUNDZWANZIGJÄHRIGE
AN DIE MUTTER

Berlin, den 1. November 1897

Meine Mutter!
Da bin ich bei Dir, selig, sehr selig, denn es war ein zu schöner
Maltag. Nicht gerade, daß ich etwas Besonderes geleistet hätte,
aber alles das, was ich vielleicht leisten könnte, das machte mich
innerlich ganz verrückt. Der »Kolben« geht mit rasender Ge-
schwindigkeit im »Zylinder« auf und ab. Wir hatten ein prachtvolles Modell: ein blondes fahles Mädchen mit wundervoll geform-
ten eleganten Händen, auf hellgrauem Hintergrund, in grün-
lichtblauem Kleide, sich auf sehr grünblauem Tisch stützend.
Fein! Mir zittert es noch ganz in den Fingerspitzen, wenn ich daran
denke. Zu fein!
   Doch nun zu Dir, einzige Mutter. Ich bin mit meinen Gedanken
so oft bei Dir. Ich lerne Dich mehr und mehr verstehen. Ich ahne
Dich. Wenn meine Gedanken bei Dir sind, dann ist es, als ob mein
kleiner unruhiger Mensch sich an etwas Festem, Unerschütterli-
chem festhält. Das Schönste aber ist, daß dieses Feste, Unerschütterliche so ein großes Herz hat. Laß Dir danken, liebe
Mutter, daß Du Dich so uns erhalten hast. Laß Dich ganz ruhig
und lange umarmen. [...]

DIE EINUNDZWANZIGJÄHRIGE
AN DEN VATER

Berlin, den 17. Dezember 1897

Mein lieber Vater!
So bekommst Du erst spät die Antwort auf Deinen Brief. Ich hatte
mich gleich nach dem Lesen desselben hingesetzt und Dir acht
Seiten geschrieben. Tante Paula wollte ihn einstecken, hat ihn
aber leider verloren.
   Nun lasse Dich erst mal in meine Arme schließen und Dir einen

Kuß geben. Mir ist der Gedanke so namenlos traurig, daß Du Deine Sorgen schon so lange mit Dir herumgetragen hast, während ich in Wien war und nach allen Seiten hin genoß. Ich fühlte wohl eine gedrückte Stimmung in Deinen Briefen, die ich aber auf den alten Rheumatismus schob. Weißt Du, mein Vater, für mich sorge Dich nicht. Ich will mich schon durch das Leben schlagen, mir ist auch nicht bange davor. Wozu ist man jung, wozu hat man all die vielen Kräfte? Ihr habt mir bis jetzt diese wundervolle Ausbildung gewährt, die mich zu einem ganz anderen Menschen gemacht hat. Ich sehe jetzt, mit welchen Opfern, und das macht mich sehr traurig. Von diesem einen Jahre, da kann ich lange zehren. Das hat soviel Samen in Herz und Geist mir gestreut, der jetzt allmählich aufgeht. Darum wird es mir nicht so schwer sein, ein Jahr auszusetzen und Gouvernante zu sein. Während dessen wird mir noch manches klar, ich lege mir ein Weniges beiseite, für das ich dann weiter studieren kann. Bitte, hört Euch recht um, ob Ihr irgendwo von einer einträglichen Stelle hört. Tausend Mark muß sie mir bringen, sonst tut mir meine schöne Zeit zu leid. In Deutschland werde ich wohl schwerlich etwas Derartiges bekommen, aber England, Österreich, Rußland, mir ist alles eins. Wenn es nur Geld in den Beutel bringt. Etwas Überseeisches ist ausgeschlossen, da ich mich für länger als ein Jahr nicht binden will.

Mein Vater, sei in Gedanken an mich auch kein wenig traurig. Vom Malen bringe ich manchmal in mein anderes Leben so ein halbes Träumen mit; solch ein beharrender seliger Zustand. Der soll mir durch dieses Dienstjahr helfen. Da werde ich gut hindurchkommen. In meiner freien Zeit werde ich zeichnen, daß meine Hände nicht steif werden und werde meinen Geist etwas mehr ausbilden. Wenn ich nur von Deinen Schultern die drückende Last nehmen könnte! Wir Jugend, wir haben ja immer den Kopf voller Pläne und Hoffnungen. Uns kann das Leben bis jetzt noch nicht viel antun. In dieser Hinsicht wenigstens nicht. Laßt uns nur Schulter an Schulter nebeneinander stehen und uns in Liebe die Hände reichen und festhalten. Wenn wir auch kein Geld haben, so haben wir doch manches andere, was sich einfach gar nicht bezahlen läßt. Wir Kinder haben zwei feine liebe Elternherzen, die uns ganz zu eigen sind. Das ist unser schönstes Vermögen. Für meine Person wünsche ich mir ganz und gar keinen Mammon. Ich würde nur oberflächlich werden. [...]

Vater, eins versprich mir. Sitz' nicht an Deinem Schreibtisch

und schaue vor Dich ins Graue oder auf das Bild Deines Vaters.
Dann kommen die schwarzen Sorgen geflogen und decken mit
ihren dunklen Flügeln die Lichtlöcher deiner Seele zu. Erlaube es
ihnen nicht. Laß der armen Seele die paar Herbstsonnenstrah-
len, sie braucht sie. Hole Dir in solchen trüben Augenblicken
Mama oder Milly und freue Dich an ihrer Liebe. Für jeden von
Euch einen liebevollen ernsten Kuß.

DIE DREIUNDZWANZIGJÄHRIGE
AN DIE MUTTER

Worpswede, den 10. November 1899

Liebe Mutter,

ich möchte Dir nur noch einmal schreiben, was ich Dir im Omni-
bus noch zurief: Sorge Dich nicht um mich, Liebe! Es tut nicht not,
wirklich nicht, Liebe. Ich habe so den festen Willen und Wunsch,
etwas aus mir zu machen, was das Sonnenlicht nicht zu scheuen
braucht und selbst ein wenig strahlen soll. Dieser Wille ist groß,
und er wird es zu etwas bringen. Bitte, bitte, laßt ihn dahin
streben, wohin es ihn zwingt, er kann nicht anders. Rüttelt nicht
daran, das macht ihn traurig und gibt dem Herzen und der Zunge
harte Töne, die sie selber schmerzen. Harret noch ein Kleines in
Geduld. Muß ich nicht auch warten? Warten, warten und ringen?
Es ist eben das Einzige, was so ein armes Menschlein kann:
Leben, wie es sein Gewissen für recht hält. Wir können nicht
anders. Und dadurch, daß wir sehen, daß unsere nächsten liebsten Menschen unsere Handlungen mißbilligen, erwächst wohl
große Traurigkeit. Aber wir *müssen* eben wir bleiben, *müssen,*
um so viel Achtung vor uns selber zu haben, als man braucht, um
dieses Leben mit Freude und Stolz zu leben.

Das sind einige schwere Mollakkorde, die von Ferne das Dur-
gejubel meines Lebens durchklingen. Aber der Jubel sei stärker
als sie, und der Feiertag sei größer, auf daß ein jauchzender
Wohlklang hervorgehe, der mehr wert ist als jenes Scheinlächeln
der Welt, das über müde Lippen und Herzen hinweghuscht. Ich
bin noch jung und fühle Kraft in mir, und liebe diese Jugend und
dieses Leben zu sehr, als daß ich sie für dieses Lächeln ohne
Freude geben möchte.

Wartet nur ein Weilchen. Es muß alles gut werden.

DIE DREIUNDZWANZIGJÄHRIGE
AN DEN VATER

Paris, den 29. Januar 1900

Mein lieber, lieber Vater!

Auf daß Dir Dein Leben leichter werde, wenigstens nicht ganz so grau, so grau. Auf daß Du Dich dessen freust, was Du hast, und Dich nicht nach Dingen sehnst, die Du nicht hast. Das sind nur Dinge, die Du für uns Kinder wünschest. Aber gerade deshalb solltest Du es nicht, denn wir sind jeder in seiner Art glücklich genug. Das bißchen, was äußere Umstände hinzufügen können, das kommt dem wahren Glück gegenüber gar nicht in Betracht. Das trägt jeder still in sich und wärmt sich daran, wenn er sich in der Welt kalte Füße geholt hat. Manche können noch andere mit wärmen, ein jeder tut es, wie es ihm in die Wiege gelegt ist. Wärme Dir nur auch die Füße, Lieber. Du hast es not. Laß Dich von unserer Liebe durchsonnen, inniglich. Laß Ruhe in Deine Seele kommen, denn was ist ein bejahrtes Leben ohne Ruhe?

Laß Dich küssen, Lieber, und verzeih die großmütterliche Rede, sie kam aus kindlichem Herzen. [...]

Überhaupt dies Paris!!

Hier saß der Frühling schon in jedem Strauch, er lag in der Luft und den Menschen im Herzen. Die Pariser scheinen Auffassung für den Frühling zu haben. Wenn man mittags aus der Schule kam, herrschte allgemeine Freudigkeit auf der Straße. Die hat sich nun wieder verzogen und hinter Winterjacken und Pelze versteckt.

Aber den vorigen sonnigen Sonntag verlebte ich mit Clara Westhoff in Joinville. Da lag die Marne breit und groß in ihrem Bett und spielte um die Füße der alten ernsten Pappelriesen. Oben in den Bäumen aber sang und zwitscherte es. Der Frühling kommt hier in einem berauschenden Überfluß. Er nahm uns ganz gefangen und wir sagten und sangen all unsre deutschen lieben Frühlingslieder.

Dicht an dem Fluß hin strecken sich alte verwunschene Gärten, über deren graues Gemäuer der blaubeerige Efeu quillt. Drinnen im Grün versteckt schimmert es von efeuumrankten Vasen aus der Zeit der Ludwige. Es ist ein eigenartiger Eindruck so nahe der großen Stadt diese üppige Wildnis.

Paris ist seinen Bewohnern gleich. Neben maßloser Verdorbenheit eine kindliche Freude am Leben, ein Sichgehenlassen, wie es die Natur am liebsten hat, ohne viel zu fragen, ob es gut oder schlecht geht. Wir Deutschen können schon darum nicht so viel aussitzen als die Franzosen, weil wir hinterher an unserm moralischen Katzenjammer zugrunde gehen würden. Den scheinen die Leute hier nicht zu kennen. Sie beginnen mit jedem Tag ein neues Leben. Das hat natürlich seine Licht- und Schattenseiten.

Also ich habe eine Medaille und bin in der Schule ein großes Tier geworden. Die vier Professoren haben sie mir zugesprochen. Zwar damit, was ich hier in der Schule gelernt habe und noch lernen werde, damit hat die Medaille nichts zu tun. Das sitzt viel tiefer. Innerlich ist mir aber froh. Ich fühle mich erstarken und weiß, daß ich durch den Berg hindurchkomme und über ihn hinweg. Und wenn ich ihn erst hinter mir liegen habe, werde ich mich einen Augenblick umschauen und sagen: das war nicht leicht. Wohl werden vor mir neue Berge liegen. Aber das ist ja grade das Leben und dazu hat man seine Kräfte.

Wie sehr ich diesem Pariser Aufenthalt innerlich dankbar bin! Eigentlich ist es nur ein fortgesetztes Worpswede: ein stetes Arbeiten und Denken an die Kunst. Aber mir haben sich neue Perspektiven aufgetan, Ergänzungen und Erläuterungen zu dem Alten, und ich fühle, daß es was *wird*. Es ist eben auch hier bald Frühling.

DIE FÜNFUNDZWANZIGJÄHRIGE
AN DIE MUTTER

Berlin, den 8. März 1901

Meine liebe Mutter,

daß mein Wiederkommen ein so unangenehmes und gestörtes wird, macht mich sehr traurig. Es tut mir so sehr leid, Vater Unruhe zu machen; gerade, wo ich weiß, daß er in diesen Tagen nervöser ist denn je. Lieben, wie soll ich Euch es denn nur in Worten schreiben, wie es für mich gar keinen anderen Weg gibt, als nach Hause kommen. Ich möchte so sehr gern, daß unser Wiedersehen nicht trübe ist, das ist ja gar keine Gelegenheit, um trübe und traurig zu sein. Von Anfang an habe ich zwei Monate für meinen Berliner Aufenthalt festgesetzt. Ich habe meine Zeit gut angewandt, Mutter. Nun geht es aber nicht länger. In mir schreit etwas nach Luft, das will sich nicht besänftigen lassen. Ich habe Euch das schon einmal in einem Brief geschrieben, den Ihr für einen Karnevalscherz hieltet. Ich führe hier ein Leben, das gar nicht mein Leben ist. Mein eigenster innerster Mensch hungert, hungert nach Tiefe und Ruhe. Die Art, wie ich hier an die Kunst und an das herantrete, was für mein Leben das Höchste ist, wird mir durch die Verhältnisse veroberflächlicht. Es bedrückt mich so, daß meine Seele nicht freudig und angefacht unter ihnen gehen kann, wie sie es muß. Und jetzt heischt sie Freiheit von mir, und ich gebe sie ihr, ich halte sie nicht länger.

Es ist nicht nur Sehnsucht nach Otto Modersohn, die mich treibt, ich kann aber diese teppichklopfende Luft und hohen Häuser nicht mehr aushalten. Und warum? Ich habe hier ein großes Teil für den Haushalt gelernt. [Paula war vor der Heirat auf eine Haushaltsschule geschickt worden, »um wenigstens kochen zu lernen«] Daß ich nicht perfekt bin, weiß ich von selber. Aber dieses lernt sich ja auch nur in meinen eigenen Verhältnissen.

Liebe Mutter, ich schreibe Dir dieses alles, weil ich weiß, daß Du auch diese Stimme in uns kennst, die will. Und das ist unsere eigenste Stimme. Ihr gebe ich nach. Haltet es nicht für ruchlos oder herzlos. Ich kann nicht anders. Ich muß. Und daß ich dieses Muß in meiner Natur habe, dessen freue ich mich. Denn das ist der Instinkt, der sie leitet.

Liebe Mutter, mein Brief ist sehr verworren. Aber es erregt mich, daß ich Euch Ärger bereite. Ich schreibe Dir und hoffe, daß Du meine Worte in Deine liebe sanftere Sprache übertragen Papa sagen wirst, damit unser Wiedersehen ein nicht gestörtes wird. Es ist so traurig, daß Ihr Euch an mir ärgert. Da ist doch auch hin und wieder etwas zum Freuen an mir, ich meine noch außer meiner Verlobung.

Lies diesen Brief mit Milly durch und besprich ihn mit ihr, und versucht, Euch ein wenig in meine Seele zu versetzen, die nach Freiheit lechzt und ihre Fesseln sprengt. Es ist nicht Schlechtigkeit von ihr. Es ist auch nicht Schwachheit von ihr. Es ist Stärke. Es ist gut, sich aus Verhältnissen loszulösen, die einem die Luft benehmen.

Ich stehe hier, ich kann nicht anders. Amen.

Eure Paula

DIE SECHSUNDZWANZIGJÄHRIGE
AN DIE MUTTER

6. Juli 1902

Meine liebe Mutter,
es ist Sonntagmorgen und ich habe mich in mein liebes Atelier
geflüchtet und sitze nun ganz allein in meinem lieben Brünjes-
Häuselein, dessen ganze Einwohnerschaft zur Kirche gegangen
scheint, so daß ich mir eins der klapprigen Fenster erbrechen
mußte, um dadurch meinen Einzug zu halten.

Meine Mutter, daß dieser Brief kein pünktlicher Sonntagsbrief
geworden ist, das hat seinen guten Grund, nämlich die Arbeit, in
der ich jetzt von Herzen stecke mit meinem ganzen Menschen. Es
gibt Zeiten, wo dieses Anhängig- und Abhängigkeitsgefühl in
einem schlummert, Zeiten in denen man viel liest, oder Witzchen
macht oder lebt, und dann auf einmal wird es wieder wach und
wogt und braust in einem, als sollte das Gefäß schier zerspringen,
so daß nichts Platz hat daneben.

Meine Mutter. Es wird in mir Morgenröte und ich fühle den
nahenden Tag. Ich werde etwas. Wenn ich das unserem Vater
noch hätte zeigen können, daß mein Leben kein zweckloses
Fischen im Trüben ist, wenn ich ihm noch hätte Rechenschaft
ablegen können für das Stück seiner selbst, das er in mich ge-
pflanzt hat! Ich fühle, daß nun bald die Zeit kommt, wo ich mich
nicht zu schämen brauche und stille werden, sondern wo ich mit
Stolz fühlen werde, daß ich Malerin bin.

Es ist eine Studie von Elsbeth, die ich gemacht habe. Sie steht
in Brünjes Apfelgarten, irgendwo laufen ein paar Hühner und
neben ihr steht die große blühende Staude eines Fingerhutes.
Welterschütternd ist es natürlich nicht. Aber an dieser Arbeit ist
meine Gestaltungskraft gewachsen, meine Ausbildungskraft. Ich
fühle deutlich, wie nach dieser Arbeit noch manches andere Gute
kommen wird, was ich im Winter noch nicht wußte. Und dies
Fühlen und Wissen ist beseligend. Mein lieber Otto steht dabei,
schüttelt den Kopf und sagt, ich wäre ein Teufelsmädel und dann
haben wir beide uns von Herzen lieb und jeder spricht von der
Kunst des anderen, dann aber wieder von der seinen. O, wenn
ich erst etwas bin, dann fallen mir allerhand Steine vom Herzen.
So mein Verhältnis Onkel Arthur gegenüber, daß ich ihm mutig in
die Augen sehen kann und ihn nicht mit allerhand Verheißungen

vertrösten muß, sondern daß er die Genugtuung hat, seine lieb-
reiche Geldhilfe war eine gute Kapitalsanlage. Und allen anderen
Menschen gegenüber, die meine Malerschaft mitleidig und zart-
fühlend behandelten wie einen kleinen, schnurrigen, verbissenen
Spleen, den man eben bei meinem Menschen mit in Kauf nehmen muß. Du fühlst, der Kamm schwillt mir.

Und dann trage ich so oft die Worte in meinem Herzen, die
Worte Salomons oder Davids: Schaffe in mir Gott ein reines Herz
und gib mir einen neuen gewissen Geist, verwirf mich nicht von
deinem Angesicht und nimm deinen heiligen Geist nicht von
mir . . . Ich weiß gar nicht, ob dieser Spruch identisch ist mit dem
Gefühl, aus dem heraus ich ihn sage. Aber es ist merkwürdig, von
Kindheit an bei einer Gelegenheit, wo Gefahr war, daß ich zu
stolz auf irgend etwas wurde, habe ich mir diese Worte gesagt.

Und du? Wir haben uns beide gefreut an Deinen Briefen. Aber
Liebe, nicht so viel aufbleiben bis nachts um ein Uhr! Du mußt
diese Reise hauptsächlich nur vom Gesundheitsstadium ansehen
für Dich und das Küken. Küsse mir Herma. Ich wünsche, daß sie
in ihrem Leben noch einmal ähnliche Gefühle haben wird, wie ich
heute. Der Weg ist aber lang und man muß eine Hoffnung haben
im Herzen, die einen nicht ermüden macht. Meine Herma, suche
Dir eine Hoffnung! Du bist ja von selbst eine kleine Kluge. Achte
von selbst darauf, daß Du Dich nicht zu früh entwickelst und
frühreif wirst. Eine langsam ausgereifte Frucht in Winden und
Sonnen, das muß das Leben sein. Halte Dich von den vielen
Büchern fern und vom Theater, sondern suche Dir einen Deinem
Alter angemessenen Wirkungskreis. Setze es durch, daß Du auf
ein Gymnasium kommst. Versuche nicht Stufen zu überspringen.
Dem ist Deine Gesundheit nicht gewachsen. Das ist überhaupt
gar nicht nötig im Leben. Einer, der einen weiten Weg vor sich
hat, läuft nicht. Schaffe dir nur ein stilles, schlichtes Milieu und
denke an Sachen, die für Deine Jahre passen.

Ich küsse Euch beiden.

Eure Paula

er Soziologe und Volkswirtschaftler Leopold von Wiese (1876 bis 1970), eigentlich von Wiese und Kaiserswaldau, war der Sohn eines preußischen Offiziers von altdeutschem Zuschnitt. Der junge Leopold sollte ebenfalls Offizier werden und kam bereits mit zehn Jahren in die Kadettenanstalt Wahlstatt bei Liegnitz. Von hier schrieb er die nachfolgenden Briefe; der vom 14. August 1887 ging nicht durch die Anstaltszensur. Als reifer Mann meinte Wiese über diese Zeit: »Es ist erstaunlich, daß mich der fünfjährige Kampf gegen eine mir völlig widerstrebende, übermächtige Umwelt nicht zerbrochen hat; in späteren Lebensjahren wäre es nicht möglich gewesen, so viel Leid, Angst und Trotz zu überstehen.«

Der Wissenschaftler Wiese – übrigens der Vater des Literaturhistorikers Benno von Wiese – machte sich vor allem dadurch einen Namen, daß er die Soziologie von anderen Disziplinen löste und zu einer eigenständigen Einzelwissenschaft »von den zwischenmenschlichen Beziehungen« systematisierte.

LEOPOLD VON WIESE, 10,
AN DIE MUTTER

[Wahlstatt, Ende April 1887]
Herzensgeliebte Mama! Liebe Mama. Mir ist doch ein bißchen bange nach Dir. Ich freue mich sehr auf Pfingsten. Über Deinen Brief freue ich mich sehr. Der Herr Hauptmann gab ihn mir beim Appell gestern. Ich will Dir nun schreiben, wie alles ist: Nachdem Du weg warst, ging ich auf meine Stube, Stube drei, Brigade zwei. Ich traf da folgenden Kadetten an: 1. Stubenältester: Hiebe, welcher streng ist und auf Ordnung hält; er ist aber nicht böse. 2. Stubenältester: Röhlmann, welchen ich ganz gern bis jetzt habe. [... (Es folgen die Namen der übrigen neun)] Gestern fing die Klasse an. Man darf hier nicht das Wort Schule gebrauchen. Hier gibt es auch keinen Ordinarius. Die Stelle vertritt aber bei uns ein Herr Dr. Schmidt. Der Herr Professor Schmidt ist noch hier. Derjenige, der die Weltgeschichte gemacht hat. In meiner Sexta sind neunzehn Kadetten. Unter ihnen ist auch Klotzberg, welcher sich Dir empfehlen läßt. Gewöhnlich wurde bis jetzt der Tag (außer Sonntag) hier so eingeteilt: 1. Wenn keine Klasse ist, stehen wir um sechseinhalb Uhr auf, sonst um fünfeinhalb Uhr. Es

ist nämlich so eingerichtet: Im Schlafsaal schlafe ich in der zweiten Reihe zuletzt. Wir ziehen uns bis zu den Hosen an. Dann gehen wir in den Waschsaal, wo wir uns Gesicht, Hals, Ohren und Brust ohne Seife waschen. Die Hände werden mit Seife gewaschen und die Nägel reingemacht. Dann werden die Zähne geputzt. Im Waschsaal habe ich auf der linken Seite die dritte Reihe den vierten Platz. Im Waschsaal ziehen wir uns ganz an. Ich habe noch etwas vergessen: Nämlich der Offizier du jour schläft bei uns im Saal (in der kleinen Zelle in der Ecke des Schlafsaals) und steht etwas zeitiger früh auf, geht dann, bis es unten trommelt, auf und ab. Wenn es trommelt, kommandiert er: Aufstehen! und dann steht alles auf. – Jetzt fahre ich oben fort: Dann gehen wir auf unsere Stuben und kämmen uns. Dann geht es zur Mehlsuppe (oder auch Grießsuppe, welche ganz gut schmeckt). Es wird zuerst gebetet. (Was ich jetzt schreibe, gilt für alle Mahlzeiten.) Dann wird kommandiert: Hinsetzen! Und nun teilt der Stubenälteste das Essen aus. Dann werden die Knöpfe geputzt zum Morgengebet. Dann geht's in den Betsaal. Zuerst wird ein Vers gesungen. Dann hält der Geistliche eine Rede (der Geistliche ist der Herr Gouverneur Kluge, selten der Dorfpastor). Dann wird das Vaterunser gebetet, und unter Orgelklang wird angetreten. Dann geht's in die Klasse. Nach der Klasse um zwölf Uhr wird wieder geputzt, und dann ist Apell. Da werden nun die Befehle und Briefe vom Herrn Hauptmann gegeben. Um eineinhalb Uhr wird gegessen. Nach dem Essen wird auf den Hof gegangen, und dann ist die Arbeitsstunde. Um sieben Uhr wird Abendbrot gegessen, um neun Uhr ins Bett gegangen. Liebe Mama, wenn Du eine Frage an mich zu fragen hast, so schreibe sie nur. Bitte schreibe mir auch von den Schwesterchen. Ich denke oft an Euch, und manchmal muß ich weinen. Liebe Mama, behalte lieb Deinen Dich innig liebenden Sohn Leopold.

                              Wahlstatt, 14. 8. 87; 2 Uhr
Herzens- und heißgeliebte Mama! Ich kann Dir nicht sagen, mit welcher Trauer ich an Dich schreibe. Ich möchte freilich fröhlich an Dich schreiben; aber ich kann nicht; ich will Dir doch die Wahrheit schreiben! Ich darf Dir nicht bis nächsten Sonntag schreiben. Drum will ich Dir jetzt alles schreiben. Wenn Du mich nicht aus dem Korps herausnimmst, dann muß ich ganz und gar

verzweifeln. Ach, liebes, liebes Mamachen, Du weißt nicht, wie schwer es mir wird, diese Zeilen an Dich zu richten. Aber wenn Du wüßtest, wie unendlich schwer mir ums Herz ist, Du würdest mich gleich 'rausnehmen. Es ist zu schwer. Ich glaube, ich komme um. Und das ist nicht bloß am Anfang, sondern immer. Liebe, liebe Mama, ich würde Dir unendbar danken. Ich bitte Dich unendbar. Ich habe es schrecklich. Wie ich dem Livonius immer mein Leid klage, ist schrecklich. Wenn Du dabei wärest, da wäre ich gewiß nicht mehr im Korps. Herr Leutnant Dahn hat mir ausnahmsweise, damit ich nicht mehr weine, Vanilleeis gegeben. Rox will durchaus das Buch ersetzt haben. Überhaupt, wie der Rox zu mir ist. Ach, ach, es ist schrecklich. Was man für Ärger, Kummer, Sorge, Not und Angst hat! Dem Hiebe habe ich die Schachtel mit den Bonbons gegeben; er läßt danken. Bitte, bitte, schreibe mir bald und oft. Ich habe Dir noch etwas zu schreiben: Riedel will Dir ja alles schreiben, auch wenn ich mal eine Utensilie nicht in Ordnung habe. Ich liebe Dich doch zu sehr, um Dir Sorge zu bereiten; aber Du weißt, ich kann es auch nicht anders, es ist zu schwer. Du willst mir doch nicht meine ganze Jugend verderben. Liebe, liebe Mama, grüße meine geliebten Schwestern herzlich; Großmama, Onkel Walter, die Tanten, meine Freunde und Marie; Tante Helene und die lieben Kusinen auch. In Hoffnung, daß ich aus dem Korps komme, bin ich Dein Dich innig liebender und gehorsamer Sohn Leopold. Also liebe, liebe Mama, sei doch so gut und nimm mich 'raus.

[Wahlstatt, Ende August 1887]
Heißgeliebte Mama! Ich will Dir auf Deinen lieben Brief antworten; auch danke ich sehr dafür. Du hast geschrieben: ich soll geloben, ein echter Kadett zu werden. Ich verspreche Dir, es so gut zu erfüllen, wie es geht. Hoffentlich geht es. Heute macht unsere Brigade einen Ausflug nach einem in der Umgegend gelegenen Dorfe. Ob ich mitgehen darf, ist fraglich. Auf Sedan freue ich mich sehr. Wir werden von den Spielleuten aus dem Bette rausgetrommelt. Nun habe ich noch eine große Bitte: Schicke mir das Gewehr zu Sedan; ich möchte es gern an M. verkaufen. [. . .]

issionsprediger war der Vater, und das Elternhaus durchwaltete der Geist des schwäbischen Pietismus. Der Sohn, Hermann Hesse (1877 bis 1962), kam 1891 auf das evangelisch-theologische Seminar in Maulbronn, entfloh ihm aber 1892 nach schweren Gewissensqualen und heftigen Auseinandersetzungen mit den Eltern. Als Neunundzwanzigjähriger veröffentlichte er den Roman »Unterm Rad«, worin er die Maulbronner Erlebnisse ansatzweise aufarbeitete. Er wurde zunächst Kaufmanns- und Mechanikerlehrling und machte dann eine Buchhandelslehre in Tübingen; als Buchhändler arbeitete er anschließend in Basel. Von 1904 an freier Schriftsteller (»Peter Camenzind«, »Demian«, »Siddharta«, »Das Glasperlenspiel«), erhielt er 1946 den Literaturnobelpreis, 1955 den Friedenspreis des Deutschen Buchhandels. Über die Zeit, die etwa in den frühen Briefen abgedeckt ist, sagte Hesse später: »Von meinem dreizehnten Jahr an war mir das eine klar, daß ich entweder ein Dichter oder gar nichts werden wollte.«

HERMANN HESSE, 15,
AN DIE ELTERN

Stetten, 11. September 1892

L[iebe] E[ltern]!

Eben wollte ich ein wenig Violine spielen. Ich nahm die Geige zur Hand, schaute hinaus in den sonnigen Tag und unwillkürlich glitt Schumanns »Träumerei« über die Saiten. Mir war so halb wohl, halb weh, halb schläfrig zumut. Und die leisen, wiegenden Töne paßten zu meiner Stimmung. Ich verlor mich in die Klänge und träumte von ferner, besserer Zeit, von den schönen, glücklichen Tagen in Boll. Da – ein jäher Knall, ein schriller Mißton, eine Saite war gesprungen. Ich wachte auf aus dem Traum und war wieder – in Stetten. Nur Eine Saite war gesprungen, aber die andern alle verstimmt.

Gerade so ist es bei mir; mein Bestes, mein Lieben, Glauben und Hoffen, habe ich in Boll zurückgelassen. Und welcher Kontrast:

In Boll spielte ich etwa im hübschen Saal mit lieben, netten Bekannten Billard; die Elfenbeinkugeln rollen leise, man hört das Knirschen der Kreide, Lachen und Scherzen. Oder ich sitze auf bequemem Sopha, spiele Dambrett mit irgend jemand und daneben rauschen die majestätischen Akkorde einer Beethoven-Sonate.

Und hier: Ich sitze im Zimmer, drüben klingt schläfrig die Orgel, unten singen Schwachsinnige mit näselnden Stimmen ein Kinderlied.

Aber der Hauptkontrast ist in mir selber. Nimmer das stille Glück, nimmer die bebende Leidenschaft von Boll ist in mir, sondern eine tote, wüste Leere. Ich könnte fliehen oder bewirken, daß ich hier ausgewiesen würde, könnte mich ruhig hängen oder irgend etwas, aber wozu? Das Glück ist gegen mich, Papa jedenfalls noch viel wütender als damals, wie er mich aus dem Hause warf. Der Arzt spricht sich ungünstig oder gar nicht aus, ja, zum Geier, was soll denn da aus mir werden. Wäre mein Unwohlsein tödlich, so wäre ich über Alles ruhig. Mir steht fest, daß ich so in Stetten nimmer sein kann, und wenn man mich mit Gewalt und Opfern zum Pessimisten macht, so erkläre ich, daß ich dies ohne Andere sein und bleiben kann. Wenn keine Änderung meiner Lage möglich ist, denn eine Versetzung nach einem ähnlichen Ort wie Stetten hilft nichts, so brauche ich weder Arzt noch Eltern, um zur Verzweiflung und zum Verbrechen gebracht zu werden. Wenn Papa mich *zuhause* als Sohn nicht brauchen kann oder im Studium, so hilft ihm der Sohn in der Irrenanstalt auch nichts. Die Welt ist groß, sehr groß und auf einen kommt es nicht an.

Übrigens warte ich auf Antwort; wenn Ihr nichts zu antworten habt, ist die Sache ja ganz einfach. Ich hoffe noch ein wenig, aber was – Unsinn!

Seht, Theo schrieb mir neulich: »Schlag Dir doch das Mädchen aus dem Sinn; es gibt tausend bessere und schönere!«

Ebenso könnte man Euch schreiben: »Schlagt Euch doch den Jungen aus dem Sinn« etc etc.

H. Hesse
[Es folgt ein Gedicht; anschließend geht der Brief weiter.]

Nachdem ich das [Gedicht] geschrieben, kommt Papas Brief. Er sagt unter anderem: »Verzeihe doch *mir* alles, womit« etc etc. Das klingt sehr ironisch, wenn's vielleicht auch anders gemeint ist. Nun, aus Ironie setzt sich größtenteils das Geschick zusammen. Sooft ich einen Bekannten von alter Zeit spreche oder sehe, kommt es mir als Ironie vor und nichts kann mehr verbittern als Ironie bei einem Unglücklichen oder Kranken. Papa spricht auch von einer »Zeit, in der man selbst ein andrer geworden«. Ganz recht, ich brauche nur die letzten Monate anzusehen: Ja, ich bin ein Anderer.

Überhaupt besteht die ganze Streiterei einfach darin, daß total verschiedene Meinungen da zusammentreffen, wo man Sympathie erwartet.

Ihr seht nach diesem elenden Leben ein besseres, während ich mir's ganz anders denke und darum dies Leben entweder wegwerfen oder etwas davon haben möchte. Was hilft es auch einmal, wenn ich gelernt habe, mich wie ein Drescher aufzuführen etc: Papa nennt Stetten den »besten« Ort, weil ich da dingfest bin und Ihr mich sicher los seid. O glaubt, diese kalten Erklärungen meinerseits sind's nicht, die mich erfüllen und bewegen, nein, es ist ein wehmütiger Schmerz um den verlorenen ewigen Frühling etc, ein Heimweh, aber nicht nach Calw, sondern nach etwas Wahrem. Ich sehe aber in Leben und Treiben, Hoffen und Lieben nur Wahn, nur Empfindung; wie Turgenjeff sagt: »Dunst, Dunst«! Wenn ich vor Monaten mein jetziges Leben gesehen hätte, hätte ich's für einen bösen, unmöglichen Traum gehalten. Dieser kalte, halb gelehrte, halb praktische Pfarrer mit seinen Predigten, diese ungebildeten Wärter, diese Kranken mit den abstoßendsten Gesichtern und Manieren, etc, etc, alles ist mir in der Seele verhaßt und wie gemacht, einem jungen Menschen zu zeigen, wie elend dieses Leben mit Allem ist. Was habe ich immer für gute Musik, gute Poesie etc gegeben!: Von alledem hier keine Spur, die nackteste, ausgesucht finsterste Prosa. Es wäre anders, wenn ich hier aufgewachsen wäre. Wie der eben ausgeschlüpfte Schmetterling könnte ich mich dann später der Sonne freuen. Aber ich kenne die Sonne: Sperret den ausgeschlüpften Schmetterling wieder ein! Doch wozu diese Erklärungen, Ihr seid in Calw und nicht in Stetten, ich bin in Stetten und nicht in Calw. Ihr atmet eine andre Luft als ich. »Hermann in Stetten« ist Euch fremd, ist Euer Sohn nicht.

Die Gartenarbeit ist mir verhaßt, und seit ich hier bin, war ich erst einigemal im Garten, obgleich ich jeden Tag gehen »sollte«. »Mein Vater konnte mich nicht brauchen und hat mich nach Stetten geschickt« und damit basta. Da sitze ich, weil ich anderswo nicht sein darf und weine über mich, während ich über den Inspektor lache. Ich lasse mich von ihm nicht zwingen. Wenn er erfährt, daß ich nicht im Garten oder im Livius arbeite, so gibt er mir zu wenig zu essen u. ä., vielleicht droht er auch mit Zellenhaft. Er mag's tun.

Meine letzte Kraft will ich aufwenden, zu zeigen, daß ich nicht die Maschine bin, die man nur aufzuziehen braucht. Man hat mich mit Gewalt in den Zug gesetzt, herausgebracht nach Stetten, da bin ich und belästige die Welt nimmer, denn Stetten liegt außerhalb der Welt. Im Übrigen bin ich zwischen den vier Mauern mein Herr, *ich gehorche nicht und werde nicht gehorchen.*

Wenn der Inspektor es merkt, wird es furchtbare Auftritte geben, ich werde geschunden werden, es geschieht ja alles *zu meinem Besten!*

Für's Elternhaus, für die Familie hat mich die Natur, wie mir scheint, nicht bestimmt, doch dürft Ihr nicht sagen wie Posa:

»Wie arm bist du, wie bettelarm geworden,

Seitdem du niemand als dich selber liebst.«

Dies verdiene ich nicht. Ich liebe mich selber, wie jeder, aber nicht deshalb kann ich hier nicht leben, sondern weil ich eine andere Atmosphäre brauche, um meinen Zweck als Mensch erfüllen zu können und – zu wollen. Ihr seht, ich strenge mich an, Alles objektiv zu erklären, alle Einwendungen im voraus abzuschlagen; denn ich möchte endlich eine Entscheidung. Sagt so – und ich werde Fremde in Euch sehen, sagt so – und ich kann leben und schaffen. Was hilft es mich, wenn Papa Xmal wiederholt: »Glaube, daß wir es gut mit dir meinen«? Diese Phrase ist nicht die Bohne wert. Ich muß unter andern Menschen sein, ich kann ja mit Julius sagen: »Mein Herz suchte sich eine Philosophie und die Phantasie unterschob ihre Träume. Die wärmste war mir die wahre. Ich forsche nach den Gesetzen der Geister, aber ich vergesse zu erweisen, daß sie wirklich vorhanden sind. Ein kühner Angriff des Materialismus stürzt meine Schöpfung ein«.

Wenn ich sage »Du sollst« oder gar, »Du solltest«, so sagt der Materialismus »Du mußt« etc etc. Ja, der materiellste Materialismus ist hier, die Luft selbst scheint hier materieller zu sein. Es gibt hier kein Hoffen und Glauben, kein Lieben und geliebt werden, viel weniger irgend ein Ideal, irgend etwas Schönes, Ästhetisches, keine Kunst, keine Empfindung; was mehr ist als Arbeit und Essen, fällt weg, es gibt nichts Höh'res auf der Erde, keine größere Macht als den augenblicklichen Vorgesetzten, kein Motiv als fremden Befehl, es gibt, mit einem Wort gesagt, hier keinen Geist. Nicht einmal sinnliche Vollkommenheit gilt hier etwas, selbst die paar Adelige, die da sind, sind ein Teil des sinnlosen Proletariats, das sich hier angesammelt hat. Ich beanspruche ja gewiß nicht, mit den hiesigen Menschen etwa politisieren zu können u. ä., aber nicht einmal ein ordentliches Privatgespräch kann da zurecht kommen.

Über diese elende Masse erhaben zu scheinen, ist aber doppelt gefährlich, da all die Kranken nichts fühlen ließen und zum Teil fühlen lassen. Denn so dumm sind dann doch wieder wenige, daß sie nicht plumpe Intriguen in Szene setzen könnten.

Während ich das schildere bin ich durchaus nicht aufgeregt, was mein Wärter bezeugen kann, der von diesem Brief *teilweise* weiß. Überhaupt suche ich hier möglichst kalt und kategorisch die Verhältnisse zu schildern. Und jetzt frage ich, nur als Mensch, (denn ich erlaube mir, gegen Euren Willen und meine 15 Jahre, eine Ansicht zu haben): Ist es recht, einen jungen Menschen, der außer einer kleinen Schwäche der Nerven so ziemlich ganz gesund ist, in eine »Heilanstalt für *Schwachsinnige und Epileptische*« zu bringen, ihm gewaltsam den Glauben an Liebe und Gerechtigkeit und damit an einen Gott zu rauben? Wißt Ihr, daß ich, als ich das erstemal von Stetten kam, wieder leben und ringen wollte und daß ich jetzt, so ziemlich geheilt, innerlich kränker bin als je? Wäre es nicht besser, ein solcher würde mit einem Mühlstein um den Hals in's Meer versenkt, da es am tiefsten ist?

Ich weiß nicht, ob Ihr beim Lesen dieses lacht oder erschreckt, mir jedenfalls ist es bitterer Ernst und ich frage Euch von einem allerdings nur idealen, aber menschlichen Standpunkt aus. Es mag Euch unverschämt erscheinen, aber was ich im ersten, zweiten und dritten Brief zwischen den Zeilen sagte, habt Ihr, vielleicht absichtlich, auf sich beruhen lassen, so sage ich's im 4. Brief deutlich, denn Deutlichkeit erachte ich für eine Hauptbedingung in jeder Korrespondenz. Ihr sagt vielleicht: »Du hast ja die Verantwortung nicht«. Aber ich habe den Schaden, ich bin schlechterdings einmal das Medium und glaube mich selber doch auch etwas anzugehen. Ihr sagt als »Fromme«: »Die Sache ist ganz einfach. Wir sind Eltern, du bist Kind, damit basta. Was wir gut heißen, ist gut, mag's sein, was es will.«

Ich aber sage von meinem Standpunkt aus: »Ich bin Mensch, ›Person‹, wie Schiller sagt, meine Erzeugerin ist allein die Natur, und sie hat mich nie, nie schlecht behandelt. Ich bin Mensch und erhebe vor der Natur ernst und heilig Anspruch auf das allgemeine Menschenrecht und dann auf das spezielle.«

Ich behaupte: Kein Verdienst verschafft uns ein eigentliches Recht, sondern dieses besteht von der Natur, die uns zu dem und dem bestimmt hat. Ich sage, wenn es auch, selbst in meinen Ohren, seltsam klingt: Ich habe von der Natur gar nicht das *Recht,* unter Schwachsinnigen und Epileptischen zu leben. Doch auf Ansichten von Nichterwachsenen und auf deren Rechte als Menschen gebt Ihr nichts, das weiß ich, und lasse Euch Eure Ansicht aus sehr einfachem Grund.

Zu bemerken ist noch, daß ich äußerlich besser gesund bin als je. Ich schlafe wie ein Ratz, habe Appetit und Kraft, Kopfweh und Übelsein ist ja schon lange fort. Geistige Arbeit strengt mich kaum an. Ich bin seit Maulbronn um 4 cm größer und um 16 Pfund schwerer geworden. Obschon Papa mich zu verstehen meint, scheint es doch anders zu sein. Da schreiben wir Brief um Brief, in jedem steht das Gleiche und in jedem etwas anderes!

Es ist jedenfalls sehr, sehr merkwürdig, daß es für einen jungen Mann von 15 Jahren, der nervös, sonst ganz gesund ist, Schule besucht hat etc, etc, gar, gar keinen Ort in der unendlichen Welt gibt als – Stetten im Remstal, Schloß, No 29. Wenn ich mehr Geld und auch menschliche Gesellschaft hätte, würde ich all dies im Wirtshaus vergessen. Dahin hat die elterliche Liebe den Sohn, mit dem man es ja so engelgut meint, gebracht, daß er sich um einen tollen Nachmittag in Gesellschaft verkaufen würde.

Ihr wißt selber, was es ist um ein blutjunges, frohes Herz mit Poesie und Ideal, wißt, was Feuer, Begeisterung, wißt, was junge Liebe und Maitraum ist, Ihr wißt, daß die Jugend der glückliche Lenz ist und nur darum so schön, weil

Singend über Tal und Höh'n

Sobald er weiter zieht!

Ihr wißt, wie rührend sanft und wehmütig Geibel warnt:

Oh Rühret, rühret nicht daran!

Und hier wird jegliches Ideal, jede Liebe profaniert, mißverstanden, verlacht. Ihr sagt, ich habe noch ein ganzes Leben vor mir. Allerdings, aber die Jugend ist das Fundament, da ist das Herz noch empfänglich für Gutes und Böses. Aber ach, ich vergesse, daß Ihr andere Menschen seid, ohne Makel und Fehl, wie die Statue, aber ebenso tot. Ja, Ihr seid echte, wahre Pietisten, wie Nikodemus (?): ein Jude, in dem kein Falsch ist. Ihr habt andre

Wünsche, Anschauungen, Hoffnungen, andre Ideale, findet in Andrem Eure Befriedigung, macht andre Ansprüche an dieses und jenes Leben; Ihr seid Christen, und ich – nur ein Mensch. Ich bin eine unglückliche Geburt der Natur, der Keim zum Unglück liegt in mir selber; aber doch glaubte ich erst vor Monaten, im Schoß der Familie glücklich sein zu können. Ich kann, wie Posa zu Don Carlos, zu mir sagen:

»– o der Einfall

War kindisch, aber göttlich schön. Vorbei

Sind diese Träume!« –

Ich setze den Brief fort, weiß aber selbst nicht recht, warum.

Könntet Ihr in mein Inneres blicken, in diese schwarze Höhle, in der der einzige Lichtpunkt höllisch glüht und brennt, Ihr würdet mir den Tod wünschen und gönnen. Da liegt vor mir Livius: Ich soll darin arbeiten und kann kaum! Gerne würde ich den Livius samt Lexika, die ganze Irrenanstalt, Boll, Calw, Zukunft, Gegenwart und Vergangenheit ins Feuer werfen und selbst hineinstürzen.

Gerne möchte ich fliehen, aber wohin im kalten Herbst, ohne Geld und ohne Ziel, ins Graue hinein? Wohin in dem von Landjägern durchkreuzten Land? Erwünscht wäre es mir jetzt, wenn etwa eine Revolution ausbräche, die Cholera bald käme. Im allgemeinen Elend kann der Kleine ruhig sterben.

In Boll habe ich erst lachen, dann weinen gelernt, in Stetten habe ich auch etwas gelernt: Fluchen. Ja, das kann ich jetzt! Fluchen kann ich mir selbst und Stetten vor allem, dann den Verwandten, dem verhaßten Traum und Wahn von Welt und Gott, Glück und Unglück. Wenn Ihr mir schreiben wollt, bitte nicht wieder Euren Christus. Er wird hier genug an die große Glocke gehängt. [...]

DER FÜNFZEHNJÄHRIGE
AN DEN VATER

Stetten, 14. September 1892

Sehr geehrter Herr!

Da Sie sich so auffällig opferwillig zeigen, darf ich Sie vielleicht um 7 M oder gleich um den Revolver bitten. Nachdem Sie mich zur Verzweiflung gebracht, sind Sie doch wohl bereit, mich dieser und sich meiner rasch zu entledigen. Eigentlich hätte ich ja schon im Juni krepieren sollen.

Sie schreiben: Wir machen Dir gar keine »schrecklichen Vorwürfe« weil ich über St[etten] schimpfe. Dies wäre auch mir durchaus unverständlich, denn das Recht zu schimpfen darf man einem Pessimisten nicht nehmen, weil es sein einziges und letztes ist.

»Vater« ist doch ein seltsames Wort, ich scheine es nicht zu verstehen. Es muß jemand bezeichnen, den man lieben kann und liebt, so recht von Herzen. Wie gern hätte ich eine solche Person! Könnten Sie mir nicht einen Rat geben. In alter Zeit war das Fortkommen leicht: jetzt ist's schwer, ohne Scheine, Ausweise etc durchzukommen. Ich bin 15jährig und kräftig, vielleicht könnte ich an der Bühne unterkommen?

Mit Herrn Schall mag ich nicht verhandeln, der herzlose Schwarzfrack ist mir verhaßt, ich könnte ihn erstechen. Er gönnt mir keine Familie, so wenig als Sie oder irgend jemand.

Ihre Verhältnisse zu mir scheinen sich immer gespannter zu gestalten, ich glaube, wenn ich Pietist und nicht Mensch wäre, wenn ich jede Eigenschaft und Neigung an mir ins Gegenteil verkehrte, könnte ich mit Ihnen harmonieren. Aber so kann und will ich nimmer leben und wenn ich ein Verbrechen begehe, sind nächst mir Sie schuld, Herr Hesse, der Sie mir die Freude am Leben nahmen. Aus dem »lieben Hermann« ist ein andrer geworden, ein Welthasser, eine Waise, deren »Eltern« leben.

Schreiben Sie nimmer »Lieber H.« etc; es ist eine gemeine Lüge.

Der Inspektor traf mich heute zweimal, während ich seinen Befehlen nicht nachkam. Ich hoffe, daß die Katastrophe nimmer lang auf sich warten läßt. Wären nur Anarchisten da!

H. Hesse, Gefangener im Zuchthaus zu Stetten, wo er »nicht zur Strafe« ist. Ich beginne mir Gedanken zu machen, *wer* in dieser Affaire schwachsinnig ist.

Übrigens wäre es mir erwünscht, wenn Sie gelegentlich mal herkämen.

DER FÜNFZEHNJÄHRIGE
AN DIE ELTERN

[vor dem 24. März 1893]

Liebe Eltern!

Mir ist so angst auf Ostern. Könnt' ich doch hier bleiben oder
anderswo, aber nachhause!? Alles kann ich ertragen, nur keine
Liebe. Es kann nicht lang mehr gehen, ich bin total verlumpt,
mein Elend paßt nicht in Euer Heim, wo Liebe und Freundlichkeit zuhaus ist. Leuten wie Geiger kann ich eher die Meinung
sagen! Den Mann halte ich für einen Quadratschädel I. Klasse.
[...]

Samstag muß ich kommen! Erschreckt nicht und – bitte! – laßt
mich an Ostern in Ruhe! Ich kann keine Liebe ertragen, am
wenigsten christliche Liebe. Wenn Christus wüßte, was er ange-
richtet! Er würde sich im Grab umdrehen.

Ich bin inzwischen gänzlich verkommen an Leib und Seele,
mein Herz ist schwarz geworden wie mein Leben. [unleserlich]
schon ist dafür – ade!

Ihr allein seid zu bemitleiden, ich habe Euch so viel gekostet.
Schade für das schöne Geld!!

Ostern ist mir immer schrecklicher, mich ekelt davor (da erst
wenn ich komme?) Jetzt werd ich bald auch verstummen ohne
mich zu erschießen. Es ist schön so und für uns alle am besten.

Ihr dauert mich! So fromme, ehrbare, rechtliche Leute – und
der filius ein Lump, der Moral und alles »Heilige« und »Ehrbare«
verachtet! Fast schade! Aus mir hätte schon was werden können,
wenn ich dümmer gewesen wäre und mich von vornherein mit
Religion etc hätte belügen lassen.

P. S. Heute hab ich fidele, nette Leute kennen gelernt, einen
Deutschitaliener, namens Ottilio Pedotti und einen reichen Rus-
sen, Fürst Fritz von Cantacuszène.

Ade! H.

[Cannstatt, 13. Juni 1893]

Liebe Eltern!

So ist es eben! [nach einem Besuch daheim] An Pfingsten war ich
bei Euch –: Spazierengehn, Essen, Scherzen, Bibellesen, Musizie-
ren – am Ende wieder Streit, Langeweile, so daß ich einen

ganzen Tag früher ging. Und jetzt schreibt Mutter, daß ich an Pfingsten »so sehr kurz« dagewesen! Dann wieder, ich solle »offen« sagen, »was mein Gemüt bewegt«!

Arme Eltern! Ihr glaubt es halt mit einem exzentrischen Schwärmer und seinen tollen Idealen zu tun zu haben, der hie und da aus Tollheit schlechte Streiche macht, sonst aber voll Welt- und Privatschmerz sich abhärmt. – So denkt Ihr Euch Euren Sohn.

Ihr Christen seid doch ein seltsames Gemisch von Optimismus und Pessimismus! Während Ihr mich als solchen Schwärmer und Sehnsüchter bemitleidet, bin ich hier in C. und suche mir die Zeit zu vertreiben, habe Langeweile und Schulden – etc!!

Ihr nennt mich »Herzenskind«, schreibt von meinen »Kämpfen« etc; Ihr glaubt, mein Wunsch sei, mit schönen guten, geliebten Seelen idealer Anschauung leben zu dürfen, glaubt, ich mache mir Sorgen über Lebensanschauung, Liebe und Haß. – Und wie sieht es in Wirklichkeit aus? Was wünsche ich mir? Nun, wenn Ihr's partout wissen wollt, mein Ideal wäre 1.) Ein Millionär als Vater, auch etzliche Erbonkel, 2.) Mehr praktische Begabung, 3.) Nach Belieben Wohnen und Reisen.

– Ich pfeife auf den Adel – und wäre doch gern adlig, weil es Ansehen gibt. Ich halte das Geld für einen Unsinn – und wäre doch gar zu gern recht reich, weil das zum angenehmen Leben gehört. – Und das Resultat von allem?

Der Mensch lebt von Brot und nicht von Liebe; wenn ich Gelegenheit hätte, hochstrebende, von mir benutzte, noch fast neue Ideale gegen gute württembergische Coupons umzutauschen – ah!

Ade nun! Was Ihr über Maturitas etc sagt, muß ich bedenken. Mir ist eben Angst vor dem Gymnasialleben, auch vor einem etwaigen Studentenleben.

Schreibt mal wieder, wenn Ihr Lust und Zeit habt.

Hermann

[Ohne Anrede]
Um unnötige Erregung zu verhüten, wähle ich den umständlichen Weg des Schreibens; es hat sich so oft gezeigt, daß wir beide eben leider nicht miteinander sprechen können, da wir beide reizbar und in unsern Ansichten und Grundsätzen so verschieden sind. Doch zur Sache!

Im Seminar gefiel es mir nicht, ebenso wenig in Cannstatt und
Eßlingen. Daß ich ohne weiteres immer weggelaufen, galt Euch
für krankhaft. Es war natürlich nicht das Richtige, aber ich fühlte
zu allem, was Ihr aus mir machen wolltet, keine Lust, keine Kraft,
keinen Mut. Wenn ich so ohne jedes Interesse an meiner Arbeit
Stunde um Stunde im Geschäft oder Studium war, ergriff mich
eben Ekel.

Meine freien Stunden habe ich immer zur Privatausbildung
verwendet; Ihr nanntet es brotlose Künste etc, ich aber hoffte und
hoffe, davon zu leben. Nie hatte ich den Mut, meine Absichten
und Wünsche Euch zu sagen, denn ich wußte, daß sie mit den
Euren nicht übereinstimmten, so kamen wir immer weiter auseinander. Ich versuchte es ja mit dem Buchhandel, hatte den Willen,
wenn ich der Sache auch nur eine einzige freundliche Seite
abgewänne, mich anzustrengen, etc etc; aber es ekelte mich an.
Jetzt ist eine Entscheidung nötig; ich weiß, daß Du an Stetten,
Chrischona u. ähnliches dachtest oder denkst, also muß es heraus. Mit *Euren* Plänen, zu denen ich ja gesagt, ist es nichts
geworden; darf ich es, ehe ich ins Irrenhaus gehe oder Gärtner
oder Schreiber werde, nicht doch einmal mit *meinen* Plänen
versuchen. Meine Bitte geht dahin – ich weiß, daß Du Genauigkeit in solchen Dingen liebst: – Ich möchte versuchen, mit dem,
was ich privatim gelernt, mein Brot zu verdienen. Anfangen
würde ich da, wo ich schon Boden habe, in Cannstatt, Eßlingen,
Stuttgart. Dazu brauchte ich aber die nötigen Papiere der Polizei
wegen, und zum Anfang einiges Geld. Ohne ein paar Mark
könnte ich ja nicht einmal nach Eßlingen etc kommen, angenommen, ich käme für den ersten Tag ungelegen, so hätte ich ja kein
Brot. Für den Anfang *muß* ich also natürlich Jemandes Hilfe in
Anspruch nehmen. Später, d. h. in nächster Zeit schon, hoffe ich,
Einiges zu verdienen.

Du hast für mich viel ausgegeben, um Deine Pläne mit mir zu
verwirklichen, wolltest Du nicht ein Weniges daran setzen, mir
Gelegenheit zu geben, die eigenen Pläne auf ihren praktischen
Wert zu probieren. Mit nackten Worten also:

Ich bitte Dich, (statt der 1000 M, die doch allermindestens nötig
wären zum Kaufmann oder ähnlichem,) mir *Freiheit* zu geben,
d. h. mir für die nötigen Papiere sorgen zu helfen, mir einiges Geld
zum Anfangen zu geben, und die Erlaubnis, in Sachen wie Wäsche, Stiefelflicken etc mich in der allernächsten Zeit noch an

Euch zu wenden. Geht es mir dann gut, dann umso besser! Geht
es nicht, so ist ja die Wertlosigkeit meiner Hoffnung erwiesen, und
ich mache nimmer Anspruch darauf, einen eigenen Willen zu
haben, d. h. mit dem Irrenhaus verschont[?] zu werden.

Hermann

I n Berlin-Moabit – wo sonst? möchte man fragen – stand seine Wiege: Kurt Tucholsky (1890 bis 1935). Der Vater, ein reicher Kaufmann, schickte den Sohn auf die besten Gymnasien und ließ ihn Jura studieren. Doch schon bald kam »Tucho« zur »Weltbühne«, jener unvergleichlichen politischen Wochenzeitung, die früh das Heraufkommen des Nationalsozialismus erkannte und davor warnte. Hier wurde er zu einem scharfzüngigen Polemiker und zu einem hintergründigen Kritiker. Der nach Schweden emigrierte Schriftsteller, einer der großen Satiriker der deutschsprachigen Literatur, schied, verzweifelt und hoffnungslos, am 21. Dezember 1935 aus dem Leben.

Der erste Brief ist ein Geburtstagsgruß des Sechsjährigen an den Vater, vom Krankenbett aus geschrieben; der zweite, an die Eltern, schildert einen Ferienausflug.

KURT TUCHOLSKY, 6,
AN DEN VATER

[1896]

Lieb Väterchen, so höre doch, wie mir das Herze lacht,
Ich gehe wegen Krankheit schon auf Spitzen leis und sacht.
Das Glücksschiff auch, das bringe Dir ne ganze Masse Glück.
Ich denk an Deine Jugendzeit wohl oft noch recht zurück.
Nun Väterchen, jetzt höre noch, das Glück, das ist doch schön:
Da lieg ich schon die ganze Woch!, hab keinen mehr gesehn.

DER ACHTJÄHRIGE
AN DIE ELTERN

[1898]

Liebe Eltern! Zum Sonntag sollt Ihr nun den ersten langen Brief haben. Ich sitze in unserer Großen Veranda und schreibe. Vor uns liegen die großen Berge des Harzes. Unser Haus liegt hier überhaupt wunderbar. Dicht beim Haus ist eine Wiese, die (ganz) den ganzen Tag im Sonnenschein liegt, ein sehr, sehr schöner Anblick. Gegenüber befindet sich ein Eichenwald, unser täglicher Spielplatz. Ich schlafe bei Herrn Rubahn, wo ich sehr gut schlafe.

Der Garten am Haus ist auch sehr schön. Dienstag nachmittags sind wir die Ilsefälle entlang gegangen, es war wunderbar. Überall kommen kleine Bächlein in die Ilse, fast überall bildet sie Fälle, es ist überhaupt großartig. Dann teilt sie sich, um sich nachher wieder rauschend zu schließen. Nun denke Dir mal solche Scene. Die Ilse plätschert, die Vögel zwitschern und die Sonne scheint noch gerade vor ihrem Untergange in die Bäume hinein. Mittwochs nachmittags gingen wir nach Eckernkrug. Der Marsch dauerte eine Stunde. Zurück haben wir einen Umweg über die Berge gemacht und statt einer Stunde 1½ gebraucht. An der Ecker haben wir sehr nett gespielt. Die Ecker ist zwar nicht so reißend wie die Ilse, ist aber auch sehr schön. Hier ist (aber) jetzt sehr schönes Wetter. Hoffentlich bleibt es so. Mit Gruß und Kuß verbleibe ich Euer Sohn Kurt.

Bitte schicke mir doch mit jedem Brief wenigstens eine Marke, nämlich die deutsche auf dem Kouvert. Auf Deinem letzten Brief war keine drauf.

einrich Braun (1854 bis 1927), der Vater, war als
Sozialpolitiker auch publizistisch tätig; die Mutter, Lily
Braun geborene von Kretschmann (1865 bis 1916),
Tochter eines preußischen Generals, arbeitete an
führender Stelle in der sozialistischen Frauenbewegung und hatte
als Schriftstellerin Erfolg, so mit dem autobiographischen Roman
»Memoiren einer Sozialistin«. Beide förderten ihr einziges, begab-
tes und frühreifes Kind, Otto Braun (1897 bis 1918), wo sie nur
konnten. Der wissensdurstige und ernste, dabei freundliche Sohn
führte schon mit sieben Jahren regelmäßig Tagebuch und ver-
faßte kleine Erzählungen und Gedichte. Kaum erwachsen, fiel er
in den letzten Monaten des Ersten Weltkriegs.
   Die Briefe schrieb er aus der Freien Schulgemeinde Wickersdorf bei Saalfeld/Saale.

OTTO BRAUN, 13,
AN DIE MUTTER

                                      [Wickersdorf, 8. März 1908]
Gestern habe ich zu meiner unbeschreiblichen Freude nachge-
rechnet, daß ich Ostern mit der Geschichte der Philosophie vom
Altertum fertig bin. Mein Geld, welches ich durch die Marken
bekommen habe, ermöglicht es mir, die Geschichte der mittleren
oder patristischen Philosophie selbst zu kaufen. Dann habe ich
ungefähr noch 4 Mark. Dafür kaufe ich mir Reclams und Leibnizkeks und Romantiker. Ich werde sie mir bald bestellen, weil es
immer so lange dauert, bis sie kommen. Meine Osterwünsche
sind folgende: Chinesische Gedichte; Hyperion von Hölderlin;
Müllner, Der 29. Februar; Werner, Der 24. Februar; Aristoteles,
Die Poetik; Aristoteles, die Verfassung von Athen; Theokrit, Gedichte; Hafis, Persische Gedichte [...]

                                      [Wickersdorf, Frühling 1908]
[...] Ich schreibe Dir schon einige Geburtstagswünsche, weil ich
sie sonst doch vergesse. Die Hauptsache ist – Geld. Du wirst
erschrecken, wenn Du es hörst, aber es ist so. Ich will mir nämlich
einige schöne Bücher kaufen, die aber sehr teuer sind. Schreibe
mir bitte, wieviel Geld ich zu Hause habe. Zu Deinem nächsten

Geburtstag schicke ich Dir zum Dank (auch wenn Du mir das
Geld nicht schenkst, ich habe immer genug zu danken!) die
Cottasche Goethe-Ausgabe. Ach Mama, Du kannst Dir gar nicht
denken, wie entsetzlich es ist, in Untätigkeit und Arbeitslosigkeit
zu verharren. Nein, Untätigkeit ist nicht der richtige Ausdruck,
denn ich arbeite jetzt sehr viel außer der Schule, besonders dichte
ich, schreibe Abhandlungen und Stimmungen, immer in der
leisen Hoffnung, daß endlich der Tag kommen möchte, an dem
ich mir mein Brot verdienen kann, und im stillen beneide ich die
armen Fabrikkinder, welche sich schon selber ihr Leben fristen.
Aber noch ist für mich die Zeit nicht gekommen, daß ich in das
Leben eintreten, daß ich den großen Schritt vom Jüngling zum
Mann tun werde. Denn das ist der Unterschied zwischen Jüngling
und Mann, daß der Mann kämpft und der Jüngling das Erkämpfte genießt. O, wenn ich doch schon kämpfen, erwerben
könnte! Dann würde ich Dir goldene Paläste bauen zum Dank
dafür, daß Du mich geboren und erzogen hast, und Dir die Welt
zu Füßen legen, auf daß Du sie regierst und sie lenkst nach
Deinem und der Gottheit Willen. Arbeit ist mein Paradies und
meine Seligkeit. Der Goethe ist kein so großes Geschenk, denn
das Geld dazu ist erspart, nicht erobert. Doch etwas Schönes ist
daran, das ist die Liebe und die Hoffnung auf Zeiten, wo ich Dir
ein solches Geschenk aus erarbeitetem Gelde machen kann. Bitte
schicke mir deshalb den Tisch und die Stühle nicht, denn anstatt
der Arbeit soll wenigstens die Entbehrung eintreten. Ich möchte
Dir jeden Tag einen ebenso langen und liebevollen Brief schreiben wie jetzt, Stoff habe ich genug. Ich glaube, daß ich am
heutigen Tage einen Schritt aufwärts gestiegen bin auf dem Lebenspfade, und zwar zu dem Punkte, wo man rein und wahr
lieben lernt. [...]

[Wickersdorf, Frühling 1908]
Herzlichen Dank für Deinen Brief, Deine Karten und besonders
für Dein Buch [das Lebensbild der Urgroßmutter, das Lily Braun
im selben Jahr unter dem Titel »Im Schatten der Titanen« veröffentlicht hatte]. Es ist prachtvoll, es hat mich gefreut, freut mich
und wird mich freuen, ich hoffe mein Leben lang. Es ist das
Schönste, was Du mir hättest schenken können. Ich bin schon fast
damit zu Ende, denn jede freie Minute, jede Pause und jede
Freizeit lese ich darin. Aber nicht im Zimmer kann ich es lesen,

sondern nur in Gottes freier Natur, in dieser Natur, die jeden nicht ganz stumpfsinnigen Menschen zum Dichter macht, in dieser Natur, in der allein das Abbild alles Guten und Schönen liegt, ja da, nur da kann ich es lesen. Und daß Du dieses Buch hinter den Steinmauern einer rauchenden, stinkenden Großstadt schreiben konntest, das wird Dir schwerlich einer nachtun. Wir können es nur in der Natur lesen und verstehen, und Du, Du kannst es hinter Großstadtmauern schreiben! [...]

DER VIERZEHNJÄHRIGE
AN DIE MUTTER

Wickersdorf, 2. September 1908
So lange schrieb ich Dir nicht, weil ich immer auf eine bessere Stimmung wartete, aber sie kam nicht. Gestern wurde »Was ihr wollt« aufgeführt. Es war einfach wundervoll. Als ich es sah, fühlte ich nichts um mich her, ich sah nur das Stück, das mich tief ergriff. Jedes Mal, wenn eine der leider sehr vielen »Verbesserungen« kam, wurde ich ordentlich wütend. Man merkte sie genau. Ich komme eben in keine gute Stimmung, denn nur durch Versenken in mich oder Dich kann sie herbeigeführt werden. Dazu ist aber keine Zeit [...] Jetzt habe ich ein ganz sonderbares Gefühl, das ich noch nie hatte. Ich fühle mich in Wickersdorf nicht zu Hause. Das schwöre ich Dir, bei allem, was uns heilig ist, bei allem Schönen und Guten, bei allem Wahren in der Welt, daß dies Gefühl nicht gemacht ist, weil ich etwa gerne nach Berlin wollte. Ich habe es, da ist nun nicht zu helfen. Es ist natürlich hauptsächlich ein Gefühl, aber auch ein Vernunftgrund ist dabei: W. hat vorgestern am Stiftungsfest eine Rede über die Wickersdorfer Weltanschauung gehalten.

Etwas hat sich verändert, entweder habe ich mich verändert oder die anderen; ich glaube, ich habe mich verändert. Ich empfinde nicht mehr so wie früher, ich denke nicht mehr so wie früher, und doch meine ich, ich bin Dir näher getreten [...]

Man muß eine neue Religion haben, man dürstet danach, man verlangt danach, aber man wagt es nicht auszusprechen, man ist zu feige. Was fehlt jetzt der Welt? Liebe! Viele Menschen behaupten, sie lieben von tiefstem Herzen. Aber wer liebt wirklich rein und edel?

Eben bekomme ich Papas Brief und das Buch. Denke Dir nur wie ulkig, Papa redet mir davon, wie ich mir ein Ideal machen soll und meinen Willen ausbilden. Gerade dasselbe wollte ich ja tun. Mein Ideal ist ja, das Wahre unter die Menschen zu bringen [. . .] Und nun noch das: meinen Willen und meinen Charakter kann ich hier nicht stärken, das ist der Hauptgrund, weshalb –

»Euch zeigt ich genug; ein Flor und nicht ein Busen
Versteckt mein armes Herz. So sprecht nun auch!«

(Was ihr wollt) [. . .]

ufgrund seiner hohen Stellung als Rechtsberater der Deutschen Lufthansa, ab 1936, kommt er viel in der Welt herum: Klaus Bonhoeffer (1901 bis 1945), Bruder des fünf Jahre jüngeren protestantischen Geistlichen Dietrich Bonhoeffer. Gleich ihm steht er als Hitlergegner mit verschiedenen Widerstandsgruppen in Verbindung. Nach dem mißglückten Staatsstreich vom 20. Juli 1944 verhaftet, wird er am 2. Februar 1945 vom Volksgerichtshof zum Tod verurteilt. Während die Reichshauptstadt bereits unter dem Beschuß der Roten Armee liegt, verschleppen SS-Schergen den Häftling am 23. April 1945 aus dem Gefängnis in der Lehrter Straße und ermorden ihn durch Genickschuß.

KLAUS BONHOEFFER, 44,
AN DIE ELTERN

[vor Ostern 1945]

Liebe Eltern!

Ich richte diesen Brief zu Papas Geburtstag an Euch beide. Die Wünsche, die nie so brennend waren wie in diesem Jahr, gelten Euch gemeinsam. Es sind die Wünsche der ganzen Familie. Die Hoffnung, daß sie wie durch ein Wunder ganz unversehrt aus dem großen allgemeinen Unglück hervorgeht, wage ich fast nicht auszusprechen. Es geht ja längst wie eine Naturkatastrophe über die Menschen hinweg, und die Natur ist verschwenderisch. Ich glaube aber, daß das Ungewitter über unserem Hause bald vorübergeht. Die Verfolgungen werden ein Ende haben, und den Überlebenden wird es sein wie den Träumenden. Daß dieser Frieden Euch noch lange nach Eurem Kummer wohltut und daß Ihr ihn noch recht genießt, ist mein Wunsch und meine Bitte.

Die Gewißheit, daß Euch allen ein neues Leben wieder beginnt, ist so schön. Auch mein Schicksal kann sich wohl noch plötzlich wenden. Ich bin aber darauf gefaßt, daß mein Leben bald abläuft, diese beiden Möglichkeiten scheinen so denkbar weit auseinanderzuliegen, daß ich als Mensch von Fleisch und Blut mich doch immer wieder umstelle und unter dem Eindruck dieser ersten Frühlingstage auch in schwachen Stunden schwanke.

Aber ich will ja nicht nur leben, sondern mich eigentlich erst

einmal auswirken. Da dies nun wohl durch meinen Tod geschehen soll, habe ich mich auch mit ihm befreundet.

Bei diesem Ritt zwischen Tod und Teufel ist der Tod ja ein edler
Genosse. Der Teufel paßt sich den Zeiten an und hat wohl auch
den Kavaliersdegen getragen. So hat ihn dann die Aufklärung
idealisiert. Das Mittelalter, das auch von seinem Gestank erzählte,
hat ihn besser gekannt.

Es ist jedenfalls eine sehr viel klarere Aufgabe, zu sterben, als in
verworrenen Zeiten zu leben, weshalb seit je *die* glücklich gepriesen wurden, denen der Tod als Aufgabe bestimmt war [...] Wie
es nun auch kommen mag, ein gemeines Schicksal ist mir erspart.
[...] Ich wünschte sehr, daß die Kinder, die ja inzwischen wieder
größer geworden sind, Euch recht nahekämen. Aber ich will in
die unübersehbare Zukunft nicht mehr eingreifen, um keine Bin-
dungen zurückzulassen. [...]

Nun lebt wohl, lieber Papa, liebe Mama. Wir wollen aus diesen
Ostertagen neue Hoffnung schöpfen, daß dieses Jahr den äußeren und seelischen Frieden bringt. Euch umarmt Euer dankbarer
und glücklicher

Klaus

usammen mit ihrem Mann arbeitete Käte Tucholla *(1905 bis 1943) jahrelang in einer antinazistischen Widerstandsgruppe. Die ausgebildete Sekretärin wird als äußerst mutig und tatkräftig beschrieben, als eine Frau, der man in der Illegalität die schwierigsten und gefährlichsten Aufgaben anvertraute und die Verstecke für Widerständler organisierte. Am 28. September 1943, am selben Tag wie ihr Mann, wurde sie hingerichtet.*

KÄTE TUCHOLLA, 38,
AN DIE MUTTER

[28. September 1943]

Meine geliebte Mama!

Dies werden meine letzten Zeilen an Dich sein. Bald hat alles ein Ende und ich bin dankbar dafür. Dir, meine Arme, nur eins: Sei tapfer heute!

Ich bereue nichts. Viel großes Wissen nehme ich mit mir. Und Dir noch einmal: Du mußt leben! Du wirst über alles Niederschriften bekommen, die Zeit ist nicht mehr fern. Sieh, mein Armes, mein Leben war reich, und unauslöschlich werde ich einst in vielen Herzen leben. Sei stark, wie ich es bin.

Ich habe mein Leben der leidenden Menschheit geweiht, das soll Dein Trost sein. Du weißt ja nichts darüber, aber einmal wirst Du alles hören.

Dich habe ich sehr geliebt, und verzeih, daß ich Dir trotzdem soviel Kummer mache. Tröste Dich, es gibt unsagbar viel trauernde Mütter mit Dir.

Laß mir die Ruhe, die ich verdient habe.

Du, mein Liebes, leb wohl! Ich gehe ein in das große Geschehen und bin froh, denn ich habe gelebt zum Werden der Menschlichkeit.

In Liebe bis zur Ewigkeit

Dein Kind

leich ihrem Lebensgefährten, Hans Coppi, nahm Hilde Coppi *(1909 bis 1943)* an den Aktionen der von der Gestapo »Rote Kapelle« genannten Widerstandsgruppe teil. Am 12. September 1942 wurde sie zusammen mit ihrem Mann und zahlreichen anderen Mitgliedern des sozialistischen Geheimbundes verhaftet und kam ins Frauengefängnis an der Berliner Barnimstraße, wo sie am 27. November ihren Sohn Hans gebar. Acht Wochen später verurteilte man sie zum Tod, ließ sie jedoch zunächst, solange sie das Baby zu nähren hatte, am Leben. Gnadengesuche beschieden die NS-Behörden abschlägig, und man nahm ihr den Sohn. Am 5. August 1943 wurde sie in Berlin-Plötzensee gehängt.*

HILDE COPPI, 34,
AN DIE MUTTER

[Sommer 1943]

Meine Mutter, meine herzgeliebte Mutti!

Nun ist es bald so weit, daß wir Abschied nehmen müssen für immer. Das Schwerste, die Trennung von meinem kleinen Hans, habe ich hinter mir. Wie glücklich hat er mich gemacht! Ich weiß ihn gut aufgehoben in Deinen treuen, lieben Mutterhänden, und um meinetwillen, Mutti, versprich es mir, bleibe tapfer. Ich weiß, daß Dir das Herz brechen möchte, aber nimm es fest, ganz fest in Deine beiden Hände. Du wirst es schaffen, wie Du es immer geschafft hast, mit dem Schwersten fertig zu werden, nicht wahr, Mutti? Der Gedanke an Dich und das Herzeleid, das ich Dir zufügen muß, war und ist mir der unerträglichste; daß ich Dich allein lassen muß, in dem Alter, wo Du mich am nötigsten brauchst. Kannst Du mir das je, jemals verzeihen? Als Kind, weißt Du, wenn ich immer so lange wach lag, beseelte mich der eine Gedanke: vor Dir sterben zu dürfen. Und später hatte ich den einen Wunsch, der mich ständig bewußt und unbewußt begleitete: ich wollte nicht, ohne ein Kind zur Welt gebracht zu haben, sterben. Siehst Du, diese beiden großen Wünsche haben sich erfüllt, also somit mein Leben. Ich gehe nun zu meinem großen Hans. Der kleine Hans hat – so hoffe ich – das Beste von uns als Erbe mitbekommen. Und wenn Du ihn an Dein Herz drückst, ist Dein Kind immer bei Dir, viel näher, als ich Dir jemals sein kann.

Der kleine Hans – so wünsche ich – soll hart und stark werden mit einem offenen, warmherzigen, hilfsbereiten Herzen und dem grundanständigen Charakter seines Vaters. Wir haben uns sehr, sehr lieb gehabt. Liebe leitete unser Tun. »Wer immer strebend sich bemüht, den können wir erlösen.«

Meine Mutter, meine einzige gute Mutter und mein kleines Hänschen, all meine Liebe ist immer ständig um Euch, sei tapfer, wie ich es auch sein will.

Immer   Deine Tochter Hilde er zunehmende Antisemitismus in Europa bewog Hanna Szenesh *(1921 bis 1944)*, sich bewußt und kämpferisch zum Judentum zu bekennen. *Die Tochter eines ungarisch-jüdischen Schriftstellers, der früh starb, und einer lebenstüchtigen, aufgeschlossenen Hausfrau und Mutter, die von der »Gleichberechtigung aller Weltbürger« überzeugt war, ging 1939 zunächst nach Palästina, wo sie sich in einer Landwirtschaftsschule und in einem Kibbuz aufhielt. 1944 nahm sie an einer Rettungsaktion für Juden teil: Als Partisanin sprang sie mit dem Fallschirm über Jugoslawien ab. Sie wurde verraten und in Budapester Gefängnissen schrecklich gefoltert. Dort konfrontierte man sie auch noch einmal mit ihrer Mutter, die dieses Erlebnis in erschütternden Worten niederschrieb. Ungebeugt, wurde Hanna kurz darauf hingerichtet. Sie hinterließ Gedichte und Theaterstücke, die ihr literarisches Talent beweisen. Den letzten, kurzen Brief schrieb sie wenige Tage vor ihrem Tod.*

HANNA SZENESH, 18,
AN DIE MUTTER

13. 9. 1939 [nach der Abfahrt nach Palästina]
Fürwahr Mutter, es war ein schwerer Moment als der Zug abfuhr. Ich konnte mich nicht beherrschen. Die Reise war mir nun doch keine Quelle großer Freude. Es kam der Moment, da ich Träume, Pläne und Hoffnung vergaß und nur noch an eines denken konnte: ich muß für lange Zeit von Dir Abschied nehmen. Andere Abschiede haben mein Herz nicht so bedrückt. Vielleicht schmerzte es mich damals, als wir unser kleines Haus verließen, denn es symbolisierte unser Leben bis dahin. Doch dies war der leichtere Teil des Abschiednehmens. Der zweite Teil? – Es erübrigt sich, ihn detailliert zu schildern. Du, Du bist es, die es weiß.

Ja, die Feiertage werden wir nicht mehr in unserem feierlichen Rahmen zusammen sein. Ich fürchte, Mutter, daß auch Dir diese Tage in Traurigkeit vergehen werden. Obwohl mich die Reise und die Pläne beschäftigen, kehren meine Gedanken immer wieder zu Dir zurück und in meinem Herzen verbringe ich diese Feiertage mit Dir. Bitte sei nicht böse, daß mein Brief so leer ist. Wenn das Herz mit so vielem erfüllt ist, findet der Mund keine Worte, vielleicht nur zwei: Liebe Mutter!

10. 1. 1940 [aus der Landwirtschaftsschule in Nahalal]
Meine Arbeit begeistert mich. Beim Waschen der Kühe habe ich
Hosen an, trage eine Gummischürze und Stiefel. Und ich habe
keine Angst. Du würdest mich nicht erkennen, Mutter. Ich denke
an meine Klassenkolleginnen. Sie würden die Nasen rümpfen,
wenn sie mich bei einer Arbeit sehen würden, die für mich selbstverständlich ist. Und wenn eine Kuh eigensinnig ist, nicht aufstehen will, ihre Beine nicht hebt oder auf meine Befehle trotz
Fußtritten und Schütteln nicht horcht, nütze ich die Tatsache aus,
daß um mich herum niemand Ungarisch versteht. Ich wünsche
der Kuh alles, was ich auf Hebräisch noch nicht ausdrücken kann.
Ich habe noch nicht gelernt, in unserer Sprache zu fluchen. Zum
Glück verstehen auch die Kühe meine Schimpfworte nicht und so
herrscht zwischen uns eine freundschaftliche Beziehung. [...]

In diesem Brief findest Du auch eine Blume. Nicht, um Dir zu
zeigen, wie der Frühling bei uns aussieht, sondern als Ersatz für
die Blume, die ich an das Grab von Vater bringen würde, wenn
ich jetzt zu Hause wäre. Am 18. dieses Monats werde ich an Dich,
Mutter, noch mehr als sonst denken, wenn sowas überhaupt
möglich ist.

DIE ZWEIUNDZWANZIGJÄHRIGE
AN DIE MUTTER

Dezember 1943

Ohne viel Einleitung möchte ich Dir über das Wesentliche schreiben: es gibt jetzt eine gute Möglichkeit, daß ihr zu mir kommt. Ich
habe hier alle Schritte unternommen, damit diese Reise in wenigen Wochen oder vielleicht auch in wenigen Tagen zustande
kommt. Ich weiß, meine Liebe, daß das alles sehr plötzlich
kommt, doch Zögern ist verboten. Jeder Tag ist wertvoll und
vielleicht wird der Weg geschlossen oder es könnten andere
Schwierigkeiten entstehen. Giora wird hier in allernächster Zeit
eintreffen – ich weiß nicht, ob es weitere Begründungen braucht.

Liebe Mutter, sei tapfer und schnell. Materielle Fragen sollen
Dich nicht zurückhalten. Sie sollen das letzte sein, das Dich in
diesen Tagen sorgt. Du kannst Dich auf uns verlassen, daß Du
hier keine materiellen Sorgen haben wirst. Ich glaube, meine
Liebe, weitere Erklärungen sind überflüssig. Ich würde nicht ver-

langen, daß Du es für uns machst – mach es für Dich selber. Hauptsache, Du kommst. Was Du ohne jede Schwierigkeit mitbringen kannst, nimm mit. Doch soll es deswegen keine Minute Verzögerung geben. In diesem Moment bin ich nicht in der Lage, über etwas anderes zu schreiben.

DIE DREIUNDZWANZIGJÄHRIGE
AN DIE MUTTER

[Zettel, geschrieben am Tag des Absprungs über Jugoslawien; auf Umwegen erreichte er die Adressatin]

13. März 1944

Liebe Mutter,
in wenigen Tagen werde ich Dir so nahe sein – und doch so weit. Verzeih mir und bitte verstehe mich. Mit einer Million Umarmungen

Hanna

1944

Geliebte Mutter:
Nur dies kann ich Dir sagen: Millionen Dank. Ich möchte Dich um Verzeihung bitten, wenn dies möglich ist. Nur Du allein wirst verstehen, warum es keiner weiteren Worte bedarf...
    In unendlicher Liebe

Deine Tochter

ptiker wollte Oskar Klekner *(1923 bis 1943) werden. Gemeinsam mit seinem zehn Jahre älteren Bruder Rudolf Klekner, genannt Rudi, verteilte er – beide waren Mitglieder der verbotenen Kommunistischen Partei – antinazistische Flugschriften. Am 24. Februar 1942 verhaftete man die beiden Brüder. Nach entsetzlichen Folterungen wurden sie 1943 von Berlin aus abgeurteilt und in Wien enthauptet.*

Erschütternd ist die Ehrlichkeit des Zwanzigjährigen beim unwiderruflichen Abschied von seiner Mutter – und zugleich die Hoffnung.

OSKAR KLEKNER, 20,
AN DIE MUTTER

Wien VII/65
31. 10. 1943
Landesgerichtsstraße 11

Meine liebste Mutter!

Mutter, es tut mir unendlich leid, daß ich Dich nicht gesehen habe. Hoffe, daß Du gut aus Berlin gekommen bist, machte mir viel Sorgen deshalb. Daß Vater so schwer krank ist, wußte ich nicht, sonst hätte ich ihm nicht geschrieben; hoffentlich bleibt er Dir erhalten. Rudi und ich wünschen es aus ganzem Herzen. Mutter, ich fühle, daß es mein Schicksal ist, sterben zu müssen und darum will ich Dir einiges schreiben.

Du weißt, daß ich im Leben immer sehr selbständig war und darum habe ich meine Zeit auch anders verlebt; wie Du gesehen hast, habe ich viel genossen an Freiheit, Natur, Genuß und Liebe. Ich habe es nie bereut und heute noch weniger. Du sprachst immer zu mir, was ich denn machen werde, wenn ich älter bin, wenn ich jetzt schon alles genieße, erinnerst Du Dich noch? Siehst Du, Mutter, es war eben so Bestimmung. Mutter, mir tut heute nur leid, daß wir beide uns seelisch nicht näher gestanden sind. Du darfst nicht glauben, Mutter, ich habe Dich nicht lieb gehabt, nein, das ist nicht wahr. Du wirst es doch genau so wie ich gefühlt haben, nur kam es nicht zum Ausdruck, vielleicht wäre dann in meinem Leben vieles anders geworden. Doch war es eben so und ist nun so gekommen, damit, liebste Mutter, mußt Du Dich abfinden, genau so wie wir es tun müssen. Mutter, wenn ein Unglück kommt, dann kommt auch die Kraft, dieses Unglück zu ertragen, ich sehe das bei mir und bei uns allen; Du allein Mutter, tust mir vom tiefsten Herzen leid, denn nur Du empfindest den unendlichen Schmerz dieser Trennung, ich wollt, ich könnte ihn Dir abnehmen.

Mutter, ich habe eine Hoffnung und zwar, daß Dir Rudi bleiben wird, ich habe nur noch diesen Wunsch, dann gehe ich gerne sterben. Mutter, in der Zeit, wo ich nun von Dir weg bin, ist mir alles klarer und heller geworden, glaube mir, ich fühle mich so reif, als ob ich über dem Leben stünde. Wenn mein Schicksal nicht so hart wäre, würde meine Zukunft klar und deutlich vor mir liegen. Gerne, Mutter, würde auch ich die Zeit zurückdrehen und an Deiner Hand durchs Leben gehen. Mutter, ich habe viele gute Menschen kennen gelernt und jene werden Dich auch besuchen. Mutter, laß Dir helfen, ich habe sie darum gebeten und sie tun es gerne. Ich denke mein ganzes Leben noch einmal durch und sehe wieder, daß es mir in allem gut ging und ich ziemlich viel Glück hatte, bis eben jetzt, wo das Sterben kommt, aber wer weiß, geliebte Mutter, ob es nicht doch auch Glück ist für mich. Mutter, wenn Lina Rudolf zu Dir kommt, dann bitte gib ihr meinen Schal, den ich jetzt noch bei mir habe und sage ihr, ich danke ihr noch einmal für alles Gute, das sie mir getan hat. Wenn die Hansi zu Dir kommt, dann soll sie alle Negative ansehen und für Dich Aufnahmen machen lassen, meine Sportsachen gib, nach diesem Krieg, jungen Menschen, die ihr Leben so genießen wollen, wie wir es genossen haben. Mutter, diese Woche habe ich mit Rudi sprechen dürfen, wir hatten beide nur eine Sorge und das bist Du, Mutter. Du mußt stark sein, Du mußt es durchhalten, wenn nur Vater zu Dir zurückkommt, dann wird alles gut. Dann geht Ihr weg von Wien aufs Land und verlebt ein schönes Alter. Erfüllt mir den Wunsch und seid mit Tante Mitzi wieder ganz gut, vergeßt alles, was war, jetzt in dieser schweren Zeit und haltet zusammen. Vergeßt uns nicht, auch wir werden an Euch denken, so lange wir können. Nun, Mutter, bitte ich Dich noch, vergib mir alles, was ich Dir angetan habe, all den Kummer, allen Schmerz und alles Leid, vergib mir, ich habe alles von Herzen bereut und werde es bis zur letzten Stunde tun. Ich danke Dir für alles, vor allem dafür, daß Du mich geboren hast. Ich habe Dich immer lieb und werde bis zum Ende an Dich denken. Ich weiß, daß Ihr alle uns nicht vergessen werdet und unser in Ehre gedenkt, das macht das schwere Sterben leichter.

Mutter, ich küsse Dich tausendmal und bleibe, wo immer auch, Dein Sohn

Klekner Oskar

Besuche den Anstaltspfarrer.

ANHANG

REGISTER
der Briefschreiber und der Briefempfänger